自治体政策法務講義

改訂版

礒崎初仁 著

第一法規

はしがき

　「政策法務」という言葉は約20年前に生まれたが、その後、自治体実務の世界に広く受け入れられるとともに、理論の世界でも市民権を得たように思われる。多くの自治体が「政策法務研修」を開始し、政策法務課など政策法務の名を冠する部署をおくようになった。政策法務に関する文献・テキストも数多く出され、著名な法律雑誌が連載を組むようにもなっている。政策法務は一種の流行現象になっている。この直接的なきっかけは、1990年代後半から本格化した地方分権改革である。特に第1次分権改革（2000年施行）によって自治体の法的権限が拡大したことから、これを個性ある地域づくりに活用するために、自治体による政策法務の取組みが期待されるようになった。その後の第2次分権改革・地域主権改革の進展も、政策法務の重要性を認識させている。

　もうひとつ、政策法務が注目される背景には、法のあり方自体の変容がある。わが国では、明治の近代化と戦後の経済成長の過程を通じて、国による集権的な統治システムが機能してきた。これを制度的に支えたのが、多数の法律、政省令、通知通達など国法のシステムであった。しかし、わが国が成熟型の時代となり人々の価値観や生活様式が多様化すると、集権型の国法システムでは社会の実情に合致せず、国民のニーズに敏感に対応できないなど、その「制度疲労」が明らかになってきた。そこで、地域の実情に適合し、地域の個性を引き出せる条例などの自治立法（ローカル・ルール）の重要性が高まってきたのである。その意味では、自治体政策法務への期待は、一時の現象ではなく、より広く長い構造的な変化の中で生まれているものといえる。

　自治体の政策法務については、前述のとおりすでに多くの著作が公にされている。しかし、新しい分野だけに執筆者自身の問題意識を中心に記述したものが多く、まだ共通の視点や枠組みが示されているとはいえない。また、教科書的な著作においても、行政法学の理論をもとに自治体実務の「良し悪し」を論じた著作が多く、政策学・行政学の視点や理論を取り込んだものはほとんどない。私のこれまでの著作を含めて、「自治体法務論」ではあっても、「政策法務論」にはなり得ていないのではないか。これが以前から私が抱いてきた疑問であった。そこで、現時点でも、なお「自治体政策法務」をテーマとした総括的な記述・紹介を

行う意味があると考えて、本書の刊行を意図した次第である。

　本書では、次のような点に重点をおくことにした。

　第1に、法律論と政策論の融合をめざすことである。これまでの政策法務論に不足していた政策論・行政学の成果を盛り込み、法律論と政策論をバランスよく配置し結びつけた検討をしたいと考えた。もちろん、政策論と法律論は「水と油」のような関係にあって、この作業は容易ではない。私自身も、行政学は学んでいるものの、政策学全体に習熟している自信はないし、法律学も主として実務経験を通じて学んだものであり、理論面で十分な検討を行う自信があるわけではない。しかし、今後の自治体政策法務論の展開を考えると、粗削りであっても政策論と法律論の両方を基礎とした検討が不可欠であることから、試論として記述してみたいと考えた次第である。

　第2に、自治体政策法務論の全体像をできるだけ簡明に提示することである。前述のとおり、多くの著作・テキストが刊行されているものの、その問題関心や記述内容はバラバラである。これでは、政策法務を学ぼうとする初学者は何を学ぶべきかとまどってしまうし、政策法務論という「理論」が成り立ち得るのか、「運動論」にとどまるのではないかという疑問が投げかけられることになる。そこで、これまでの多数の著作を踏まえつつ、政策法務を実践するために必要な視点・知識をできるだけ総合的・体系的に提供することを心がけた。この作業が今後の政策法務論の「共通枠組み」を形成する一助になれば幸いである。

　第3に、できるだけ新しい論点や主張を取り入れることである。政策条例の制定や住民協働など政策法務の実践は日々進展しているし、国でも地域主権改革が進められ、条例による「上書き権」など新しい論点も生まれている。そこで、限られた紙幅ではあるが、今後、自治体政策法務を切り拓くうえで重要と思われる論点は、未成熟であっても取り上げ、一定の分析や試論を記述することにした。本書は基本的には学習のためのテキストであるが、同時に自治体政策法務の「最前線」を示すものになっているとすれば、望外の幸せである。

　本書は、「月刊自治フォーラム」（自治研修研究会編、第一法規発行）2009年4月号～2010年3月号に掲載した「連載講座・政策法務論の要点」の拙稿を基礎としつつ、新しいテーマを追加するとともに、全体にリライトしたものである。その追加・修正の要点は、はしがき末尾の〔初出との比較〕のとおりである。

　つたない本書ではあるが、多くの方々のご指導とご支援によってとりまとめ、

はしがき

刊行にいたることができた。

　北村喜宣先生（上智大学）、山口道昭氏（立正大学）、出石稔氏（関東学院大学）をはじめとする「かながわ政策法務研究会」の皆さんには、研究面で多くの示唆を受け、また先輩・友人等として大変お世話になっている。特に北村先生は、行政法・政策法務の世界でまぶしく輝く先達であるとともに、親しくご指導いただける存在である。私がこの領域にここまで「深入り」できたのも、先生の導きと刺激によるところが大きい。

　鈴木庸夫先生（千葉大学）には、実務家時代から各種の研究会や書籍の執筆に誘っていただき、政策法務の発想や可能性を教えていただいた。先生の導きがなければ、政策法務にここまで関心をもつことはなかったと思う。また、木佐茂男先生（九州大学）、田中孝男氏（九州大学）、小林明夫氏（愛知学院大学）や「全国自治体法務合同研究会」の皆さんには、多くの刺激と最新の情報をいただいている。一人ひとりのお名前を挙げることは差し控えるが、こうした全国的な人脈・ネットワークがなければ、本書のような本を刊行する勇気は出なかったと思う。

　私の大学院での指導教授である西尾勝先生（（公財）後藤・安田記念東京都市研究所理事長、東京大学名誉教授）、大学院時代に「政策学」の授業に参加して以来、現在までご指導いただいている森田朗先生（学習院大学）、行政学の視点から政策法務にも鋭い分析を行っている金井利之先生（東京大学）、そして東京大学行政学研究会の皆さんにも感謝したい。本書の政策的検討と行政学からの示唆は、これらの先生方から学んだものである。今後は少しは行政学らしい成果を生み出すことを誓って、学恩に報いたいと思う。

　法律学の分野では、小早川光郎先生（成蹊大学）と宇賀克也先生（東京大学）には、大学院の授業に参加して以来、学会等でご指導いただいている。また、大学院で「法政策学」の演習に参加して以来、平井宜雄先生（東京大学名誉教授）には授業と著作を通じて多くのことを学ばせていただいた。ともに感謝したい。

　私は、中央大学大学院公共政策研究科において、開設以来8年間、「政策法務論」の授業を担当しており、この経験も本書の基礎になっている。同研究科の植野妙実子委員長をはじめとする教員の皆さんと歴代の履修者に感謝したい。

　職員として17年間、参与として6年間勤務した神奈川県庁の皆さんにも感謝しなければならない。本書が多少なりとも自治体実務の裏づけをもっているとすれば、それは神奈川県での経験とその間にご指導いただいた方々、そして自主研究

はしがき

会（かながわ政策塾ほか）のおかげである。お名前を挙げることは差し控えるが、一人ひとりに心から感謝したい。

最後に、身内のことになるが、叔父・宇都宮保とその妻・稚歳（故人）に感謝したい。母・アヤ子の弟であり小学校教員であった叔父は、社会人になる前に両親を亡くした私のことを常に気にかけてくれ、自らの学問志向もあって私が研究者に転身したことを誰よりも喜んでくれた。また、専門外であろう私の拙稿をいつも時間をかけて読み、感想を寄せてくれている。今年、傘寿の祝いを迎えた叔父がいつまでも健康で、私の遅れがちな研究活動を見守ってくれることを祈っている。

本書の刊行にあたり、「月刊自治フォーラム」からの転載を許可いただいた(財)自治研修協会に御礼を申し上げたい。また本書の刊行は、第一法規(株)出版編集局編集第二部の木村文男さんと石塚三夏さんのご尽力がなければ実現できなかった。たび重なる執筆・校正作業の遅れと大幅な紙幅の増加により大変ご迷惑をおかけしたが、最後まで巧みに誘導・支援していただいたことに、心から感謝したい。

2012年9月　残暑厳しい川崎市麻生区の自宅にて

礒　崎　初　仁

〔初出との比較〕

第1章	政策法務という戦略	同誌2009年4月号に4を加筆
第2章	政策法務の歩み	同誌2009年5月号を一部修正
第3章	広がる条例の世界	書き下ろし
第4章	自治を支える政策法務	同誌2009年6月号に7を加筆
第5章	政策分析の基礎	書き下ろし
第6章	条例評価と立法事実の理論	同誌2009年7月号に4、5、図表6-3を加筆
第7章	政策手法の理論	同誌2009年8月号を一部修正
第8章	インセンティブの理論	同誌2009年9月号を一部修正
第9章	憲法と条例	書き下ろし（2009年10月号の一部を継承）
第10章	分権改革の到達点	書き下ろし
第11章	条例制定権の限界	同誌2009年10月号、同11月号を統合
第12章	分権時代の条例論	同誌2009年12月号に4を加筆
第13章	立法法務の実践	同誌2010年1月号に一部加筆
第14章	執行法務の実践	同誌2010年2月号に一部加筆
第15章	争訟・評価法務の実践	同誌2010年3月号に7を加筆
Column ❶〜❻		書き下ろし

改訂版 はしがき

2012年に刊行された本書は、大学の授業科目にもないなじみのないテーマにやや踏み込んだ議論をしているにもかかわらず、比較的多くの研究者や実務家の方々に手にしていただいたようである。このたび第一法規から、刊行から5年が経過し在庫も少なくなったことから、改訂版を刊行してはどうかというお話をいただいた。出版事情の厳しい中で、世に出した本を大事に育てていく同社の姿勢に敬意を抱くとともに、ありがたいご提案に喜んで応じさせていただくことにした。

社会や行政の変化は激しく、わずか5年でも地方分権改革の進展、地方創生の取組み、行政不服審査法の改正など新しい課題や検討すべき内容は少なくない。改訂にあたっては、こうした課題や状況を取り込むよう努めた。同時に、初版の記述やデータをよりわかりやすくかつ最新のものに見直した。主な改訂事項は下記のとおりである。

改訂にあたっては、第一法規㈱の木村文男さんと西連寺ゆきさんに格別のご配慮とご尽力をいただいた。心から感謝したい。

2018年2月

礒　崎　初　仁

〔主な改訂事項〕

第1章	政策法務という戦略	「5　政策法務論の類型・方向性」を追加
第2章	政策法務の歩み	「6　地域再編型法務の時代」を追加
第4章	自治を支える政策法務	「4⑷　合意形成をどう考えるか」と「8　コミュニティ推進条例の制度設計」を追加
第6章	自治体の守備範囲の理論	題名・構成を変更、「1　自治体の守備範囲を考える」に更新、Column ❻を更新
第10章	分権改革の到達点	2に「沖縄米軍基地辺野古埋立承認取消事件」の記述を追加、「5　分権改革の第3ステージ」の題名を変更し⑴⑵を追加、Column ❿を更新
第12章	分権時代の条例論	5の「条例による上書き権」の記述を更新、Column ⓬を更新
第13章	立法法務の実践	Column ⓭を更新
第15章	争訟・評価法務の実践	「2　不服審査法務の制度と実践」の記述を更新、Column ⓯を更新

目次 ― 自治体政策法務講義　改訂版

はしがき

第1部　政策法務の基礎

第1章　政策法務という戦略―法律論と政策論の融合

1. 政策法務とはなにか……………………………………………………3
2. いまなぜ政策法務か……………………………………………………5
3. 政策法務の3つのプロセス……………………………………………6
4. 自治立法の種類と特質…………………………………………………8
5. 政策法務論の類型・方向性……………………………………………12
6. 政策法務論と関連諸学問の関係………………………………………13
7. 政策法務は法治主義を軽視するものか………………………………14

Column ❶　行政法学と行政学―役に立つのはどっち？……………16

第2章　政策法務の歩み―政策法務はどこまで進んだか

1. 政策法務・50年の歴史？………………………………………………18
2. 秩序維持型法務の時代（1940年代後半～50年代）―政策法務の前史……18
3. 環境保全型法務の時代（1960年代～70年代前半）―政策法務の創成期……19
4. 住民参加型法務の時代（1970年代後半～80年代）―政策法務の展開期……20
5. 分権推進型法務の時代（1990年代～00年代）―政策法務の発展期……22
6. 地域再編型法務の時代（2010年代～現在）―人口減少時代の課題はなにか……23
7. 政策法務（実務）はどこまで進んだか………………………………25
8. 政策法務論（理論）はどこまで進んだか……………………………27

Column ❷　3つの学派から戦国時代へ―法務研究会が増えている理由（わけ）……30

第3章　広がる条例の世界―ローカル・ルールを概観する

1. 条例制定の概況…………………………………………………………32
2. 自治を支える条例の状況………………………………………………36
3. 分野別基本条例の状況…………………………………………………38

4	地域づくりを進める条例の状況	39
5	地域活性化を進める条例の状況	44
6	暮らしを支える条例の状況	45
7	法定外税に関する条例の状況	50

Column ❸　条例は政治家のアクセサリーか?……51

第4章　自治を支える政策法務——デモクラシーの制度設計

1	自治を支える政策法務とは	53
2	住民自治をどう捉えるか	53
3	代表機関のあり方——二元代表制をどう生かすか	56
4	新しい住民自治の考え方	58
5	自治基本条例の制度設計	62
6	議会基本条例の制度設計	64
7	住民参加条例と住民投票	66
8	コミュニティ推進条例の制度設計	70

Column ❹　「ご近所の底力」は本物か?——丹沢の山小屋で条例案をつくった話……72

第2部　政策的検討の理論

第5章　政策分析の基礎——公共政策の見方・つくり方

1	政策とはなにか	77
2	政策分析の枠組み	80
3	政策形成の理論・モデルの全体像	83
4	政策の「内容」に関する理論——「すぐれた政策」とはなにか	84
5	政策の「過程」に関する理論——政策はどのように形成・実施されるか	93

Column ❺　公共政策は「坂の上の雲」か?……98

第6章　自治体の守備範囲の理論——市場・政府・コミュニティの役割分担

1	自治体の守備範囲を考える	100
2	市場・政府・コミュニティの役割	101
3	市場の限界と自治体の役割	103
4	コミュニティの限界と自治体の役割	105

5	政府の役割と限界……………………………………………… 108
6	条例制定の5つの原則…………………………………………… 111
Column ❻	風前の灯・マニフェストをどう考えるか──お任せ民主主義は楽？…… 112

第7章　条例評価と立法事実の理論──「すぐれた条例」とはなにか

1	なぜ条例評価か………………………………………………… 114
2	条例評価の視点と基準………………………………………… 116
3	総合的評価の限界と可能性…………………………………… 123
4	立法事実の重要性……………………………………………… 126
5	立法事実の収集と明確化……………………………………… 128
Column ❼	石橋を叩いてこわす自治体職員？…………………………… 131

第8章　政策手法の理論──「すぐれた条例」のつくり方

1	政策手法とはなにか…………………………………………… 133
2	政策手法の類型………………………………………………… 134
3	基本的な政策手法……………………………………………… 135
4	補完的な政策手法……………………………………………… 138
5	政策手法の選択………………………………………………… 142
Column ❽	活躍できる？自治体職員出身の大学教員…………………… 145

第3部　法的検討の理論

第9章　憲法と条例──人権保障という思想

1	法治主義の意義と再検討……………………………………… 149
2	基本的人権の保障の考え方…………………………………… 153
3	人権保障と条例の関係………………………………………… 159
4	違憲立法審査の基準と条例制定の可能性…………………… 160
5	法の一般原則…………………………………………………… 168
Column ❾	検事たちの「おかしな条例」………………………………… 174

第10章　分権改革の到達点──自治体の権限はどこまで拡大したか

| 1 | 第1次分権改革の要点………………………………………… 176 |

2	第1次分権改革による変化とその限界	179
3	三位一体の改革の失敗	186
4	第2期分権改革の課題と成果	188
5	分権改革の第3ステージ──「立法分権」の提案	192

Column ❿　米軍基地辺野古移設問題をどう考えるか──受益圏と受苦圏の分離 …… 194

第11章　条例制定権の限界──「適法な条例」とはなにか

1	条例制定権の3つの限界	196
2	対象事務の限界──当該自治体の事務に関するものであること	196
3	法律との関係による限界──法令に違反しないこと	197
4	判例にみる法律適合性の判断(1)──上乗せ条例の場合	204
5	判例にみる法律適合性の判断(2)──横出し条例の場合	208
6	法律に抵触しないための留意事項	210
7	条例（制定権）と執行権の関係	211

Column ⓫　検察協議ってなに？ 216

第12章　分権時代の条例論──条例は国法を乗りこえられるか

1	自主条例の法律適合性(1)──分権改革以前の議論	218
2	自主条例の法律適合性(2)──分権改革以降の新しい議論	222
3	法定事務条例の可能性	226
4	都道府県条例と市町村条例の関係	231
5	法令の規律密度改革と条例の上書き権	235

Column ⓬　「政策に強い議会」をつくる方法？ 238

第4部　政策法務の実践

第13章　立法法務の実践──ローカル・ルールをつくろう！

1	立法法務のプロセス	243
2	条例制定の課題設定	244
3	条例案の基本設計（立案1）	248
4	条例案の詳細設計（立案2）	251
5	住民参加と合意形成	255

| 6 | 条例の審議・決定……………………………………………………… 257
Column ⓭　難航した受動喫煙防止条例の制定——知事と議会の「暁の攻防」……… 260

第14章　執行法務の実践——法執行の実効性をどう高めるか

| 1 | 執行法務のプロセス……………………………………………… 262
| 2 | 執行活動の理論…………………………………………………… 263
| 3 | 執行法務の制約条件……………………………………………… 265
| 4 | 執行管理の実践…………………………………………………… 267
| 5 | 執行活動の実践…………………………………………………… 268
| 6 | 行政手続法制による規律………………………………………… 271
| 7 | 自治体の法令解釈権と関与のルール…………………………… 274
Column ⓮　規制行政はつらいよ!?……………………………………………… 276

第15章　争訟・評価法務の実践——自治体のアカウンタビリティ

| 1 | 争訟・評価法務とはなにか……………………………………… 277
| 2 | 不服審査法務の制度と実践……………………………………… 278
| 3 | 苦情対応・オンブズパーソンの実践…………………………… 282
| 4 | 訴訟法務の制度…………………………………………………… 283
| 5 | 訴訟法務の実践と戦略——法的対話とアカウンタビリティ………… 288
| 6 | 評価法務の実践…………………………………………………… 290
| 7 | 政策法務のマネジメント………………………………………… 293
Column ⓯　日本の公務人材の育成は大丈夫？——大学教育から人事制度まで……… 296

参考文献
事項索引

装丁　　篠　隆二

第 1 部

政策法務の基礎

|第1部| あらまし

　第1部では、政策法務の基礎を学ぶ。

　第1章「政策法務という戦略」では、政策法務とはどのような考え方か、いくつかの側面から検討する。政策法務という言葉が生まれて30年近くになる。この間、政策法務は地方分権を進めるキーワードとして注目されてきたが、その意味や問題意識は論者によってかなり異なる。本書では、法を政策実現のための手段と捉えることを出発点として、法律論と政策論の融合としての政策法務論をめざすことを明確にする。

　第2章「政策法務の歩み」では、政策法務のこれまでの歩みをたどり、その到達点を明確にする。「政策法務」とよぶことのできる実践は1960年代後半から始まったから、政策法務にはすでに約50年の蓄積がある。この間、条例づくりを中心に政策法務の実践は広がったし、政策法務の理論も厚みを増している。そんな「歴史の重さ」を共有したい。

　第3章「広がる条例の世界」では、前章をふまえて、全国でどのような条例が制定されているか、分野別に概観する。まず条例の種類を説明したうえで、自治、基本条例、地域づくり、地域活性化、暮らし、法定外税などの分野ごとに、代表的な条例を示しながら特徴をあげる。これによって「条例の世界」がいかに広がり深まっているか、認識したい。

　第4章「自治を支える政策法務」では、住民自治の考え方を明らかにしたうえで、住民自治に関する条例の現状と課題を検討する。近年、自治基本条例、議会基本条例など、「自治」に関する条例が増えている。また住民協働、新しい公共など、新しい自治の捉え方も生まれている。こうした課題について、試論を交えて考えてみたい。

第1章 政策法務という戦略
―法律論と政策論の融合

1　政策法務とはなにか

　政策法務とは何か。これについては様々な説明があるが、着眼点の違いによるものであり、学習を進めるうえではその違いをあまり気にする必要はない。

　たとえば、北村喜宣氏は、**自治体政策法務**とは「地方自治の本旨の実現のために、住民の福祉増進の観点から必要と考えられる政策を、憲法をはじめとする関係法体系のもとで、自主的な法解釈を踏まえて、いかに適法・合理的に制度化・条例化するか、適法・効果的に運用するかに関する思考と実践」とする（北村2004a：3。ほかに北村・山口・礒崎2005：2も同様）。ここでは、法律学者らしく、「地方自治の本旨の実現」「住民の福祉増進」「憲法をはじめとする関係法体系のもとで」など、法的な価値体系が強調されているが、政策の「制度化・条例化」と政策の「運用」の両面に分けたうえで、これらを適法かつ合理的（又は効果的）に行うことと定義しており、後述の立法法務と執行法務が含まれている。

　本書では、**政策法務**とは、「法を政策実現の手段と捉え、政策実現のためにどのような立法、法執行、争訟評価が求められるかを検討する理論及び実務における取組み」と考える（礒崎編2004a：3-5（礒崎））[1]。この定義のポイントは、①法を政策実現の手段と捉えること、②「法務」を構成する立法、法執行、争訟・評価の3つの段階を広く対象にすること、③理論と実務の両方を検討すること、の3点にある。前述の北村氏の定義と比べると、法的な価値観を含めていない点と争訟・評価を対象としている点で異なるといえる。

　従来の集権的な行政システムのもとでは、「国が政策を考え、自治体がそれを執行する」という役割分担の意識が強く、自治体の**法務（法律実務）**では、国が定めた法令や通達を忠実に実施すればよいという発想が支配的であった。そのため、自治体の「法務」は「政策」とは切り離されてきた。しかし、法（特に行

---

[1] 標準的テキストである自治体法務検定委員会2018b：10-11（出石）では、政策法務とは「立法法務（Plan）、解釈運用法務（Do）、争訟・評価法務（See）の法務の各段階を有機的に用いて、自治体の課題解決に導き、政策を実現する実践的取組み」とし、「自治体法務のプロセス自体を政策化すること」と「自治体法務を政策的に活用すること」という二面性があるとしている。

政法規）が政策実現の手段だとすれば、その執行にあたっても、政策との結びつきを考慮して、政策実現のために合理的な解釈運用を行わなければならない。また、地域に解決すべき問題がある場合には、自治体が独自の政策をつくり、その実現のために条例制定等の対応を行う必要がある。このように、これまで自治体において切り離されてきた「政策」と「法務」を、本来の形にもどって結びつけようとする取組みが「政策法務」なのである（**図表1-1参照**）[2]。

なお、この定義では、国にも「政策法務」が存在するし、国についても政策論としての政策法務論は手薄だから、その理論化は大きな課題である。しかし、国ではもともと法律制定などの法務はまさに政策を実現する手段として実施されてきており、政策法務の「実践」が定着しているのに対して、自治体ではこうした発想自体が乏しいため、地方分権時代を迎えて、特に自治体において政策法務の取組みが必要になっている。そこで、本書でも自治体の政策法務を取り上げる。ただし、本書における政策的検討の多く（5～8章）と法的検討のうち憲法との関係（9章）は、国の政策法務にも当てはまると考えられる。

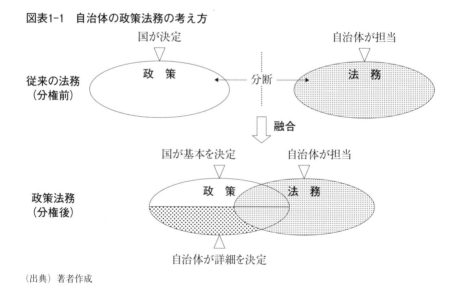

図表1-1　自治体の政策法務の考え方

（出典）著者作成

---

[2] 政策法務に類似する用語として、「自治体法務」（田中・木佐2004ほか）、「法政策学」（碧海1972、平井1995：5）、「政策法学」（阿部（泰）1996：2）、「立法学」（末弘1946、小林（直）1984、山田1994ほか）という概念がある。これらと政策法務の異同については礒崎編2004a：5-7（礒崎）参照。

2　いまなぜ政策法務か

　では、なぜいま政策法務が重要になっているのだろうか。より広い視野で考えると、次の4点を指摘することができる。

(1)　政策化

　現代社会では、福祉国家への転換や社会の複雑化等に伴い、福祉、環境などの課題が拡大して積極的な対応が求められるようになったため、政府に課題解決に向けた対応を義務づける**政策法**が増加している。このような政策法では、社会正義や自由権の保障よりも、いかに有効かつ効率的に政策（政策目的）を実現するかという観点が重要となる。これに伴って、法のあり方も受動的・自己完結的なものでなく、能動的・応答的なものに変化することになるし、こうした変化の中で政策法務が重要になってきたのである。

(2)　分権化

　いまわが国では、集権的行政システムが制度疲労に陥り、個性豊かな地域社会を形成するとともに、少子高齢化などへのきめ細かな対応を図るため、地方分権が必要となっている。地方分権を進めるには、自治体が国から自立して政策を展開するとともに、法のあり方も地域ごとの個性あるものに変えていく必要がある。いわば**ローカル・ルール**の成長が求められているのである。

　一方、分権改革によって自治体の法的権限が拡大することによって、政策法務の可能性が増大している。特に2000年施行の第一次分権改革では、機関委任事務制度が廃止され、法令解釈権と条例制定権が拡大した（第10章2参照）。これを活用して法令運用と条例制定の両面で政策的対応が可能になっているのである。

(3)　自治化

　ここで「自治化」とは、政治行政を進めるうえで住民参加、住民・NPOとの協働など住民自治の推進・充実が求められていることをいう。政治行政は選挙によって選ばれた代表機関によって決定・運営されるが、現代では国民・住民の価値観が多様化し、日常的にその意思を反映させるとともに、住民協働による事業展開や地域づくりが求められている。特に自治体においては、住民自治の具体化と制度化を図る必要がある。最近では自治基本条例、住民参加条例、住民活動支援条例など、自治の仕組みを整備するためにも政策法務が注目されている（第4章参照）。

(4) 多様化

以上にも現れているとおり、現代社会では法の役割が拡大し、そのあり方が多様化している。社会の都市化・情報化、国民の価値観の多様化、コミュニティの弱体化等に伴って、都市計画、社会福祉、青少年育成など各種の問題が生じ、これに対応するために法の役割が拡大している。たとえば、都市化に伴って都市計画などの法制度が重要になったし、景観への関心が高まって景観法制が整備されたり、最近では情報化の進展や家族・コミュニティ機能の希薄化によりネット犯罪への対応や青少年保護が問題になるなど、法の役割は大きく拡大している。

これに伴って、主として秩序維持と紛争解決を担ってきた法に、人々の活動促進や資源配分などの役割が期待されるようになっている[3]。そこで、権利義務と罰則を中心とする従来の形から、行政計画、行政指導、当事者間調整、責務規定が多用されるなど、法のあり方も多様化している。政策法務が求められる背景には、こうした法の変容・多様化もあると考えられる。

以上のように、政策法務は1990年代以降の分権改革の潮流の中で広がった考え方であるが、政治行政や法の変容と結びついているのであり、一時の流行に終わるものではないと考えられる。

3 政策法務の3つのプロセス

1で述べたとおり、政策法務は政策実現を図るため、次の3つの段階・プロセスによって構成されているといえる。ここではその大枠を示しておいて、各段階の課題や対応については、本書の第4部（第13章〜第15章）で取り上げる。

(1) 立法

政策を実現するには、立法段階でいかに有効かつ効率的な制度設計を行うかが重要となる。自治体の場合は、条例や規則を制定する段階である。自治体の事務を定める法律・政省令については、国が立法段階を担い、自治体が執行段階以降を担うという形になる。後述のとおり、従来の法律学は、考察の対象として立法段階を除外ないし軽視しているが、政策法務論ではこの段階すなわち立法論を重視する必要がある。

---

[3] 田中（成）1994：78-90は、法の社会的機能として、①社会統制機能、②活動促進機能、③紛争解決機能、④資源配分機能をあげている。

この立法の段階も、より細かくみれば、①**課題設定**（社会の問題を認識し、立法によって対応すべき課題として設定する段階）、②**立案**（問題の解決に必要な法制度を検討し、条例案等の形でまとめる段階）、③**決定**（権限をもつ機関において立法案を審議し、正式に決定する段階）に分けることができる。行政学・政策学では、この三区分を含めて政策過程全体を五段階（課題設定―立案―決定―執行―評価）で把握するのが通常である（第5章5参照）。

(2) **法執行**

政策を実現するには、制定された法律や条例を所期の目的に沿って適切に執行する必要がある。法の内容を解釈し具体化するとともに、それを個別の事案にあてはめて一定の結論を出すのが法執行であるが、これを円滑かつ効果的に行うために、執行細則（いわゆるマニュアル）の制定や違反事案への指導監督など様々な活動が必要になる。自治体の場合は、国が制定した法律と自ら制定した条例の両方を執行する役割を担うのであり、自治体職員の多くはこの法執行（特に法律の執行）に携わっているといえる。

法の執行というと、法令で定められた基準や手続を忠実に実施すれば足りるというイメージがあるが、法はあくまで抽象的・一般的なルールを定めたものだから、これをどう解釈するかについては裁量が伴うし、違反への取締りを含めて制度をいかに効果的に運用するかは、執行機関の工夫に任せられている。法によっては、実態に合致しないとか関係者の抵抗が強いために活用されないものもあるし、違反事案が多くて取り締まりきれず「ザル法」となってしまうものもある。それだけ法執行のあり方が重要なのである。

行政学においては、政策執行過程論として執行活動の裁量性・独自性に焦点が当てられている（たとえば森田2017：171-183）。また、従来の法律学も、法解釈論を中心としていたことから、この法執行のあり方に法治主義の観点から焦点を当ててきたといえよう。政策法務論でも、こうした蓄積を生かして検討を行う必要がある（第14章2～5参照）。

(3) **争訟・評価**

法執行段階で一定の対応を行った場合に、行政訴訟や不服審査請求が提起されることがある。この段階で法律や条例が違法・無効とされたり、従来の執行の方法が否定されたりすると所期の目的を達成できないため、政策実現の観点からも争訟には適切に対応する必要がある。また、こうした争訟をきっかけとして、あ

図表1-2　自治体における政策法務の流れ

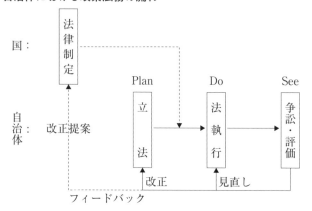

（出典）著者作成

るいは争訟とは無関係に、法執行の成果や状況を点検・評価して、必要がある場合には自ら法律や条例の改正や執行方法の見直しにつなげることが重要である。

すなわち、法は制定したら終わりではなく、評価のプロセスを通じて不断に見直しを行うこと（フィードバック）によって「よりよい法」に成長させていくべきである。その意味で、一般の政策過程も同様だが、政策法務のプロセスは循環過程（サイクル）になっているのであり、「サイクルを回す」ことが重要なのである。立法評価は、政策法務論の中でも十分な検討・実践が行われていないが、「サイクルを回す」ための結節点にあることから、政策法務の「成功」のカギを握っていると考えられる（第7章、第15章6参照）。

このように、争訟対応と評価は別の取組みであるが、密接に関連しているため、ここでは第三段階として一括して捉えようとするものである。

4　自治立法の種類と特質

(1)　自治立法等の種類

それでは、自治立法にはどのような種類があるだろうか。ここでは、厳密には自治立法とはいえないが、これに類似する規範を含めて、広く列挙しよう。

第1に、**条例**である。条例は、自治体の議会が制定する自治立法の一形式である。次の規則・規程も自治立法のひとつだが、住民等に義務を課し、権利を制限するには条例でなければならないため（地方自治法14条2項）、条例こそが自治立

法の中心だといえる。本書でもこの条例に焦点を当てる。

　第2に、**規則・規程**である。規則・規程は、自治体の長又はその他の執行機関が制定する自治立法の一形式である。憲法上の「条例」(94条)には、この規則・規程も含まれると解されている。これには、長が制定する「規則」(狭義の規則)と、長以外の執行機関が制定する「規則その他の規程」がある。

　このうち長が制定する規則は、法令に違反しない限りで、長の権限に属する事務に関して制定するものであり（地方自治法15条1項）、条例の委任により又は条例を執行するために定められる規則が多いが（まちづくり条例施行規則など）、法令や条例の委任がなくても制定することができる（行政組織規則など）。この点で、法律の委任を要する政令・省令とは異なる。ただし、前述のとおり、住民に義務を課し、又は権利を制限することはできない（同法14条2項）。

　その他の執行機関による「規則その他の規程」は、法律の定めるところにより、法令・条例・規則に違反しない限りにおいて、その権限に属する事務に関して制定するものであり（同法138条の4第2項）、法律の定めに基づいて定めるもの（教育委員会規則、人事委員会規則など）のほか、所掌事務に関して独自に定めるものもある。

　これらの規則・規程については、条例の規定事項と競合した場合にいずれが優先するかという問題があるが、規定内容によって判断すべきである。

　第3に、**告示**がある。告示は、長その他の執行機関が決定した事項を公に知らせる行為又はその形式である。告示の内容は法規そのものではないが、特に法令や条例で執行機関に委任された事項を告示することによって法的効果が生じる場合（排出基準、対象区域の決定など）には、外形上、法規範と同様の機能を果たすことに注意を要する。

　第4に、**訓令**がある。訓令は、長その他の執行機関が下級行政機関又は構成する職員に対して発する命令又は指示であり、それらの機関・職員に対しては法的効力を有する。

　第5に、**要綱**がある。要綱は、様々なものがあるが、長その他の執行機関が住民等の活動に関して定める規定で、法規たる性格を有しないものである。ここには、**開発指導要綱**[4]のような規制的な行政指導の指針（行政手続法36条参照）や、

---

[4] 開発指導要綱については、五十嵐1987：319-373、鈴木（庸）1994、原田2005：170-180参照。

補助金交付など給付的な事業の実施要綱なども含まれる。事務執行の指針・基準である点では次の行政規則と共通するが、住民等の活動に対して定められ、公にされることによって機能する点で異なる。

第6に、**行政基準**がある。行政基準は、長その他の執行機関が事務処理の指針や基準として定める規定で、法規たる性格を有しないものである。講学上は告示等を含めて行政規則とよばれることが多いが、本書では対象を限定して行政基準とよぶことにしよう。内規とか内部規定とよばれることもあるが、実際には住民等の利害に関係するし、情報公開法制上、非公開にできるものでもないため、呼称としてふさわしくない。行政基準のうち、法律、条例等の法規範を執行するために定めるものを、本書では執行細則とよぶ。ここには、許認可における審査基準（行政手続法5条参照）、事務処理要領（マニュアル）などが含まれる。法執行にあたり法令や条例・規則の規定だけでは不十分なことが多いため、円滑かつ効果的な事務執行と公正・透明な行政運営のために、執行細則を整備することが重要なのである（第14章4参照）。

第7に、**行政協定**がある。行政協定は、長その他の執行機関が一定の行政目的のために特定の当事者と締結する合意（契約）である。一般的・抽象的な規範ではないため法規たる性格を有しないが、当事者間では法的効果を有する。行政協定自体は、公共事業、許認可等に伴って個々に締結するものであるが、特に一定

図表1-3　自治立法と類似規定の一覧

類型区分	内容
①条例	自治体の議会が制定する自治立法の一形式（法規）
②規則・規程	自治体の執行機関が制定する自治立法の一形式（法規）
③告示	長その他の執行機関が決定した事項を公に知らせる行為又はその形式
④訓令	長その他の執行機関が下級行政機関又は構成する職員に対して発する命令又は指示
⑤要綱	長その他の執行機関が住民、事業者等の活動に関して示す規定で、法規たる性格を有しないもの
⑥行政基準	長その他の執行機関が事務処理の指針や基準として定める規定で、法規たる性格を有しないもの
⑦行政協定	長その他の執行機関が一定の行政目的のために住民、事業者等と締結する合意（契約）

（出典）　各種教科書、資料から著者作成

の行政目的のために継続的に適用されることが予定されている協定（公害防止協定、緑地保全協定など）に注目する必要がある。これらは単なる紳士協定ではなく何らかの法的効果をもつと考えられるが、その内容については個別に検討する必要がある。

以上のとおり、厳密な意味での「自治立法」は条例と規則・規程に限られるが、自治体の法的対応は多様であることから、その他の類似規定・形式を含めて広く「ローカル・ルール」と捉えることができる。

(2) 自治立法の特質

これらの自治立法あるいはローカル・ルールは、国法と比べてどのような特質を有しているのだろうか。

第1に、自治立法は地域の実情に適合した内容にしやすいこと（個別適応性）があげられる。国法は様々な工夫をしたとしても、基本的には一律の内容となるが、自治立法であれば地域の実情を考えて、それに適合する仕組みや基準を定めることが可能となる。

第2に、多様な要素を考慮し、総合的にみて「最適解」をみいだす仕組みをつくりやすいこと（**アナログ性**）である。従来の法律ないし法律学は、対象の行為が適法か違法かなど二者択一型の仕組み（デジタル性）を基礎としていたが、社会の複雑化等に伴って、特に政策的立法においては事案に応じて最も適切な対応策を生み出すことが重要となっている（遠藤1976：15, 92、ルーマン2003：210-221）。問題の現場に近い自治立法であれば、こうした微調整を行う**最適化プログラム**を組み込むことも難しくない。

第3に、多様な目的を組み込んだ総合的・一体的な仕組みにしやすいこと（総合性）である。国の法律は、所管省庁の立案によって分野別の縦割りにならざるを得ないが、自治体では首長制がとられているし、住民の目線で問題を考えるため、総合的・一体的な仕組みとなりやすい。

第4に、住民が立法及び執行の過程に参加・関与しやすく、住民に身近な存在となること（応答性）である。自治立法であれば、住民が首長や議会に働きかけることができるし、自治体側もパブリックコメントなど意見吸収に努めているから、住民が条例等に「私たちのルール」という意識をもつことができ、執行段階でもその協力が得られやすい。

ノネとセルズニックは、**自律的法**（autonomous law）から**応答的法**（responsive

law）への転換を説くが（ノネ・セルズニック1981：115-181)[5]、自治立法は応答的法を実現する鍵を握っていると考えられる。今後、「自治立法の世界」をもっと豊かにしていく必要がある。

5 政策法務論の類型・方向性

　1990年代から様々な論者が政策法務について論じるようになったが、そうした政策法務論には様々な考え方が混在しており、政策法務の議論をわかりにくくしている。そうした議論を基礎にしている価値観・志向性によって区分すると、次の4つの類型に区分できると考えられる（カッコ内は主な論者＝敬称略。礒崎1999：12-20、同編著2004a：35-45（礒崎））。

a．**法治志向**の政策法務論＝法治主義の価値を重視し、法治主義との関係を中心に法務のあり方を考えようとする考え方である（兼子仁、磯部力、木佐茂男、鈴木庸夫、大橋洋一、田中孝男ほか）。この中にも、法治主義を徹底すべきだという議論もあれば、法治主義を見直すべきだという議論もあるが、いずれも法治主義との関係が主題になっている。

b．**政策志向**の政策法務論＝政策実現という価値を重視し、政策推進の視点から法務のあり方を考えようとする考え方である（平井宜雄、阿部泰隆、北村喜宣ほか）。この議論にも理論的な枠組みをつくろうとする議論や、具体的な政策課題から考える議論など、多様な発想・方法論がある。

c．**自治志向**の政策法務論＝市民自治・地方自治の価値を重視し、それらの視点から法務のあり方を考えようとする考え方である（松下圭一、名和田是彦ほか）。従来の公法学が国家統治の発想になっていることから、「自治体」の法務であることを重視する考え方といえる。

d．**実務志向**の政策法務論＝自治体の実践に主たる関心を置き、実務的な課題への対応を重視し、あるいはそれを題材として法務のあり方を考えようとする考え方である（天野巡一、山口道昭、出石稔、小林明夫、牧瀬稔ほか）。上記3つの志向性と重複する面もあるが、実務家出身者が中心になって展開されているこ

---

[5] ノネ・セルズニック1981によると、法の形態は、古代国家のような政治権力に左右される「抑圧的法」から、近代法の政治権力から分離され、「法の支配」を基本とする「自律的法」に変化し、さらに、社会的必要に適応する「応答的法」に発展していくとする。従来の行政法学が「自律的法」を志向してきたのに対して、政策法務論は「応答的法」を志向するものといえよう。

とが特徴である。
　この区分は、2で述べた政策法務の背景とも関係するし、視点を変えれば、政策法務は以上の4つを基本価値にしているということができる。この区分でいえば、本書はaとbの統合をめざすものといえる。なお、cの方向性については、限定的ながら第4章で取り上げる。

6 政策法務論と関連諸学問の関係

(1) 行政法学と政策法務論

　政策法務論は、従来の行政法学とはどう異なるのだろうか。
　第1に、従来の行政法学は行政活動に対する法治主義の貫徹を主目的とするのに対して、政策法務論は行政活動による政策実現を主目的とすることである。
　行政法学のあり方については、現在様々な議論があるが[6]、憲法が掲げる人権保障を受けて、国民の権利を保障するために行政活動をどう統制し、法治主義（法律に基づく行政の原則）を貫徹させるかという点に主たる問題関心がある点では共通している。これに対し政策法務論は、社会の諸問題を解決するための政策の実現を主眼とし、法的権限を使って政策をいかに有効かつ効率的に実現するかという点に主たる問題関心がある。その意味では、行政活動に対する能動的・促進的なスタンスを特徴としており、「攻めの法務」ということができよう。
　第2に、行政法学は法解釈論を中心にしているのに対して、政策法務論は広く立法―法執行―争訟・評価の三段階を対象とし、特に立法論に重点をおいていることである[7]。行政法学は、法執行のあり方について判例すなわち争訟の事例を題材として検討することを中心としており、立法の是非すなわち**立法政策**には立ち入らないというスタンスをとっている。これに対して、政策法務論は立法論に重点をおいて、有効かつ効率的な制度を設計することをめざしているのである。

(2) 行政学・政策学と政策法務

　次に、政策法務論は行政学や政策学とはどのような違いがあり、またどういう

---

[6] さしあたり、大橋1996、磯部2001、阿部（泰）2008を参照。
[7] この点で、磯部2001：63- は、行政の役割の見直し等を踏まえて、行政法学の対象を拡大し、立法政策にも及ぶ「行政システム設計の法理」を学問的に追究すべきだとする。これに対して塩野2009：52は、行政改革の帰結としての私人と行政の紛争の司法的解決のため実定行政法解釈学の重要性も増していることを指摘し、「本書の基本的立脚点は、通常の行政法教科書と同じく法解釈学にある」とする。

関係に立つのだろうか。

　第1に、**行政学・政治学**では、立法過程や政策執行過程を取り上げているが、そのプロセスを記述的に（「である論」として）分析する研究が中心であり、法の内容や執行過程の進め方を規範的に（「べき論」として）分析するものではない。この点で政策法務論との違いがある。ただ、そうした記述的研究は、法務の実態を示すものであり、政策法務論にも貴重な視点や素材を提供するものと考えられる。

　第2に、**政策学・政策科学**では、いかに合理的に政策をつくり実現するかという問題関心をもっているため、政策法務のテーマと重なる部分が少なくない。意思決定理論、計量的分析、政策評価論などは、政策法務にとっても参考になる。しかし、わが国では政策学・政策科学自体が導入されてまだ日が浅く、様々な著作はあるものの、理論的体系も方法論も確立していないし、わが国の政策形成の特質を反映したものにもなっていないため、当面は取捨選択しながら政策法務論に取り込んでいくべきであろう。

7　政策法務は法治主義を軽視するものか

　政策法務論が法を「政策実現の手段」と捉えるという点に関して、法律学等の立場からは、法自体に価値を認めない「**法道具主義**」に陥り、法治主義を軽視するものだという批判ないし懸念が寄せられている。

　たとえば阿部昌樹氏（法社会学）は、「自治体政策法務のあるべき姿をめぐって……『法律に使われる』のではなく『法律を使う』という姿勢が求められること等が強調されてきた」が、「そうした道具主義的な態度」は、「自治体職員が法律に服することよりもむしろ、法律が自治体職員の合理的判断に服することを是とする発想を、その内に含んでいる」とし、自治体政策法務には、「自治体政策に適切な法的表現を与える……という以上に、行政過程への住民参加のルール化、情報公開制度の整備、そして、争訟対応という外延部において『住民自治』の理念を具体化する」ことが重要だとする（阿部（昌）2000：5-15）。

　また人見剛氏（行政法学）は、政策法務論は「傾向的に『政策の法化』から、ひいては『法の政策化』をもたらすおそれがあ」り、「法令・条例・規則等のルールに則して行政を執行するというよりも、それらのルールの方を政策実現の技術にすぎないものとみて、法を行政政策の侍女にしてしまうおそれ」があるとす

る（人見2000：13-15）[8]。

　確かにこうした危険性には注意を要するが、現時点で政策法務の推進にクギを刺さなければならないほど、現実的な問題ではないと思われる。

　第1に、「手段」がもつ特質や限界をわきまえなければそれを活用することもできないから、法を政策実現の「手段」と捉えるからといって、法治主義の原理を軽視してよいというわけではない。そもそも「政策法務」という概念は、政策と法務という緊張関係にある概念を結合させることによって新たな「世界」に発展させることを期待しているのであって、法治主義を軽視したのでは政策法務の可能性も半減する[9]。法治主義と政策実現の両立こそが政策法務論の核心なのである。

　第2に、前述のとおり、現代社会では法自体が「政策化」しているから、「法を守る」ためにも政策実現の努力が求められている。たとえば、介護保険法は高齢者介護を社会全体で支えること（いわゆる介護の社会化）を目的としているが、そのため自治体には限られた財源の中でできるだけ質の高い介護サービスを提供できるよう、人材養成などに積極的に取り組むことが求められている。そうした状況のもとで、ただ「法を守れ」と力説しても問題は解決しないし、法の目的も実現できない。その意味では、法治主義の内容も変容せざるを得ないのであり（第9章1参照）、その点の理論的検討が求められている。

　第3に、確かに現状では、法治主義に対する認識や知識の乏しい自治体や自治体職員は少なくないが、そうした状況は従来から存在するものであり、政策法務論が唱えられるようになったためではない。残念ながら、政策法務論は職員研修等で取り上げられているだけで、実務に対する影響力は限られているし、もし影響しているとすれば、法的検討を強化し、法治主義を浸透させる方向に作用していると思われる。一方、実務では法的な障害を過大に評価して、政策展開を断念

---

[8] さらに、法政策学や立法学の試みについてではあるが、中山竜一氏（法哲学）は、「この『立法学』なる新領域に、それを主導する理念のようなものがはたして存在するのか否か」が気にかかるとし、最近増加している「〜基本法」や「〜特例法」を念頭において、「単なる個別利益にしか奉仕することのない……行き過ぎた法道具主義の下では、『法』への信頼が栄えることなど金輪際ないに違いない」と指摘する（中山2009：97-102）。

[9] 金井2007b：136も、「政策と法務の緊張」の問題を取り上げ、「《政策と法務の結合》とは、両者の緊張なき結合ではなく、両者間の緊張・権衡であり、……政策法務は常に二つのベクトル間で干満する流動的なものである」と指摘する。

又はサボタージュする傾向もみられるのであり（Column ❼参照）、そうした自治体又は自治体職員を励ましその背中を押すことも、理論の側の重要な役割だと思われる。

政策法務論には、法治主義の原則のもとでいかに有効かつ効率的に政策実現を図るかという課題が課せられているのであり、そこに政策法務論のおもしろさもあるのである。

Column ❶　行政法学と行政学―役に立つのはどっち？

　研究者は自分のプロフィールに専攻分野を書くことを求められる。私の場合は「地方自治論、行政学」と書くのが通常で、さらにスペースがあれば「政策法務論」と付け加える。けっして「行政法」とは名乗っていない。そういうと「行政学らしい論文も書いてないじゃん」とつっこまれそうだが、大学院（修士課程）では行政学を専攻し、行政学の論文で学位をとったから、許していただこう。

　もともと私は学部時代に法律学を勉強していたが、実務で許認可行政を担当する中で（Column ⓮参照）、実務は大学で勉強した行政法理論から乖離していることを痛感した。たとえば、行政法学では、事業者から許可申請書が提出されれば受理し、許可基準を満たしていれば許可、満たしていなければ不許可の処分を行うというのが、正しい対応となる。しかし実務では、事業者が申請書を提出しようとしても、許可基準を満たしていない場合は受理しないし、受理してしまった場合は取下げを指導していた。事前に審査して問題ない場合だけ受理するのだから、不許可処分などほとんどないし（年間1500件中２～３件程度）、したがって取消訴訟もない。しかも、事業者も早い段階で助言や許可の見込みが得られるため、こうした対応を受け入れており、このような仕組みが全体として機能し、円滑に進んでいる。「大学で勉強したことは何だったんだろう」と思ったものである。

　そういう時期に、地方自治に関する行政学の論考（村松岐夫氏、西尾勝氏など）に出会い、行政実態を構造的に捉えたうえで制度論・改革論を組み立てる点に関心をもった。そこで、大学院に派遣された際には行政学を専攻した。

　ところが県庁復帰後、土地利用調整条例の制定を担当したとき、一番問題になったのはその条例が違法になるか否かであり、これに答えてくれるのは行政法学であった。行政法学は、少なくとも「これをすると違法」という判断は示してくれたが、行政学は行政の現実を客観化して「説明」することは得意だが、ではどうするかという

「改革論」を実務レベルで示してくれなかった。それ以来、行政法学を基礎にしながら、行政学やその一分野でもある政策学の成果を取り入れて、「政策法務論」をつくる必要があると唱えている次第である。

　私の経験はこの程度だが、第1次分権改革では、西尾勝氏、大森彌氏などの行政学者が貢献したが、彼らは行政法理論を理解できる行政学者だったからとみることもできる。機関委任事務の廃止については成田頼明氏の役割が大きかったと聞くし、第2期分権改革の義務付け・枠付けの見直しでは、小早川光郎氏や斎藤誠氏、高橋滋氏などの行政法学者が貢献された。

　大ざっぱにいえば、実務で日常業務を遂行する場合は行政法学が役に立ち、これを改革する場合で、大きな「戦略」を立てるときは行政学が役に立ち、実務的な「戦術」を立てるときは行政法学が役に立つ、そういえるかもしれない。いずれにしても、政策法務の理論化にとって、行政法学と行政学の両方が必要になることは確かなのである。

第2章 政策法務の歩み
―政策法務はどこまで進んだか

1 政策法務・50年の歴史？

　政策法務にはすでに50年の歴史がある。そうというと大げさに思われるかもしれないが、政策法務という言葉が使用され始めたのは約30年近く前であるものの、政策法務といえる取組みが始まったのは1960年代後半と考えられるから、すでに50年近い時間が経過している。この間、政策法務はどのようにして生まれ、展開し、そしてどこまで進んだのか。これが本章のテーマである。

　そもそも政策法務とは、「法を政策実現の手段と捉え、政策実現のためにどのような立法、法執行、争訟評価が求められるかを検討する理論及び実務における取組み」だから（第1章1参照）、その到達点を探るにあたっても、立法、法執行、争訟評価の3つの領域を視野に入れる必要があるし、理論と実務の両側面を検証する必要がある。本章では、政策法務の変遷を浮き彫りにするために、まず政策法務の取組みについて概ね15年ごとに5つの時期に分けて概観したうえで、それぞれの領域と側面に分けて政策法務の「到達点」を探ることにしたい[1]。

　なお、実務のうち法執行や争訟の状況については、重要ではあるが、日常的な対応や個々の事案を検証することは困難であるため、以下でも社会的に注目されたトピックや判決を拾ったうえで、全体の傾向を指摘するにとどめることをお断りしたい。また、個別の条例、判例、文献等は後掲の**図表2-2**にまとめたので、本文では略記した。

2 秩序維持型法務の時代（1940年代後半〜50年代）―政策法務の前史

　戦後、新しい憲法と地方自治法の制定によって、自治立法権、自主行政権など自治体法務の基盤が整うとともに、法制度の整備が求められ、数多くの条例が制定された。

　まず実務面では、地方自治法等の法律において自治体の組織運営や営造物の管理など一定の事項が条例事項とされたため、これらを定める条例が多数制定され

---

[1] 本章の記述は、礒崎2001：94-100、同編著2004 a：19-45（礒崎）を踏まえて再整理したものである。

た。また、戦前の府県令が失効するとともに、地方自治法で行政事務については条例で定めることとされたため、旧府県令と都道府県規則の多くが都道府県条例に切り替えられたし、戦後復興の中で社会秩序が動揺したことから、全体として社会秩序の維持を目的とする条例が数多く制定された。

たとえば、1940年代後半には都道府県を中心に物資統制条例、風紀取締条例、売春取締条例が制定され、50年前後には農産物検査条例、魚市場条例等の営業規制の条例が制定された。また、GHQの指示もあって全国で**公安条例**が制定された（奥平1981ｂ、尾崎1978）。公安条例については、表現の自由の過度の制限にならないか、条例による人権規制が認められるかという問題があったが、最高裁はこれを合憲と判断した（新潟県公安条例事件判決＝54年ほか）。さらに50年代後半からは有害図書の販売規制等を定めた**青少年保護条例**も制定された。

一方、理論面では、法律が対象としている領域では条例制定は許されないという**法律先占理論**が支配的であり、法令解釈についても、国の**有権解釈**に対する信頼が強く、自治体の法令解釈権に注目する研究は数少ない状況であった。また、主として国の立場から地方自治制度を解説する著作は出されたが、自治体現場の視点から法務について書かれた著作はほとんどなかった。

このように、この時期は、社会秩序の維持を目的とする条例（**警察型条例**）が数多く制定され、その後の自治体法務の基礎がつくられた。しかし、これらには自治体の政策実現という色彩は薄かったし、自治体法務の独自性に注目する理論はほとんどなかったから、この時期は、政策法務の「前史」と位置づけられる。

3　環境保全型法務の時代（1960年代〜70年代前半）—政策法務の創成期

高度経済成長のもとで工業化・都市化が進んだこの時期は、革新自治体を中心に公害防止や環境保全を目的として様々な取組みが進んだ。

まず立法面では、**公害防止条例**が注目される。公害防止条例自体は1950年代から制定されていたが、60年代後半には公害問題の深刻化を受けて、東京都条例（69年＝制定年。以下同じ）のように法律よりも厳しい規制を行う**上乗せ条例**が制定されるようになった。当時は、上乗せ条例は法律に抵触するという見解が強かったが、徐々に国の法律を最低限規制と解して上乗せ条例を適法とする見解が強くなり、最高裁もこれを認める枠組みを示した（後述の徳島市公安条例事件判決）。また、公害防止については、横浜市の公害防止協定（64年〜）など、事業者

との合意を基礎とする**協定方式**が登場した。

また、都市化に伴う都市環境・生活環境の悪化に対応するため、川崎市（1965年）、川西市（67年）など大都市圏の自治体を中心に開発指導要綱がつくられた。**開発指導要綱**は、条例で開発行為の規制を行うと建築基準法等の法律に抵触すると解されていたことから、行政指導によって規制や誘導を行おうとするものであり、制定の簡便さもあって全国に広がった。

1970年代に入ると、列島改造ブームによる乱開発に対応するため、都道府県を中心に北海道（70年）など自然環境保全条例や、岡山県（73年）など県土保全条例が制定された。これらは、法律の規制対象以外の地域や行為に対する**横出し条例**が中心であったが、行政指導にとどまらず法的規制を行うものであった。

次に、争訟面では、かつては憲法で「財産権の内容は、……法律でこれを定める」（29条2項）と定めていること等から、条例で財産権の制限を行うことはできないと解されてきたが、最高裁は**奈良県ため池条例事件判決**（最高裁昭38・6・26判タ146号182頁）において、微妙な表現ながら条例による財産権の制限を認めた。

一方、理論面では、条例論を含めて法的な研究が進んだが、自治体の独自性や政策展開に着目したものは限られていたし、革新自治体を支える政治的な論考は増えたものの、法的な検討を行うものは少なかった。

このように、この時期は、自治体が都市環境や住民の健康を守るために独自の政策判断で条例を定めたり、要綱等の手法を編み出したことから、「政策法務」の実践が始まったと評価できる。政策法務の「創成期」といえよう。

4　住民参加型法務の時代（1970年代後半〜80年代）——政策法務の展開期

安定成長に入ったこの時期には、地方の時代が提唱され、住民参加を主眼とする取組みが展開されるとともに、理論面でも自治体法務に対する注目が集まった。

まず立法面では、川崎市（1976年）などで**環境アセスメント条例**が制定された。また景観保全についても、神戸市（78年）、滋賀県（85年）など景観条例の制定が広がった。

また、「情報なければ参加なし」の考え方のもとで、神奈川県（1982年）などが**公文書公開条例**を制定し、全国に広がっていった。高知県窪川町が原子力発電

所設置に関する**住民投票条例**を制定し（82年）、90年代以降の住民投票条例の嚆矢となったのも、この時期である。

次に法執行面では、外国人登録法において外国人に指紋押捺が義務づけられていたのに対して、1985年に川崎市等は外国人との共生の観点から国の指導に反してその違反者を告発しない方針を明らかにするという事例があった。機関委任事務について国の指揮監督に従わない自治体があったのである。その後、この指紋押捺制度については99年に撤廃された（田村（満）2003参照）。

さらに争訟面では、法律と条例の関係について、**最高裁徳島市公安条例事件判決**（昭50・9・10判タ327号120頁）において、条例の対象が法律の対象と重複する場合でも、条例の適法性は、両者の趣旨、目的、内容及び効果をみて両者の間に矛盾抵触があるかどうかによって決すべきとし、柔軟な判断基準を示した。これによって、横出し条例だけでなく上乗せ条例についても一定の基準を満たせば適法となったため、従来の法律先占理論は否定されたといえる（第11章3参照）。一方、**最高裁高知市普通河川等管理条例事件判決**（昭53・12・21民集32巻9号1723頁）、福岡高裁飯盛町旅館建築規制条例事件判決（昭58・3・7判タ498号192頁）など、制定された条例が法律に抵触して違法と判断される判決も相次ぎ、条例制定権の限界も示された。**最高裁武蔵野市長給水拒否事件判決**（平元11・8判タ710号274頁）など、開発指導要綱には法的拘束力がないとする判決も出されて、要綱行政の限界も示された。このように、自治体法務の裏づけになる判決とその限界を示す判決の両方が出され、政策法務の基盤が明確になった。

一方、この時期は、理論面でも様々な研究が展開された。兼子仁氏は、地方自治を重視する立場から条例制定権や要綱行政について具体的な検討を行い、「自治体法学」の構想を示した（兼子1978、同1988）。また、原田尚彦氏は、条例の役割や機関委任事務における自治体の法令解釈権について重要な論考を著した（原田1975、同1978ほか）。さらに、五十嵐敬喜氏や磯部力氏の「都市法」論も、自治体法務論に重要な示唆を与えた（五十嵐1987、磯部1990、同1991ほか）。

また松下圭一氏は、従来の公法理論が官治・集権型の理論となっていることを指摘し、自治・分権型の法理論への転換を求め、自治体法務の重要性を提起し、後の政策法務論の基盤を提供した（松下（圭）1975、同1991）。平井宜雄氏は、経済学、法哲学等の知見を組み入れ、意思決定理論を法的に再構成して「法政策学」の理論枠組みを提示した（平井（宜）1995＝初版1987）。

このように、この時期は、住民参加を中心とする実務の蓄積と、自治体法務・政策法務に関する理論の進展の両面がみられた。政策法務の「展開期」といえよう。

5 分権推進型法務の時代（1990年代〜00年代）—政策法務の発展期

1990年代に入ると、地方分権が唱えられ、自治体の政策自立を求める風潮のもとで分権型の条例づくりなど政策法務の取組みが大きく進んだ。

まず立法面では、1990年初頭にバブル景気に基づく都市開発とリゾートブームに対応するために、大分県湯布院町（90年）、掛川市（91年）などで開発規制を主眼とする個性的な**まちづくり条例**が制定された。

また、行政手続法（1993年）で行政指導の限界が明確にされたことを受けて、開発指導要綱の見直しが進むとともに、神奈川県（96年）のように土地利用に関する行政指導の仕組みを条例化する例も生まれた。また、環境基本法（93年）を受けて多くの自治体で**環境基本条例**の制定が進み、総合的な環境政策の基盤がつくられた。福祉のまちづくり条例、介護保険条例など、福祉分野の条例化が進んだのもこの時期である。

さらに、川崎市（1990年）などでオンブズマン条例が制定され、住民投票条例、パブリック・コメント条例など住民自治の充実を図る条例も制定された。三重県（2001年）、高知県（03年）などで法定外税条例の制定が進んだことも注目される。

さらに、「自治体の憲法」ともよばれる**自治基本条例**についても、北海道ニセコ町（2000年）を嚆矢として次々と制定されるようになり、**議会基本条例**も、北海道栗山町（06年）から全国に広がっている。

この時期の条例は、自治基本条例のように総合的な条例が増えているし、まちづくり条例のように個性的な条例が定められている。また、国の法制度を超えて条例の体系化が意識されるようになっている。条例の総合化・個性化・自立化の傾向が進んでいるのであり、こうした条例を**分権条例**とよぶことができる[2]。

次に、法執行面では、第一次分権改革を踏まえて、自治体が独自の法解釈を主張する例が増えている。たとえば、2000年施行の介護保険法に基づく要介護認定

---

[2] 分権条例については、北村編著2004ｃ：3-11（礒崎）参照。

について、千葉県我孫子市が認知症高齢者について独自の基準を導入した事例や、02年導入の住民基本台帳ネットワーク（住基ネット）について、杉並区、国立市等の自治体が個人情報保護を理由として接続を拒否した事例があげられる。これらは法令違反も問題になる微妙な事例であるが、自治体が独自の解釈運用を行おうという姿勢を示したものとみることができる。

さらに争訟面では、紀伊長島町の水道水源保護条例を違法とする判決（2000年）や杉並区の住基ネットへの不接続を違法とする判決（08年）など、自治体の対応にタガをはめる判決が相次いだ。

一方、理論面では、1990年前後から「政策法務」という言葉が使われ始め[3]、その後の分権改革の流れの中で一種の流行語となっている。阿部泰隆氏は政策法学の重要性を唱え（阿部（泰）1996）、木佐茂男氏は自治体職員の法的素養の重要性を指摘した（木佐1996、木佐・田中編著2006ほか）。また、鈴木庸夫氏は憲法原理にさかのぼった法理論を模索し（鈴木（庸）1995、同2002ほか）、北村喜宣氏は分権時代に合った条例論や法解釈論を展開している（北村2004ｂ、同2008ｂほか）。政策法務に関する加除式書物や事典も発行され（政策法務研究会編2017（初版2003）、兼子・北村・出石編著2008、自治体法務検定委員会編2018ｂ（初版2009）ほか）、法律雑誌に自治体政策法務の特集や連載が組まれるようになっている（ジュリスト2007、北村・山口・出石・礒崎編著2011）。質的にどこまで進化したかは別として、著作の量と多様性という意味では、政策法務論隆盛の時代になったといえよう。

このように、この時期は、実務と理論の両面で政策法務の取組みが大きく進展した。政策法務の「発展期」と位置づけられよう。

6 地域再編型法務の時代（2010年代〜現在）—人口減少時代の課題はなにか

2010年代に入ると、第2期分権改革（2007年〜）の検討もヤマ場を越え、その後も地方分権一括法の制定（2011〜17年に7次にわたり制定）が続くものの、改革の方向性は安定化する。一方、2014年にいわゆる増田レポートによる「消滅可能

---

[3] 「政策法務」という用語が初めて用いられたのは、天野・岡田・加藤編著1989であると考えられる。天野2004ｂ：13-14によれば、この用語を使用したのは松下圭一氏（政治学）の提唱がきっかけであったという。

性都市」の警鐘に注目が集まり、国は同年にまち・ひと・しごと創生法（**地方創生法**）を制定し、2015～19年度に各自治体で地方版総合戦略を策定して、人口減少対策を中心とする地方創生施策に総合的に取り組む場合は、国が補助金交付等によって支援するしくみを実施した。ほとんどの自治体では、地方版総合戦略を策定し、地方創生に取り組んでいる。

政策法務の面では、増加する空き家問題に対応するため、**空き家対策条例**の制定が進み、これが国の空家等対策特別措置法の制定（2014年）につながったし、公共施設の再編や利活用のための条例制定も始まった。所有者不明土地の増加に伴い、2017年に国土交通省においてその防止、管理、活用のための法制度の検討が始まっており、法制度化された場合には自治体の役割が拡大すると考えられる。争訟面では、**神奈川県臨時特例企業税事件判決**（最判平25・3・21）で同税を導入する条例改正が地方税法に反して違法とされた（第11章4参照）ほか、沖縄米軍基地辺野古事件判決（最判平28.12.20）では、県知事が国の指示に従わないことが違法とされる（第10章2参照）など、自治権を制約する方向の注意すべき判決があった。

今後の法務の展開は不確定であるが、人口減少に伴う地域社会の再編が課題になる可能性が高いため、仮に「地域再編型法務」と名づけておきたい。

図表2-1　人口減少時代の政策法務の課題

キーワード	政策・改革の重点	政策法務の課題（例）
①コンパクト化	施設の小規模多機能化、地域密着施設の整備、個別ニーズ対応型のサービス	法制度の統合・枠組み法化、縦割り行政の改革、サービス法制の改革
②リニューアル	公共施設の維持・更新、街並み・景観の整備・復活、移住の促進、空き施設の活用	公共施設管理法の改革、空き家・耕作放棄地対策、土地利用規制の組み直し
③コミュニティ	コミュニティの再生、地域生活の魅力発見、心の豊かさ重視、新しい人間関係、交流人口の促進、NPOの活躍	コミュニティの支援、Uターン・Iターンの支援、市民農業の支援
④ローカル・ルール	地方分権、地域の自己決定、住民参加・協働の推進	法制度の統合・枠組み法化、義務付け・枠付け改革、熟議型住民参加制度の導入

（出典）著者作成

今後の政策法務には様々な課題が待ち受けているが、その方向性は、①コンパクト化、②リニューアル、③コミュニティ、④ローカル・ルールというキーワードで表されると考えられる（**図表2-1参照**）。すなわち、行財政の規模縮小のため行政体制もコンパクトにする必要があるし、老朽化した公共施設やまちの更新が必要になっている。また、自治体が対応しきれない課題に対してコミュニティの役割が重要になるし、フルセットの国の法令では対応が難しいためローカル・ルールの重要性が高まる（第12章5参照）。政策法務にも、より大胆な発想と地域に合った戦略が求められよう。

7 政策法務（実務）はどこまで進んだか

以上の変遷を踏まえて、政策法務はどこまで到達したといえるか、領域ごとにみてみよう。

(1) 立法法務

条例制定等の立法法務については、以上のように様々な分野・課題について多くの条例がつくられてきた。公害防止条例等の政策的条例がつくられ始めた時期に限定しても、すでに50年近い歴史があり、その間に規制的条例から給付的条例、基本条例など様々な種類の条例が制定されてきた。特に1990年代以降は、まちづくり条例、自治基本条例などの分権条例が広がりをみせている。立法法務は大きく前進したといえる。

ただし、限界もある。第1に、自治体行政を全体としてみれば、多くの事務は法令に基づく事務であり、条例に基づく事務は限られている。平均的な都道府県で、所管する法律は1,000本以上と考えられるが、条例の数は300本程度であり、そのうち政策的条例は10～20本程度といえよう[4]。自治体行政全体における条例の役割はまだ限定的なものである。

第2に、条例の内容をみると、法律との抵触や財産権との関係を考えて、正面から規制的措置を定める条例は少なく、理念規定や行政指導を定める条例が多い。ただし、この点は1990年代のまちづくり条例から少しずつ変わり始め、第1

---

[4] 神奈川県が2004年末現在制定している条例311本を内容別にみると、「約8割が法令等で条例化が義務付けられているものであり、行政としての意思を条例という形を借りて発信するといった内容の条例がほとんど制定されてこなかった」という。神奈川県自治総合研究センター編2005：201参照。

次分権改革後には規制条例も増えている。

　立法法務はまだ十分とはいえないが、多くの蓄積をもち、確実に「進化」してきたのである。

　(2)　**執行法務**

　自治体法務の日常は法執行であるが、冒頭で述べたとおり社会的な話題にならない限り報道されないため、執行法務がどう変化してきたかを具体的に検証することは難しい。

　全体としては、戦後、機関委任事務制度が残され、その問題点が指摘されながらも、経済成長の過程で機関委任事務はむしろ一貫して増加してきた。そこでは、所管大臣の指揮監督権（旧地方自治法150条）を根拠として数多くの通達が出され、これが自治体の執行法務を拘束してきた[5]。自治体側も国の通達や指示に従っていれば責任を問われないため、これに安易に依存してきた。こうした事務処理体制は固有事務等にも及び、自治体現場では機関委任事務か否かに関係なく集権的な法令執行が行われてきた。

　しかし、第１次分権改革によって機関委任事務が廃止されたことから、自治体が処理する事務は法的にも「自治体の事務」となった。**自治事務**と**法定受託事務**では国の関与の種類や程度に違いがあるが、国の関与は必要最小限とされ、法令の解釈運用は自治体の権限と責任に委ねられることになった（第10章２参照）。もっとも、実務においては相変わらず国の通知や運用指針等に依存し、自らの判断で解釈運用を行う意識や姿勢は希薄ともいえる[6]。また、現在でも政省令等を含む**法令の規律密度**が高いため、自治体の裁量を生かしにくい状況が続いている。しかし、分権改革から10年以上が経過し、前述の住基ネットの事例にもみられるとおり、自治体の意識も相当に変わってきた。執行法務においても政策法務の可能性は広がっている。

　(3)　**争訟・評価法務**

　争訟法務の状況についても、政策法務の視点で把握することは難しい。もちろん前述のとおり個別の判決は数多いし、それらの中には政策的条例に対する判決

---

[5] もっとも、機関委任事務においても、自治体の首長等は国の指揮監督の範囲内で法令解釈権を有していると解されていたが、実務ではこうした認識は希薄であった。原田1980参照。
[6] 横須賀市を題材として第１次分権改革による実務の変化について検証したものとして、北村編著2003ｂ参照。

も含まれているから、これらをフォローすることは難しくない。しかし、通常の処分等に対する争訟（訴訟、不服審査等）において各自治体がどういう対応をとり、政策実現についてどう配慮したかを検証することは、情報面からいっても困難である[7]。もっとも、最近出されたいくつかの論考によれば、全体としては、自治体は争訟において自らの正当性を主張し勝訴等の結果をめざすことには熱心であるが、それ以外の要素、たとえば、住民への説明責任や法制度の見直し等につなげることについては意識されていない（第15章5参照）。今後は、争訟法務を政策法務の視点で見直していくことが求められている。

また、評価法務については、ほとんど意識さえされてこなかったといえる。もっとも最近、政策評価の広がりを受けて、法律や条例についても点検・評価の動きがみられる。たとえば、神奈川県は「神奈川県条例の見直しに関する要綱」（2008年）を制定し、県民の権利を制限する条例等を改正して附則に見直し規定を設け、計画的・継続的に条例の見直し作業を行っている（神奈川県ホームページ2018）。まだ一部の自治体ではあるが、評価法務の取組みが始まっているのである（第15章6参照）。

(4) **法務マネジメント**

政策法務を支えるには、そのための組織基盤をつくる必要がある。そのポイントは、組織と人材である。組織面では、第1次分権改革の前後から、政策法務課、政策法務担当など「政策法務」を冠する組織や職が設置され始めていることが注目される。横須賀市のように庁内の横断組織として「政策法務委員会」を設置している自治体もある。また人材面では、多くの自治体が「政策法務研修」を導入し、職員の政策法務能力の養成に力を入れている。このように、組織マネジメントの面では、政策法務への取組みは拡大している（以上については第15章7参照）。

8 政策法務論（理論）はどこまで進んだか

理論面をみると、自治体法務論ないし政策法務論の「進化」は顕著である。前述のとおり、1950～60年代には地方自治制度の解説的な著作しかなかったが、70

---

[7] 訴訟法務の状況については、鈴木（秀）2007、日本都市センター編2007、鈴木（潔）2009：165-、同2011参照。

第1部　政策法務の基礎

図表2-2　自治体政策法務の変遷

時期区分	主な条例制定・判決等〔実務〕	主な文献〔理論〕
第1期 (1945～59) **秩序維持型法務の時代** 政策法務の前史	■47. 地方自治法改正（行政事務に関する条例の規定等） 48. 大阪市・行進及び集団示威運動に関する条例 49. 東京都売春等取締条例 49. 東京都・工場公害防止条例 50. 東京都集会、集団行進及び集団示威運動に関する条例（公安条例） 50. 岡山県・図書による青少年の保護育成に関する条例 50. （福岡県）大牟田市市税条例（ガス税導入） 52. 京都市風紀取締条例 ◆54. 最高裁新潟県公安条例事件判決（昭29.11.24） 55. 神奈川県青少年保護育成条例 57. 東京都飼い犬等取締条例 ◆58. 最高裁東京都売春取締条例事件判決（昭33.10.15）	50. 鈴木俊一『地方自治制度』学陽書房 53. 長野士郎『逐条地方自治法』学陽書房 57. 田中二郎『行政法総論』有斐閣
第2期 (1960～74) **環境保全型法務の時代** 政策法務の創成期	◆63. 最高裁特別区長公選違憲事件判決（昭38.3.27） ◆63. 最高裁奈良県ため池条例事件判決（昭38.6.26） 64. 神奈川県事業場公害防止条例改正 ●64. 横浜市・電源開発株式会社の公害防止協定 65. 川崎市・団地造成事業施行基準 ●67. （兵庫県）川西市・住宅地造成事業に関する指導要綱 69. 東京都公害防止条例 69. 千葉県宅地開発事業等の基準に関する条例 ■70. 公害対策基本法改正（調和条項の削除等） 70. 北海道自然環境保全条例 71. 神奈川県・良好な環境の確保に関する条例 ●71. 武蔵野市宅地開発等に関する指導要綱 72. 東京における自然の保護と回復に関する条例 73. 川崎市「都市憲章」条例案提案（廃案） 73. 岡山県県土保全条例 74. 神戸市民のくらしを守る条例	70. 久世公堯『地方自治条例論』日本評論社 74. 田中二郎『行政法（上）』弘文堂
第3期 (1975～89) **住民参加型法務の時代** 政策法務の展開期	75. 東京都消費生活条例 ◆75. 最高裁徳島市公安条例事件判決（昭50.9.10） 76. （静岡県）熱海市別荘等所有税条例 76. 熊本県小売商業活動の調整に関する条例 76. 川崎市環境影響評価に関する条例 78. 神戸市市街観条例 ◆78. 最高裁高知市普通河川条例事件判決（昭53.12.21） 79. 滋賀県・琵琶湖の富栄養化の防止に関する条例 79. （東京都）中野区教育委員候補者選定に関する区民投票条例 80. 東京都環境影響評価条例 ◆80. 東京高裁保育所設置国庫負担金請求事件判決（摂津訴訟）（昭55.7.28） 81. 神戸市地区計画及びまちづくり協定等に関する条例 82. （東京都）世田谷区街づくり条例 82. （高知県）窪川町原子力発電所設置についての町民投票に関する条例 82. 神奈川県の機関の公文書の公開に関する条例 ◆83. 福岡高裁飯盛町旅館建築規制条例事件判決（昭58.3.7） 85. 滋賀県・ふるさと滋賀の風景を守り育てる条例 ●85. 川崎市、指紋押捺を拒否した外国人を告発しない方針 ◆85. 最高裁品川マンション事件判決（昭60.7.16） 86. 東京都土地取引の適正化に関する条例 88. （三重県）津市水道水源保護条例 88. 熊本県環境基本条例	75. 松下圭一『市民自治の憲法理論』岩波書店 76. 原田尚彦『行政法要論』学陽書房 78～条例研究叢書（全10巻、学陽書房）発刊 78. 兼子仁『条例をめぐる法律問題』学陽書房 83. 原田尚彦『地方自治の法としくみ』学陽書房 87. 五十嵐敬喜『都市法』ぎょうせい 87. 平井宜雄『法政策学』有斐閣

第 2 章　政策法務の歩み

	89. 兵庫県・産業廃棄物処理施設の設置に係る紛争の予防と調整に関する条例 89. 兵庫県・淡路地区の良好な地域環境の形成に関する条例 89. 福島県リゾート地域景観形成条例 ◆89. 最高裁武蔵野市長給水拒否事件決定（平元.11.8） 89. 高知県清流保全条例	88〜自治体法学全集（全10巻、学陽書房）刊行、兼子仁『自治体法学』学陽書房 89. 天野巡一・岡田行雄・加藤良重編著『政策法務と自治体』日本評論社
第 4 期 （1990〜現在） **分権推進型法務の時代** 政策法務の発展期	90. 川崎市市民オンブズマン条例 90. 神奈川県個人情報保護条例 90. 大分県湯布院町・潤いのある町づくり条例 91. （静岡県）掛川市生涯学習まちづくり土地条例 ◆93. 最高裁武蔵野市教育施設負担金返還請求事件判決（平5.2.18） 93. （神奈川県）真鶴町まちづくり条例 ■93. 行政手続法 ■93. 環境基本法 ■95. 地方分権推進法 96. 神奈川県土地利用調整条例 96. 神戸市・人と自然の共生ゾーンの指定等に関する条例 ■97. 環境影響評価法 ■99. 地方分権一括法（2000年施行） ■99. 行政機関が保有する情報の公開に関する法律 ◆00. 名古屋高裁紀伊長島町水道水源保護条例事件判決（平12.2.29） 00. （愛知県）高浜市介護保険・介護予防の総合的な実施及び推進に関する条例 00. 東京都における銀行業等に対する事業税の課税標準等の特例に関する条例 00. （北海道）ニセコ町まちづくり基本条例 ■00. 介護保険法施行、一部自治体が介護認定の独自基準採用 01. （神奈川）横須賀市民パブリック・コメント手続条例 01. 三重県産業廃棄物税条例 ◆01. 国地方係争処理委横浜市勝馬投票券発売税不同意事件勧告（平13.7.24） ■01. 行政機関が行う政策の評価に関する法律 ◆02. 最高裁宝塚市パチンコ店等建築規制条例事件判決（平14.7.9） ■02. 住民基本台帳ネットワーク開始、一部自治体が接続拒否 03. （東京都）杉並区自治基本条例 03. 高知県税条例改正（森林環境税導入） 06. （北海道）栗山町議会基本条例 06. 三重県議会基本条例 ◆08. 最高裁杉並区住基ネット事件判決（平20.7.8） 09. 神奈川県自治基本条例 09. 神奈川県公共的施設における受動喫煙防止条例	90. 磯部力『『都市法学』への試み』『行政法の諸問題（下）』有斐閣 96. 阿部泰隆『政策法学の基本指針』弘文堂 97. 北村喜宣『行政執行過程と自治体』日本評論社 97. 猪野積編『条例と規則(1)(2)』ぎょうせい 98. 木佐茂男編著『自治体法務入門』ぎょうせい 98. 木佐茂男編著『自治立法の理論と手法』ぎょうせい 99. 阿部泰隆『政策法学と自治条例』信山社 03. 政策法務研究会編『政策法務の理論と実践』第一法規 03. 阿部昌樹『争訟化する地方自治』勁草書房 04. 北村喜宣『分権改革と条例』弘文堂 04. 礒崎初仁編『政策法務の新展開』ぎょうせい 07. 鈴木庸夫編著『自治体法務改革の理論』勁草書房 07. 「特集・自治体政策法務の展開」ジュリスト1338号 08. 兼子仁・北村喜宣・出石稔『政策法務事典』ぎょうせい
第 5 期 （2010〜現在） **地域再編型法務の時代** 政策法務の転換期？	◆13. 神奈川県臨時特例企業税事件判決（平25.3.21） ■14. 空家等対策特別措置法 ■14. まち・ひと・くらし創生法（地方創生法） ◆16. 最高裁沖縄米軍基地辺野古事件判決（平28.12.20）	11. 北村喜宣ほか編『自治体政策法務』有斐閣 17. 北村喜宣ほか編『自治体政策法務の理論と課題別実践』第一法規

（注）　図表中、■：国の法律、◆：判決等、●：自治体の要綱等をそれぞれ示す。年数は原則として西暦表記。
（出典）　著者作成

年代に地方自治の重要性に注目する研究や条例の本格的な研究が生まれ、80年代には都市法、法政策学等の政策法務につながる研究が生まれた。90年代に入ると、政策法務をテーマとする著作が出始め、第1次分権改革前後からさらに増加して、一種の流行ともいえる状況を呈している。

もっとも、それでは政策法務論が十分に成熟したか、新しい理論を確立できているかといえば、「はしがき」で述べたとおり十分とはいえない。行政法学の理論を自治体実務に適用した「自治体法務論」はあっても、政策実現のための法務論、いい換えると、法律論と政策論を融合した「政策法務論」は開発途上というべきであろう。本書も、そうした「政策法務論」の可能性を少しでも拡げたいと考えて刊行されたものである。

Column ❷　3つの学派から戦国時代へ—法務研究会が増えている理由（わけ）

鈴木庸夫氏は、かつて政策法務には3つの学派があると紹介した（鈴木1995）。生まれたての政策法務論なのに、もう学派が分かれているのかと突っこみを入れたくなったが、当時の3つの学派とは、①武蔵野学派（松下圭一氏と武蔵野市等の自治体職員たち）、②行政法学改革学派（阿部泰隆氏）、③研修学派（木佐茂男氏や札幌地方自治法研究会など）だった。私自身は政策法務論を支えている研究者という意味ではもっと広く捉えるべきではないかと指摘したが（礒崎1999：12-20）、確かに当時「政策法務」を明確に掲げていたのはこれらの個人・グループであった。

あれから20年余。現在では多くの研究者やグループが「政策法務」を掲げて活動し発信しており、とても3つでは収まらない。長く活動している研究会だけあげても、かながわ政策法務研究会（北村喜宣氏など）、ちば自治体法務研究会（鈴木庸夫氏など）、九州自治体法務研究会（木佐茂男氏、田中孝男氏など）、おおさか政策法務研究会など数多い。理論面でも政策法務・自治体法務を取り上げる研究者は大幅に増えている。政策法務の世界は、いま群雄割拠の「戦国時代」の様相を呈している。

そうした研究会が一堂に会する全国規模の研究会もある。「全国自治体法務合同研究会」（略称・合同法務研）がそれで、1995年から毎年7月に各地の研究会が持ち回りで大会を開き、2017年のかながわ大会で23回を数えた。一般公開のシンポジウムを除いても、各地の法務研究会から毎回100名余が参加し、私も第1回を除いて毎回参加している。初日には公開のシンポジウムがあり、その夜から自治体職員を中心とす

る実務の最先端の報告が続き、最後に各地から持参した地酒・甘味コーナーを含む交流会が開催されて幕を閉じるという、フルコースのプログラムである。この「戦国時代」の武将たちは仲がいい（？）のである。

　なぜ自治体職員がこのように手弁当で法務の研究会に参加しようとするのだろうか。かつて1980年代にまちづくりや政策研究をテーマとして全国の元気な自治体職員が交流を広げた時期があり、それが自治体学会の創設にもつながった。しかし、法務は堅いテーマであり、地域の実践にすぐ役立つわけではない。ただ、法務は勉強をすれば一定の結論が出て仕事上の疑問を晴らせるし、研究者との垣根が低く、実務家であっても論文執筆などの情報発信ができるというおもしろさがあるのかもしれない。

　いずれにしても、ますます多くの自治体職員が法務研究の輪に加わることを期待したい。

第3章 広がる条例の世界
―ローカル・ルールを概観する

1 条例制定の概況

(1) 条例制定の特徴

第2章でみたとおり、条例の制定は質・量ともに拡充している。その特徴は次のような点にある[1]。

第1に、条例の制定が広がり、ほとんどの領域で独自条例が制定されていることである。従来は、委任条例や法令上の条例事項に関する条例が多く、自治体の政策を実現するための条例は環境、青少年保護等の分野に限られていたが、最近は防犯・防災、福祉、産業振興等の分野でも特徴ある条例が制定されている。

この点では、国の立法について法令数が増加し、質の低下を含む「立法のインフレーション」がみられると指摘されていること（川﨑1996 a－h。同2011 b：72-80も参照）と比較すると[2]、条例の場合はそこまでの状況はみられないといえよう。たとえば、2004年7月末現在施行されている神奈川県の条例は311条例であるが、その分野は多い順に人事関係（44条例）、衛生関係（38条例）、教育関係（34条例）となっており、施設管理や人事関係など地方自治法等で条例事項とされている内部管理的な条例が相対的に多い（神奈川県自治総合研究センター2005：198）。この傾向は他の自治体でも同様である。

第2に、基本条例や施策指針条例が増えていることである。従来は、各分野の基本的な事項は法律で定められており、条例では委任事項など個別具体的な事項を定めるのが通常であったが、近年は環境基本条例、自治基本条例などの基本条例（広義）が増えている。また、産業振興条例など施策の方針やその実施を定める**施策指針条例**が増えているが、これも広義の基本条例のひとつといえよう。国の立法でも、基本法が増加していることが指摘されているが（川﨑1996 a－h）、自治体の場合も同様の傾向がみられるのである。

---

[1] 自治立法の制定状況については、原田1975、兼子1978：6-26、佐藤（竺）編著1978、辻山2000、礒崎2001：94-98参照。

[2] 総務省行政管理局法令データ提供システム上の現行法令数は、憲法・法律1,829、政令・勅令1,968、府令・省令3,704だという（2011年1月現在）。川﨑2011 b：76参照。

第3に、基本条例や理念条例の中には、首長や議員が選挙等で公約し、そのイニシアティブのもとで制定されながら、実際の施策や取組みにはほとんど結びつかない「政治的パフォーマンス条例」が増えていることである（田中（孝）2007：119-120）。条例制定が政治的なテーマや争点になることは、住民自治の活性化からいっても歓迎すべきであるが、条例制定が自己目的化しているとすれば、問題があろう。

第4に、住民参加や住民自治を重視する条例が増えていることである。従来は行政事務を定める条例が中心であったが、自治基本条例、住民参加条例などの住民自治の拡充を目的とする条例が増えているし、まちづくり条例等の他目的の条例においても、計画策定への提案や意見提出など住民参加の規定が増えている。

(2) 条例の三層構造

条例の内容は多岐にわたるが、**図表3-1**のとおり、条例の体系は、自治立法の最高法規というべき**自治基本条例**を頂点として、分野別の基本的方針等を定める**分野別基本条例**、そして具体的な住民の権利義務や行政事務の基準や手続を定める**実施条例**という三段階の構造になっていると捉えることができる。さらに実施条例は、各分野を横断的に定める**一般条例**と各分野ごとに必要な事項を定める**個別条例**に分けることができる。第4章で検討するように、自治基本条例が憲法と同様に法的な意味で（特に裁判規範として）他の条例に対する優先効が認められるかどうかは微妙だが、行為規範としては優越的・指針的な意味を認めてよいと考えられる。分野別基本条例と実施条例との関係も同様である。

もちろん、三階層に分かれるといっても、各自治体が必ず自治基本条例を制定する必要があるとか、すべての分野ごとに基本条例を制定することが望ましいというわけではない。あくまで理論的・一般的なモデルであり、実際にはそれぞれの実情に合った形で条例体系を描きながら、必要な分野・課題について順に条例を整備していくべきである。

また、条例の体系を描くうえで、法律の体系との関係も意識する必要があろう。法律の体系では、憲法が最上位に立ち、これに反する条約、法律、条例はいずれも無効とされるし（憲法98条1項）、そもそも条例制定権自体が憲法から授権されたものである（憲法94条）。また、憲法のもとで、条約、分野別基本法、その他の法律の四階層に分かれていると捉えられる。このうち法律は条例とは基本的には対等の関係にあると考えるべきであるが、相互に矛盾・抵触した場合には

図表3-1 条例の体系と総合計画・予算との関係

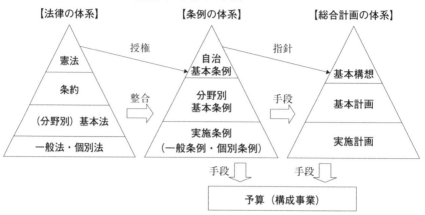

（出典）著者作成

法律が優先するとされており（憲法94条）、条例は条約や法律に整合することが求められる。なお、国の政令・省令等は、この法律の下位に位置づけられる。

さらに条例の体系は、自治体内部では総合計画の体系との関係に留意する必要がある。総合計画の体系は様々だが、多くの自治体では基本構想—基本計画—実施計画の三階層によって構成されている。この場合、自治基本条例は基本構想に、分野別基本条例は基本計画に、実施条例は実施計画に、それぞれ対応するといえる。内容的には自治基本条例が総合計画に対して指針となっているほか、条例で様々な方針、責務、行政計画の策定等を定めた場合、それを実現する手段が総合計画に記載されるという目的—手段の関係になる。

なお、予算は、条例で定められた各種の施策や事務を実施するための財政措置を定めており、条例実現のための手段という意味があるし、総合計画を実現するための手段という意味も有する。

以下でも、この体系上の位置づけを念頭において説明していこう。

(3) 条例の類型区分

条例については、上述の三段階の区分のほかにも様々な類例区分が考えられるが（松本2011：292-304）、法律との関係と主たる内容に着目すると、次のような区分が有用と考えられる（**図表3-2参照**）。

条例は、法律との関係によって自主条例と法定事務条例に区分できる。**自主条例**（又は**独自条例**）とは、法律とは別に独自に事務を創設して必要な事項を定め

図表3-2　条例の類型区分

類型区分		内　容
自主条例（独自条例）		法律とは別に独自に事務を創設して必要な事項を定める条例
	基本条例	自治体の運営や特定分野の施策等について基本的事項を定める条例
	規制条例	住民の権利を制限し、義務を課すことを定める条例
	給付条例	住民に権利を付与し、又はサービスを提供することを定める条例
	手続条例	住民又は執行機関の活動について手続を定める条例
	内部事項条例	自治体の組織、職員の人事その他の内部事項について定める条例
法定事務条例		法律（これに基づく政令を含む。以下同じ）に基づく事務について必要な事項を定める条例
	委任条例	法律の委任に基づく事項について定める条例
	執行条例	法律の委任によらず、法律の執行に必要な事項について定める条例

（出典）　著者作成

る条例をいい、**法定事務条例**とは、法律に基づく事務について必要な事項を定める条例をいう。

　まず、自主条例については、その内容（特に住民の権利義務との関係）に着目して、前述の基本条例のほか、規制条例、給付条例、手続条例、内部事項条例の5つに分けることができる。

　基本条例は、自治体の運営や特定分野の施策等について基本的事項を定める条例であり、前述のとおり施策指針条例も含まれる。次に、行政の区分として規制行政と給付行政に分けることが多いが（塩野2015：8-13）、条例についても規制条例と給付条例に分けることができる。すなわち、**規制条例**は住民の権利を制限し、又は義務を課すことを定める条例であり、**給付条例**は住民に権利を付与し、又はサービスを提供することを定める条例である。土地利用関係条例、環境関係条例の多くは前者に属し、産業振興・地域活性化条例や福祉推進条例の多くは後者に属する。このうち規制条例は、住民の権利義務に関わるため、特に法的な検討を要することになる。さらに**手続条例**は、住民又は執行機関の活動について手続を定める条例であり、規制的な活動の場合も給付的な活動の場合もある。いわゆる行政指導条例もここに含まれる。最後に**内部事項条例**は、自治体の組織、職員の人事その他の内部事項について定める条例であり、地方自治法等で条例で定めることが必要とされているため条例数が多い。従来、法律との関係が検討され

てきたのは、以上の自主条例についてであり、特に規制条例に関してである。

これに対して、法定事務条例については、法律の委任規定との関係に着目して、委任条例と執行条例に分けることができる。**委任条例**は法律の委任に基づく事項について定める条例であり、**執行条例**は法律の委任によらず、法律の執行に必要な事項について定める条例である。このうち従来取り上げられてきたのは委任条例である。執行条例については制定の可能性を含めて関心がもたれなかったが、第1次分権改革の成果（第10章2参照）を踏まえると、法定事務も自治体の事務である以上、条例制定の対象になり得るものであり、特に自治事務については地域の特性に応じて処理することが求められていること（地方自治法2条13項）から、条例で法定事務の基準、手続等について規定を設け、法律を補完することが重要である（その範囲・限界については第12章で検討する）。なお、執行条例という呼称は、政省令等に関する「執行命令」にならったものであるが、その意義・内容は異なる。

なお、厳密な定義ではないが、条例の内容が独自の政策に基づいている場合、**政策条例**とよばれることがある。政策条例は自主条例に多いと考えられるが、法定事務条例にも存在し得る。さらに、条例制定が必要となる課題による分類も重要である。すなわち、条例制定の課題には、具体的な問題や支障が生じていて何らかの対応が求められる「問題解決型課題」と、特別な問題や支障が生じているわけではないが、よりよい状況への改善をめざす「状況改善型課題」があり、それぞれに対応する条例を**問題解決型条例**と**状況改善型条例**に分けることができる。たとえば、開発規制条例、ポイ捨て防止条例、介護サービス適正化条例などは前者に該当し、自治基本条例、住民参加条例、産業振興条例などは後者に該当する。この区分は、第7章5、第13章で活用する。

2 自治を支える条例の状況

それでは、分野ごとにどういう条例が制定されているか、紹介していこう。以下では、分野・類型ごとに特徴的な自主条例を紹介するが、取り上げた条例はあくまでも例示であり、最も先進的とかすぐれているという意味ではないことをお断りする。

まず、自治の基本を定めるものとして自治を支える条例を取り上げる必要がある。これについては第4章で詳しく検討することから、ここでは概観にとどめ

図表3-3 自治関係条例の類型と具体例

類型	条例名	制定年
①自治基本条例	（北海道）ニセコ町まちづくり基本条例	2000年
②議会基本条例	（北海道）栗山町議会基本条例	2006年
③住民参加条例	箕面市市民参加条例	1997年
④住民投票条例	（高知県）窪川町原子力発電所設置についての町民投票に関する条例（現四万十町）	1982年
⑤情報関係条例	神奈川県の機関の公文書の公開に関する条例（現・情報公開条例）	1982年
	神奈川県個人情報保護条例	1990年

（出典）著者作成

る。

　第1に、**自治基本条例**は、自治体の自治（まちづくり）の方針と基本的なルールを定める条例であり、他の条例や施策の指針となる「自治体の憲法」といえる。第2に、**議会基本条例**は、住民の代表機関である議会の運営の方針と基本的ルールを定める条例である。以前から制定例はあったが、2006年に北海道栗山町が制定して以降、これをモデルとして全国で急速に制定されている。第3に、**住民参加条例**は、住民の自治体運営への参加を保障し推進する条例である。第4に、**住民投票条例**は、重要な事項について住民の意思を確認し反映させるため、住民投票の根拠や実施方法を定める条例である。以上については、第4章で詳しく検討する。

　第5に、**情報関係条例**があげられる。このうち**情報公開条例**は、自治体の機関が有する公文書等の開示の権利と手続等について定める条例である（ジュリスト編集部1994、堀部1994）。「情報なければ参加なし」といわれるように、情報公開は民主主義が成り立つ前提であり、1980年代から国に先駆けて自治体で制定され始め、現在ではほとんどの自治体が制定している。これに対して、**個人情報保護条例**は、プライバシー保護のために自治体の機関が有する個人情報の適正管理、自己情報の開示訂正等を定める条例である。直接的に自治を支えるというわけではないが、情報公開条例と一体的に捉える必要がある。この条例も多くの自治体で制定されている。

3　分野別基本条例の状況

分野別基本条例（又は**基本条例**）とは、環境、福祉等の行政分野ごとの理念や施策などの基本的事項を定める条例である。従来は消費生活、環境等の分野で制定されてきたが、1990年代以降、土地利用、福祉、産業振興などいろいろな分野で制定されている。国においても、土地基本法、環境基本法など「基本法」の制定が進んでいるが、地方分権の流れもあって、自治体においても「基本条例化」の傾向がみられるのである（**図表3-4**参照）。

分野別基本条例は、基本理念や関係者の責務など抽象的な規定が中心であることから、法令への抵触の心配が少ない反面、制定する意味があるか、制定しても実効性がないのではないかという点が指摘されてきた。しかし、第1に、当該自治体の施策方針が明確になり、主体的な施策対応を促進する効果がある。第2

図表3-4　分野別基本条例の類型と具体例

類　型	条　例　名	制定年
①土地利用基本条例	高知県土地基本条例	2001年
	（神奈川県）横須賀市土地基本条例	2005年
②環境基本条例	神奈川県・良好な環境の確保に関する条例	1971年
	川崎市環境基本条例	1991年
	東京都環境基本条例	1994年
③産業基本条例	（東京都）世田谷区産業振興基本条例	1999年
	埼玉県中小企業振興基本条例	2002年
④福祉基本条例	富山県民福祉条例	1996年
	（東京都）三鷹市健康福祉総合条例	1997年
	（岐阜県）多治見市福祉基本条例	2003年
⑤消費者基本条例	神戸市民のくらしをまもる条例	1974年
	（大阪府）豊中市の消費者のくらしを守る基本条例	1977年
⑥教育基本条例	（東京都）中央区の教育環境に関する条例	1999年
	大阪府教育行政基本条例	2012年
⑦文化芸術基本条例	秋田市文化振興条例	1983年
	熊本県文化振興基本条例	1988年

（出典）　著者作成

に、住民や事業者など関係者の意識を高める効果がある。第3に、法的には、基本条例の規定が法律や実施条例の解釈基準になるという効果も認められよう。逆にいえば、基本条例の制定を具体的な施策対応等につなげなければ、制定の意味は少ないといえる。

分野別基本条例に定めるべき事項は分野によって様々だが、共通事項としては、①基本理念、②関係者（自治体、住民、事業者）の責務、③基本的な施策の列挙、④行政計画等の仕組み、⑤審議会設置等の推進体制の整備をあげることができる。基本条例とはいっても、地域の実情と住民の意向をふまえて、各自治体ならではの工夫や個性を反映させることが望ましい。

このうち環境基本条例については、神奈川県条例を嚆矢として、1970年代からいくつかの自治体が基本条例を制定してきたが、環境基本法（1997年制定）をふまえて多くの自治体が環境基本条例を制定している（北村2009：86-127）。

なお、教育に関しては、以前から（東京都）中央区の条例があったが、2012年に大阪府は大阪府教育行政基本条例と大阪府立学校条例を制定した。教育については住民の期待・関心は高いが、教育（又は教育委員会）の政治的中立性の問題があるため、慎重な検討が求められる。

4 地域づくりを進める条例の状況

(1) 土地利用関係条例の広がり

地域づくりに関しては、まず土地利用関係の条例が重要である。土地利用関係の条例として、第1に、まちづくり条例があげられる。**まちづくり条例**とは、市町村がまちづくりの理念・目標を掲げ、それを実現するための総合的な措置を定める条例といえる（礒崎2004b）。「まちづくり」の用語が多義的であることから、まちづくり条例の意味・範囲も多様であるが[3]、本書では、①まちづくりの主体である市町村の条例であること、②まちづくりの理念・目標を明らかにしていること、③それを実現するための措置が総合的に組み込まれていることを要件にすべきものと考える。これらの点に、建築規制条例や景観条例など単一目的の条例

---

[3] たとえば、旧自治省が実施した「まちづくり条例に係る調査」（2000年）では、調査対象であるまちづくり条例を「地方公共団体による土地利用、建築、屋外広告物等への規制等を規定する条例（ただし、法律の委任によるものを除く）」とし、幅広い定義を採用している（この意味でのまちづくり条例は669団体において1080制定されていたという）。

と異なるまちづくり条例の独自性があると思われるからである。

このように範囲を限定しても、すでに多くのまちづくり条例がつくられている。これらの条例を、制定の背景と内容によって区分すると、**図表3-5**のとおり、①コミュニティ型、②住環境型、③開発規制型、④計画型に分けることができる（礒崎2004b）。

まちづくり条例の特徴は、①各自治体が地域の実情にあわせて独自の内容を工夫し、個性的な条例となっていること、②開発行為の規制等について住民参加や

図表3-5　土地利用関係条例の類型と具体例

類　型	条　例　名	制定年
①コミュニティ型まちづくり条例	神戸市地区計画及びまちづくり協定等に関する条例	1981年
	（東京都）世田谷区街づくり条例	1982年
②住環境型まちづくり条例	（兵庫県）尼崎市住環境整備条例	1984年
	（神奈川県）津久井町住環境整備条例	1990年
③開発規制型まちづくり条例	（大分県）湯布院町潤いのあるまちづくり条例	1990年
	（静岡県）掛川市生涯学習まちづくり土地条例	1991年
	（神奈川県）真鶴町まちづくり条例	1993年
	京都市土地利用の調整に係るまちづくりに関する条例	2000年
④計画型まちづくり条例	（沖縄県）恩納村環境保全条例	1991年
	神戸市・人と自然との共生ゾーンの指定等に関する条例	1996年
⑤県土保全型土地利用条例	岡山県県土保全条例	1973年
	群馬県大規模土地開発事業の規制等に関する条例	1973年
	高知県土地基本条例【再掲】	2001年
⑥開発規制型土地利用条例	千葉県宅地開発事業等の基準に関する条例	1969年
	茨城県宅地開発事業の適正化に関する条例	1972年
	（神奈川県）横須賀市開発許可等の基準及び手続きに関する条例	2005年
⑦総合調整型土地利用条例	神奈川県土地利用調整条例	1996年
	（神奈川県）横須賀市・適正な土地利用の調整に関する条例	2005年
⑧特定型土地利用条例	山梨県ゴルフ場等造成事業の適正化に関する条例	1973年
	兵庫県・緑豊かな地域環境の形成に関する条例	1994年
⑨景観条例	神戸市都市景観条例	1978年
	ふるさと島根の景観づくり条例	1991年
	金沢市における美しい景観のまちづくりに関する条例	2009年

（出典）著者作成

住民活動への支援の手続を導入していること、③土地利用に関する数多くの法律をかいくぐって、あるいはこれに挑戦する形で制定されていること（したがって、法律への抵触が問題になりやすいこと）にあると考えられる。まちづくり条例の制定は、地方分権の象徴であり、政策法務の格好の課題といえる（成田編著1992、小林（重）編著1999、同編著2002、内海2010）。

第2に、土地利用条例に注目する必要がある。**土地利用条例**は、土地利用の規制、誘導、調整を図るための条例をいう。土地利用については都市計画法、農地法など多くの法律があるが、いずれも縦割りの法律で、きめ細かい規制が難しくなっている（礒崎2000b：153-180）。そこで、これを補完するため法律による規制の横出しや上乗せを行い、開発行為や建築行為の規制、誘導等を行っている（成田編著1992、礒崎2000bほか）。

都道府県では、1970年代に⑤県土保全型や⑥開発規制型の条例が制定されているし、ゴルフ場等に限定した⑧特定型の条例も制定されている。さらに、以前は開発指導要綱を制定し、行政指導によって土地利用の調整や誘導を行う自治体が多かったが、行政手続法の制定（1994年）もあって行政指導に法的拘束力がないことが明確になったため、要綱を条例化する自治体も増えている。⑦の総合調整型の条例がこれにあたる。

第3に、この分野では景観条例も重要な役割を果たしている。**景観条例**は、景観の保全や形成を目的として建築行為等の規制、誘導等を行う条例である（五十嵐1987：276-285、北村2008bほか）。これに関しては、1970年代後半から神戸市等が景観保全のための自主条例を制定していたが、景観法の制定（2004年）により規制措置を含む対応が可能になったことから、従来の自主条例を法律に基づく措置に切り替えたり、委任規定と独自規定を含む複合的な条例を制定するようになっている。

(2) **多様化する環境関係条例**

地域づくりを進める条例としては、環境関係の条例も重要である。この分野の条例としては、すでに取り上げた環境基本条例のほか、生活環境保全条例（公害防止条例）、環境美化条例、自然環境保全条例、廃棄物・リサイクル推進条例、環境アセスメント条例の5つをあげることができる。

第1に、**生活環境保全条例**は、公害防止その他生活環境の保全を図るための条例である。法律では、典型七公害に対応して大気汚染防止法、水質汚濁防止法等

の法律が定められており、自治体はこれらを実施する権限を有するが、同時に自治体独自に、法令による排出規制の横出し（対象施設の拡大）や上乗せ（排出基準の強化）を目的として公害防止条例が制定された（原田1978：3-86、人間環境問題研究会編1981）。しかし、最近では、より幅広い環境汚染行為を対象として多様な措置を定めるようになっており、名称も生活環境保全条例等とする条例が多い。たとえば、川崎市条例では、従来型の公害に加えて、化学物質、温暖化物質、オゾン層破壊物質等を対象にするとともに、事業場の自主管理を促進する規定も盛り込んでいる。

第2に、**環境美化条例**は、ごみの散乱等を防止して都市の美観や秩序を保全するための条例である。この条例は、主として住民自身の生活上の不注意やマナー違反が継続、蓄積されることによって都市の美観や秩序が損なわれることから、これらを条例で防止しようとするものである。環境美化条例には、不法投棄防止条例、放置自転車等防止条例、ピンクチラシ防止条例、総合的環境美化条例があげられる。以前は住民の意識啓発が中心だったが、最近では罰則や原状回復命令を定めるなど規制型の条例が増えており、それだけに住民の生活や行動に介入する側面も増えている。

第3に、**空き家対策条例**は、空き家や空き地の所有者等に適正な維持管理を義務づけるとともに、自治体が勧告等の措置を行うための条例である。従来から空き地の適正管理を定める条例は多かったが、人口減少等により空き家等が増加し、建物の安全性の心配や周辺環境への悪影響が懸念され、2010年代に入って急速に制定が進んだ。国でも空家等対策特別措置法（空家法、2014年）が制定されたが、今後もこれを踏まえつつ、きめ細かな条例対応が求められている（北村2018）。

第4に、自然環境保護条例や水道水源保護条例がある。**自然環境保護条例**は、良好な自然環境を保護するため開発行為の規制等を定める条例である。この中には自然環境保全法に準じて制定された都道府県の自然環境保全条例もあるが、独自に制定された条例も少なくない。また、**水道水源保護条例**は、水源地域を指定して開発行為の規制等を定める条例であり、自然環境保護条例も1980年代から多くの自治体で制定され（内藤1997）、条例の適法性をめぐって訴訟も提起されている（第11章4参照）。

第5に、**緑地・里山保全条例**は、都市の緑地や里地・里山を保全するために、

図表3-6　環境関係条例の類型と具体例

類型	条例名	制定年
①生活環境保全条例（公害防止条例）	（埼玉県）ダイオキシン類等の汚染防止に関する条例	1999年
	川崎市公害防止等生活環境の保全に関する条例	1999年
	東京都・都民の健康と安全を確保する環境に関する条例	2000年
②環境美化条例（ポイ捨て防止条例）	横浜市自転車等の放置防止に関する条例	1985年
	沖縄県・ちゅら島環境美化条例	2002年
	福岡市ピンクチちらし等の根絶に関する条例	2002年
	安全で快適な千代田区の生活環境の整備に関する条例	2002年
③空き家対策条例	（埼玉県）所沢市空き家等の適正管理に関する条例	2010年
	和歌山県・建築物等の外観の維持保全及び景観支障状態の制限に関する条例	2011年
④自然環境保護条例	北海道自然環境等保全条例	1973年
	（長野県）諏訪市自然環境保護条例	1974年
	東京都・東京における自然の保護と回復に関する条例	2000年
⑤水道水源保護条例	（三重県）津市水道水源保護条例	1988年
	（神奈川県）秦野市地下水汚染の防止及び浄化に関する条例	2000年
	（岩手県）宮古市水道水源保護条例	2002年
⑥緑地・里山保全条例	（京都府）嵐山町の緑を豊かにする条例	1990年
	高知市里山保全条例	2000年
	千葉県・里山の保全、整備及び活用の促進に関する条例	2003年
⑦廃棄物・リサイクル関連条例	兵庫県・産業廃棄物処理施設の設置に係る紛争の予防と調整に関する条例	1989年
	香川県における県外産業廃棄物の取扱いに関する条例	2001年
	大阪府循環型社会形成推進条例	2003年
	三重県リサイクル製品利用推進条例	2009年
⑧環境アセスメント条例	川崎市環境影響評価に関する条例	1976年
	東京都環境影響評価条例	1980年

（出典）著者作成

開発行為の制限やその保全の支援等の措置を定める条例であり、都市地域の自然を保護するための条例として注目される。たとえば千葉県は、2003年に里山条例を制定し、県民、里山活動団体、土地所有者等の役割を明らかにするとともに、里山の保全・整備・活用を促進するための支援措置を定めている。

第1部　政策法務の基礎

　第6に、**廃棄物・リサイクル関連条例**は、廃棄物の適正処理や減量化、リサイクル等を進めるための措置を定める条例である。その内容には、処理施設の立地制限、紛争処理、リサイクルの推進など様々なものがある。

　第7に、**環境アセスメント条例**は、開発行為等に関して事前に地域環境への影響を評価し、環境への配慮を図るための条例である（北村2015：150-182）。1970年代から、川崎市などいくつかの自治体がこの条例を制定してきたが、環境影響評価法の制定（1997年）を踏まえて、法律の対象外の事業に対する評価や住民参加等の手続を定める条例が多くなっている。日本のアセスメント制度は、事業実施直前の段階で評価する「事業アセスメント」となっているが、東京都、埼玉県等では、政策決定や立地選定の段階で評価する「計画アセスメント」（ないし戦略的環境アセスメント）の考え方を取り込んでいる。

5　地域活性化を進める条例の状況

　地域活性化を進める条例としては、第1に産業振興条例がある。**産業振興条例**とは、商工業、農林漁業等の産業の振興を図るための施策等を定める条例をいう。中小企業振興や企業立地促進の条例は以前から制定されてきたが、最近、地域経済の低迷や農業・農村の空洞化等を背景として、各自治体の創意や地域性をいかした政策的な条例が制定されている。産業振興条例は、産業振興の施策や事業を根拠づける支援型の給付条例であり、これらの施策や事業は条例がなくても実施できるが、条例制定によって住民や関係者の意識を明確にしたり、執行機関に施策・事業等を総合的かつ計画的に実施させられるという意味がある。

　現在制定されている条例をみると、**図表3-7**のとおり、産業振興条例（基本条例）、中小企業振興条例（基本条例）、企業立地促進条例、商業振興条例、農業等振興条例、観光振興条例をあげることができる。最近では、経済特区等に関連して制定される条例や、地産地消、食育等の新しい施策や地域性を生かした条例も増えている。

　第2に、**地域活性化条例**は、中山間地域等の特定地域の活性化を図るための条例である。産業振興条例等と共通する面も多いが、地域の特性を生かした条例も増えている。

図表3-7　産業振興・地域活性化条例の類型と具体例

類　型	条　例　名	制定年
①産業（商工業）振興条例	世田谷区産業振興基本条例	1999年
	兵庫県・産業の集積による経済及び雇用の活性化に関する条例	2002年
②中小企業振興条例（基本条例）	墨田区中小企業振興基本条例	1979年
	埼玉県中小企業振興基本条例	2002年
③企業立地促進条例	三重県企業立地促進条例	2003年
	横浜市企業立地等促進特定地域における支援措置に関する条例	2004年
④商業振興条例	杉並区商店街における商業等の活性化に関する条例	2004年
	相模原市商店街の活性化に関する条例	2007年
⑤農業等振興条例	北海道農業農村振興条例	1997年
	上越市食料・農業・農村基本条例	2000年
	富山県・都市との交流による農山漁村地域の活性化に関する条例	2003年
⑥観光振興条例	沖縄県観光振興条例	1979年
	あったか高知観光条例	2004年
⑦地域活性化条例	島根県中山間地域活性化基本条例	1999年
	福島県過疎・中山間地域振興条例	2005年

（出典）　著者作成

6　暮らしを支える条例の状況

(1)　多様化する福祉推進条例

　暮らしを支える条例としては、第１に、高齢者福祉条例と介護福祉条例があげられる。**高齢者福祉条例**とは、高齢者福祉の総合的な推進を図るために各種の施策の実施を定める条例であり、**介護福祉条例**とは、高齢者や障害者に対する介護サービスの適正化等を図るための条例をいう。従来、高齢者福祉は老人福祉法などの法律の施行と要綱等によるサービス給付によって実施され、条例の役割は限られていたが、高齢化の進行と介護保険法の制定（1998年）をきっかけとして、介護サービスの質の確保等を目的として、この分野でも政策的条例が制定されるようになっている。

　第２に、**障害者支援条例**は、障害者福祉の推進のために必要な施策の推進、不

図表3-8 福祉推進条例の類型と具体例

類型	具体的条例	制定年
①高齢者福祉条例	（東京都）武蔵野市高齢者福祉総合条例	2000年
	（滋賀県）大津市高齢者居宅生活総合支援条例	2000年
②介護福祉条例	（東京都）三鷹市介護福祉条例	2000年
	（愛知県）高浜市介護保険・介護予防の総合的な実施及び推進に関する条例	2000年
③障害者支援条例	横浜市後見的支援を要する障害者支援条例	2001年
	千葉県・障害のある人もない人も共に暮らしやすい千葉づくり条例	2006年
	大阪府障害者の雇用の促進等と就労の支援に関する条例	2009年
④子ども総合条例	世田谷区子ども条例	2001年
	高知県こども条例	2004年
⑤子どもの権利条例	（兵庫県）川西市子どもの人権オンブズパーソン条例	1998年
	川崎市子どもの権利に関する条例	2000年
⑥児童虐待防止条例	三重県・子どもを虐待から守る条例	2004年
	武蔵野市児童虐待の防止及び子育て家庭への支援に関する条例	2004年
⑦子育て支援条例・少子化対策条例	北海道子どもの未来づくりのための少子化対策推進条例	2004年
	神奈川県子ども・子育て支援推進条例	2007年
	みなかみ町子育て支援条例	2008年
⑧福祉オンブズパーソン条例	中野区福祉サービスの適用に係る苦情の処理に関する条例	1990年
	枚方市福祉保健サービスに係る苦情の処理に関する条例	1999年
⑨福祉のまちづくり条例	東京都福祉のまちづくり条例	1995年
⑩人権推進条例	（奈良県）御所市人権擁護に関する条例	1998年
	埼玉県男女共同参画推進条例	2000年

（出典）著者作成

平等な取扱いへの対応等を定める条例である。障害福祉に関しても、障害福祉法や障害者自立支援法など法律の役割が大きいが、最近では地域ごとの取組みを進めるため条例を制定する自治体が増えている。特に千葉県条例は、障害者に対する差別に対して、相談解決の仕組みを設けるとともに、誰もが暮らしやすい社会づくりを議論したり、障害者に優しい取組みを応援する仕組みをつくる条例であり、注目される。

第3に、**子ども条例**は、子ども（児童）の権利保障、健全育成等を図るために必要な理念、施策等を定める条例である。子どもに関しても、児童福祉法、児童の権利に関する条約等の法律があるが、児童虐待など子どもをとりまく問題が深刻化し、これに対処するには地域社会の取組みが欠かせないことから、独自の条例を定める自治体が増えている。現在制定されている条例としては、子ども総合条例、子どもの権利条例、児童虐待防止条例、子育て支援・少子化対策条例をあげることができる。

　第4に、**福祉オンブズパーソン条例**は、福祉サービスの提供や行政対応に対する苦情対応の仕組みを定める条例である。1990年に中野区が制定し注目されたが、介護保険法の制定をきっかけにして、再び注目されている。

　第5に、**福祉のまちづくり条例**は、高齢者や障害者を含めたすべての人が円滑に利用できるよう、建築物、道路、公園、公共交通施設などのバリアフリーを進める条例をいう。この条例は、建築行政を担当する多くの都道府県・政令市において制定されている。

　第6に、**人権推進条例**は、地域社会において人権の用語・推進を図るための条例であり、同和関係の差別防止と男女共同参画を進める条例が多い。人権の擁護・推進は、国の事務でもあり、都道府県・市町村の事務でもあるため、相互の関係が問題となり得るが、それぞれの区域あるいは行政事務において人権の擁護・推進を図ることは当然であり、そのために必要な取組みであれば矛盾・抵触の関係にはならないと考えられよう。

(2)　**増えてきた健康関係条例**

　暮らしづくりに関しては、高齢化や成人病対策の必要性を反映して、健康関係条例が増加している（図表3-9参照）。保健分野では、法律の役割が大きく、政策的条例はほとんどなかったが、大きく変わりつつある。

　第1に、**健康づくり条例**は、住民の健康増進を図るために施策の実施等について定める条例である。たとえば世田谷区条例は、健康づくりについて区の責務や区民の役割を定め、健康づくり計画を定め、区長が各種の施策を講じることを定めている。

　第2に、**がん対策条例**は、がん対策を推進するために自治体や住民の責務を定め、自治体に施策の実施等を義務づける条例である。がん対策の重要性が指摘されるにつれて、この条例も増えている。

図表3-9　健康関係条例の類型と具体例

類　型	条　例　名	制定年
①健康づくり条例	三重県健康づくり推進条例	2005年
	世田谷区健康づくり推進条例	2006年
②がん対策条例	島根県がん対策推進条例	2006年
	（島根県）出雲市がん撲滅対策推進条例	2007年
③受動喫煙防止条例	神奈川県公共的施設における受動喫煙防止条例	2009年
	兵庫県・受動喫煙の防止等に関する条例	2010年
④歯科保健条例	新潟県歯科保健推進条例	2008年
	（静岡県）裾野市民の歯や口腔の健康づくり条例	2010年
⑤その他健康関係条例	東京都薬物の濫用防止に関する条例	2005年

（出典）　著者作成

　第3に、**受動喫煙防止条例**は、受動喫煙を防止するために公共施設、宿泊施設等における喫煙を制限する条例である。健康増進法でもこうした施設では禁煙等の措置が努力義務とされているが、神奈川県が様々な議論を経てはじめて罰則付きの条例を制定し、兵庫県も制定した。

　第4に、**歯科保健条例**は、歯と口腔の健康を保持するため、関係者の責務や自治体の施策推進を定める条例である。日本歯科医師会等の提唱もあって、2008年以降、主に議員提案によって各地で制定されている。

　このほか、東京都の薬物濫用防止条例なども注目される。

(3)　**多様化する住民生活関係条例**

　住民生活に関しても、**図表3-10**のとおり様々な条例がつくられている。

　第1に、**消費生活条例**は、消費生活の安定と向上のため、消費者施策の推進、消費者の安全や取引公正の確保、消費者の苦情処理等を定める条例である（正田・鈴木1980、清水・金子・島田編著1993）。1970年代から制定されているが、最近では消費者の立場の変化、施策の多様化等をふまえて改正する例が増えている。

　第2に、**青少年保護育成条例**は、青少年の保護育成とその環境整備のため、有害図書の販売方法等の制限、青少年に対する淫行の禁止等を定める条例である（奥平編著1981ａ）。表現の自由への制限を伴うため、憲法上の問題も指摘されている（第9章4参照）。

図表3-10 住民生活関係条例の類型と具体例

類　型	条　例　名	制定年
①消費生活条例	兵庫県消費生活条例	1974年
	神戸市民のくらしをまもる条例	2005年
②青少年保護条例	東京都青少年の健全な育成に関する条例	1964年
	岡山県青少年健全育成条例	1977年
③公安条例	新潟県・行列行進、集団示威運動に関する条例	1949年
	東京都・集会、集団行進及び集団示威運動に関する条例	1950年
④迷惑防止条例	大阪府公衆に著しく迷惑をかける暴力的不良行為等の防止に関する条例	1962年
	千葉県ピンクビラ等の掲示、頒布、差入れ等の禁止等に関する条例	2004年
⑤生活安全条例	（京都府）長岡京市防犯推進に関する条例	1979年
	大阪府安全なまちづくり条例	2002年
⑥暴力団排除条例	佐賀県暴力団事務所等の開設の防止に関する条例	2009年
	福岡県暴力団排除条例	2009年
⑦防災条例	横浜市火災予防条例	1973年
	東京都板橋区防災基本条例	2002年

（出典）　著者作成

　第3に、**公安条例**は、地域の公共の安寧と秩序維持のため、集会、集団行進等の規制を定める条例である（奥平編著1981ｂ）。1950年前後に相次いで制定されたが、これも表現の自由との関係から違憲性が争われたが、判例では合憲という判断が示されている。

　第4に、**迷惑防止条例**は、住民生活の平穏を保持するため、公衆に著しく迷惑をかける暴力的不良行為等を防止する条例である。多くの都道府県で制定されている。

　第5に、**生活安全条例**とは、安全・安心な地域づくりのため、住民への意識啓発、防犯ボランティアへの支援、住宅や公共施設等における防犯指針等を定める条例である（「生活安全条例」研究会2005）。2000年代に入り、犯罪（刑法犯）の増加等を背景として地域ぐるみの防犯対策が重要であるという認識が高まり、各地で制定されている。

　第6に、**暴力団排除条例**は、暴力団の影響力排除と犯罪の未然防止のために、

暴力団の不動産契約等の制限、公共工事からの排除、暴力団関係者との「密接交際者」の排除等を定める条例である。警察組織の取組みもあって2009年から次々と制定され、全都道府県で制定されたが、憲法上の問題も指摘されている。

第7に、**防災条例**は、災害に強い地域づくりのため、自治体や市民の責務や、災害に関する予防・応急・復興の各対策の基本的事項を定める条例である。阪神・淡路大震災を踏まえて、いくつかの自治体が制定している。

7 法定外税に関する条例の状況

自治体は、地方税法等の法律以外に、条例に基づいて税（法定外税）を賦課徴収することができる（地方税法4条3項）。従来は、その使途を限定しない普通税のみであったが、第1次分権改革において使途を限定する目的税の導入も可能とされたことから、**図表3-11**のとおり、政策目的の税を含めていくつかの条例が制定されている（以下のデータはいずれも総務省2017参照）。

第1に、**エネルギー税条例**は、原子力発電所等の施設の設置者に税を賦課する条例であり、現在、12道県と2市1町が導入しており、その収入も相当額にのぼっている。

第2に、**住居関係税条例**は、住宅等の建築、保有等に税を賦課する条例であり、現在、熱海市の別荘等に対する税条例と、豊島区のワンルームマンションに

図表3-11　法定外税条例の類型と具体例

類　　型		条　例　名	制定年
普通税	①エネルギー税条例	福井県核燃料税条例	1976年
		青森県核燃料物質等取扱税条例	2006年
	②住居関係税条例	熱海市別荘等所有税条例	1985年
		豊島区狭小住戸集合住宅税条例	2003年
目的税	③廃棄物税条例	三重県産業廃棄物税条例	2001年
		北九州市環境未来税条例	2002年
	④自然環境税条例	岐阜県乗鞍環境保全税条例	2002年
		（沖縄県）伊是名村環境協力税条例	2004年
	⑤その他税条例	（山梨県）河口湖町遊魚税条例	2001年
		東京都宿泊税条例	2002年

（出典）　著者作成

対する税条例の例がある。

　第3に、**廃棄物税条例**は、産業廃棄物の処分等に税を賦課し、その収入をリサイクルの推進等に充てる条例であり、2001年に三重県が制定して以降、27都道県と1市が制定している。これは、税収の確保よりも、廃棄物処分量の抑制等の目的を実現するための政策税制といえる。

　第4に、**自然環境税条例**は、良好な自然環境を保全するために、一定の場所に立ち入る者等に税を賦課し、その収入を環境保全に充てる条例である。1県3村が導入している。

　そのほかにも遊漁税や宿泊税など法定外税を定める条例がある。なお、法定外税条例ではないが、森林環境保全の財源とするため、森林環境税等として住民税に上乗せ等を行っている自治体もある（高知県、神奈川県等）。

　以上のように、条例の世界は多様で豊かなものとなっているのである。

Column ❸　条例は政治家のアクセサリーか？

　本章1で、最近、「政治的パフォーマンス条例」が増えていることを紹介した。首長や議員が選挙時の公約にしたり就任後に提唱したりして、鳴り物入りで制定されながら、実際の施策や取組みには結びつかない条例である。政治家にとっては、「こんな新しい条例を制定した」という実績づくりが主目的であり、制定後の運用や効果には無関心だというケースであり、「アクセサリー条例」ともいえる。自治基本条例、議会基本条例、地域振興条例など、基本条例や理念条例にそうした例が多そうだ。

　かくいう著者も、神奈川県の松沢成文前知事が、2007年春の再選時に作成したマニフェストの中に、受動喫煙防止条例や自治基本条例など11本の先進条例を制定するという「ローカル・ルール11（イレブン）」を入れたとき、アドバイザーとして関与している。この11本の条例は、何らかの実務的対応を求めるものであり、単なるパフォーマンスではないと思うが、松沢氏は選挙ではこの公約を強調し、200万票を獲得する一因になったから、政治的効果を発揮したことは確かである（なお、11本の条例は一部内容が変わったものもあるが、全部成立した）。

　そもそも民主政治において、政治家が政治的支持を得ようとして「パフォーマンス」を行うことは避けられないことである。これによって、住民に自分が何をしたい

のか、メッセージが伝わることは望ましいことでもある。それが努力や効果を伴わないうわべだけの言動であれば、早晩、有権者に見破られるだろう。「政治的パフォーマンス条例」についても、私が知っている限り、多くの有権者はその程度のものと見抜いているし、それに期待した有権者は条例に基づく現実の対応を求めるから、いずれ「負債」を支払わされることになる。もちろん高い評価はできないが、目くじらを立てて非難するほどの問題ではないというのが、私の見解である。法律にしろ条例にしろ政治の産物であって、政治的に無色透明な条例などあり得ない。

　この問題は現代政治における「ポピュリズム」の問題につながると思う。吉田徹（2011）『ポピュリズムを考える』（NHK出版）によれば、私たちはポピュリズムを「人気取り」「大衆迎合主義」として嫌うが、民主主義の基盤が「人民主権」にあるとすれば、人民から支持を得てその意思を体現しようとするのはむしろ政治家の義務であり、ポピュリズムが生じるのは不可避だという。そこで国民は、ポピュリズムの本質を理解したうえで、どのようにしてポピュリズムを「飼いならして」いけばよいのかを考えるべきだという。

　最近の政治家では、小泉純一郎氏や橋下徹氏は一流のポピュリスト（人民の心理をつかみ、そこへの働きかけが巧みな政治家という意味）だと思うが、スケールは違ってもこういう政治家は各地で生まれるであろう。それをどう「飼いならして」いくか、自治が抱える課題といえそうである。

第4章 自治を支える政策法務
—デモクラシーの制度設計

1 自治を支える政策法務とは

　第1章では、政策法務論の焦点は法律論と政策論の融合にあり、法治主義原則のもとでいかに有効かつ効率的に政策実現を図るかが課題だとした。しかし、政策法務には住民自治を支え推進するという目的もある。

　たとえば住民投票条例は、「主権者」である住民の意思を自治体の決定に直接反映させるための条例であり、住民参加条例は住民の日常的な意思反映を保障し支援する条例である。また、自治基本条例は主として住民自治の仕組みを明文化するものといえる。いずれも、政策の実現や法治主義の貫徹ではなく、住民自治を保障し活性化させるための条例である。このように、特に最近は住民自治を推進するための政策法務が重要となっている。

　そもそも、いわゆる「政策法務論」の議論には様々な考え方・方向性が混在している。第1章5で述べたとおり、現在の政策法務論は、①法治志向の政策法務論、②政策志向の政策法務論、③自治志向の政策法務論、④実務志向の政策法務論の4つに分けることができる。このうち①②④については、本書全体において取り上げることになるが、それでは③の自治志向の議論が抜け落ちてしまう。本章は、このタイプの政策法務論を取り上げるものである。

2 住民自治をどう捉えるか

　住民自治とは、住民が地域の事項について最終的な決定権を有するという原理である。地方自治の仕組みにおいては、**団体自治**が団体としての自治体が国その他の団体等に支配されないこと（自律）をさすのに対して、**住民自治**は自治体が住民の意思に基づいて運営されること（自己統治）をさし、この両面がそろって**「地方自治の本旨」**（憲法92条）が成り立つと考えられている[1]。この住民自治の原

---

[1] たとえば、佐藤（幸）1990：247は、団体自治を「地方団体が自律権を有すること」、住民自治を「その支配意思の形成に住民が参画すること」とし、憲法92条は「この両者の尊重の必要を含意しているものと解される」とする。

理は、以下のとおり三段階の重層的な仕組みとして理解するのがわかりやすいと思われる。なお、ここでは理論的な厳密さよりも理解しやすさを優先して記述していることをお断りしたい。

(1) 代表民主制の原則―フェーズ１

第１に、住民自治といっても、住民が協議して意思決定を行う直接民主主義の制度ではなく[2]、**代表民主制**（間接民主主義）の仕組みがとられている。住民全員が一堂に会して意思決定を行うことは困難であり、しかも短期間で十分な情報や討議がないまま住民に意見を求めても、適切な判断を得ることは難しいため、多くの国の地方自治制度では、住民が選挙によって代表機関を選出して、その機関に日常的な意思決定を委ねる代表民主制の仕組みをとっている。

本項冒頭で、住民自治とは、住民が「最終的な」決定権を有するという原理としたが、逆にいえば、「日常的な」決定権は選挙で選んだ代表機関に委ねていると考えられる。**図表4-1**のとおり、住民は本来は「主権者」として自治権を有している[3]と考えられるが、このうち日常的事項に関する自治権については、代表機関である議会と長に「信託」しているのである[4]。

(2) 住民参加の要請―フェーズ２

第２に、住民が代表機関に自治権を信託したといっても、住民は代表機関に「丸投げ」したわけではなく、日常的な住民の参加と監視が要請される。なぜなら、①選挙では政党（会派）や人物を重視し、個々の政策を選択したわけではないこと（マニフェストはこうした政策選択を進めるものだが、完全なものではない）、②選挙では当選者以外の候補者に投票した住民もいること、③選挙時には想定されていなかった課題や争点も生じることから、住民は代表機関にすべてを「お任せ」したわけではなく、代表機関が不断に住民の意思を確認し、それを意思決定に反映させることを条件として、信託したと考えるのが自然だからである。

---

[2] スイスにおける住民総会の例が有名である（山下・谷・川村1992：224-226など）。日本の地方自治法でも町村総会の制度が定められているが（94条）、現在、設置例はない。

[3] 主権とは、①国家権力そのもの（国家の統治権）、②国家権力の属性としての最高独立性、③国政についての最高の決定権という３つの意味をもつ（芦部2011：39）。ここでは③の意味で用いているが、この意味での主権は国民全体に属するから、住民を「主権者」とするのは、自治体を国家と仮定した場合の比喩的な表現である。

[4] 地方自治法に基づく住民による議会の解散請求（76条）や議員・長の解職請求（80条・81条）は、両者の信頼関係が破壊された場合に、信託関係を解除する手続と考えられる。

図表4-1　自治体における住民自治のしくみ

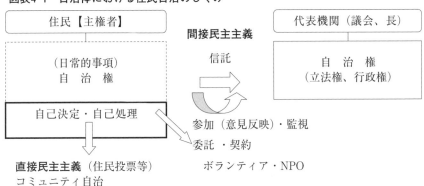

　逆にいえば、住民は自治体としての意思決定に日常的に参加し、その意思を反映させるとともに、代表機関が信託の主旨に適切に応えているか監視する権利と義務（責務）があると考えられる。

　現代の代表民主制では、こうした**お任せ民主主義**から**参加型民主主義**への転換が求められている。**図表4-1**では、信託の裏側には、常に住民からの参加と監視のルートが伴うし、保障されなければならないことを示している[5]。

(3)　例外としての直接民主主義とコミュニティ自治—フェーズ3

　第3に、そもそも住民はすべての自治権を代表機関に信託したわけではなく、一部の事項については例外的に自らのもとに留保していると考えられる。この留保した事項にも、2つの性格の異なるものがある。

　1つは、自治体としての重大な意思決定事項については、例外的に**直接民主主義**的な手続によるべきであると考えられる。たとえば、自治体の合併や大規模公共事業など、住民生活に重大な影響を及ぼす事項は、住民の合理的な意思を考えると、もともと選挙時の信託の範囲には含まれておらず、住民のもとに留保されていると考えられる。したがって、代表機関がこれらの課題に直面した場合は、必要な情報提供や討議等の機会を設けたうえで、住民投票、住民総会などの直接民主主義の手続に委ねるのが筋であり、それが現実的に難しい場合は、これに準ずる手続（諮問型住民投票、住民アンケート、住民説明会等）をとる責務があると

---

[5] 地方自治法に基づく住民による条例制定等の直接請求（74条）や監査請求（75条）は、決定権まで認められているわけではないため、参加型民主主義を支える制度と考えられる。

考えられる。

　もう1つは、住民の日常生活に密着した課題の中には、**コミュニティ自治**によって処理するものとし、自治体の決定・対応に委ねていないものがあると考えられる。たとえば、独り暮らし高齢者の見守り、子どもの一時預かり、児童の通学の安全確保、里道・水路・公園の管理などの中には、町内会等のコミュニティ組織や住民の互助的な取組みで対応することが想定されており、代表機関ひいては自治体（政府組織）に委ねていないものがあると考えられる。

　もともとこれらの課題は、歴史的にもコミュニティで処理してきたものであり（江戸期の自然村、明治期の集落など）、工業化・都市化の進展とコミュニティ機能の弱体化等を背景として自治体（政府）の役割（いわゆる公助）に取り込まれてきたが、近年は自治体の財政危機やボランティアの広がり等もあって、再びコミュニティの役割（いわゆる共助）と考えられるようになっている。最近では、「ご近所の底力」ともよばれて、近隣社会での問題解決の重要性が注目されているが（Column ❹参照）、これはもともとコミュニティに期待される役割であり、代表機関への信託の範囲に含まれていなかったと考えるのが自然であろう。そして、その範囲は、地域や自治体によって、あるいは時代によって変化すると考えられる（コミュニティ自治で処理できなくなった場合には再び信託することも可能）。そして、そうした課題については、実際にはコミュニティからさらにボランティアやNPOに委託することも考えられる。

　図表4-1では、住民が手元に残した自治権を、直接民主主義とコミュニティ自治で処理するという形で示している。

3　代表機関のあり方—二元代表制をどう生かすか

　では、住民自治の仕組みのもとで代表機関はどうあるべきだろうか。基本的な制度を確認しつつ、その今日的なあり方を検討しよう。

(1)　二元代表制（首長制）の意義

　わが国の地方自治制度では、二元代表制（首長制）が採用されている。**二元代表制（首長制）**とは、議会と執行機関（長）がそれぞれ有権者（住民）の直接選挙によって選出される仕組みである。国において採用されている**議院内閣制**が、議会が内閣を選出し、内閣は議会に対して責任を負うのに対して、二元代表制では、首長は住民から直接選挙で選ばれ（信託を受け）、住民に対して直接責任を負

う。この制度では、権限が集中する首長に対して、議会が野党的姿勢で監視・抑制の役割を果たすことが期待されている（権力の抑制と均衡）。

　もっとも、わざわざ2つの代表機関を設けている理由をより掘り下げて考えてみると、権力の分立という点だけでなく、2つの機関には性格の違うデモクラシーが期待されていると考えられる。すなわち、まず独任制である首長には、住民意思の統合と強力な政策の推進というリーダーシップ型デモクラシーが期待されている。分裂しがちな住民の意思を選挙や住民参加の過程を通じて1つにまとめ、それをもとに地域の課題を次々と解決していくというイメージである。

　これに対し、合議制である議会には、多様な住民意思の反映と討議の場の確保という**熟議デモクラシー**（deliberative democracy）の実現が期待されている（第5章4参照）。すなわち議会は、首長による意思統合の過程では洩れ落ちてしまう少数者の意見を含む多様な住民意思をきめ細かく反映させるとともに、公開の場で議員同士が討議を行い、熟慮を重ねながらひとつの決定（合意）を生み出すという点に、その存在意義があると考えられる[6]。

　これら2つのデモクラシーが相まって、住民意思に基づきつつ強力な自治体運営が可能になるというのが、二元的代表制で期待されている「デモクラシーのかたち」ではないだろうか。

(2)　**首長と議会の対立をどう考えるか**

　もっとも、現実の首長と議会の関係は単純ではない。首長が議会の多数派に推された候補者を破って当選したような場合は、議会が新しい首長と真っ向から対立し、首長が掲げた公約（マニフェスト等）は実現させないという姿勢を示したり、首長が政治的に行き詰って辞任するよう圧力をかけることもある。そうかと思うと、首長が議会の多数派に支持されている場合は、両者が事前に非公式な調整（根回し）を行い、首長提案の議案を十分な審議もなく次々と可決するという「なれ合い」の状況に陥る。いずれにしても、不利益を受けるのは住民である。

　こうした状況を前にして、自治体においても議院内閣制に転換すべきだという議論も生まれている（たとえば、後2007：255-258、石田2009）。しかし、①二元代表制では住民が自治体の代表者である首長を直接選挙できるため、自治体政治へ

---

[6]　最近注目されている熟議デモクラシー又は討議デモクラシーの考え方については、篠原2004：151-192、同編2012：233-256（同）、江藤2004：142-157、田村（哲）2008参照。

の関心が高まること、②二元代表制では首長のリーダーシップにより新しい政策や大胆な改革が可能になること（政治のダイナミズムが生まれること）、③地方政治の現状では政党（会派）の機能が弱いほか、議員の固定化・政治ボス化がみられること（現状ではすぐれた執行機関の選出基盤になることが期待できないこと）が指摘できる。要するに、前述の2つのデモクラシーを組み合わせる妙味が失われることから、私は二元代表制を維持すべきだと考える。

(3) **議会は行政監視機関でよいか**

自治体議会は、自治体の「議事機関」と定められている（憲法93条）。ここで立法機関等ではなく「議事機関」としたのは、自治体議会は条例の制定・改廃にとどまらず、行財政全般にわたる具体的事務の処理についても、意思決定機関としての権能をもつためとされている（全国町村議会議長会2003：9）。

議会は通常、①**政策形成機能**（条例制定等によって議会自らが自治体の政策をつくる役割）と②**行政監視機能**（執行機関の活動を監視し、是正・抑制する役割）をもつとされている。確かに②の機能は重要だが、地方分権の時代においては、特に①の政策形成機能を強化すべきだと考えられる。

これに対して、地方議会は予算編成権などの権限や事務局体制が十分でないから、行政監視機能を中心にすれば十分だという意見もある。確かに現状の議会ではこうした指摘が当てはまる面があるが、①住民が選挙で選んでいるのは「政治家」であって、政策によって地域課題を解決することを期待していること、②行政監視であれば監査委員などがより専門的な監視機能を果たしていること、③分権時代においては、多様なチャンネルを通じた政策形成が期待されること等から、今後は政策形成機能をより充実させるべきだと考えられる。

4 新しい住民自治の考え方

住民自治については、上記の原理的な関係を踏まえつつも、新しい考え方が登場している。

(1) **住民協働という考え方**

住民協働という言葉は、いろいろな意味で使われているが、一般的には、住民たちが自ら地域の課題解決に取り組むことを通じて公共的な役割を果たすことと考えられる（辻山編著1998、今川・山口・新川編2005、山口編著2006ほか参照）。

前述のとおり「参加」（又は参画）は、原則としての代表民主制すなわち信託

関係を前提としつつ、自治体の意思決定に住民の意見を反映させることであり、上記の枠組みではフェーズ２の問題と考えられる。したがって、住民が様々な意見や提案を提出したとしても、最後は代表機関が決定することになる（住民はこれが不服であれば、フェーズ１にもどって信託関係を解除すればよい）。

これに対し「協働」は、住民が地域社会の構成員として自ら課題解決に取り組むものであり、代表機関ひいては自治体の意思決定や役割から独立した活動だから、前記の枠組みではフェーズ３の問題と考えられる。もちろん協働の現場では、自治体が協働の主体（パートナー）のひとりとなることもあるし、住民活動を側面から支援する場合もあるが、その場合でもあくまで独立・対等の当事者間の関係となる。したがって、自治体（代表機関）の意思にかかわらず、自ら意思決定できるし、もし自治体の意思と食い違いが生じればパートナー関係を解消すればよい。

もちろん個々の問題はもっと複雑であるが、だからこそ住民自治の仕組みを踏まえた概念の整理としては、上記のように理解するのが合理的だと思われる。

(2) 「新しい公共」という考え方

こうした住民協働の登場は、公共性のあり方にも見直しを迫っている。これまで公共的な機能は主として行政組織が担ってきたが、今後は市民、NPOや企業など多様な主体がこれを担うという**「新しい公共」**論が登場している（今村2006、吉田・杉山2006参照）。

たとえば、第27次地方制度調査会の「今後の地方自治制度のあり方に関する答申」（2003年11月）では、「地域における住民サービスを担うのは行政のみではないということが重要な視点であり、住民や、重要なパートナーとしてのコミュニティ組織、NPOその他民間セクターとも協働し、相互に連携して新しい公共空間を形成していくことを目指すべきである」と指摘した。

また、神奈川県大和市では「大和市新しい公共を創造する市民活動推進条例」（2002年）を制定した。この条例では「新しい公共」を「市民、市民団体、事業者及び市が協働して創出し、共に担う公共」（２条１号）と定義したうえで、「多様な価値観を認めあう豊かで活力ある地域社会の実現」（１条）を目的として、市民は「その自主性及び自己の責任に基づいて、新しい公共を創造するための活動を行う」こと（４条１項）等を定めている。自治のルールにも「新しい公共」の思想が取り入れられ始めているのである。

(3) 協働論・「新しい公共」論への懸念

住民協働や「新しい公共」の考え方に対しては、留意すべき点もある。

第1に、これらの概念が多用されることによって、自治体の責任が不明確になったり、その負担を住民等に転嫁する理屈として使われないかという心配である。特にこれらの議論がNPM改革における行政機能の見直し（リストラ）と結びつくと、その心配は大きくなる。したがって、自治体政府の役割と協働のルールを明確にしたうえで、これらの考え方を導入する必要がある。

第2に、住民協働や「新しい公共」という名のもとに、個々の住民、特に政治的少数者の意見や利益が軽視されないかという心配である。たとえば、市民協働で公園を管理している場合に住民から苦情があったときに、「ボランティアで奉仕しているのに文句を言うのか」といった反発が生じ、利用者の声が封殺されるとすれば、問題がある。「新しい公共」における公共的な決定と運営の方法を考える必要があろう。

第3に、自治体と住民の協働については、信託された政府が信託した国民・住民に「協働」をよびかけるのは原理的におかしいという指摘が考えられる。特に政治の仕組みを、主権者である国民（本人）が政府（代理人）を雇って自らの利益（共通の目的）の実現を図るものと考える「**本人―代理人モデル**」（プリンシパル‐エージェントモデル）で考えると、本人（いわば主人）は代理人（いわば奉公人）に対して「指示」すればすむのであって、一緒に「協働」しなければならない義務はない（それなら代理人を雇わない）という考え方も成り立つ。ただ、この場合の「本人」は集合体としての住民だから、個々の住民が自らの意思で「代理人」と協働することは矛盾するものではないと思われる。ただし、自治体の側がこれまで行使してきた権力を分け与えるという発想で「協働」を語るとすれば、本末転倒であろう。

(4) 合意形成をどう考えるか

住民自治や住民協働に関連して、いろいろな場面で**合意形成**（合意調達）の重要性が指摘されている。しかし、合意形成とは何か、合意形成はなぜ重要なのか、いかなる場合に合意形成が求められるのかは、理論的にも実践的にも自明ではない（以下、礒崎2016a，b，c参照）。

一般に合意とは「意志が一致すること」であるが（広辞苑）、多数の主体で構成される政治・社会において全員の意志が一致することはまれであり、それを確

認する手段も通常存在しない。政治・社会における**合意**とは、「ある社会や集団において反対の意思を表明する者がいない状態」、言い換えれば「紛争や対立が顕在化していない状態」を指すと考えられる。そして合意形成とは、「合意状態をめざして何らかの対応を行うこと」をいうと考えられる。現代社会において、上述の意味での「合意」が成立することは容易ではないが、これをめざす「合意形成」の努力が求められているのだと考えられる。

　では、なぜ合意形成が重要なのか。代表民主制の下では、代表機関が決定すれば、それが住民全体の意思とみなされるはずである。また住民投票のような直接民主制においても、多数決で決定すればそれが全体の意思として扱われるはずである。それにもかかわらず、合意（反対意思の表明のない状態）をめざすのはなぜか。

　私は次の3点の理由によると考える。第1に、価値観と利害の多様化の下で、代表機関が住民との自同性（意思の一体性）を確保するには、不断に住民の意見に耳を傾け、合意をめざす必要がある（民主主義的意義）。第2に、政治的少数者の人権やコミュニティの自己決定を尊重するため、合意を得る努力が必要になっている（自由主義的意義）。第3に、権利意識の高まり等に伴って、施策・事業を円滑に実施するために住民や関係者の理解と協力が重要になっている（実践的意義）。

　そこで、首長・執行機関や議会は、民主主義的意義や実践的意義から、重要な政策決定にあたっては、住民や利害関係者との「対話」に努め、合意形成を図る必要がある。もっとも、合意が成立するまで政策を決定・執行できないとすれば、個々の住民や関係者に拒否権を認めることになり、公共的利益を損なう。したがって、必要な合意形成の努力を尽くしたと認められれば、合意形成を断念し、政策を決定・執行することが可能であり、むしろ求められる。

　これに対して、政治的少数者の人権やコミュニティの自己決定が損なわれる場合には、自由主義的意義から、原則として関係者やコミュニティを代表する機関の同意が求められると解すべきである。たとえば、自治体がある地区に一般廃棄物処分場を建設しようとする場合、首長や議会は全体の利益から推進意見に傾きがちだが、当該地区の住民は長く大きな不利益を受ける。この場合、当該地区の住民の権利・利益を守るため、原則としてその合意が必要だと考えるべきである（礒崎・金井・伊藤2014：138（礒崎）、礒崎2016ｃ：40-49参照）。大規模開発など

に伴う**受益圏と受苦圏の分離**の場合にも、原則として受苦圏の同意が必要だと考えるべきであり、沖縄県米軍基地辺野古移設問題についても同様に扱うべきである（Column ❿参照）。

　以上の理解を踏まえて、以下、具体的な条例の制度設計について住民自治の観点から検討していく。

5 | 自治基本条例の制度設計

　自治基本条例は、自治体の自治（まちづくり）の方針と基本的なルールを定める条例である（木佐・逢坂編著2003、松下（啓）2007、神原2009）。他の条例や施策の指針となることから、自治立法の体系上の最高法規であり、「自治体の憲法」ともよばれる。

　「自治」の内容は多様だから、自治基本条例にどのような内容を盛り込むかも様々であるが、自治基本条例は、①理念型条例、②権利保障型条例、③住民自治型条例、④行政指針型条例に分けることができる（**図表4-2参照**）。現在多くの自治体で制定されている自治基本条例は、住民自治ないし住民主体のまちづくりの原則を明確にするとともに、住民参加の機会を拡充・保障することを目的としており、③の住民自治型条例といえる。

　自治体の組織・運営に関する事項が地方自治法等の法律で定められているわが国では、自治基本条例を制定しても、抽象的・理念的な規定が多く、法律の枠組みをなぞることになるため、意味がないという意見もある。しかし、前述のとおり住民自治の仕組みを明確にし、それを住民と自治体が共有するという点でも、条例を検討する過程を通じて将来の地域像や自治体のあり方について住民と自治体が考える機会をもつという点でも、この条例の制定には大きな意義があると考えられる[7]。

　自治基本条例の制定にあたっては、①前述の住民自治の重層的な仕組みを理解したうえで個別規定を整備すること、②代表民主制と直接民主主義的制度との関

---

[7] 自民党2012は、自治基本条例に対して、「『複数信託論』や『補完性の原理』という特定のイデオロギーに基づいて条文が規定されているもの」があり、これは「地方自治が法律の範囲内で行われるという憲法の趣旨を大きく逸脱する考え方」で、「市民の言いたい放題になって収拾がつかなくなる危険性」があると述べて、驚くほど警戒的な見解を示している。本書では十分な検討はできないが、この批判こそ地方自治に関する重大な誤解と「特定のイデオロギー」に導かれているように思われる。

図表4-2　自治基本条例の類型と具体例

類　型	内　容	具　体　例
①理念型条例	まちづくりの基本理念、市町村の責務等の抽象的規定を定める条例	箕面市まちづくり理念条例（1997年）、会津坂下町まちづくり基本条例（2002年）
②権利保障型条例	住民の環境権、生活権、参加権等の基本的権利を保障する条例	川崎市都市憲章案（1973年）
③住民自治型条例	住民の参加・参画や、住民投票等の仕組みを定める条例	ニセコ町まちづくり基本条例（2000年）、杉並区自治基本条例（2002年）等
④行政指針型条例	行政施策の方向性や行政運営の指針を定める条例	宝塚市まちづくり基本条例（2001年） 類似：北海道行政基本条例（2002年）等

（出典）　著者作成

係について慎重な検討を行うこと、③コミュニティ自治、住民協働等の新しい自治を実効性のある形で位置づけることが重要である。

　このうち特に**コミュニティ自治**については、様々な工夫が考えられる。実際にはコミュニティ自治の重要性や住民の責務を抽象的に規定する条例が多いが、中には、住民に自治会・町内会等のコミュニティ組織への加入やその活動への参加を努力義務として定める条例（たとえば（長野県）駒ヶ根市協働のまちづくり条例9条・10条）や、コミュニティ組織の設置等の手続を規定しその権限を強化する条例（たとえば（神奈川県）愛川町自治基本条例29～32条、（三重県）伊賀市自治基本条例24～28条、（奈良県）生駒市自治基本条例43条）もある。自治会・町内会は現状では任意団体であり、住民には結社の自由が保障されていることを考えると、住民に加入を義務づけることはできないが（努力義務であれば許容範囲であろう）、コミュニティ協議会等の制度を設けて（自治会・町内会もそこに位置づけ直して）権限や財源を付与することは十分考えられよう[8]。

　また、自治基本条例には住民投票規定をおくことが多いが、これについては7で検討する。

---

[8] たとえば、市町村長・議会への提案権、意見具申権、行政計画への同意権などを付与することや、一定の財源（枠予算）を保障することが考えられるし、さらに条例制定の提案権を認めたり、当該地域だけに適用される住民協定等の一種の自治立法（コミュニティ・ルール）を定める権能を付与することも検討されてよい。

なお、自治基本条例に関連する条例として、**首長多選制限条例**がある。東京都杉並区（2003年。ただし2010年廃止）、川崎市（2003年。ただし制定時の市長のみが対象）、横浜市（2007年）などが多選「自粛」条例を制定し、都道府県では神奈川県が知事の多選を「禁止」する条例を制定した（ただし未施行）。これについては、憲法や公職選挙法の立候補の自由や、地方自治法の任期規定との関係で法的に制限することは違法との指摘もあるが、権力の時間的分散を図るための措置であり、団体自治の範囲内の問題として条例で制限することも可能と解すべきである。自治基本条例を制定する場合には、その中で規定することも考えられよう。

6 議会基本条例の制度設計[9]

議会基本条例とは、議会の組織及び運営の方針と基本的ルールを定める条例である。2006年に北海道栗山町が本格的な議会基本条例を制定して以降、湯河原町、三重県、伊賀市等で短期間に次々と制定されている（橋場・神原2006、中尾・江藤編著2008、神原2009、加藤（幸）2009）。ある調査では、2011年3月8日現在、都道府県15、政令市4、市94、町51、村4の合計168条例が制定されているという（自治体議会改革フォーラムホームページ2012）。

地方分権の時代を迎えて、自治体議会の役割に対する期待が高まっている。一方で、議会は首長と異なり独自の政策を打ち出すなどの存在意義を発揮することが難しく、議員歳費や政務調査費の問題にみられるように住民からは厳しい目を向けられている。そこで、多くの議会では、議会の存在意義を高めるための取組みを行うようになっており、そうした流れの中で議会基本条例の制定が進められている。いい換えれば、条例制定後に様々な改革や実践を行って初めて条例制定の意義があると考えられる。

議会基本条例に対しては、地方自治法で議会について必要な規定が定められているため（89〜138条）、理念規定や法律と重複する規定が多くなって、意味がないという指摘がある。しかし、地方自治法は、議会の政策形成を支える手続、議会運営の公開、議会に対する住民参加などの事項については手薄であるため、条例でこうした仕組みを明確にすることは意味がある。逆にいえば、議会基本条例には、議会に期待される役割を念頭において、実際に議会の活動を活性化させる

---

[9] 本項の記述は、礒崎2008bを基礎としている。

図表4-3 議会基本条例の類型と具体例

類　型	内　容	具　体　例
①理念型条例	議会のあり方や基本理念について定める条例	（福島県）須賀川市議会基本条例（2004年）
②基本事項型条例	議会の組織・運営の基本事項について定める条例	川崎市議会基本条例（2009年）
③改革推進型条例	議会の組織・運営のうち、議会審議の活性化、住民参加の推進等に重点をおいて定める条例	（北海道）栗山町議会基本条例（2006年）、（神奈川県）湯河原町議会基本条例（2006年）、三重県議会基本条例（2006年）、（三重県）伊賀市議会基本条例（2007年）
④総合型条例	議会の組織・運営について、法定の条例事項を含めて総合的な規定を定める条例	（神奈川県）横須賀市議会基本条例（2010年）

（出典）著者作成

ための事項を定める必要があるし、今後は地方自治法は全国共通に適用すべき骨格的事項に限定して、その他の事項は条例に任せるべきである。

　また、議会の基本的事項を定めるのであれば、自治基本条例で定めれば足りるという考え方もあり得よう。しかし、議会の組織や運営に関する事項には様々なものがあるため、議会基本条例を制定する意義はあると考えられる。特に、議会に対する住民参加の規定を明確化するとすれば、意味は大きいと考えられる。

　現在制定されている議会基本条例は、①理念型、②基本事項型、③改革推進型、④総合型に分けることができる（**図表4-3**参照）。このうち、④の総合型条例には、議会運営の原則、議員活動の原則、議会の情報公開・説明責任、議会に対する住民参加、議会と執行機関の関係、議会の組織と審議、議員の政治倫理・研修、議会事務局の役割などの事項を定めることが考えられよう。

　議会基本条例の制定にあたっては、①抽象的な規定で満足せず制定後の実践につながる規定にすること、②議会の政策形成機能の強化を図る内容にすること、③議員相互の討論を通じて多面的な検討を行う体制をつくること（熟議デモクラシーの実践）、④住民や外部有識者等の意見を吸収し、開かれた議会を実践すること（協働型議会への転換）が重要である。

7 住民参加条例と住民投票[10]

(1) 住民参加条例の制度設計

住民参加条例とは、住民の自治体運営への参加を保障し推進する条例である。ここで**参加**とは、自治体の意思決定に対して個々の住民の意思を反映させることをいう（住民参加については田尾2012参照）。

前述のとおり、代表民主制のもとで、住民は日常的な意思決定権を長と議会に「信託」していると考えられるが、白紙委任したわけではなく、事案の重要性等に応じて住民の意見を十分に反映させ、参加型民主主義を実現することが求められる。さらに、市町村合併等の重要事項については、住民投票等の直接民主主義的な手法も求められるが、これも自治体の意思決定に住民意思を反映させる制度であり、広義では住民参加のひとつといえる。こうした制度は地方自治法等の法律にも定められているが、十分ではないため、これを条例という形で制度化することは重要な取組みといえる。これが住民参加条例（広義）である（地方自治職員研修編集部2002、松下（啓）2004）。

近年は、前述のとおり「協働」という言葉が注目されており、住民協働推進条例も制定されている。**協働**とは、前述のとおり、住民たちが自ら地域の課題解決に取り組むことによって公共的な役割を果たすことであり、異なる概念である。しかし、住民自治を推進するという点では共通するため、**住民協働推進条例**も広義の住民参加条例のひとつと考えられる。

以上から、住民参加条例（広義）としては、①**住民参加理念条例**、②**住民参加総合条例**、③**パブリック・コメント条例**、④**住民投票条例**、⑤**住民協働推進条例**をあげることができる（**図表4-4参照**）。近年、自治基本条例と並んで住民参加条例も次々に制定されているが、特に増えているのは②のタイプである。このタイプの条例には、①理念・原則、②参加の権利・責務、③情報の公開、④審議会等による参加、⑤意見提出手続（パブリック・コメント）、⑥住民投票、⑦審議会等の推進体制の整備などの事項を定めることが考えられる。

(2) 住民投票をどう制度化するか

住民自治に関して難しい問題となるのが住民投票制度である。**住民投票制度**と

---

[10] 本項の記述は、礒崎2008 b を基礎としている。

図表4-4　住民参加条例（広義）の類型と具体例

類　型	内　容	具　体　例
①住民参加理念条例	住民参加の基本理念、自治体の責務等の抽象的規定を定める条例	（大阪府）箕面市市民参加条例（1997年）、（兵庫県）宝塚市市民参加条例（2001年）
②住民参加総合条例	住民参加の理念、対象、方法等の必要な事項を総合的に定める条例	（北海道）石狩市市民の声を活かす条例（2001年）、（長野県）岡谷市市民総参加のまちづくり基本条例（2004年）、宗像市市民参加、協働及びコミュニティ活動の推進に関する条例（2005年）
③パブリック・コメント条例	パブリック・コメントの方針、事項、手続等を定める条例	（神奈川県）横須賀市パブリック・コメント手続条例（2001年）、（兵庫県）宝塚市民パブリック・コメント条例（2004年）
④住民投票条例	住民投票の方針、対象、手続等を定める条例	（新潟県）巻町の原発に関する住民投票条例（1996年）、沖縄県の日米地位協定の見直し及び基地の整理縮小に関する県民投票条例（2000年）、（愛知県）高浜市住民投票条例（2002年）
⑤住民協働推進条例	住民と自治体（政府）との協力による施策・事業の推進を定める条例	（神奈川県）横須賀市市民協働推進条例（2001年）、（高知県）高知市市民と行政のパートナーシップのまちづくり条例（2003年）
関連：住民活動支援条例	住民やNPOの自主的な公益的活動を支援する条例	宮城県の民間非営利活動を促進するための条例（1998年）、神戸市民による地域活動の推進に関する条例（2004年）

（出典）著者作成

は、自治体の重要な意思決定にあたり、住民による賛否の投票を求める制度である（新藤編著1999、今井（一）2000、森田・村上編著2003参照）。法律では地方特別法に対する住民投票（憲法95条）、議会解散等の直接請求に伴う住民投票（地方自治法76条3項ほか）が定められているが、一般的な住民投票制度は設けられていない[11]。そこで自治体独自の判断で住民投票を実施することになるが、その中には条例に基づいて実施される例も増えている。

条例としては、（高知県）窪川町原発に関する町民投票条例（1982年、未実施）

---

[11] 地方制度調査会（第30次）は、2011年に大規模公共施設、自治体の廃置分合について住民投票（拘束型）の法制化を検討したが、結論を得ていない。岩崎2012：234-238参照。

が初めてのケースだが、実際に投票にいたったものとして、(新潟県)巻町の原発に関する住民投票条例(1996年)、沖縄県の日米地位協定・米軍基地に関する県民投票条例(2000年)が定められた。その後、(愛知県)高浜市などが常設型の住民投票条例を制定するとともに、自治基本条例では、規定内容に差はあるものの、住民投票規定をおくことが「常識化」している。たとえば川崎市では、自治基本条例に住民投票規定を定めるとともに、これに基づいて具体的な投票事項等について川崎市住民投票条例(2009年)を制定しており、参考になる。

第1に、そもそも住民投票の制度化について、どう評価すべきだろうか。

前述のとおり、代表民主制のもとでも自治体の意思決定に住民の意思を反映させる必要があるし(フェーズ2)、自治体の重要事項については住民自身が決定権を留保していると考えられるため(フェーズ3)、住民投票は住民自治を機能させるために不可欠な仕組みだといえる。代表機関たる長と議会の権限は、こうした仕組みの範囲内で認められるものであって、住民の意思が所定の手続に基づいて直接的に表明された場合は、これに拘束されると考えられる。

住民投票の具体的なメリットとしては、①住民の意思をストレートに反映できること、②代表機関が互いの対立などによって十分な機能を発揮できない場合にこれを補完できること、③地方自治に対する住民の関心を喚起できること等があげられる。

しかし、住民投票にはデメリットとして、①情報が不十分な場合や偏ったPRがなされた場合に、適切な判断ができないこと、②どの段階で投票を求めるべきか、どういう設問や選択肢とするか等によって、結論が左右される可能性があること、③討論による説得や対話による調整・妥協が行われず、二者択一の決定になること、④政治的な少数者の意見や権利が軽視される可能性があること(多数者民主主義の横暴になり得ること)等の問題点がある。住民投票は、自治体の意思決定方式としては、決して万能なものではなく、むしろ副作用の多い「劇薬」なのである。

したがって、住民投票の制度化にあたっては、できるだけこうしたデメリットが生じないよう慎重に制度設計すべきであるし、実際に実施するか否かを決定する場合には、これらのリスクを考慮して慎重に判断すべきである。その意味では、住民投票は、代表民主制による解決やこれ以外の住民参加の仕組みが尽きた場合の「伝家の宝刀」として日頃から備えておくべきであるが、「伝家の宝刀」

はできるだけ抜かない方がよいというべきである。

　第2に、住民投票を制度化するとして、どのような制度にすべきだろうか（宇賀2009a：243-246参照）。

　まず、住民投票制度には、投票すべき事項が生じた場合に当該事項に関する住民投票を制度化して実施する**臨時型住民投票制度**と、あらかじめ一般的・抽象的に投票事項を定めて該当事項が生じた場合に発議手続を経て実施する**常設型住民投票制度**がある。個別事案の性質等に応じて制度化できる点では臨時型がすぐれているが、この場合、制度化すること自体に利害関係が生じ、紛糾が予想されるし、住民自治の仕組みを整備するという意味では、あらかじめ制度化しておく常設型が望ましいといえよう。ただし、この場合には、投票すべき事項や発議の主体・手続等を定めておく必要がある。

　次に、住民投票制度には、投票結果が長や議会などの機関に対して法的拘束力を有する**拘束型住民投票制度**と、法的拘束力をもたない**諮問型住民投票制度**がある。拘束型住民投票制度については、代表民主制のもとで地方自治法その他の法律が定めた首長と議会の権限分配と責任体制に反することから、条例で住民投票の結果に法的拘束力をもたせるとこれらの法律に抵触するという見解が一般的である（原田2005：76、渋谷2007：691、佐藤（幸）2011：562）。そのため、現在のところ拘束型住民投票制度を定める条例は皆無となっている。この場合は、長や議会に投票結果を尊重することを義務づけるにとどまることになる。

　しかし、前述のとおり住民自治原理のもとでは住民自身が重大な事項について決定権を留保している（フェーズ3）と考えれば、それは代表民主制の例外と考えられるし、地方自治法もこのことを前提として首長と議会の権限を規定していると解されるから、拘束型住民投票制度もその対象事項が住民の自己決定に委ねるべき重大な事項に限定されるものであれば、適法と解するべきである。したがって、住民投票の制度化にあたっては、拘束型住民投票制度の導入も選択肢のひとつとすべきである。

　さらに、常設型住民投票制度については、誰にどういう要件のもとで発議権を認めるかという問題がある。これについては、①議会のみ、②議会と首長、③議会・首長・住民の3タイプが考えられる。もともと議会は条例（臨時型住民投票条例）を制定して住民投票を実施できるから、①では確認的な規定となり、常設型とする実践的な意味はあまりないと考えられる。②では首長の判断だけで発議

できるため、議会との間で意見対立等がある場合にも実施できるという意味がある。もっとも、首長と議会がともに自らの権限に固執し、住民投票を忌避する場合も考えられるから、住民の自己決定権を保障する意味では、③が望ましいと考えられる。この場合、住民（原則として有権者）の一定数の署名が要件となるが、自治体の人口規模を考慮して、安易には発議できない程度の割合を定めること（たとえば1/10～1/3以上）が考えられよう。

最後に、住民投票の投票権については、有権者（2016年から18歳以上）を基本としつつ、18歳未満を含むか否か、外国籍住民をどこまで認めるかという問題がある。自治基本条例では、もともと18歳以上に投票権を認める例が多かったが、16歳以上とする例（大和市自治基本条例）もある。永住外国籍住民については、自治体の意思決定であり国政に関する直接的な影響は考えにくいし、地域の生活者として共通の基盤に立つと考えられるため、投票権を付与することも考えられる。

以上のほか、住民投票の制度化にあたっては、事前の適切な情報提供、住民投票の質問形式、一定の投票数にいたらない場合の開票等の扱いなどに配慮する必要がある。

8　コミュニティ推進条例の制度設計

コミュニティ推進条例とは、地域コミュニティないしコミュニティ組織の活性化を図るための条例である。人口減少を迎えた社会では、コミュニティの役割が重要になる（第2章6参照）。日本では、かねてから自治会・町内会等の組織がほとんどの地域で組織され、多様な役割を果たしてきたが[12]、あくまで任意団体であり、法的位置づけはあいまいである。そこで、都市化の進展や人間関係の希薄化に伴って、加入率の低下や役員の固定化等による活動の停滞などが問題になっている。こうした状況を打破しようと、2010年代からコミュニティ推進条例が制定されている。

コミュニティ組織の活性化を図る手段として、①コミュニティ組織の役割の明

---

[12] 総務省資料によると、2013年4月現在、全国で298,7000の自治会・町内会等（市町村内の一定の区域に住所を有する者の地縁に基づいて形成された団体。部落会、町会、部落会、区会、区を含む）が存在しており、法人格を有する認可地縁団体（地方自治法260条の2参照）は、44,008団体であるという。

確化、②財源、情報等の支援措置、③地区会館等の施設の提供、④住民への加入・参加の働きかけ、⑤集合住宅建設に係る居住者への加入促進、が挙げられる。自治会・町内会は、会員相互の親ぼくを図ること等を目的として設立された「権利能力のない社団」であり、「いわゆる強制加入団体ではな」い（最判平17・4・26判時1897号）。そこで条例制定において特に問題になるのは、どこまで住民に加入・参加を義務づけられるかである。

この点を含めてコミュニティ推進条例を区分すると、①理念型、②努力義務型、③加入義務型、④組織設置型、⑤総合施策型に分けることができる（図表4-5参照）。このうち、該当例が多いのは、コミュニティ自治の重要性や自治体の支援等の責務を定める①のタイプであるが、住民に自治会等への加入や活動参加を努力義務とする②のタイプも該当例が多い。これに対して、③は加入を法的義務とするものである。その例である塩尻市みんなで支える自治会条例は、「市民は、基本理念にのっとり、自らが居住する地域の自治会に加入するものとする。」（5条1項）と定めており、法的義務となっている（罰則はない）。憲法上の結社

図表4-5　コミュニティ推進条例の類型と具体例

類　　型	内　　容	具　体　例
①理念型条例	基本理念や自治体の責務などを定める条例	さいたま市自治会等の振興を通じた地域社会の活性化の推進に関する条例（2012年）、川崎市町内会・自治会の活動の活性化に関する条例（2014年）
②努力義務型条例	基本理念などのほか、自治会等への住民の加入や参加を努力義務とする条例	（埼玉県）八潮市町会自治会への加入及び参加を進めるための条例（2012年）、品川区町会および自治会の活動活性化の水深に関する条例（2016年）、
③加入義務型条例	基本理念などのほか、自治会等への住民の加入や参加を努力義務とする条例	塩尻市みんなで支える自治会条例（2011年）
④組織設置型条例	基本理念などのほか、コミュニティ組織の設置や運営について定める条例	川西市地域分権の推進に関する条例（2014年）
⑤総合施策型条例	基本理念、自治体の施策、住民の努力義務などを総合的に定める条例	京都市地域コミュニティ活性化推進条例（2011年）

（出典）著者作成

の自由（21条1項）には団体に加入しない自由も含まれるし（芦部2015：219）、任意団体であり運営上のルールも明確でない既存の自治会等への加入を義務づけることは合理的な制約といえず、違憲となる可能性がある。そこで、条例に基づいて住民協議会等の組織を設置し、これに該当住民に加入義務を課すことが考えられよう[13]。こうした組織の設置根拠等を整備するタイプが④である。以上の措置のほか計画策定など総合的に定めるタイプが⑤である。

なお、自治基本条例の中でコミュニティ自治を推進する規定を置いている例も多い（本章5参照）。

以上のように、住民自治を支える条例の領域は広がっている。こうした条例を理念条例に終わらせることなく、多様な実践につなげていくことが重要である。

Column ❹ 「ご近所の底力」は本物か？──丹沢の山小屋で条例案をつくった話

少し前にNHKに「ご近所の底力」という番組があった。犯罪やシャッターへの落書きなどの地域の問題に対して、行政に頼らず町内会や商店街などでアイディアを出し、力をあわせて解決するという「奮闘記」を紹介する番組だ。「こういう問題はどこにでもあるよな」という身近さと、登場する住民が明るく問題に取り組んでいる様子が印象的だったが、同時にコミュニティの重要性を伝えてくれた。

自治のあり方を考えるうえでも、コミュニティの維持・活性化は不可欠の課題だ。本章5で述べたとおり、自治基本条例を制定する場合でも、コミュニティ自治を支援する規定をおくことが一般的になっている。政策法務としても、自治会・町内会が任意組織であるという原則をふまえつつ、できるだけコミュニティ自治を支え、支援する制度や措置を考えたいものである。サンデル教授のコミュニタリアニズムではないが（第5章4参照）、私は日本の地域コミュニティにはまだまだ可能性があると思う。

10年以上前のことになるが、私自身、あるコミュニティで条例案をつくるという作業に参加したことがある。神奈川県西部のある市の丘陵地に囲まれた集落に、民間事

---

[13] 釼持2016：145-147は、「自治会の法的性格は任意団体であり、加入の義務付けには法的限界がある」とし、住民に加入を求める規定を設ける場合には「努力義務にとどめておく方が望ましい」とし、「都市自治体経営における自治会の位置付けとその担うべき役割を見直す」とともに、「協議会型住民自治組織の活用」など「多様な施策を組み合わせていくことが期待されている」とする。

業者が産業廃棄物処理施設をつくるという計画が舞い込んできた。県は、廃棄物処理法上は届出なので止められないとの判断であり、市も容認の姿勢だったが、住民は計画のずさんさもあって地域の良好な環境が脅かされるとして反対運動を展開した。その中で、法律で地域を守れないなら条例をつくるしかないということで、地域環境を守るための条例案づくりにとりかかり、私も助言者として加わった。

　いろいろと検討した後で、条例の案文づくりはできるだけ多くの住民に参加してもらうということで、丹沢の山小屋を借り切り土曜の夜を通して行うことになった。私が「第1条は目的規定をおくものです。これは条例の顔ですから、短い言葉で皆さんが条例で何を実現したいのか、書く必要があります」とか、「次の条文は、事業者に何を義務づけるかですね。対象行為は厳密に定義しなければならないし、いつの時点で届出とか許可申請をするのか、正確に規定する必要があります」などと説明した後で、1条ずつわいわいガヤガヤと条文をつくる。

　興味深かったのは、代表とか事務局などの役職も決めないのに、みんなが自然に役割分担をしながら作業が進んでいくことだった。資料を集める人、条文を考える人、条文をワープロ打ちする人、食料を調達する人、できた条例案を持って議員を説得する（予定の）人と、それぞれ得意分野を担当する。また、互いのことを知っているからか、みんながいろいろな意見をいうのに、自然にひとつの方向に集約されて合意ができることにも感心した。東の山頂が明るくなりかけた頃には、約25条からなる条例案ができあがっていた。NPOなどとはひと味違う、地縁型コミュニティの強さと包容力のようなものを感じた一夜だった。なお、市はこの条例提案を受けて、規定内容を少しソフトにした条例を制定した。

　私がコミュニティ自治を考えるとき、この丹沢の一夜のことを思い出すのである。

第 2 部

政策的検討の理論

第2部 あらまし

　政策法務の取組みは、政策的検討と法的検討に分けることができる。第1章で述べたとおり、政策法務は法律論と政策論の融合をめざすものであるが、その理論を学ぶにはそれぞれの側面に分けて把握した方がわかりやすい。第2部では、このうち政策的検討に関するテーマを取り上げ、第3部では、法的検討に関するテーマを取り上げる。

　第5章「政策分析の基礎」では、政策論の基礎的知識を学ぶ。公共政策とは何か、政策の形成と分析にあたってどういう視点が必要かを押さえたうえで、政策形成の理論・モデルについて、政策の「内容」に関するものと、政策の「過程」に関するものに分けて、順に紹介する。公共政策論の基礎を一つの章に押し込めたような内容になっているが、できるだけ政策法務の実践にどう使えるかを考えながら、検討していこう。

　第6章「自治体の守備範囲の理論」では、政策づくりにあたっては、自治体の守備範囲を考える必要があることを指摘し、市場、政府、コミュニティの役割を明らかにする。本章では、地域の問題解決のために市場、コミュニティ、政府の三者にそれぞれ基礎とする原理と役割と限界があることを示したうえで、それぞれのインセンティブ構造に合った制度にすることを提案する。やや抽象的な議論になるが、制度設計には不可欠の視点である。

　第7章「条例評価と立法事実の理論」では、すぐれた条例をつくるための条例評価と立法事実の問題を取り上げる。政策的検討はすぐれた条例をつくるための作業であるが、「すぐれた条例」とは何か、すぐれた条例をつくるために何を考えるべきかを明確にする必要がある。これが条例評価の理論である。また、すぐれた条例をつくるには、これを裏づける社会的事実の明確化が不可欠である。これが立法事実の理論である。

　第8章「政策手法の理論」では、条例をつくるときの核になる政策手法について考える。すぐれた条例をつくるには、規制的手法、誘導的手法、支援的手法などできるだけ幅広い手法の中から、課題に適したものを選択し、組み合わせることが重要である。そこで政策手法のメニューを示しながら、その効果や問題点について検討する。

第5章 政策分析の基礎
——公共政策の見方・つくり方

1 政策とはなにか[1]

(1) 公共政策とは

　国や自治体など公的機関の役割は、社会を管理運営していくことであり、人々の住む社会を一定の状態に維持し、又はよりよくしていくことである（森田2000：14）。そのために、公的機関は様々な活動を行うが、そうした活動を有効・効率的に行うため、あるいは民主的・合法的に行うため、活動の方針・案を策定するとともに、法律や予算などの形式に整える必要がある。こうした活動の方針・案が「政策」であり、政策は社会の管理運営のためのプログラムといえる。このような活動の方針・案としての「政策」は、企業など社会で活動する組織・集団が広く有しているが、そのうち公的機関が定めるものが「公共政策」である。

　すなわち、**公共政策**（public policy）とは、公共的な課題を解決するための公的機関等の活動の方針であって、目的と手段のセットをなすものと捉えられる[2]。この定義に沿って、公共政策（以下、単に「政策」という）の概念について説明しよう。

　第1に、政策は公共的な課題を解決するためにつくられるものである。社会には様々な問題が生じるが、これが公共的な課題と認識されて初めて政策形成の対象となる。たとえば、隣人との境界紛争や交通事故などの私人間の問題は、当事者間の協議や民事訴訟等の制度に委ねればよく、あえて政策の問題として取り上げる必要はない。ただし、この区別は相対的であり、状況の変化や政策主体の受けとめ方によって変わり得る。こうした判断は**課題設定**（agenda setting）の問題

---

[1] 本項の記述は、礒崎・金井・伊藤2011：88-91（礒崎）を基礎としている。
[2] 公共政策の概念については、「政府が、その環境条件またはその対象集団の行動に何らかの変更を加えようとする意図の下に、これに向けて働きかける活動の案」（西尾2001：245）、「行政活動のシナリオ」であり、「将来の行政活動について、どのような活動を、いついかなる場合に行うべきかを定めた一種のプログラム」（森田2000：129）などと定義されている。本書の定義もこれらを参考にしながら設定したものである。また、政策評価法2条2項の「政策」の定義も参照。

として注目されている（本章5、第13章2参照）。

　第2に、政策は課題解決のための活動の方針であり、案である。課題解決の活動の効果を発揮するには、一定の方針に基づいて計画的に実施する必要がある。この活動の主体は、国や自治体などの政府機関（government）であることが多いが、最近では企業やNPOなども環境、福祉、教育などの分野で様々な活動を実施していることから（第4章4参照）、これらの活動の方針も公共政策といえる。

　第3に、政策は目的と手段のセットをなすものである。活動の方針が効果を発揮するには、課題解決に向けた目的を明確にするとともに、それを実現するための手段を明確にする必要があるし、政策を分析する際にはその両方を対象にする必要がある。たとえば、選挙公約や施政方針演説のように目的を示すだけで手段を明示していないものは、独立した政策とはいえず、手段が備わって初めて政策として捉えることができる。

(2) 政策の「大きさ」と体系

　一口に政策といっても、対象としている活動のレベルや範囲によって、大きな（包括的な）政策から細かい（具体的な）政策まで、様々なものがある。そして、ある大きな政策を採用した場合に、それを実現するためにより細かい政策を採用するというように、それらは目的―手段の連鎖によってツリー状の構造をなしていると捉えられる。

　そこで広義の政策は、その包括性・具体性によって、狭義の**政策**（policy）―**施策**（program）―**事業**（project）という三段階に区分することができる。ここでいう狭義の「政策」は包括的な方針に限られ、実務で日頃取り上げられるのは主に「施策」や「事業」である。もっとも、これらの区分も相対的なものであり、位置づけ方によって異なり得る。

　たとえば、環境分野を例にとると、環境基本法ないし環境基本条例のもとで、生活環境保全政策（公害防止政策）、自然環境保全政策など骨格をなす「政策」がある。そのうち生活環境保全政策をみると、これを実現するために大気汚染防止施策、水質汚濁防止施策などの対象別の「施策」があり、さらに大気汚染防止施策を実現するために大気汚染監視事業、ばい煙防止指導事業などの「事業」を実施していると捉えることができる（**図表5-1参照**）。

　そこで、政策の形成や分析にあたっては、どのレベル・範囲の政策を対象にしようとしているのかを明確にする必要がある。

図表5-1　政策のツリー構造（生活環境保全政策の場合）

(3) 政策の立案・分析の難しさ

　政策の立案や分析は、一見おもしろい作業のようなイメージがあるが、政策を客観的・科学的に立案したり分析することは容易ではない。その理由は次のような点にある（Column❺も参照）。

　第1に、政策の範囲があいまいであり、対象として把握することが難しいことである。上述のとおり、政策は大きな政策から細かな政策まで様々な捉え方ができるし、相互に関連しているため、どのレベルのどういう政策を対象にしているのか、あいまいになりがちである。

　第2に、政策の目的が複合的・多義的である場合が多いことである。たとえば高齢者介護施策の場合、要介護高齢者の生活支援という目的もあれば、要介護状態にならないための予防という目的も、さらに家族の介護負担の軽減という目的もある。したがって、どういう目的を実現するための政策なのかを明確にする必要があるのである。

　第3に、政策の成果・効果を測定し把握することが難しいことである。政策の成果・効果を把握するには、何らかの尺度ないし指標を設定する必要があるが、何が適切な尺度・指標かは意見が分かれるのが通常である。また定量的・客観的な尺度・指標がなく、定性的な表現に依拠せざるを得ない場合も多い。

　第4に、政策を実施するための政策資源が有限であることを前提として政策を立案・執行しなければならないことである。後述のとおり、政策資源には権限、財源、人材、情報などがあるが、このうち権限や情報は、相手方との関係や情報の収集のコストから限度があるし、財源や人材は不足していることが通常である。そこで、多くの場合に政策資源が不足していることを前提として政策を立案し、執行しなければならないのである。

　第5に、政策の形成や執行に関しては、人々の利害と価値観の対立が伴うため、関係者の合意や協力を得ることが難しいことである。たとえば規制政策につ

いては、規制される者はこれに反対・抵抗するし、規制によって利益を守られる者はさらなる強化を要求する。また開発規制政策に対して、環境保護を重視する者は賛成するが、地域経済の活性化を重視する者は反対する。政策の形成・執行にあたっては、こうした対立をどう緩和し合意を形成していくかが焦点となる。

以上のように、政策の形成・分析は、一筋縄ではいかないのである。

2 政策分析の枠組み

(1) 政策の構成要素

政策には何が定められているのだろうか、また何を定めるべきだろうか。前述のとおり、政策には目的と手段が定められているが、このうち手段の部分（これを**政策手法**という）は、さらに4つの要素に分けられるため、合計5つの要素にまとめることができる。

第1に、**目的**（何のために）である。これは達成すべき目標とそのための諸活動の方向性を示すものである。たとえば大気汚染防止施策では、大気汚染を防止し住民の健康を守ることが目的となる。

第2に、**執行主体**（誰が）である。これは活動の主体、すなわち誰がこの活動を行うかを示すものであり、この主体に権限を付与する場合も義務を課す場合もある。大気汚染防止施策では、監視、規制、指導等の活動を行う執行主体は、原則として都道府県知事とされている。

第3に、**対象**（誰に・何に）である。これは活動の客体（相手方）を示すものであり、人・行為・地域のいずれかを設定することが多い。大気汚染防止施策では、工場における事業活動、建築物解体に伴うばい煙・粉じんの排出や、自動車の使用者等を対象として、排出基準の遵守などの一定の義務を課している。

第4に、**執行手段**（どういう手段で）である。これは活動の手段、すなわち社会に対して働きかける際の手段・方法を示すものである。大気汚染防止施策では、ばい煙発生施設を設置する際の届出制、一定の排出基準を超える排出を認めない禁止制、この禁止に違反した者に対する命令制や罰則制などの執行手段が採られている。

第5に、**執行基準**（どういう基準で）である。これは活動の際に依拠する基準や手続を示すものであり、執行手段を行使する際の準則である。執行手段が許可制であれば許可の基準と手続が、補助金制であれば補助金交付の基準と手続がこ

れに該当する。大気汚染防止施策では、ばい煙排出施設の基準、排出基準、命令の手続などが執行基準に該当する。

(2) **政策手法と政策資源**

政策に定められた「手段」の部分を**政策手法**とよぶことができる。政策手法の中核をなすのは執行手段であるが、それだけでなく、執行主体、対象、執行基準が一体となって目的実現に向けた活動が成り立つから、これらをまとめて政策手法として把握する必要がある。政策の立案にあたっては、どういう政策手法を選択するかがポイントになる（秋吉・伊藤・北山2010：81-99（北山））。

政策手法は、規制的手法、誘導的手法、支援的手法、調整的手法、計画的手法、実効性確保手法、財源調達手法、協働促進手法の8つの類型に区分でき、それぞれ禁止制、許可・承認制等の具体的な手法をあげることができる（**図表7-1**参照）。政策手法については第8章で詳述する。

政策手法の選択にあたって重要なのが、どういう政策資源をどれだけ使えるかという点である。**政策資源**（policy resource）とは、政策の執行に必要となる資源であり、主として権限、財源、人材、情報がある。**権限**とは一定の政策活動を行うことのできる法的な立場・資格であり、**財源**とは一定の政策活動を行うための金銭その他の財政的な裏づけのことである。また、**人材**とは政策活動に従事する人間の数や能力などの人的な資源であり、**情報**とは何らかの媒体を通じて伝達される意味内容・知識で、政策活動に必要となるものである。前述のとおり、これらの政策資源は有限であることから、政策は常に不十分な体制のもとで執行されるものであり、それを見越して政策をつくる必要がある。

また、政策手法によってどういう政策資源が必要かが異なる。たとえば規制的手法であれば、規制的活動の根拠となる権限とこれに従事する人材の確保が重要になるし、誘導的手法のうち補助金制については財源の確保が決め手になる。政策の立案にあたっては、どういう政策資源をどれだけ確保できるかを考えて、それに見合った政策手法を選択することが求められる。

(3) **政策実施の流れ―アウトプットとアウトカム**

この政策資源をインプット（投入）して行政活動を行い、その結果として産出されるものをアウトプットとアウトカムという。一般的には「アウトプット」と一括されることが多いが、政策論ではこれを区別して用いる。すなわち、**アウトプット**とは、提供されたサービス等の直接的な結果（一次的成果）をさし、**アウ**

図表5-2　政策実施の流れ（インプット・アウトプット・アウトカムの関係）

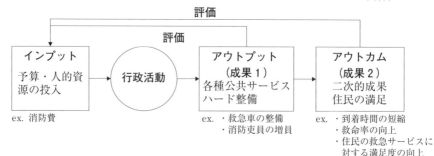

（出典）　桑原英明・増田正編著（2003）『自治体行政評価の基礎』（創開出版）102頁（永田尚三執筆）

トカムとは、そうしたサービス等の結果によって住民生活や社会にもたらされた影響（二次的成果）をさす。たとえば、消防行政の強化のために予算や人員などの政策資源を投入することがインプットであるが、それが行政活動を通じて救急車や消防吏員の増強という結果に現れるとアウトプットになり、さらにそれらが適切に機能して救急車の到着時間の短縮、救命率の向上等の成果につながればアウトカムになる（**図表5-2**参照）。

そして、行政機関は、アウトプットの向上をPRすることが多いが、政策は住民の福祉向上のためのものだから、どれだけのアウトカムにつながったかがより重要な問題であり、政策評価においてはその点が問われるべきである。

(4)　政策と法の関係

以上、政策について検討してきたが、この政策と法はどのような関係にあるのだろうか[3]。

法とは、広く道徳等と区別される社会的規範をさすが、このうち法律と条例は「議会が制定する法規範で、国民・住民に対する強制力を有するもの」といえる。さらに、法律・条例のうち行政法規（特に行政作用法）は、何らかの行政活動を行うために制定された規範であるが、その行政活動は政策の定義における「公共的な課題を解決するための活動」にほかならないため、行政法規とは「政策を実現するために必要な事項を定める形式であって、法的効果が付与されたもの」と考えられる。

---

[3] 以下の記述は、自治体法務検定委員会編2018ｂ：295-296に依拠している。

図表5-3 政策と法・予算・計画の関係

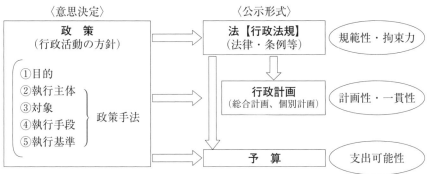

（出典）　自治体法務検定委員会編（2018ｂ）『自治体法務検定公式テキスト　政策法務編（平成30年度検定対応）』（第一法規）296頁

　すなわち法（行政法規）の内容はある政策の中核的な内容を定め、これを公式に確定させて社会に示すものであり、政策の「公示形式」のひとつである（森田1988：29-31、同2000：134）。また、法は政策の実施と遵守を関係者に義務づけ、政策を規範的な面から支えるという点で、政策の「手段」のひとつといえる。

　同様に、政策の公示形式であり、手段であるものとして、行政計画と予算がある。**行政計画**は、一定の期間における行政活動の目標と手段を定めたものであり、まさに政策を公示したものである。また**予算**は、一会計年度における施策・事業を裏づける歳入歳出の見積りであるため、政策を財政面から公示したものであり、かつ政策の手段といえる。その意味では、法と同様の性格をもつ。

　そして、政策は法だけで公示される場合もあれば、法に基づいて行政計画を定めたり、予算を策定することによって具体化される場合もある。また、法を制定しないで、行政計画や予算だけで公示される場合もある。このように組合せは様々であるが、いずれも政策を決定し公示する形式だという点で共通しているのである（以上、**図表5-3**参照）。

3　政策形成の理論・モデルの全体像

　それでは、政策の形成・分析はどうあるべきかについて、公共政策学や公共哲学における様々な理論やモデルを紹介しよう。これらの多くは外国における理論・モデルであるため、本書では主要な理論やモデルだけを簡潔に紹介し、それらを政策法務の実践にどう生かすことができるかについて検討する。

第 2 部　政策的検討の理論

　これらの理論・モデルは、政策の「内容」に関するものと、政策の「過程」に関するものに分けることができる。政策の内容に関する理論は、政策内容の良し悪しに関する検討であり、「in の知識」といわれるものである（秋吉・伊藤・北山 2010：19-21（秋吉）、伊藤（修）2011：384-394）。これらは、主として政策がどうあるべきかを検討する**規範的分析**といえる。これに対して、政策の過程に関する理論は、政策がどのように形成・執行されているかに関する検討であり、「of の知識」といわれる（同上）。これらは、主として政策がどうなっているかを探索する**記述的分析**といえる。

　このうち、政策の「内容」に関する理論は、政策の「価値」に注目する理論（規範的政策論）と、政策の「効用」に注目する理論（功利的政策論）に分けることができる[4]。政策論は「すぐれた政策」を探究する理論といえるが、「すぐれた政策」には「正しい政策」という側面と「役に立つ政策」という側面があるため、この両面に分けて検討する。なお、第 7 章では、この検討を踏まえつつ、条例を対象として「すぐれた条例」とは何かについて検討することになる。

　一方、政策の「過程」に関する理論は、政策過程の「段階」に注目する理論（政策段階論）と、政策の「主体」に注目する理論（政策主体論）に分けることができる。なお、第 4 部の「政策法務の実践」では、この一般論を踏まえつつ、政策法務の過程についてより実務的側面を中心に検討する。

　これらの理論やモデルは、相互に対立するものもあるが、排他的・選択的な関係ではなく着眼点・強調点の違いにとどまるものも少なくない。

4 　政策の「内容」に関する理論—「すぐれた政策」とはなにか

(1)　政策の価値に注目する理論（規範的政策論）—「正しい政策」とは

　まず政策を考えるうえで基礎にすべき価値観・評価軸は何かに関する理論を取り上げよう。これが政策論の前提であり、基盤になる議論だといえる[5]。

---

[4]　平井（宜）1995：69-117は、法制度設計の一般的評価基準として、稀少な財が個人の効用をできるだけ多く充足するように（できるだけ無駄なく使われるように）設計されるべきであるという「効率性基準」と、個人と個人を比較し、稀少な財を誰に与え誰から奪うべきかに関する「正義性基準」に区分したうえで、その両者はしばしばトレードオフの関係にあると指摘する。財の問題として議論しているが、効用と価値の両面に着目する点では、本章の把握と共通する。

[5]　以下の記述は、小林（正）2010を基本とし、山脇2004、平井（亮）2004、キムリッカ2005、桂木2005を参照した。ほかに足立1991、佐野2010も参照。

① 功利主義

功利主義は、社会の構成員に最大の幸福をもたらすものが正しい政治や政策であるという考え方である。個人の感じる喜びないし快楽を幸福と考え、一人一人の幸福を合計すれば社会全体の幸福になり、これを最大化することが政治・政策の目的だとする。この場合に、個人が何を喜び・快楽とするかは問わない。この理論の創始者であるJ・ベンサムは、この考え方を「最大多数の最大幸福」という言葉で表現した（最大幸福原理）。この考え方は、経済学の基礎になっているし、政策分析における費用便益分析もこの考え方を基礎としている。われわれが政策問題を考える際にも無意識のうちに受け入れ、前提にしている考え方といえる。

功利主義に対しては、個人の喜び・快楽を善とすることが適切か、個人の喜び・快楽を合計するというが、それらを測定できるのか（一元的な評価基準があるのか）という批判がなされた。経済学でも、諸個人の効用を測定できるという考え方は否定され、「2つの選択肢のうちどちらが好ましいか」という比較に基づく効用の考え方（序数的効用）に改められるようになった。また、この考え方では、近代社会における個人の尊厳や人権という考え方を説明できず、個人の尊厳や人権がより多くの人の効用のために軽視されることになるため[6]、リベラリズムの立場から厳しく批判された。

確かに、政策を効用だけで考えることは不適切だが、効用を考慮すること自体は必要不可欠である。ただ、これをどういう方法や基準で評価するかについては、(2)で述べるとおり、解決の難しい問題である。

② リベラリズム（自由主義）

リベラリズムにはいろいろな意味があるが、ここでは人間は従来の権威から自由であり自己決定権をもつとの立場から、人権の保障を重視する考え方と捉える。もともとは、ロック、ルソーなどの社会契約論（古典的自由主義）を基礎としているが、20世紀には、社会的公正を重視し、社会福祉などの政府の介入も必要とする考え方（ニューリベラリズム）が隆盛になった。その転換に貢献した政

---

[6] たとえばサンデル2010：44-47は、船の沈没後に救命ボートで逃れた4名が飢餓状態に陥ったため、船長が最も衰弱していた見習い航夫を殺して他の3人の食糧にした事件を取り上げる。功利主義の考え方では、1人の犠牲で3人の命が助かったから船長の行為は正義にかなうことになる。

治哲学者・ロールズの考え方（正義論）をみてみよう（ロールズ1979、同2010）。

ロールズはまず、すべての人が「無知のベール」をかけられて社会の基本原理に合意しようとしている状況（原初状態）を仮定する。このベールがない場合、人々は無意識のうちに自らの立場に立って物事を考えてしまうが、このベールによって、貧困、人種、健康などの点で自分自身がどのような者かわからない（「負荷なき自己」という）ため、人々は理性的に考えて正義の原理に合意できる。すなわち、この状態のもとでは、次の2つの原理に合意できるという。

〔ロールズの正義の二原理〕

　第一原理　　各人は基本的自由に対する平等の権理をもつ。その自由の体系は、他の人々の自由の体系と両立する限りにおいて、最大限広範囲で全面的な自由の体系でなければならない（平等な基本的自由の原理）。

　第二原理　　社会的・経済的不平等は、次の2条件を満たすものでなければならない。
　（i）　それらの不平等が最も不遇な立場にある人の便益を最大化するものであること（格差原理）
　（ii）　公正な機会の均等という条件のもとで、すべての人に開かれている職務や地位に付随するものであること（公正な機会均等原理）

このうち第一原理は、近代憲法における自由権の保障と共通する。ロールズはまず自由の体系を尊重し、人々の間の格差を認める（すなわち結果の平等は求めない）。しかし、その格差は無条件ではない。それが第二原理である。まず、その不平等は最も恵まれない人にとって便益があるものでなければならない。これが有名な「格差原理」である。また、その不平等は公正で均等な機会によるものでなければならない。これが「公正な機会均等原理」である。この原理によって、アメリカのような自由主義社会でも、福祉政策・再配分政策が正当化され、福祉国家を原理的に支えることが可能になったのである。

ロールズの議論は、人々の主観や道徳上の「善」の概念から切り離しながら、「正義」の概念（公正としての正義）を成立させられることを示すことにより、リベラリズムの立場に立つ者の間で広く受け入れられるとともに、当時の実証主義的な政治科学隆盛の中で衰退していた「政治哲学」を復興させることになった。この理論は、日本国憲法とそのもとにおける政策法務においても、基礎にすべきものと考えられる。

③ リバタリアニズム（自由至上主義）

リバタリアニズムは、個人の自由・所有権を徹底して保障することを主張し、国家は最小限の役割を果たせばよいとする考え方である。この理論は、「自己所有」の観念を重視し、自分の肉体を使って労働した場合、その成果である資産は市場での交換などに不正義がないかぎり自己の正当な所有物であるとし、国家が税金という形でこれを取り上げることは、国家がその個人を強制労働させたことと同じであり、一種の奴隷制であるとする（ノージック1985、同1989）。

リベラリズムと比較すると、個人の自由・権利を重視し、共通善などの存在を否定する点では共通するが、リベラリズムが政治的自由をより尊重し、経済的自由については福祉政策による再配分を認めるのに対して、リバタリアニズムは経済的自由や市場経済を重視し、国家の再配分を認めない点で異なっている。リバタリアニズムは、サッチャー政権やレーガン政権下における民営化・規制緩和や福祉の縮小を主張する**ネオ・リベラリズム**（新自由主義）に対して、思想的基盤を提供することになった。

日本でも NPM 改革にみられるように、この思想が経済政策等に影響を与えているが、福祉国家理念を採用している日本国憲法を前提とする政策法務において基本原理として採用することは難しいと考えられる。

④ コミュニタリアニズム（共同体主義）

コミュニタリアニズムには、いろいろな議論があるが、人間を断片的な個人ではなく、共有の慣習、文化的伝統、社会的了解をもつ家族、地域、国家などの共同体の中で生きる存在と捉え、共同体が有する「共通善」を重視する考え方である。この考え方は、リベラリズムが個人の自由や選択を強調するあまり、コミュニティの連帯を軽視するとともに、善や道徳の問題を政治から追い出してしまったことを批判する。

たとえば、日本でも「白熱教室」（NHK）で有名になったM・サンデルは、ロールズが仮定した「負荷なき自己」という人間観に対して、現実の人間は様々な属性をもち、あるコミュニティやグループの中で状況づけられた「負荷ありし自己」であり、そのメンバーとして道徳的・政治的責務を負っているとする。そして、ロールズが「正義の原理」を導出できたのは、「無知のベール」という仮想的状況を想定したためであるが、この仮想にはコミュニティの共感・連帯の精神が入り込んでいると指摘し、格差原理や福祉理念を正当化するには、コミュニ

ティの存在が必要であるという（サンデル2009、同2010）。これが1980年代のリベラル・コミュニタリアン論争である（菊池2004：123-127、同2007：34-37）。

この理論は、自治体という共同体のルールを考える政策法務にとっても、重要な理論的視点を提供すると思われる。

⑤　対話的正義論（熟議デモクラシー論）[7]

対話的正義論とは、人々の間で交わされる理性的な対話とこれを通じた相互理解に、正義問題の手かがりを求める考え方である。この考え方は、リベラリズムは人々の間に多様な価値観や世界観が存在することを保障するが、実際に人々が互いに共生するためには対話が不可欠だとする。

たとえばハーバマスは、人々は言語コミュニケーションを通じて他者との合意をめざして相互の行為計画を調整するとし、こうした相互了解を志向する「コミュニケーション的行為」が重要であると指摘する。彼は、真理や正当性は自由で平等な討議を通じて成立する合意によって説明できるとし、妥当な行為規範とはすべての可能な関係者が合理的な討議の参加者として合意できるであろう規範（討議原理）であるとする（ハーバーマス1994）。

また、1990年代からは、政治の核心を自由で平等な市民の間で公共の事柄（あるいは共通善）をめぐって交わされる理性的な対話・議論に求める**熟議デモクラシー論**（Deliberative Democracy）が提唱されている（第4章3参照）。この理論は、従来の民主主義は個人や集団の選好や利害を所与のものとし、それらの競争と集計によって政治決定が行われると考える「市場モデルの民主主義論」であったが、人々の選好や利害は政治的・社会的につくられるものであるし、相互の討議を通じて当初の選好が転換されるとし、相互学習過程としての「熟議」が重要であるという。

この理論に対しては、正義に関する実質的な論争を回避して、対話という方法論に土俵をずらしたにすぎないという批判もあるが、他者との対話を通じて合意を形成し正義を実現するという構想は、地方自治を支える政策法務にも有益な視点だと思われる。

⑥　政策法務論への適用

以上の理論は、政策法務にどう適用できるだろうか。次のような条例制定の事

---

[7] 本項の記述は、主に平井（亮）2004に依拠している。

例に当てはめて考えてみよう。

〔事例１〕青少年の健全育成のために、わいせつ図書等の有害図書について販売方法等を制限する条例を制定する場合

　この場合、功利主義によると、有害図書の制限によって生じる効用の減少よりも、これによってもたらされる青少年の健全育成の効用が上回っていれば、正しい政策となるが、その効用を客観的な尺度で測ることは困難であろう。リバタリアニズムによれば、図書の流通に対して国家が後見的な立場から介入すべきではないと考えることになろう。リベラリズムにおいても、表現の自由と青少年の図書を読む自由を最大限保障し、「有害」な図書は「言論の自由市場」によって淘汰されるべきであるとし、条例の制定には批判的な立場となろう。これに対してコミュニタリアニズムでは、青少年を有害図書から守ることがコミュニティの定着した規範すなわち「共通善」と認められれば、こうした規制も是認されることになると思われる。そして、対話型正義論では、人々の理性的な討議によって決すべき問題だということになろう。

〔事例２〕一定以下の所得の高齢者の医療費を公費（納税者からの税収）で助成することを定める条例を制定する場合

　功利主義によると、高齢者が享受する効用と納税者が失う効用は金額的に同額であるため、この条例は良くも悪くもないと評価するか、経済学でいう「限界効用逓減の法則」を加味すれば、低所得の高齢者が受ける効用の方が大きいと考えて、条例を評価するか、いずれかだと思われる。リバタリアニズムによると、およそ納税者への課税は彼の肉体の所有権を制限することと同一視できるから、この条例は不正となる。リベラリズムによると、納税者の所有権に介入することは慎重でなければならないが、低所得の高齢者への助成は不遇な者の便益を最大化することにつながるため、「格差原理」に適合し、条例は正しいと考えられよう。コミュニタリアニズムによると、高齢者の健康維持のために一般納税者が費用を負担することが共同体の「共通善」と認められれば、条例は正しいということになろう。対話的正義論からみると、関係者間の理性的な討議によって決すべき問題だということになろう。

　実務ではこうした原理的な検討をすることは少ないが、以上のように、いずれの考え方を採用するかによって条例に対する評価が大きく違ってくるのである。今後の政策法務においては、こうした価値観・公共観の違いを意識したうえで、

政策を選択するとともに、その選択について説明責任を果たす必要がある。

では、自治体の政策法務ではどういう立場をとるべきだろうか。そもそも憲法では、個人の尊厳と人権保障を最大の原理としていること（13条等）から、基本的にはリベラリズムの立場をとっていると考えられる。同時に憲法は、生存権などの社会権の実現を掲げているため（25条等）、ロールズ流の福祉施策を認める立場であり、再配分施策は自由・権利を制限する場合の「公共の福祉」のひとつに該当するものと認められる。ここまでは従来の法律学も認めることであろう。

加えて、自治体の政策法務においては、共同体（国、自治体、地縁社会）の「共通善」の実現を図ることも重要な要素であるため、コミュニタリアニズムの主張を取り入れるべき場合があると考える。すなわち、個人が自由・権利を貫徹した場合、自治体や地域社会の利益や秩序を侵害する可能性がある。コミュニタリアニズムが指摘するように、個人といえどもこうした共同体によって育てられ守られているのであって、自己の自由・権利のみを主張することは正義に反する。このような共同体の「共通善」による自由・権利の制約も、「公共の福祉」に該当するものとして憲法において認められると解するべきである。

このように、自治体の政策法務においては、リベラリズムの立場を基本としつつ、コミュニタリアニズムの考え方にも配慮することが求められると考えられる。さらに、住民自治の原理のもとでは、対話的正義論も考慮すべきであろう。特に、何が共同体の「共通善」かについては、熟議によって明らかにすることが求められる。

(2) 政策の効用に注目する理論（功利的政策論）――「役に立つ政策」とは

次に、政策の効用（便益）に着目する理論・モデルを検討しよう。以下の理論は、(1)の区分でいえば功利主義の延長線上にあるものであるが、「正義」に関してどのような理論をとるとしても、他の条件が同一だとすれば、「効用」の最大化を図ることが重要であるし、「効用」の配分をめぐって様々な対立があるのが現実である。そこで、その効用についてどのような決定が行われているか、あるいは行われるべきか、主なモデルをみていく。

① 合理的決定モデル

合理的決定モデルは、政策決定は最も合理的な選択肢、すなわち政策目標を最も効率的に達成する手段を追求するものであるという考え方である。政策決定者は、政策が実現しようとする価値（便益）がそのために費やされる価値（費用）

を上回り、両者の比率（費用対効果）が最も高い政策案を探索し、そうした政策案を発見できた場合に決定にいたると考えるもので、「効用最大化モデル」ともよばれる。

このモデルは抽象的にはひとつの理想型であり、私たちが無意識にあるべき政策決定として抱いているのもこうしたイメージであろう。しかし、以下のモデルが示すとおり、実際にはこうした合理的決定は困難であり、必ずしも合理的な結果にもならないため、より現実に合致したモデルが求められることになる。

② 満足化モデル

満足化モデルは、政策決定において決定者は合理的な選択をめざすが、当事者の要求を満たす実現可能な選択肢がみつかれば、それ以上の探索はやめて決定にいたるという考え方である（サイモン1989）。人間の認知能力には限界があるし、獲得できる情報にも限界があり、完全な情報を収集して分析しようとすると、相当のコストが必要になる。そこで決定者は、当面考えられる政策案だけを精査し、一定の願望水準を充足する政策案があれば決定にいたっているし、また政策決定のあり方としてもそれでよいと考えるのがこのモデルであり、「充足モデル」ともよばれる。

このモデルは政策決定の現実を説明するモデル（記述モデル）としては有効であるが、どのような内容についてどの程度探索をすべきかについて指針・基準を示すことができないため、めざすべきモデル（規範モデル）としては有効とはいえないであろう。

③ 漸変主義（インクメンタリズム）モデル

漸変主義モデルは、決定者は政策決定において、過去の政策決定を前提とし、修正すべき部分（増分的変化）だけを検討して、よりよい政策案に修正するものであり、そうした決定に合理性を認める考え方である（Lindblom1959）。あらゆる政策案の中から最良の政策案を選択することは現実的でないため、政策決定者は、既存の政策の正当性を容認し、その延長線に立って、社会の変化等に対応した修正のみを行うと考えるものであり、「増分主義」とも訳される。

このモデルは、予算編成のように短期間に多くの施策事業を決定する場合や、前例踏襲といわれるルーティン型決定には妥当するが、新しい課題への対応や改革を進める決定には適合しないし、指針にもなりにくいと考えられる。

④ 公共選択論モデル

公共選択論モデルは、政策決定を、政治的アクターが（市場におけると同様に）自己の利益を最大化することを求めて行動する結果と捉えて、そのあり方を分析するモデルである（たとえば小林（良）1988）。選挙人、議員、利益集団、政党、官僚などあらゆるアクターは、政治の場でも自己の個人的利益を最大化しようとすると仮定し、そうした相互の行動によって合意が成立して相互の利益（福祉）が実現されると考える。市場的決定に経済分析を応用する点で「民主主義の経済理論」ともよばれる。

このモデルは、記述モデルとしては有効性を発揮するが、公平性や人権などの多様な価値を尊重したあるべき政策決定を示す規範モデルとしては不十分であろう。

⑤　ゲーム理論モデル

ゲーム理論モデルは、政策決定を、複数の参加者が対立的状況のもとで行動選択する結果と捉えて、合理的な決定のあり方を考えるモデルである（たとえば岡田（章）2008）。外交問題や議会での駆引きのように、ある参加者（プレーヤー）の行動選択が他の参加者の行動選択に左右される場合に、どのような選択の組合せが相互の利益を最大化するかを追究しようとするものである[8]。

このモデルは、対立的状況における政策決定のモデルとしては示唆に富むが、あくまで抽象的なモデルであり、複雑な事情を抱える現実に適用するには限界があると考えられる。

⑥　政策法務論への適用

これらの理論・モデルは、政策法務においてどのように活用できるだろうか。

まず、どのような決定をすべきかという規範的分析として、合理的決定モデルは政策法務の決定においても基礎とすべきモデルといえよう。実務家の発想としては、議会の反応や住民の反対等の現実的な事情に関心をもちがちだが、より広く長期的な公益の実現を考えると、合理的な決定をめざすべきである。ただし、厳密な合理性を追求することは資源や時間の限界の面で困難であるし、条例の政策目的は多様であり、何が合理的か客観的な指標を設定できない場合も少なくな

---

[8] 伊藤（修）2011：390は、「法と経済学では（中略）ゲーム理論を用いて行政と被規制者との相互作用を分析する研究も行われていて、その成果は立法法務に役立つ」とし、「政策法務の経験的知識をゲーム理論から導かれた命題に照らして整理することによって、立法のための汎用性の高い知識へと一般化できる」とする。また、平田2009は、環境規制法の実施過程をゲーム理論を用いて分析している。

いため、実際には満足化モデルによるべき場面が多いと考えられる。また、既存条例の改正などの決定については、修正部分に検討を集中する漸変主義モデルが現実的な場合があろう。さらにゲーム理論モデルは、規制的な条例や法執行のあり方を考える際に活用することが考えられる。

次に、どのような決定が行われているかという記述的分析としては、満足化モデルが現実に適合するモデルといえるし、条例改正等については漸変主義モデルも妥当する。さらに、住民生活に影響を与えるような重要な政策決定については、公共選択論モデルが妥当する可能性がある。

5 政策の「過程」に関する理論──政策はどのように形成・実施されるか

(1) 政策過程の段階に注目する理論（政策段階論）

まず、政策の過程に関するモデルのうち、段階に注目するものをみてみよう。

① 政策段階論（五段階モデル）

政策段階論は、政策過程をいくつかの段階に区分して説明しようとするモデルである。独立の理論・モデルというより、多くの政策過程論が前提にしているモデルである。中でも標準的なのは、①課題設定→②政策立案→③政策決定→④政策執行→⑤政策評価という**五段階モデル**である（西尾2001：249）。そして、その政策評価の結果、政策の変更や廃止が必要だと判断されれば、課題設定や政策立案にフィードバックされる。このように政策過程は、**政策サイクル**（policy cycle）として捉えられる。

このほか政策段階論には、①計画（plan）→②実行（do）→③評価（see）という**三段階モデル**や、①計画（plan）→②実行（do）→③点検（check）→④活動（action）という**四段階モデル（PDCAモデル）**もある。

本書が、政策法務のプロセスを立法法務─執行法務─争訟・評価法務に区分しているのは、この三段階モデルによるものであるが、第4部では立法法務を課題設定─立案─決定に三区分しているため、細かくみると五段階モデルを採用しているのである。

② アジェンダ設定論

アジェンダ設定論は、上述の政策段階論のうち課題設定（アジェンダ・セッティング＝agenda setting）に注目する（Kingdon 1984）。社会には様々な問題が生じるが、その中から政府機関が検討すべき「政策課題」として取り上げるには、これ

に関与する人や機関の判断や活動が必要である。場合によっては、利害関係者が政策課題に乗せないよう操作・抑止する可能性もある（これを**非決定**という）。また、政策課題に乗るとしても、どのような課題として認識されるかによって、その後のプロセスが異なる。こうした現実に焦点をあてるのがこの理論である（真渕2009：428-434、秋吉・伊藤・北山2010：46-62（伊藤））。

さらにこのモデルを基礎として唱えられたのが、**「政策の窓」**モデルである。このモデルによると、政策決定のプロセスには、①課題、②政策案、③政治の3つの流れがあり、これらがある時期に合流すると「政策の窓」（policy window）が開かれ政策決定にいたるが、「政策の窓」が開かれるのは短い期間であるため、その機会を逃すと再び窓が開くまで待たなければならないという（Kingdon 1984）。このモデルは、後述のゴミ缶モデルと結びついて広く知られるようになった（宮川1995：194-204、秋吉・伊藤・北山2010：59（伊藤））。

③　執行過程論（インプリメンテーション研究）

執行過程論は、前述の政策段階のうち政策執行段階に注目し、その重要性を強調する理論である。従来の政策段階論では、政策決定までの段階が注目され、政策執行は決定された政策を忠実に実行するだけの裁量性のない活動と考えられる傾向があった。ところが、様々なケーススタディから、実際には決定された政策が執行過程において改良され、ゆがめられ、あるいは廃棄されることが明らかにされ、政策執行過程の重要性が注目されるようになった。これが執行過程論である（Pressman・Wildavsky 1973、真山1991、新藤2004：34-40、真渕2009：443-447）。

執行過程論は、日本の行政活動、特に法執行の現実にも適合する有益な理論であるため、第14章2でより詳しく紹介する。

④　ゴミ缶モデル

ゴミ缶モデルは、政策決定はいろいろな問題と解決策が乱雑に入れられたゴミ缶（garbage can）のような状態の中で無秩序に行われるという考え方である（Cohen・March・Olsen1972、その紹介として宮川1995：161-164、新藤2004：32-33、真渕2009：440-443）。政策決定の現実では、(i)政策決定の参加者の「選好」は不確かであり（自らも見通しをもっておらず）、(ii)参加者の知識や情報も不確かであり、しかも(iii)参加者や参加の程度はときによって流動的であるため、これらの不確かさ・流動性が高いほど政策決定は無秩序な状態で行われるとする。このモデルは、大学組織の意思決定を題材として提唱されたものであるが、現在では政策

決定一般に適用可能なモデルと考えられている。

　このモデルは、わが国の政策決定にも当てはまると考えられる。確かに現実の政策は無秩序な状態で、さほど必然性のない形で決まることが少なくない。しかし、このモデルは多分に比喩的で厳密な実証分析になじまないほか、「無秩序さ」の度合いは課題や組織によって異なるため、他のモデルとの併用が求められよう。

　⑤　政策波及（policy diffusion）モデル

　政策波及モデルは、政策決定にあたって、他の主体が決定した政策を参照して政策をつくる結果、類似した政策が広がっていくという考え方である。日本でも、伊藤修一郎氏が、情報公開条例、環境アセスメント条例等の波及過程を検証し、自治体間で相互参照が行われ、政策波及が生じていることを明らかにした。伊藤氏は、こうした決定の方法については、「横並び・モノマネ」という否定的な評価もあるが、最初の自治体の決定が未成熟な政策内容となることは当然であり、そこから後続自治体が「模倣プラスアルファ」「いいとこ取り」を行うことによって、政策内容が発展・進化し、政策革新を実現するメカニズムになっていることに注目すべきだという（伊藤（修）2002、同2006）。

　この相互参照と政策波及自体は当然の現象であるが、これを自治体総体として検証し、政策革新のプロセスになっているという指摘は重要である。政策法務の議論においても、政策条例や執行方法が波及・進化することを意識した議論が求められよう。

　⑥　政策法務への適用

　以上の理論・モデルを政策法務に当てはめてみよう。まず条例制定等のプロセスの捉え方としては、政策段階論（特に五段階モデル）を基本的な枠組みとして採用してよいと考えられる。特定の段階に注目するアジェンダ設定論や執行過程論が説得力をもつ側面も小さくないと考えられる。また、社会的に影響のある条例制定等については、ゴミ缶モデルが妥当する場合もあるし、多くの自治体を含めてマクロにみると、政策波及モデルは政策法務のプロセスにも有効なモデルといえよう。

（2）**政策決定の主体に注目する理論（政策主体論）**

　次に、政策の過程に関するモデルのうち、主体に注目するものをみてみよう。

　①　権力エリートモデル

権力エリートモデルは、政策は少数の政治的権力者の価値観やイデオロギーによって決められるとする考え方である（ミルズ1969、新藤2004：26-27）。このモデルは、社会は少数のエリート層、多様な中間階層、多数の下級階層の3つで構成されるが、民主主義体制のもとでも、中間階層は価値観や目標が異なりまとまった存在にならないし、下級階層は政治には無関心で政治に対する影響力が小さいため、結局、体制を維持している一部のエリート層が政策決定をリードしていると考える。このモデルも、一部の有力政治家や政党幹部などの政治エリートが主導権を握るという「政治エリートモデル」と、少数の官僚・官僚集団が主導権を握るという「官僚エリートモデル」に分けられる。

このモデルは、政治的現実の一面を的確に把握しているが、現代政治では政治エリートも大衆の意向を軽視できないし、ときに国民世論や住民参加が政治を動かすという民主政治の動態を軽視する可能性があろう。

② 多元主義（プルーラリズム）モデル

多元主義モデルは、政策は一部のエリートや集団だけでなく、多様な社会的集団が参加し、様々な影響を与えながら形成されるという考え方である（ダール1988、新藤2004：28-31）。このモデルは、多元的社会では多様な価値観や目標をもつ**利益集団**が存在し、それらが政策課題ごとに所管機関や大衆の支持をとりつけようと活動するため、政策はこれらの集団の相対的な影響力によって決められると考えるもので、権力エリートモデルの対極にある考え方である。もっとも、そうした利益集団が政治家や所管省庁と結びついて特定利益の維持・強化を図ろうとすると、政・官・業の**鉄の三角同盟**（iron triangle）につながる可能性もある。

このモデルについては、わが国ではここまで多様な利益集団は組織化されていないため、そのままでは受け入れにくい。ただ、このモデルは民主政治のひとつのあり方（多元的民主主義）を提示するものであり、政党・政治家、官僚、マスコミ等の多様な主体の活動と影響力によって政策が決められると考える点では、日本政治の実態にも適合するモデルと考えられる。

③ 利益集団政治モデル（コーポラティズム・モデル）

利益集団政治モデルは、近代産業社会では政府との関係によって特定の集団が特権的地位を与えられ、それを通じて政策決定へのアクセスが制度化されているという考え方である。こうした政治体制は、イタリアのファシスト政権などが典

型例とされるが、民主主義体制でも、政府が経済団体、労働団体等の特定の団体との協議・交渉によって意思決定を行うなど、こうした政策決定となる場合がある。

日本でも、特定の政策分野では、経済団体、労働団体、医師会等との協議・交渉によって政策決定を行う場合があるし、企業城下町のような自治体ではこのモデルが当てはまる可能性はあるが、一般的なモデルとするのは無理があろう（真渕2009：301）。

④ 政策コミュニティ論

政策コミュニティ（policy community）とは、政策分野ごとに形成されているプロフェッション（職業人）の集団やつながりをさす。政策コミュニティ論は、このような人的つながりが政策の形成・執行に重要な役割を果たしていることに注目する理論である（新藤2004：141-144、真渕2009：135）。たとえば医療行政では、医師のつながりや医師会・学会などの組織が政策形成に大きな影響力をもっているし、2011年の福島原発事故で注目されているように、官庁―企業―大学にまたがる「原子力ムラ」も、原子力行政に影響力を発揮してきた。政策法務の議論においても、こうした構造が生じ得ることを意識する必要がある。

⑤ 第一線職員論（ストリートレベルの官僚制論）

第一線職員とは、教員、警察官、保健師、ケースワーカーなど政策の執行にあたって広い裁量権をもつ職員をさす。**第一線職員論**は、こうした職員が政策の執行（実現）に大きな役割を果たしていることに注目する理論である（リプスキー1986、畠山1989、新藤2004：132-142参照）。第一線職員は「ストリートレベルの官僚」（street-level bureaucrats）ともいわれる。この理論は、法執行の議論にも有益であるため、第14章2で取り上げる。

⑥ 政策法務論への適用

以上のモデルを政策法務に当てはめよう。政策の主体に着目すると、通常、自治体の政策決定には首長の影響力が強く、次いで官僚組織の意向や議会の権限も軽視できないため、国と異なり、基本的には権力エリートモデルが妥当すると考えられる。ただ、社会的な影響の大きな政策については、住民を含めた多様な主体が関与することから多元主義モデルが妥当するケースもあるし、企業城下町など特定の自治体については利益集団政治モデルが妥当する可能性があろう。政策コミュニティ論や第一線職員論は、自治体全体の政策決定というより、特定分野

において注目すべき場合があると考えられる。

以上のような政策の内容・過程に関する理論・モデルは、いずれが正しいかという議論だけでなく、よりすぐれた政策を実現するための視点や指針として実務に生かしていくことが重要である。

Column ❺　公共政策は「坂の上の雲」か？

　わが国で欧米の公共政策学の成果が意識的・系統的に紹介され始めたのは、1980年代後半ではないだろうか。その頃の代表的著作に、薬師寺泰蔵（1989）『公共政策』（東京大学出版会）がある。著者はその第1章に「雲を描けるか」という題名をつけ、「雲とからくり時計の論争」から話を始めている。

　からくり時計は、ぜんまい仕掛けで正確に時を刻む。これと同様に、社会の事象について、ある原因があれば必ずある結果が生まれるし、逆にある結果が生まれればある原因を特定できるという考え方がある（これを決定論という）。これによると、公共政策についても前もって結果を予測することによって、最良の政策を選択できるはずだということになる。

　これに対して、人の営みや社会の動きは雲のようなものだという反論がなされた。雲は刻々と姿を変え、その動きは予想できないし、そもそも雲と雲でない部分の境目さえはっきりしない。人の営みや社会の動きもこのような混沌としたもので、前もって正確に予測したり、その原因を簡単に特定できるものではないというのである。

　そして著者も、「ある政策介入を行なえば人々は機械のように間違いなくある反応を示すと考えがちである」が、「人間の行為を雲になぞらえれば、個々の人間の行為はばらばらで、その全体の動きは予め決まっていない。よって、政策介入を行なっても予想通りの効果を得るか得ないかは、当たるも八卦当たらぬも八卦としかいいようがない。ここに公共政策の難しさがある」と指摘した（17頁）。

　この本では、そう前置きしたうえで、公共政策学がどのように誕生してきたか、公共政策がどのように分析されてきたかを「きちんと」論じているのだが、この比喩は公共政策の本質をよくいい表していると思う。また、「雲のようなもの」について学んでいるのだと考えれば、明確な結論が出ないことや、実務で使える理論に出会えないことも、納得できるような気がする。

　しかし、それでも政策論の検討をあきらめることはできない。この社会をうまく運

営していくために、占いではなく（そういえば古代国家はしばしば占いで政策を決めた）、できるだけ論理と実証によって政策を決定していく必要がある。そして、人間が考えた政策によってよい社会をつくり、人々の未来を切り拓くことができれば、こんな魅力的なことはない。こうして人々は、多分に無駄な努力になることを承知しつつ、公共政策の研究に向かっていくのであろう。とすれば、この雲はいつかつかめると信じて向かっていく「坂の上の雲」（司馬遼太郎氏の小説名）というべきか。

　日本でも、1996年に日本公共政策学会が誕生し、私も所属している。また公共政策系の学部や大学院が少しずつ増えており、私も中央大学大学院公共政策研究科で政策法務論などを教えている。こうした取組みは、「坂の上の雲」を見上げながら、悪戦苦闘を続けていることになりそうだ。

　そういえば、政策論は雲だが、法律論はからくり時計のようなものかもしれない。決められた要件に事実を入れ込めば効果を導くことができる。どうりで議論がかみあわないはずだ……。本書でも、法律論と政策論を車の両輪にして政策法務論の全体像を明らかにしたいと考えたが、政策論の「あいまいさ」ゆえに苦戦していることは、賢明なる読者は見抜いているだろう。それも雲の議論ならば仕方がないと許していただきたい。これからも、あせらず「坂の上の雲」を見続けることにしよう。

第6章 自治体の守備範囲の理論
―市場・政府・コミュニティの役割分担

1　自治体の守備範囲を考える

　政策は、公共的な課題を解決するための公的機関等の活動の方針である。すなわち「公共的な課題」と考えられれば政策の対象になり、「私的な課題」と考えられれば対象にならないが、この区別は相対的であり、状況の変化や政策主体の受けとめ方によって変わり得る（以上、第5章1参照）。かつては「私的な課題」とされていた問題が、社会経済や人々の認識の変化によって「公共的な課題」と認められる場合もある。

　さらに、「公共的な課題」であっても、常に政策の対象にすべきものではない。規制的政策の場合は、住民の私的自由や事業者等の営業の自由を必要以上に制限することはできないし、市場原理にゆだねるべき問題に介入することは避けるべきである。給付的政策の場合は、財源等の政策資源の限界がある中で、住民や家庭で対応すべき問題や、コミュニティやボランティアで対応できる問題に介入することは、妥当とはいえない。

　特に近年、少子高齢化の進展、家族機能・コミュニティ機能の弱体化、経済格差の拡大、大規模災害の発生などの中で、自治体の対応が求められる問題が増えている。たとえば、子育て支援、移住促進などの人口減少対策、高齢者の介護・生活の支援、地域防災の推進、地域交通の確保など、かつては個人・家族やコミュニティによって対応されていた問題が、国や自治体の対応に期待されるようになっている。一方、人口減少や税収の減少などによって、財源、人材等の政策資源が減少し、公的機関の対応能力は低下している。必要性・緊急性の高くない課題まで、公的機関が対応する余裕はなくなっているのである。そこで、地域の課題に対しても、できるだけ個人・家族で対応する「自助」や、コミュニティやボランティアで対応する「共助」にゆだねるとともに、公的責任で対応するとしても、より効率的な「市場」によるサービス提供が求められている。

　このように公的機関の守備範囲をめぐっては、拡大・充実の要請と縮小・削減の要請が同時並行で進んでおり、自治体は大きなジレンマの中にある。もし守備範囲をこえる課題であれば、政策づくりにつなげる必要がないため、これは政策

的検討の出発点となる問題である。はたして自治体は、政策の課題設定にあたり、どのような問題を取り上げ、どのような問題を対象外とすべきだろうか。また政策の立案にあたり、どのような主体に対応・活動をゆだねるべきだろうか。この問題に対して、一定の原則や視点を考えていくのが、本章のテーマである。

なお、この問題を考える際には、各主体の**インセンティブ**（行為者にとって特定の選択が望ましくなるような便益）に適合していることが重要となる（スティグリッツ・ウォルシュ2012：9-13、清水・堀内2003、コーエン2009参照）。

2　市場・政府・コミュニティの役割

(1)　自助・共助・公助

地域の問題解決の方法を考える場合、個人・家族による解決（自助1）、市場による解決（自助2）、政府組織による解決（公助）、コミュニティによる解決（共助）の4つをあげることができる[1]。

第1に、個人・家族は、その抱える問題を自ら解決することが望ましい。これは個人・家族の自己決定を基本とする**自立原理**に基づくものであり、**自助**（自助1）といえる。第2に、個人・家庭は生活に必要なサービス・財を、対価を払って市場から調達するのが通常である。これは便益の増大や効率的な資源配分を基本とする**効率原理**に基づくが、自ら費用を負担するという意味では**自助**のひとつ（自助2）といえる。以上は、個人・家族のレベルにとどまるものであり、政策の対象となる「公共的な課題」ではない。

第3に、個人・家族が自ら解決できない課題について、コミュニティの支援や取り組みによって解決することが考えられる。これは、個人間の連携や協力によって問題に対応するという**協働原理**に基づくものであり、**共助**といえる。第4に、個人・家族が自らの手によっても市場の利用やコミュニティの支援によっても解決できない場合は、国や自治体という政府組織による対応が必要となる。こ

---

[1] 「自助」とは、自分で自分を助けること、私人の課題を自ら解決することであり、「共助」とは、私人の課題を住民同士あるいはコミュニティで解決することであり、「公助」とは、私人の課題を公的機関の対応または負担によって解決することである。なお、地域福祉などでは、家族・友人・仲間など、個人的な関係を持つ人間同士が助け合うことを「互助」とし、社会保険制度など制度化された相互扶助のことを「共助」として、自助、互助、共助、公助の4つの概念で説明することがある。ここでいう「互助」は本書の「共助」に該当し、「共助」は本書の「公助」に含まれるものと考える。

図表6-1　地域の問題解決の主体と原理

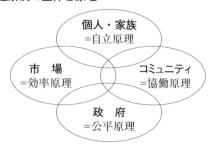

れは個人間の公平や平等を基本とする**公平原理**に基づくものであり、**公助**といえる（以上、**図表6-1**参照）。

　憲法が基礎とする自由主義社会においては、個人・家族が抱える課題を自ら解決する「自助1」が基本的な選択肢になるし、より効率的な方法として市場による「自助2」が日常的な手段になる。しかし、それらが困難な場合には、コミュニティによる「共助」または自治体等による「公助」が必要になる。憲法の福祉国家の理念の下では、「公助」に期待される部分が大きくなるが、少子高齢化の下で「公助」だけでサービスを持続することは難しいし、画一的なサービスになって、ニーズにきめ細かく対応することは難しい。よって、全体として「共助」の役割を拡充しつつ、「共助」と「公助」を適切に組み合わせることが求められている。

(2)　**市場と政府とコミュニティの関係**

　以上の市場・政府・コミュニティのそれぞれの役割は、どのような関係にあるのだろうか。すなわち、地域の問題が生じた場合に、どういう原則によってそれぞれの役割に期待すべきだろうか。もちろん安易な一般化はできないが、試論として基本的な考え方を示してみよう（**図表6-2**参照）。

　第1に、様々な地域社会の問題を、その解決にあたって依拠すべき原理によって分類する。ここでは、前述のとおり、問題解決にあたり自立原理、効率原理、協働原理、公平原理の4つの原理が考えられる。もちろん社会問題は複雑かつ多様であり、図式的な割り切りはできないが、ある問題について基本とすべき原理は何かを考えようとするものである。

　第2に、この原理によって、解決にあたる主体を区別する。すなわち、自立原理を重視すべき問題であれば個人・家族による解決を基本とし、効率原理を重視

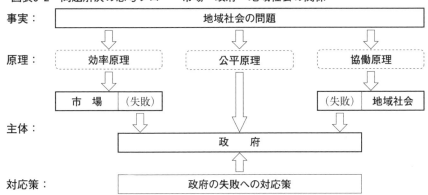

図表6-2 問題解決の思考フロー—市場・政府・地域社会の関係

すべき問題であれば市場による解決を基本とし、公平原理を重視すべき問題であれば政府による解決を基本とし、協働原理を重視すべき問題であればコミュニティによる解決を基本とする。原理と主体の選択をパラレルに考えようとするのである。

第3に、市場またはコミュニティによる解決を基本とした場合には、それぞれの「失敗」や「限界」を考え、政府による対応あるいは補完を考える必要がある。たとえば、効率原理による解決がふさわしいとしても、「市場の失敗」が予想される場合には、政府による対応または介入が求められる。また、協働原理による解決がふさわしいとしても、「コミュニティの限界」が予想される場合は、政府による解決または支援が考えられる。

残る問題は、政府による対応がふさわしいと考えられる場合であって、「政府の失敗」が予想されるときにどうするかである。これについては、市場やコミュニティの役割に委ねることは公平の点で難しいため、政府による解決としつつ、「政府の失敗」を克服または抑制する方法を工夫すべきであろう。その意味で、政府による対応は最後の受け皿という性格を持つと考えられる。

3 市場の限界と自治体の役割

(1) 市場の役割

市場は、取引を通じて人びとのインセンティブに働きかけることによって効率的な資源配分を実現する。アダム・スミスがいうように、人びとが利潤を求めて

お互いに競争する中で、他の者が望む財をできるだけ低い価格で提供する者だけが生き残ることができる。あたかも「見えざる手」によって導かれるように、経済が望ましいものを最善の方法で生産するようになるという。このようにして達成される効率的な状態を、経済学では**パレート効率**（または**パレート最適**）と呼ぶ[2]。この問題解決は**効率原理**によるものといえる。

このパレート効率を実現するためには、政府はできるだけ市場に介入すべきではないと考えられる。政府による介入は競争原理を中心とするインセンティブの構造を変えることになり、パレート効率の成立を妨げるからである。

(2) 市場の失敗とその対応策

しかし、市場には限界がある。経済学では、次の6つの条件のいずれかが存在する場合には、パレート効率を達成できないとされる。これが**市場の失敗**と呼ばれるものである。これらの場合には、何らかの形で政府の役割が求められる（以下、スティグリッツ2003：95-108参照）。

①不完全競争（独占・寡占）

少ない企業が市場で大きなシェアを占めている場合（独占または寡占）には、**完全競争**が成り立たず、パレート効率は実現できない。このため、完全競争を実現するために、公正取引委員会等による政府の介入が求められる。これは主として国の役割と考えられる。

②公共財

公共財（public goods）は、その財の個人による利用を排除できず（非排除性）、かつある個人がその財を利用しても他の個人の利用を妨げない（非競合性）という性格を有する財である。たとえば、治安・安全、街灯、一般道路などがこれにあたる。公共財は、市場では十分に供給されないし、個人にその費用を求めることが難しいため、政府によって供給する必要がある。警察・消防行政、道路行政などがこれにあたる。

③外部性

外部性とは、ある個人や企業の行動が他の者に損害を与えるのにその補償を行わなかったり、逆に便益をもたらすのにその報酬を得ていない場合を指す。損害

---

[2] パレート効率（Pareto efficient）とは、他の誰かの状況を悪化させることなしには誰の状況も改善することができない資源配分の状態をいう。たとえばスティグリッツ2003：70参照。

を与える場合を**外部不経済**、便益を与える場合を**外部経済**という。この場合、行動する個人が損害を負担したり、便益を享受したりしないため、パレート効率を達成できない。たとえばある企業が大気汚染などの公害をもたらしている場合、その費用は社会全体で負担することになるため、企業は本来負うべき負担をしないで利益をあげることができる。これを内部化するためには、政府による規制が求められる。環境行政、開発規制などはこの面から正当化できよう。

④不完全情報

消費者側に十分な情報がなかったり、市場では不十分な情報しか提供されない場合にも、市場原理は適切に機能しない。たとえば食品を購入する場合、消費者に原材料や製法などの十分な情報が与えられていないと、正確な判断ができない。そのため、製品の表示義務などのルールをつくる必要がある。消費者行政はこの問題に対応する政府介入の例といえる。

そのほか、失業と経済的攪乱（周期的な景気後退と失業の発生）や、不完備市場（保険や資本市場など、財・サービスの費用が個人が支払おうとする金額を下回っているにもかかわらず民間では提供されない市場）の存在も、市場の失敗の例とされる。

(3) **自治体の役割と政策法務の課題**

以上のうち、自治体行政に特に期待されるのは、②公共財の管理、③外部不経済の防止・内部化、④不完全情報の是正であると考えられる。これらの場合については、市場原理が適正に機能しないため、自治体が積極的に対応する必要がある。

たとえば、公共財の管理については、公の施設の設置条例などを制定して、公共財を税に基づいて適切に提供、管理する必要がある。外部不経済の防止・内部化については、公害防止条例、土地利用規制条例等の制定が求められる。不完全情報の是正については、消費生活条例や食の安全推進条例等によって、消費者等に必要な情報が提供されるようにする必要がある。

4 コミュニティの限界と自治体の役割

(1) **コミュニティの役割**

社会的な問題に対しては、市場や政府のほかにコミュニティによる対応が考えられる。たとえば保育サービスについては、私立の幼稚園や託児所という市場によるサービスや、公立の保育園や幼稚園という政府によるサービスのほかに、ボ

ランティアやNPOによる託児所や保育ママなど地域住民によるサービスが考えられる。また、スポーツの場の提供については、民間スポーツクラブ等の市場による提供、公立体育施設等を通じた政府による提供のほかに、子ども会、スポーツ団体等の地域団体による提供が重要な役割を果たしている。

そもそも経済成長前の農村型社会においては、政府の役割は限られていたから、地域社会がこうした役割を果たしてきた。また現在の日本では、少子高齢化が進み、一人暮らし世帯の増加など家族機能が弱体化しているため、再びコミュニティの役割が重要になっている。さらにNPO、ボランティア等が公共的な役割を果たすようになっており（いわゆる**新しい公共**）、こうした主体がコミュニティ機能の担い手となる可能性がある。この問題解決は**協働原理**によるものといえる。政府組織はこうしたコミュニティの機能を重視し、その自主的な運営を保障しつつ、支援することが重要である。

(2) **コミュニティの限界とその対応策**

このコミュニティによる解決にも問題がある。これについては、**コミュニティの限界**と呼ぶことができる[3]。

①住民への強制力の欠如

町内会、NPO等のコミュニティ組織は、一定の区域における公共的役割を期待されながらも、住民の権利を制限したり、義務を課したりする権能を有していない。これらの権能は、統治権を有する政府組織に限られている。もちろん会員に対しては、規約等に基づいて会費を徴収したり、決定事項に従うことを求めたりすることができるが、任意団体である以上、退会すれば強制することはできない。

②フリーライダー問題

フリーライダー（ただ乗り）とは、受益者の負担において提供されるべき便益を負担なしに享受してしまうことであり、これによって便益の提供自体が困難になるという問題である（スティグリッツ・ウォルシュ2005：237）。この問題は、特に前述の公共財の場合にネックとなる。たとえば、町内会で地域の公園や河川の管理清掃を実施している場合に、町内会に加入していない住民や作業に参加しな

---

[3] この問題については、既存の学問等でこのような形で取り上げられているわけではない。コミュニティについては、さしあたり倉沢1998、船津・浅川2006参照。

い住民も、同様に公園利用や河川環境の便益を受けることができる。コミュニティ参加のインセンティブが働かないのである。政府機関であれば、税負担という形で負担を分担させることができるが、コミュニティ組織の場合にはそれは認められない。その点で、この問題は①の強制力の欠如と表裏一体のものである。

③民主的運営制度の欠如

コミュニティ組織については、役員選挙や多数決原則など民主的運営を保障する制度があるわけではないため、特定の個人やグループの独断専横など、非民主的な運営や決定が行われる可能性がある。また、少数意見の権利や意見が軽視される可能性がある。もちろん実際には民主的な運営に努めている組織も少なくないし、顔の見える関係の方が実質的に民主的運営が可能になる面もあるが、制度として保障されていないことは軽視できない。特に地域住民に一定の義務や負担を求める場合には、民主的な運営を確保する必要性が高い。

(3) **自治体の役割と政策法務の課題**

自治体は、コミュニティで対応できる問題はできるだけコミュニティに任せる方針をとりつつ、上記の「コミュニティの限界」に対応する必要がある。

第1に、住民への強制力の欠如については、これを補完するよう権限や財源を付与したり、その役割を自治体が代行する必要がある。たとえば、まちづくり協議会等の組織に対して地区まちづくり計画の策定・提案権を認めたり、コミュニティづくりの事業に対して補助金を交付することが考えられる。コミュニティ推進条例等において、住民にコミュニティ組織への参加・協力に努力するよう義務づけることも一案であろう。

第2に、フリーライダー問題に対しては、自治体による補助金によって活動を支援すること、ボランティアなど自発的な参加者を募り、費用負担が問題にならないよう配慮することが考えられる。

第3に、民主的制度の欠如に対しては、コミュニティ組織の規約等において民主的ルールを明らかにするよう支援・助言すること、コミュニティ組織に一定の権限や財源を委ねる場合には民主的な手続を条件にすること、第三者機関を設けてコミュニティ組織を点検・評価することが考えられよう。

条例でコミュニティ組織の役割を位置づける場合も、これらの課題を克服または抑制するしくみを組み込むことが重要である。たとえば自治基本条例にコミュニティ組織の役割を定める場合は、同時に組織の運営原則や規約等の明確化を求

めることが考えられる。また、まちづくり条例や景観条例において、コミュニティ組織に地区まちづくり計画の策定や重要建築物の管理等の役割を委ねる場合も、同時に組織運営原則の明確化や第三者による監視・評価のしくみを定めることが考えられる（以上、第4章参照）。

5　政府の役割と限界

(1)　政府の役割

次に政府の役割についてみてみよう。

第1に、前述の「市場の失敗」に対応するための役割がある。具体的には、②公共財の管理、③外部不経済の防止・内部化、④不完全情報の是正などがある。これについては前述のとおりである。

第2に、**公平（平等）の確保**と**所得再配分**である。低所得者や社会的弱者の福祉や私人間の公平を実現するために、政府には様々な対応が求められる。たとえば、低所得者の生活を支えるための財やサービスは、市場では提供できないが、福祉国家においては不可欠なものであり（憲法25条）、政府が租税を財源として提供する必要がある。また、租税の累進課税等による所得再配分も、政府にしか担えない役割である。さらに、個人の権利の擁護も、市場では十分に対応できず、政府が裁判所を設置したり、行政府による擁護を行うことが求められる。

このうち福祉の実現については、国民のナショナル・ミニマムの問題として法律の役割が大きいが、条例でも介護福祉条例、障害者支援条例、子育て支援条例等が法律を補完する役割を果たしているし、人権保障については男女共同参画推進条例、障害者差別防止条例、オンブズマン条例等が制定されている。

以上の政府による問題解決は、**公平原理**によるものといえる。

(2)　政府の失敗とその対応策

しかし、政府の活動にも限界がある。これは、広くいえば政府組織の非効率性に起因する問題であり、**政府の失敗**と呼ばれる。政府活動を制度化する場合には、こうした問題点を考慮して制度設計を行う必要がある（以下、スティグリッツ2003：251-259参照）。

①インセンティブの稀薄さ

政府組織は、利潤を上げるという動機が働かないし、倒産の心配も競争関係もないため、生産性を最大にするというインセンティブに乏しい。そのため、政府

の活動は、非効率的なものとなりやすい。

　この問題に対しては、組織を指揮する政治家の**リーダーシップ**を機能しやすくすること、政策評価などの客観的に成果を評価する制度を導入すること、公務員に対する人事評価とこれによる昇進などの成果主義の制度を導入することが有効である。ただし、政治家のリーダーシップ強化は後述のとおり利益誘導など別の問題を引き起こす可能性があるし、人事評価制度については評価されない職員のモチベーションが低下するなど、「副作用」の可能性があることに注意する必要がある。

　②エージェンシー問題

　エージェンシー問題（agency problem）または**エージェンシー・ギャップ**（agency gap）とは、国民・住民の代理人である政府官僚が、様々な原因によって委託者である国民・住民の利益のために働かない可能性があるという問題である。言い換えれば、国民・住民が、租を負担して雇用している公務員たちをどのように監視し、自分たちの利益のために働かせるかという問題である（フッド2000：118-131、スティグリッツ2003：254-257、真渕2004：143-145、真渕2009：268-270）。

　エージェンシー問題は、民間組織においても生じる問題である。企業の経営者は社員をどう自らの意向に添って働かせるかという問題に直面しているし、とくに所有と経営の分離が進んでいる大規模企業においては、経営者や社員を所有者である株主の利益のためにどうコントロールするかが問題になる。しかし、政府組織の場合は、国民・住民の利益や意向自体が多様であること、前述のとおり公務員を国民・住民のために働かせるインセンティブに乏しいことから、とくにこの問題を解決することが難しい。

　この問題に対しては、情報公開を徹底すること、住民参加を進めること、監査制度やオンブズパーソン制度を充実させること、政策評価制度を導入し説明責任を果たさせること等の取組みが有効である。

　③官僚的形式性とリスク回避

　政府組織においては、各種の慎重な手続を受け入れることによって、自らの責任を回避しようとする傾向がある。政府組織では、前述のとおり生産性向上へのインセンティブが希薄であり、職務遂行に成功しても大きな利益は得られない反面、失敗した場合には厳しい処分や非難にさらされるため、定められた形式的か

つ慎重な手続を遵守することによって、失敗を認めないか、失敗したとしても自らの責任ではないと弁明しようとする。

　この問題は**官僚制の病理**というが、これに対しては、政策評価や人事評価などの成果主義のしくみを導入すること、人事評価等において減点主義から加点主義に転換すること等の取組みが有効である。

　④財政的制約

　政府組織には、財政行動に対する民主的統制や公金扱いの適正確保のために、様々な制約が課せられている。たとえばあらかじめ定められた予算をこえて支出することができないし、単年度会計主義がとられ、年度をこえる支出が原則として禁じられている。こうした制約のために、機動的な支出や長期的な財政投資によって効率性を達成することが難しい。

　この問題に対しては、総合計画等の長期計画の実効性を高めること、中長期的な財政計画を定めること、複数年度にわたる財政支出等の弾力的な財政運営を可能とすること等の取組みが有効である。

　⑤政治的決定のゆがみ（利益誘導、ポピュリズム等）

　政府組織を指揮すべき政治の側には、政府活動の成果を挙げて、国民・住民による選挙で自らまたは自らの政党が選ばれなければ、その地位を守れないというインセンティブがある。いわば消費者に選択される企業のように一種の市場原理が働くのである。しかし、この関係には、価格による媒介がないこと、任期内の短期的な成果評価となること、情報が非対称であること等から、様々なゆがみが生じる。たとえば、政治家は選挙民への利益誘導によってその地位を確保しようとするし、国民・住民に人気のある政策を過剰に強調し、その関心に迎合する傾向（ポピュリズム）を持つ。この問題は、前述のエージェンシー問題のひとつともいえるが、民主主義の制度であるがゆえにこうしたゆがみをもたらす点で、分けて考えるべきであろう。この傾向によっても、政府活動は非効率となる可能性がある。

　この問題に対しては、選挙において候補者にマニフェスト等の具体的かつ総合的な政策を提示するよう求めること、政策評価など第三者による評価の仕組みをつくること、住民参加を進めること等の取組みが有効である。

(3) **自治体の役割と政策法務の課題**

　自治体は、こうした「政府の失敗」に意識的に対応する必要がある。その具体

的な方法については、上記の各事項について述べたとおりである。

また、政策法務の課題としては、自治基本条例、行政基本条例等において「政府の失敗」を予防・抑制するための規定を定めることが考えられる。また個別条例においては、当該政策の評価の実施、審議会等の第三者機関の設置、成果を挙げた場合の報奨等のしくみを定めることが考えられる。

6　条例制定の5つの原則

最後に、まとめを兼ねて、条例制定にあたってこの自治体の守備範囲の理論をどう活用し、具体的な配慮を行うべきか、整理しておこう。

①「市場の失敗」を除いて市場に委ねるべき問題に介入しないこと

市場原理には効率性実現のメカニズムが備わっているため、市場原理に委ねられる問題については、政府は介入すべきではなく、したがって条例制定の必要性もないと考えられる。例外は「市場の失敗」が予想される場合であり、とくに公共財、外部性、不完全情報の場合には条例制定が許容される。条例を制定する場合には、そのいずれに該当するのか意識しておく必要がある。

②コミュニティ組織の機能を支援すること

コミュニティに委ねるべき問題については、コミュニティ組織等の自主的な取組みに委ね、政府の介入や役割はできるだけ限定する必要がある。もっとも、「地域社会の限界」で述べたとおり、コミュニティ組織だけでは問題解決ができないため、政府の支援や代行が必要であり、この点について条例を制定することが考えられる。また、条例で地域組織に公共的役割を委ねる場合には、その民主的な運営等について定めることが考えられる。

③関係者へのインセンティブを重視すること

条例で政府の何らかの介入を定める場合には、とくに有効性と効率性を高めるため、誘導的手法、支援的手法、調整的手法など、できるだけ関係者へのインセンティブを高める方法を選択する必要がある。

④官僚組織へのインセンティブを組み込むこと

条例で政府の活動を定める場合には、「政府の失敗」を考慮する必要がある。とくに官僚組織へのインセンティブを生み出せるよう、政策評価・人事評価の制度化、成果主義の導入、第三者組織による監視等の仕組みを組み込むことが重要である。

⑤地域ガバナンスの仕組みを組みこむこと

②の点と重複するが、今後の地域運営には地域組織やNPO等の「新しい公共」の役割が不可欠であることから、条例でこうした主体の役割やこれらに対する支援等について定めることが考えられる。今後は、政府だけに頼らない地域ガバナンスの仕組みをつくり、機能させることが重要であり、これが条例制定のひとつのテーマになると考えられる。

> **Column ❻　風前の灯・マニフェストをどう考えるか－お任せ民主主義は楽？**
>
> 　自治体の政策づくりに関して気になるのが、かつて一世を風靡したマニフェストだ。マニフェストとは、検証可能な形で示された選挙公約であるが、2003年に北川正恭三重県知事（後に早稲田大学教授）が提唱し、流行語大賞に選ばれ、国政でも地方政治でも多くの政党や政治家が競ってこれを掲げた。それが、いまではマニフェストは「嘘つき政治」の代名詞のように扱われ、「風前の灯」のようになっている。登場から15年足らずでの、この変わりようは何なのだろうか。
>
> 　第1の原因は、民主党政権の失敗であろう。民主党は子ども手当、高校無償化など166項目の政策を掲げて政権交代を実現したが、これらの政策を実現できないばかりか、政治家の稚拙な言動や党内のごたごたで失望を招き、2012年の自公政権の復活につながった。この記憶が国民共通のトラウマのようになっている。しかし、マニフェストはあくまで政治や政策推進の道具だから、これを使った政党が失敗したからといって、道具のせいにするのは筋違いだろう。
>
> 　第2の原因は、マニフェストを提唱した側が「数値目標、期限、財源付きの選挙公約」などと過大な概念を打ち出したことだ。政策には数値目標がふさわしくないものも多いし、お金に色はついていないから、財源は予算全体から捻出するのが通常だ。マニフェストの母国・英国でも、こうした「3点セット」は求められていない。マニフェストの革新性を強調するための「装飾」だったと思われるが、この定義が流布し、多くの批判・反発を受けることになった。
>
> 　第3の原因は、政治家の側も有権者の側も責任が重くなるため、やりたくないという思いがあることだ。政治家は、ありきたりの公約では選挙で批判されるし、当選後はマニフェストをどこまで実現できるか努力が求められる。有権者には利益になるはずだが、選挙でマニフェストを読み比べる必要があるし、当選後も関心を持ち続けることが求められる。お互いに「お任せ民主主義」の方が楽だという本音がどこかにあ

りそうだ。

　そのほか、2010年代に入り自公政権の安定と野党の不振もあって、再び相乗り候補が増え、首長選挙が無風化していることも影響していると思われる。

　しかし、マニフェストには、政策中心の選挙を実現し、当選した政治家に緊張感を与え、任期満了時にどこまで政策を実現できたか検証できるというメリットがある。有権者が政治をコントロールする「参加型民主主義」のための有効な道具だ。とすれば、一時の流行に終わらせるのではなく、もう少し活用してみてはどうだろうか。そうした辛抱強さが有権者の側にも求められるのではないか。

　著者は最近、マニフェストを掲げて県政改革に取り組んだ松沢神奈川県政を題材として、『知事と権力』（2017年、東信堂）という本を書いた。書きながら、改めて「マニフェスト政治」の灯を消してはいけないという思いを強くした次第である。

第7章 条例評価と立法事実の理論
——「すぐれた条例」とはなにか

1 なぜ条例評価か

　政策法務とは、法を「政策実現の手段」と捉えることを出発点としているが、政策実現の手段である以上、すぐれた手段でなければならない。条例に対して、法律論では主として「適法な条例」であることを求めるが、政策法務論では政策実現の手段として「すぐれた条例」であることをも求める必要がある。では、「すぐれた条例」とはどのようなものか、どういう条件を満たせば「すぐれた条例」になるのか。これが条例評価のテーマである[1]。

　いま**政策評価**は、国、自治体を問わず行政機関の「標準装備」となっている。国においては、2002年施行の**政策評価法**（行政機関が行う政策の評価に関する法律）に基づいて、省庁ごとに政策評価が実施されている[2]。この政策評価の目的は、①国民に対する行政の説明責任を徹底すること、②国民本位の効率的で質の高い行政を実現すること、③国民の視点に立った成果重視の行政への転換を図ることにある（同法1条）。また、自治体においても、宮城県、北海道等が条例に基づいて政策評価・行政評価を実施しているし、多くの自治体が要綱等に基づいて政策評価・行政評価を実施している。

　特に立法に関連が深いのは、政策評価法に基づいて国が2007年から実施している「規制の事前評価」である[3]。**規制の事前評価**は、各種の規制が国民の権利・活動を制限し義務を課すものであることから、行政機関が法律又は政令に基づいて新たに規制を設けたり改正や廃止を行う際に、規制について効果と負担を比較するなどの事前評価を義務づけ、その結果を政策決定の材料とする制度である。

---

[1] 本章のうち条例評価に関する記述は、礒崎2007で行った検討を基礎にしている。
[2] 国における政策評価の制度と実施状況については、㈶行政管理研究センター編2008a、総務省ホームページ2012a参照。なお、政策評価の理論研究については、山谷2012参照。
[3] 「規制の事前評価」は、諸外国における規制影響分析（RIA）の取組みを参考にして、2007年から施行されている。規制影響分析（RIA：Regulatory Impact Analysis）は、規制の導入や修正に際し、実施にあたって想定されるコストや便益といった影響を客観的に分析し、公表することにより規制制定過程における客観性と透明性の向上をめざす手法である。総務省ホームページ2012a参照。なお、規制影響分析の理論と諸外国の事例については、山本（哲）編著2009参照。

この制度については、評価が費用と効果の面に限定されていること、実際の事前評価では定量的分析がほとんど行われていないことなど問題があるが、立法の是非を対象として事前評価を行うものであり、自治体では制度化されていないことから、条例（特に規制条例）を制定する場合には参考になる。

一方、自治体が実施している政策評価は、一般的に条例に基づく施策や事業についても適用されるものであり、評価の結果、条例の改正等が必要であれば行われる建前になっているから、その限りで条例評価の役割を有している。しかし、条例そのものを対象とする評価は、一部の自治体を除いてほとんど行われていない[4]。政策法務を実践するためには、条例評価の仕組みを導入すべきだと考えられる。

もっとも、政策評価と同様に、条例評価を行えばただちに「すぐれた条例」ができるとか、条例評価の基準に当てはめれば自動的に「結論」を導き出せるというように、過大な期待をすることはできない。「すぐれた条例」か否かについては、有効性、公平性など多様な視点・基準があり、ひとつの尺度（ものさし）に統合することはできないし、それらの視点・基準は、有効性を重視すれば公平性が軽視されるというように相互に対立する（トレードオフの関係に立つ）ことが多いため、最後は人間の政策判断（決断）に委ねざるを得ない。その点で、条例評価は、ひとつの「結論」を引き出す道具ではなく、立法者（又は提案者）に様々な情報を提供してより適切な判断を促すものであり、いわば「太陽光線を七色の光に分別するプリズムに似た機能」を果たすものである（平井（宜）1995：70）。しかし、条例評価の基準や手続もない中で、行政職員の「ひとりよがり」や議会・首長の「政治判断」だけで条例がつくられる不毛さ・危険性を考えると、条例評価の仕組みは重要である。

なお、条例評価の実践については、第15章6で検討する。

---

[4] 少ない例外として、神奈川県の「条例の見直しに関する要綱」（2008年）に基づく見直し、北海道の「条例の見直しに係る基本方針について」（2008年）に基づく見直し、横浜市の「条例見直し」（2009年度～）がある。第15章6参照。

2　条例評価の視点と基準

(1)　条例評価の視点

　政策評価の枠組みは、基本的には条例評価にも適用できると考えられる。国の政策評価は、「必要性」「効率性」「有効性」を基本とし、政策の性質によっては「公平性」の観点があり、さらにこれらの評価をふまえた「優先性」の観点があるとされている（政策評価各府省連絡会議2001：第2―2参照）。条例評価についても、この考え方をベースにすることができる。

　しかし、条例は住民の権利・義務に関わるため、その評価においては住民間の平等取扱いなどの「公平性」は不可欠な基準と考えられるし、適法でなければ効力を生じないから、「適法性」も必須の条件と考えられる。また、自治立法である条例の場合は、住民の参加やNPO等との協働を推進するという観点も重要である。たとえば、条例に基づいて市長が同意処分を行うとか行政計画を策定することを定める場合には、事前に住民の意見を聴いたり、NPO等の提案を求めるよう定めることが望ましい。そのため、熟していない用語ではあるが、「協働性」という基準を追加しよう。逆に、「優先性」は、財政支出など限定された資源のもとでは重要だとしても、権限という資源を基礎とする立法の場合には不可欠とまではいえない（必要性の基準で足りる）と思われる。

　なお、法律学の議論では「合理性」という概念が使われることが多い。たとえば、憲法訴訟では違憲性の判断において「合理性の基準」が用いられるし（第9章4参照）、後述する「立法事実」を立法の必要性と合理性を支える社会的事実であると定義する。しかし、合理性という概念は広すぎて[5]、「合理的な政策案」が数多く考えられる場合に、それらを比較・評価することができないため、政策論では用いられないし、ここでもより分析的な概念を用いることとする。

　以上から、条例評価の一般的基準としては、必要性、有効性、効率性、公平性、協働性、適法性の6つを設定したい。以下、基準ごとに検討しよう。

---

[5] 広辞苑によれば、合理性とは「①道理にかなっていること。論理の法則にかなっていること。②行為が無駄なく能率的に行われること」であるが、この場合は①の意味で用いられていると考えられるところ（②であれば狭い意味になってしまう）、ある問題に対して「道理にかなう」政策案は数多く存在し得るから、複数の政策案の良し悪しをこの概念で比較・評価することは困難である。

(2) 評価基準の内容
① 必要性
必要性とは、対応しようとする課題に照らして、そもそも当該条例の制定が必要か否かを問う基準である。条例施行には通常コストを要するため、仮に地域で問題が生じていても、私人間で調整できれば自治体が関与する必要はないし、要綱や予算事業など条例以外の方法で対応できるならそれでもよい。特に規制条例は私権の制限を伴うから、その必要性をより慎重に吟味しなければならない。

そもそも条例の内容は大きく目的と手段によって構成されるが（第5章2参照）、必要性は主に「目的」が適切であるかを問うものであり、これが欠けている場合は以下の基準に基づく評価・検討は不要となるため、必要性は条例制定の前提条件といえる。このことは当たり前のように思われるかもしれないが、実際には意外に必要性の検討が不十分なまま条例の中身の問題に関心が移っている場合が少なくない。

この必要性は、地域の具体的な実情に基づくものでなければならない。そのために、条例の必要性を裏づける事実・資料（データや事例）を収集する必要がある。後述のとおり、立法の必要性や合理性を裏づける社会的事実を「立法事実」というが、この立法事実は、まず必要性を裏づけるものとして必要となるのである。もっとも、この必要性は、刑事裁判のような「証明」を要するものではなく、制定しない場合の害悪発生の蓋然性ないし具体的可能性（おそれ）を示せば足りるものと考えられる。そうでなければ、複雑さを増す現代社会において、迅速かつ適切に問題に対応することができないであろう。

たとえば、受動喫煙を防止するため、ある自治体が不特定の人が利用する公共的施設や多数の人が勤務する事務所における喫煙を禁止する条例の制定を検討していると仮定しよう[6]。これについては、健康増進法（2002年制定）において受動喫煙防止の努力義務が定められている（25条）から、重ねて条例を制定する必要はないという意見があるし、個人のモラルやエチケットの問題であって、法が介入すべき問題ではないという指摘もある。こうした見解によれば、条例制定の必要性は認められないということになろう。

---

[6] 神奈川県では、2009年3月に全国で初めて「公共的施設における受動喫煙防止条例」を制定した。神奈川県ホームページ2012b参照。

これに対し、条例の必要性を根拠づけるためには、法律上の努力義務やモラルだけでは受動喫煙の防止に十分な効果が期待できないことを事実・資料に基づいて示す必要がある。そのため、受動喫煙によってどのような健康被害のおそれがあるか、煙やにおいなどが非喫煙者にどのような不快感や不利益をもたらしているか、対象の施設において喫煙（受動喫煙）の状況がどうなっているか、喫煙自粛のよびかけや自主ルールがどの程度の効果を発揮しているか等について、データを収集する必要があろう。

なお、受動喫煙と健康被害の因果関係については医学的に十分な証明がなされていないとの指摘もあるが、前述のとおり健康被害のおそれが一定の蓋然性ないし具体的可能性をもって示されれば、必要性の裏づけとしては足りると考えられる（川﨑2009：76も同旨）。

② 有効性

有効性とは、当該条例がその掲げた目的の実現にどこまで寄与するか、問題の解決にどこまで効果を発揮するかを問う基準である。上記の検討によって条例の「目的」が設定されると、次に条例の「手段」が問題となるが、手段に関しては、まずそれが目的の実現にどこまで効果を発揮するかが問われなければならない。その際には、対象の範囲、手段の内容、違反行為に対する罰則等の内容等が問題になる。

この検討にあたっては、目的実現の程度を定量的・客観的に把握することが望ましい。しかし、一般に条例の目的は複合的であり、かつ定性的にしか把握できないものが多いため、その実現の程度を定量的に測定することは難しい。そこで、何らかの代表的・代替的な指標を設定して、その変化を測定・検証することが考えられる。また、仮に定量的に把握できたとしても、これを貨幣価値に置き換えることは難しいため、後述のとおり効率性との一体的な評価は難しい[7]。そこで、①時系列比較、②自治体間比較、③シミュレーション、④アンケート、⑤

---

[7] 国の「規制の事前評価」では、便益の種類として、安全性の向上、環境の改善、資源の確保、生活の質や健康の向上、利便性の向上等をあげている。また便益については、まず規制の目的に書かれている便益やそれに付随して得られる便益を定性的に記述し、次にそれらが規制前の状態に比べてどれくらいの変化になるか、できるだけ定量的に示し、金銭換算可能なものについては金銭単位で表現するとしたうえで、金銭換算の方法として間接市場法、表明選好法、便益移転法の3つを示しており、参考になる。規制の政策評価に関する研究会2007：第2部1(7)ウ、オ参照。

図表7-1　有効性評価の方法（要点）

評価手法	内　　容	実施の条件
①時系列比較	施行前の一定期間・時点の状況と比較	施行前の状況把握が必要
②自治体間比較	条例を制定していない類似自治体と比較	類似自治体の情報が必要
③シミュレーション	条例を未制定の場合を想定して比較	シミュレーションが必要
④アンケート手法	関係者の認識・満足度を把握	アンケートの手間・費用が必要
⑤ケーススタディ	該当事例を抽出して条例の影響を分析	適切な事例が必要

（出典）　著者作成

ケーススタディなどの方法を取りながら、できるだけ定量的・客観的に評価できるよう工夫することが求められる（**図表7-1参照**）。

なお、行政法学では、法令の「実効性確保手法」の問題が論じられている。これは行政法規の実効性を高めるため、いい換えれば行政法規への違反行為を抑止・是正するためにどのような対応をとり得るか、そこにどのような問題があるかを法的に検討するものであり、刑罰、行政上の強制執行、氏名公表等の措置について論じられている。この検討は、主として有効性に関する検討といえる。この検討を参考にしながら、ここでは権利制限を伴わない条例を含めてより広い検討を行う必要がある。

たとえば受動喫煙防止条例の場合は、条例上の措置によってどれだけの受動喫煙を防止できるか、これによって健康被害の発生や非喫煙者の不利益をどれだけ抑制できるかが問題となる。これを示すために、事後評価であれば、非喫煙の施設がどれだけ増えたか（時系列比較）、条例に違反している施設がどれだけあるかを把握する必要があるし、住民等がどれだけ受動喫煙が減少したと認識しているか（アンケート手法）などの代替的なデータを収集することが考えられる。また、事前評価であれば、これらを予測して有効性を評価することが考えられる。

さらに、条例制定によって関係の疾病がどの程度減少し、どれだけ医療費の抑制等につながったか（つながるか）、もし禁煙施設の増加によって利用者が増加したとすれば、どの程度の経済効果をもたらしたか（もたらすか）等について、定量的に把握（推計を含む）することができれば、強い裏づけとなろう。

③　効率性

効率性とは、当該条例の執行によってどの程度のコストが発生するか、同じ目

的を実現するのにより少ないコストですむ手段はないかを問う基準である。いくら目的実現に効果があるとしても、施行のための人件費、給付費等のコストが膨大ではすぐれた条例とはいえない。これも「手段」に関する重要な基準である。

このコストの中にも、条例の運用にあたる執行機関における内部的コストと、住民等の条例の対象者や社会全体に生じる外部的コストがある。**内部的コスト**には、条例を執行するための職員の人件費、補助金等の事業費、事務費があげられる。これに対して、**外部的コスト**には、住民や企業が条例を遵守するために必要となる施設整備等の費用、規制等がなければ得られたであろう利益（**逸失利益**）、これらが雇用や地域経済に与える悪影響等があげられる[8]。

効率性の評価については、他の基準と比較すれば定量的な方法を活用しやすいといえる。特に内部的コストは、金額（貨幣価値）で把握することができる。これに対して外部的コストは、その対象者が広く、社会的な影響も含むため、定量的な方法をとったとしても推計にとどまることが多いし、定性的な方法で把握・理解せざるを得ない場合も少なくないと考えられる。

たとえば受動喫煙防止条例の場合は、内部的コストとして、担当職員が対象施設をパトロールしたり、通報を受けて是正指導を行うとすれば、その人件費が必要になるし、条例施行を周知するための経費も必要になる。また外部的コストとして、各施設管理者が利用者に周知・説明するための掲示の費用や、分煙のための施設や喫煙所の設置等を行うとすればその費用が必要になるし、規制によって利用者や収益が減少するとすれば逸失利益にカウントする必要がある。さらに、たばこの売上げが減少すれば地域経済に与える影響もあるし、たばこ税の減収による自治体財政への影響も考えられる。

前述の有効性とこの効率性は、こちらを立てればあちらが立たずという**トレードオフの関係**になることが多いため、セットで検討する必要がある。たとえば、受動喫煙防止条例において、受動喫煙防止の効果を上げて「有効性」を高めよう

---

[8] 国の「規制の事前評価」では、「費用」の要素を、国民や事業者等が規制を守ることによる「遵守費用」、規制を策定し執行するために国や自治体が負担する「行政費用」、広く社会経済全体や環境等に対する負の影響である「その他の社会的費用」の3つに分けている。ここでいう「遵守費用」には、規制がなければ得られたであろう逸失利益（機会費用）も含めるべきだと思われる。政策評価各府省連絡会議2007：Ⅱ3(2)イ、規制の政策評価に関する研究会2007：第2部1(7)ア（(財)行政管理研究センター編2008b：92）所収参照。

とすれば、小規模な公共的施設や事務所等にも対象を拡大したり、管理者に対して徹底した指導や厳しい処分を行う制度とすることが望ましいが、そうすると、これに要する自治体側の人件費や事業費は莫大なものとなるし、管理者の施設整備等の負担も増加し、「効率性」が損なわれる。逆に、これらのコストを抑えようとすれば、受動喫煙の防止という目的の実現をある程度犠牲にしなければならない。このバランスをどう図るかが、条例づくりのポイントになるのである。

また、本来、得られる効果（便益）と必要なコスト（費用）を貨幣価値等のひとつの尺度（ものさし）で評価できれば、その比率によって有効性と効率性を一体的に評価することができる。いわゆる「費用対効果」の考え方であり、公共事業の評価では広く採用されている（たとえば国土交通省ホームページ2012参照）。しかし、条例の場合は、特にその効果、たとえば、生活上の安全や地域環境の保全といった目的の実現を貨幣価値等で測定することはできないことが多い。そのため、ひとつの尺度で効果と費用の両方を測定することができないため、「費用対効果」を算出することは難しい[9]。したがって、条例評価では有効性と効率性をあくまで独立の基準とし、それぞれについて評価する必要があるのである。

④　公平性

公平性とは、当該条例の目的に照らして、条例による効果やコストが公平に配分されているか、平等な取扱いが行われているかを問う基準である。条例は公共のルールであるため、単に目的を実現できればよいのではなく、その手段が住民や事業者にとって公平であること、いい換えれば、合理性のない不平等な取扱いがないことが必要である。これも主として条例の「手段」に関する基準といえる。

もっとも、どのような利益配分や権利制限が「公平」かは難しい問題である（再配分政策について井堀2009参照）。利益や負担が各人に同一に配分されることが公平と考えられる場合（**客観的平等**）もあれば、住民や事業者の収入、資産、年齢などの属性に応じて配分されることが公平と考えられる場合（**主観的平等**）や、配分の結果よりもその機会が平等に保障されていることが公平と考えられる場合

---

[9] 国の「規制の事前評価」では、費用と便益をともに金銭価値化できる場合は「費用便益分析」を行い、便益について一定の定量化ができる（金銭価値化はできない）場合は「費用効果分析」を行い、それ以外の場合は「費用分析」にとどめることとしている。政策評価各府省連絡会議2007：Ⅱ3(3)参照。

（機会的平等）もある（平井（宜）1995：106-110）。条例を検討する場合には、こうした複数の視点から公平性を検討して、立法者の判断に生かす必要がある。なお、この評価は定性的なものになると考えられる。

　たとえば受動喫煙防止条例の場合は、喫煙者の権利・利益を必要以上に制限する内容ではないか、対象施設の管理者に過大な負担・制限を負わせることにならないか、対象施設とそれ以外の施設で合理性のない不平等な取扱いがないか等が問題になろう。

　⑤　協働性

　協働性とは、条例の仕組みの中で住民やNPO等の参加や協力をどこまで組み込み、尊重しているかを問う基準である。条例が地域社会のルールである以上、その仕組みの中に住民やNPOの意思を反映させたり、その役割を位置づけることが重要である。その方が地域の実情をきめ細かく反映できるし、住民との間に信頼関係を築くことができる。もちろん、条例の目的や内容によっては難しい場合もあるが、目的実現やコストに大きな変化がないのであれば、協働の仕組みを盛り込むことが望ましい。この基準は、一般の政策評価や「規制の事前評価」の中では位置づけられていないし、熟した概念ではないが、条例評価の基準として提案したい。なお、この基準についても定性的な評価になろう。

　たとえば受動喫煙防止条例の場合は、条例で住民に地域社会において受動喫煙防止の取組みを進める役割や責務を定めたり、受動喫煙防止を推進する協議組織の設置等によりボランティア団体やコミュニティ組織の自発的な取組みを促すことが考えられる（ただし、こうした住民動員型の仕組みには行政の下請化と「相互監視社会」の心配もあり、慎重な判断が求められる）。

　⑥　適法性

　適法性とは、当該条例が憲法や法律に照らして違法にならないか、法律や他の条例との整合性が確保されているかを問う基準である。条例の内容がいかにすぐれていても、違法であっては効果を生じないから、条例の最低限の条件といえる。これは条例の目的と手段の両方を含む全体的な評価であり、基本的には適法か違法かの二者択一型の評価になる（ただし、適法か否かが微妙な場合には、裁判において適法と判断される可能性の高低の問題となる）。なお、これも定性的な評価となる。

　適法性については、法的検討の中心テーマとなるため、第3部で取り上げる。

3 総合的評価の限界と可能性

　条例の良し悪しについては、以上の基準による評価を総合して判断することになる。といっても、以上の概観からもわかるとおり、評価基準には定性的なものが多いし、定量化できるとしても、尺度（ものさし）が異なるため、これらを単純に「合計」してひとつの結論を導くことはできない。有効性ではすぐれているが、効率性では劣っている条例もあれば、効率性ではすぐれているが、公平性に問題がある条例もある。そうした評価結果を受けて、いずれの基準をどれだけ重視するかについては多面的な検討を要するし、最終的には立法者（提案段階では提案者）の判断になる。

　もっとも、以上のうち必要性については、それが認められなければ条例自体が不要となるし、適法性については違法な条例をつくることはできないという意味で、いずれも必要不可欠な「基礎的条件」といえる。また、有効性と効率性は、表裏一体の存在であり、いずれも条例の「性能」（パフォーマンス）に関する基準といえる。これに対して、公平性と協働性はだれにどういう受益・負担や役割を付与するかに関する基準であり、端的にいえば「関係者調整」に関する基準といえる（**図表7-2**参照）。

　いずれにしても、ある条例案を作成した場合は、上記の基準ごとに評価を試みることが重要である。これによって、「この条例案は有効性にはすぐれているが、効率性には問題がある」というように、当該条例案の長所（強み）と短所（弱み）

図表7-2　「すぐれた条例」の評価基準

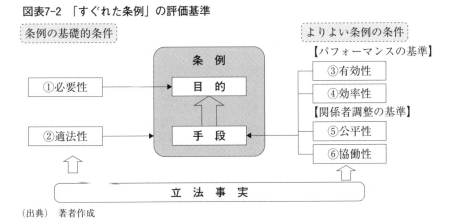

（出典）著者作成

図表7-3　条例評価の点検項目―事後評価の場合〔標準例〕

基　準	点　検　項　目	素材（立法事実等）
1．必要性	①条例の目的は現時点でも適切か ②条例が解決しようとした問題は現時点でも存在しているか【立法事実の確認】 ③制定後、同様の法律や制度がつくられていないか ④私人間の自主努力や民事手続による対応の可能性が生まれていないか　等	①目的に関する社会状況 ②課題に関する社会状況 ③法令の制定等の状況 ④私人間の制度等の状況
2．有効性	①課題の状況に変化が生まれているか、問題がどの程度解決（予防、是正、改善）しているか ＊客観的・定量的な方法を工夫する ②〔目標が明確であった場合〕その目標をどの程度実現できているか 　例：暴走族根絶、児童虐待ゼロ、農地面積維持 ③〔規制条例の場合〕違反行為がどれだけ発生しているか、「ザル法」になっていないか ④〔給付条例の場合〕住民等が制度をどれだけ利用しているか ⑤問題の解決が条例による効果といえるか（因果関係）	①〜④条例の施行実績、各種統計、調査結果等 【基礎的情報】 ・条例に基づく処分・行為の件数等 ・違反行為の件数等 【応用的情報】 ・過去の状況を示すデータ ・他自治体のデータ ・住民等のアンケート結果 ・ケーススタディの結果　等
3．効率性	①内部コスト（財政負担）がどの程度発生しているか 　a）事業費（補助金、施設整備、意識啓発等） 　b）運営費（事務所費、用具費、旅費等） 　c）人件費（担当職員、管理職の給与等） ②外部コスト（社会的不経済）がどの程度発生しているか 　a）対象者のコスト（支出したコスト、逸失利益） 　b）非対象者のコスト（価格の高騰）	①予算書・決算書、職員定数管理データ等 ②事業者アンケート、ケーススタディ、社会統計等
4．公平性	①特定の対象者・地域・団体等に過大な負担や利得が生じていないか ②住民・関係者間で差異が生じている場合に、合理的理由があるか ③対象者・関係者から苦情や訴訟は提起されていないか	①条例の施行実績、各種統計 ②住民等の意見、アンケート ③苦情、訴訟等の状況
5．協働性	①〔住民参加等の規定がある場合〕それが機能しているか、どの程度の実績があるか ②条例の執行に住民やNPOがどれだけ参加・協力しているか ③新たに住民参加や住民協働を取り入れる可能性はないか ④住民からの苦情や相談はあるか、それにどう対応しているか	①条例等の施行状況の資料（意見書数、参加者数等） ②条例施行に対する住民、NPOの参加・協力の状況 ③職員・住民等へのヒアリング ④苦情等の状況、職員ヒアリング
6．適法性	①住民・事業者の権利・利益を過度に制約していないか、予想以上の負担が生じていないか ②新たに制定された法令に抵触していないか、最近の判例に照らして違法の疑いが生じていないか ③行政訴訟や不服審査が提起されていないか	①住民の意見 ②関係する法令、判例等 ③訴訟、不服審査の状況

（出典）　著者作成

第7章　条例評価と立法事実の理論

を把握できるし、「協働性や適法性の観点からはこういう改善が必要だ」というように条例案を修正するきっかけになる。

また、いくつかの条例案（代替案）を設定して、相互に比較してみることが重要である。行政実務では、検討の早い段階で議会の反応等を予想して「落としどころ」を見定めることが多いが、最初から1つないし少数の条例案しかないと十分な評価・吟味にならない。採用の可能性は低いとしても、できるだけ広く、しかも性質の異なる条例案を用意して、上記の基準に沿ってそれぞれを評価し、相互に比較することが重要である。特に、いろいろな「政策手法」を考えて選択肢を設定するとよい（政策手法については第8章で検討する）。

評価といっても、前述のとおり定量的な分析は難しいため、当面は簡易な方法で実施することが考えられる。たとえば、6つの基準ごとに利害得失（メリット・デメリット）をあげ、◎（すぐれている）、○（問題がない）、△（やや問題がある）、×（問題がある、劣っている）といった簡易な評価を行ったり、それぞれ5点満点で評価して総合点を算出してみるという方法が考えられる（ただし、この場合の評点は5段階の「ランクづけ」を示すものであり、基準ごとの「重みづけ」も定まっていないため、総合点に格別の意味があるわけではない）。

特に、執行結果などのデータのない事前評価については、まずは評価を試みること、そしてその情報を関係者間で共有化することが大切である。これに対し、条例施行後の事後評価については、一定のデータに基づいた評価が求められる。この場合は、一定の点検項目を設定して、各条例について評価・見直しを進めることが考えられる。**図表7-3**では、事後評価を行う場合の点検項目をまとめたの

図表7-4　条例の総合的評価のイメージ（受動喫煙防止条例の場合）

案	各案の内容	有効性	効率性	公平性	協働性	適法性	総合評価
A案	施設管理者への行政指導を定める案	△	○	△	○	◎	不採用
B案	施設管理者の法的義務を定める案	△	○	△	○	○	不採用
C案	施設管理者と利用者に法的義務＋罰則を定める案	○	△	○	○	△	不採用
D案	施設管理者と利用者に法的義務＋罰則＋是正命令等を定める案	◎	△	○	○	△	採用

（注）◎＝すぐれている、○＝ややすぐれている、△＝やや問題がある、×＝問題がある、を示す。

で、参考にしてほしい。

仮に受動喫煙防止条例についていくつかの条例案を想定して評価してみると、**図表7-4**のようなイメージになる。

4 │ 立法事実の重要性

条例評価にあたっては、どういう事実・情報に基づいて評価するかという問題がある。その際に土台になるのが立法事実である。

一般に**立法事実**（legislative facts）とは、法律の制定を根拠づけ、その合理性を支える一般的事実、すなわち社会的、経済的、文化的事実をいう。憲法訴訟では、当該事件の特定の事実をさす「司法事実」に対して、立法府が立法の資料として収集認定した社会一般の現象が「立法事実」とよばれており、これが立法の合憲性判断において重要な意味を果たすことから、憲法論において注目されている（芦部1973：152、同2011：372、戸松2008：243-253）。条例についても、法的検討（特に合憲性の判断）においては、同様の意味で立法事実が問われることになる（自治体法務検定委員会編2018ｂ：58-60)[10]。

同時に、立法事実は、政策的検討にあたっても重要な役割をもつと考えられる。すなわち、「すぐれた条例」をつくるには、前述のような基準に基づいて評価する必要があるが、こうした評価は、机上の検討ではなく、関係する社会的な事実に照らして実証的に行わなければならないからである。この場合の立法事実の概念については、何点か注意すべきことがある。

第１に、立法事実は、法的検討においては立法の必要性と合理性（あるいは正当性）を支える事実として捉えられているが[11]、ここでは「合理性（正当性）」を分解し、条例の必要性、有効性、効率性、公平性及び協働性を裏づける一般的事実と捉えるとともに、それらを総合して適法性の判断につながるものとして位置

---

[10] 条例の立法事実は、憲法との関係だけでなく法律との関係においても問題になるという見解があるが（岩橋2001、神崎2009ｃ：84-100）、第11章３で述べるとおり、法律との関係については法律の趣旨、目的、内容、効果に矛盾抵触がないことを中心に判断すべきであり、条例自体の合理性や立法事実を問題にすべきではないと考える。

[11] 原竹2000：125-127によると、立法事実とは、「目的に関する事実」と「手段の合理性に関する事実」の大きく２つに分かれ、さらに、「規制目的」「規制による弊害」「規制と目的との合理的関連性」「代替手段の存在、及び目的と規制手段との均衡」の４つに分類されるとし、法的立場から分析的な説明をしている。

づける。法的検討では「不合理な条例案」だけを違憲・違法なものとして排除すれば足りるが、政策的検討においては複数考えられる「合理的な条例案」のうちいずれがよりすぐれているかを比較・評価するため、立法事実をより具体的・分析的に考える必要があるのである。

　第2に、立法事実は、単なるデータや事例など「裸の事実」の羅列ではなく、条例の必要性等に関連づけられた「意味ある事実」でなければならないし、現在の事実だけでなく、条例制定によってどのような効果、変化が生じるかという将来の事実を含む必要がある[12]。特に、条例の有効性や効率性を裏づける事実については、条例を施行した場合にどういう効果や費用が生じるかを判断する必要があるため、将来の事実を予測せざるを得ない。したがって、条例の事前評価と同様に、人による予測作業が伴うし、事情の変更も生じるため、不確実な事実にならざるを得ない。

　第3に、立法事実の収集・抽出には主観性が伴うため、立法事実については、第三者の参加など複数の目によって選定するとともに、立案者が説明責任を果たす手段と考える必要がある。前述のとおり、立法事実は、数多くの事実の中から立案者が意味ある事実として収集・抽出・記述したものだから、そこには主観性・恣意性が伴う。特に条例案の提案者は、条例の必要性等を裏づけるのに役立つ立法事実を強調し、そうでない立法事実を軽視・隠匿する傾向がある。また、立法事実は定量的な事実だけでなく定性的な事実を示す場合が少なくないため、そこには認識と表現の両面で人為性が伴わざるを得ない。そこで、条例制定の場合には諮問機関等において専門家や公募市民が立法事実を点検したり、議会において参考人等の意見を聴きながら立法事実を明確にすることが重要である[13]。また、立法事実は条例の「正しさ」を実証する根拠というより、立案者・制定者が住民や関係者に説明責任を果たすための手段であり、これをめぐって「熟議」が成立することを可能にする道具立てと考えるべきである。

---

[12] 高見2008：278は、「法案提出者が提示した単なる事件や事態、統計や資料等の『事実』をもって、当該法案を支える『立法事実』が明らかにされたとは言えない」とし、「『立法目的』との関係で、そうした『事実』がどのような意味を持つか、すなわち、当該法的規制によって、将来、そのような『事実』にどれだけの変化が『予測』され、その際、誰が、どれくらいの期間、また、どの程度、負担を負い、あるいは負担を軽減されるのか、さらには、当該法規はその受範者の行態を意図したとおりに変更しうるのか、そして、執行に伴う経費と得られる便益の間に釣り合いがとれるのかなど、掲示された『事実』が当該立法措置によってどう変わるか、の解明が求められている」とする。

第2部　政策的検討の理論

第4に、立法事実は、基本的には条例を制定する段階で求められるが、条例施行後も確認・検証することが求められる（川﨑2009：82-83）。条例評価でいえば、条例案を作成する段階での事前評価において、条例の必要性、有効性等を裏づける立法事実を収集し、条例の立案と事前評価に反映させることが重要であるが、事後評価においても、改めてその時点の立法事実を収集・確認し、条例の見直しにつなげる必要がある。

5　立法事実の収集と明確化

立法事実として具体的にどのような事実を収集、抽出すべきだろうか。これについては、今後、個別の条例制定においてどのような立法事実を収集し裏づけしたかについて事例を蓄積する必要があるが、現時点で考えられる立法事実について、事例も示しながら考えてみよう。

(1)　必要性に関する立法事実

必要性は、主として条例の「目的」に関する評価項目であり、これを裏づける立法事実を把握し明確にすることは、条例制定の出発点となる作業である。

第1に、地域においてどのような問題又は改善を要する状況が生じているかに関する事実がある。具体的には、現に生じている問題や改善が求められる状況を示す事例やデータが考えられる。たとえば、第3章1で述べた「問題解決型条例」である受動喫煙防止条例の場合は、各施設における受動喫煙の実態、住民が迷惑だと思う状況などが考えられる[14]。また、「状況改善型条例」である自治基本条例の場合は、住民自治等に対する住民の意識、各種事業に対する住民参加の状況、町内会等の活動状況などが考えられる。

---

[13] 川﨑2009：79-83は、「立法事実の判断には、不完全性や不確実性などを伴うことが不可避である以上、その検討作業ができるだけ適切に行われるようにするためには、そのプロセスやシステムの問題にも目を向けざるを得ない」とし、①専門知識の導入のあり方、②立法事実にかかわる情報の多様化と評価の仕組みの整備の必要性、③立法事実と説明責任、④事後評価の重要性について検討している。特に②については、「立法事実にかかわる必要な情報を発信したり、第三者が評価を行いその評価情報が提供されたりするための仕組みや、情報の客観的な評価方法など立法事実が適切に分析検討されるための手法」が必要だとする。

[14] 2009年に受動喫煙防止条例を制定した神奈川県では、検討段階の2007年に5,000人の県民と3,000の施設に対する調査を行った。県民調査では、①受動喫煙の曝露状況（受動喫煙にあったか）、②受動喫煙に対する意識（迷惑に思ったか）を調査しているが、これらは本項の立法事実に該当する情報といえる。神奈川県2008参照。Column ❸も参照。

第2に、生じている問題又は状況によって住民がどのような被害や影響を受けているかに関する事実がある。具体的には、当該問題・状況から住民が受けている被害や不利益、これに対する住民の意見や主張の内容が考えられる。たとえば受動喫煙防止条例の場合は、受動喫煙による健康被害の可能性、受動喫煙によって失われる利益、受動喫煙に対する住民の意見・感じ方などが考えられる[15]。自治基本条例の場合は、住民参加等に対する住民の意向、町内会等の意見などが考えられる。

第3に、生じている問題又は状況に対して法的な対応が必要か、他の法律・条例や制度では対応できないかに関する事実がある。具体的には、当該問題・状況に対する関係者の自主的な取組みの状況又は可能性、これに関係する他の法律・条例の内容、指導要綱等による対応の可能性に関する事実が考えられる。たとえば、受動喫煙防止条例の場合は、マナーの問題として取り組む可能性、健康増進法によって改善できる可能性に関する事実などが考えられる[16]。自治基本条例の場合は、地方自治法などの法律による影響、他の支援施策による効果などが考えられる。

(2) 有効性に関する立法事実

有効性に関する立法事実としては、条例の制定によって当該問題や状況がどれだけ解決又は改善するかに関する事実を収集・選定する必要がある。具体的には、問題事例の減少、優良事例の増加、問題を示すデータの改善、住民等の満足度の向上などの見込みが考えられる。これらは将来の事実であり不確実性を免れないため、できるだけ実現可能性の高低に関する評価を含めて提示することが望ましい。いい換えると、こうした見込みは条例の達成目標ともなるものである。たとえば受動喫煙防止条例の場合は、公共的施設における禁煙・分煙措置の増加、受動喫煙にあう住民の減少、喫煙者の減少などに関する予想データが考えられるし、長期的には成人病等の発症率の低下などに関する予測も考えられる[17]。自治基本条例の場合は、定性的にならざるを得ないが、住民の参加意識の変化、

---

[15] 神奈川県2008では、県民調査として、①受動喫煙に対する行動、②受動喫煙の健康影響に対する意識を調査しているが、これらは本項の立法事実に該当する情報といえる。
[16] 神奈川県2008では、県民調査・施設調査として、①健康増進法の認知度、②法施行後の受動喫煙防止対策状況、③条例による公共的施設での喫煙規制の賛否（県民調査のみ）、④今後の受動喫煙防止対策の実施予定（施設調査のみ）を調査しているが、これらは本項の立法事実に該当する情報といえる。

議会の新規の活性化、職員の意識の変化などの予想が考えられる。

(3) **効率性**に関する立法事実

　効率性に関する立法事実としては、条例の制定によってどれだけの費用・コストが生じるかに関する事実を、自治体自身の内部コストと社会的に必要となる外部コストの両方について、収集・選定する必要がある。これらは将来の事実であるが、内部コストについてはある程度予想できよう（というよりも、投入できる費用が限定されている）。この見込みも、条例執行の目標となるものである。たとえば受動喫煙防止条例の場合は、内部コストとして条例の広報に要する費用、周知や違反指導のための職員の人件費などの見込みが考えられるし、外部コストとしてたばこ産業の受ける影響、対象施設における分煙等の施設整備の費用、利用者減少による営業上の損失などの見込みが考えられる[18]。自治基本条例の場合は、内部コストとして条例に関する広報等の費用、住民参加手続をとる場合の費用と時間のコストなどの見込みが考えられる。

(4) **公平性**に関する立法事実

　公平性に関する立法事実としては、条例による効果やコストが住民や関係者にどのように配分されるか、平等な取扱いが行われるかに関する事実を収集・選定する必要がある。具体的には、規制条例の場合に非規制者の権利・利益を過大に制限するものでないこと、合理的な理由なく特定の者に負担を求めるものでないことを示す事実が必要であり、給付条例の場合は不公平な給付・サービスにならないことを示す事実が必要となる。たとえば、受動喫煙防止条例の場合は、喫煙者の権利・利益を必要以上に制限するものではないこと、対象施設の管理者に過大な負担・制限を負わせるものではないこと等を示す事実が必要と考えられる。自治基本条例の場合は、住民参加や住民投票等の資格において不平等な扱いにならないことを示すことが考えられるが、これについては制度自体で判断できるため、格別の立法事実が必要となることは考えにくい。

---

[17] 神奈川県では、受動喫煙防止条例以外の各種の対策を含む目標であるが、「都道府県別がん死亡を10位以内に」（2005年度：男性20位、女性36位）、「喫煙率の低下：男性30％未満、女性10％未満」（2003年度：男性40.9％、女性12.8％）の目標を掲げている。神奈川県2010：20-21参照。

[18] 神奈川県2008では、条例制定前に何らかの受動喫煙防止対策を実施した施設に対して、これによる利用者数や売上げの変化を調査したところ、どの施設も「変わらない」が最多であり、「減少した」は飲食店：11.1％、娯楽施設：9.4％だったという。

(5) **協働性に関する立法事実**

協働性に関する立法事実としては、条例の執行段階でどこまで住民やNPOの参加・協力が得られるかに関する事実を収集・選定する必要がある。条例自体に住民等の参加や協働に関する規定があれば、それが実際に機能するかに関する見込みが考えられるし、条例にはそうした規定がなくても、執行の際に住民等の参加・協働が期待されるとすれば、その見込みが考えられる。たとえば、受動喫煙防止条例の場合は、健康増進を図る地域の住民グループや禁煙運動を拡げるNPO等が条例の広報等に協力してくれる見込みがあれば、その事実を提示することが考えられる。自治基本条例の場合は、住民の参加・協力を求める規定について、実際に参加・協力が得られるか、また住民の参加意識が高まるかに関する事実を提示することが考えられる。

(6) **適法性の判断と立法事実**

適法性の判断は、前述のとおり総合的に行われるため、以上の5つの基準に関する立法事実の積上げによって、適法性（憲法適合性・法律適合性）が確保されるという関係になる。

以上のように、条例評価と立法事実は、「すぐれた条例」をつくるための基礎を提供するものといえる。

Column ❼　石橋を叩いてこわす自治体職員？

政策法務について研究していると、自治体から条例制定の検討委員会に加わってほしいと依頼されることが少なくない。実際の条例づくりに関与することは、相当の負担や責任が伴うが、研究者としてやりがいもあるため、お役に立てそうなテーマであればお引き受けすることにしている。そんな経験から、いかに職員の姿勢や組織風土によって条例の内容が変わってくるかということを痛感する。

多くの自治体職員は慎重派である。条例をつくると法律に抵触するのではないか、裁判に耐えられないのではないかということを気にする職員が多い。特に課長や部長などの管理職は、責任ある立場だからか、固定観念が強いからか、違法にならないようにしたいという意識が強い。行政指導にとどまるような条例案を示しながら、「○○法に抵触しないか」と何度も聞いてきたり、命令や罰則規定を入れることを提案す

ると、「条例で罰則を入れる例はほとんどないのではないか」と尻込みをする（この点をみても、第1章7で検討した、政策法務論が流行すると「法道具主義」に陥って法治主義が軽視されるという指摘は、杞憂にすぎないと思う）。

ところが、法的な検討では慎重な職員も、政策的な検討はかなりルーズである。はじめから「条例にするなら届出制にして、その違反に対しては氏名公表くらいがいい」と落としどころを決めていて、「同意制はどうですか、届出制にして重大な影響がある場合は禁止命令を出すという制度もあり得ますよ」といっても、ピンとこないのか話に乗ってこない。そんな経験もあって、条例づくりでは政策的検討が重要だと力説している次第である。

この種の条例検討がうまく行かないもうひとつのパターンは、組織内の風通しが悪く、リーダーの指示が不安定な場合である。たとえば、部課長の前では担当職員が自由に説明もできないという雰囲気だと、あれこれ聞いても実態を知らない管理職が建前論を答えて終わりという場合が少なくない。また、検討委員会では条例をつくるべきだという報告書がまとめられたのに、市長や副市長の一言で「凍結」されてしまうこともある。その「一言」が一貫しないこともあるし、幹部の間で意見が違ったりすると、担当部局は動くに動けず、互いの人事異動を待つということになりかねない。

そんな中で、千葉県の条例づくりは、立法事実を重視し法律論と政策論の両方を意識して検討している数少ない事例だと思う。私は、林地開発行為等の適正化に関する条例（2010年制定）の条例検討会に加わったが、まず立法事実として、森林法の施行現場でどういう問題が生じているか、現場写真やデータを含めて明確にするという作業が行われた。報告書についても、所管課の実務的な検討に対して政策法務課が法的な観点から意見を述べ、それに委員の指摘を入れ込んで、三者の合作のような形でまとめられていった。もちろん、県としては実務的な対応や議会の反応を考えるため、委員の意見が取り入れられない部分もあったが、方法論がしっかりしているし、「打てば響く」という議論ができたため、満足できる仕事になった。同県では、政策法務研修にも独自の工夫をしている。「政策法務課」の看板に偽りなし、である。

各自治体でも、それぞれの条例検討の進め方を振り返ってはどうだろうか。

第8章 政策手法の理論
―「すぐれた条例」のつくり方

1 政策手法とはなにか

　第7章では、「すぐれた条例」とはどういうものかについて検討した。「すぐれた条例」をつくるには様々な検討を行うが、特に重要なのが、地域社会に対してどういう働きかけ（コントロール）を行うかという政策手法の選択である[1]。

　政策手法とは、社会の課題を解決するために国や自治体が行う活動の手段ないし方法をいう[2]。そもそも政策（公共政策）とは、公共的な課題を解決するための公的機関等の活動の方針であって、目的と手段のセットをなすものである（第5章1参照）。政策手法とは、政策に定められた「手段」の側面をさす。

　さらに、第5章2で述べたとおり、政策には基本的要素として、①目的（何のために）、②執行主体（誰が）、③対象（誰に・何に）、④執行手段（どういう手段で）、⑤執行基準（どういう基準で）が示されなければならない。この5つのいずれが欠落した場合でも、活動の方針としては不完全であり、公的機関等は活動を開始することができない。この中でも重要なのが、④の**執行手段**である。執行手段が決まらないと、これを行使する主体・対象・基準を検討することはできないし、執行手段が決まれば、これを行使するのに適切な主体・対象・基準を順次検討していけばよい。その意味では、政策手法の検討においては執行手段の選択が中心的な作業となる。

　従来、条例をつくるというと、努力義務や行政指導などの政策手法が使われることが多かったが、「すぐれた条例」をつくるには、規制的手法、誘導的手法な

---

[1] 政策手法については、政策法務研究会編2003：2章3（一部礒崎）、鈴木（庸）監修・山本2008を参照。これらの文献では「行政手法」とよんでいるが、本書では政策論との結びつきを重視して「政策手法」とよぶ。
[2] 政策手法に類似する概念として、行政法学における「行政行為」の概念がある。行政行為とは、「行政の活動のうち、具体的場合に直接法効果をもってなす行政の権力的行為」である（塩野2009：112）。これに対して、政策手法は、法的効果を生じない手段を含むこと、個々の行為よりもより広く制度として把握していること等の点で異なるが、行政行為を基本として成り立つ手法も少なくない。行政法学では、ほかに「行政作用」「行政手段」「行政形式」等の概念も使われている。たとえば小早川1999：185-253では、従来の行政行為論よりも広く「行政作用の法的仕組み」に着目しており、政策手法論としても参考になる。

ど幅広い手法の中から当該課題を解決するのに最も適切な政策手法を選択することが重要である。そこで、公共的な課題を解決するためにどういう手法があるか、検討することが不可欠となる。そのために必要になるのが、**政策手法の理論**である。

政策手法の選択にあたっては、①条例に活用可能な政策手法にどのようなものがあるか、②それぞれの政策手法の効果とふさわしい課題は何か、そして、③それぞれの政策手法についてどのような課題・限界があり、どういう点に注意すべきか、を考える必要がある。薬剤でいえば、どういう薬剤があるか、どういう「効能」があるか、「使用上の注意」はなにか、にそれぞれ相当する。こうした検討・分析には、条例事例の蓄積・分析と法理論的な検討を要するが[3]、本章では①の点を中心とし、考えられる範囲で②、③にも言及したい。

2 政策手法の類型

政策手法については、いろいろな類型区分が考えられるが[4]、条例で採用することを念頭におき、かつ実務でのわかりやすさを考慮すると、次のような区分が妥当と考えられる。

第1に、条例をつくる際には、対象者の行為に何らかの形で働きかけることが中心となるため、対象者の行為との関係に着目した類型区分が考えられる。すなわち、①対象者の行為を規制又は抑制する手法（規制的手法）、②対象者の行為を一定の方向に誘導する手法（誘導的手法）、③対象者の行為を支援し補完する手法（支援的手法）、④対象者や関係者の行為や意見・利害を調整する手法（調整的手法）の4つの類型を設定できよう[5]。これらは、条例案の設計において基本的な

---

[3] 兼子2012：81は、立法論を重んずる「法政策学」のほかに、「法解釈学的政策法務論の流れ」があるとしつつ、「大学の法学部で培ってきた"法解釈学"は、……ありうる"法的しくみパターン"の調査・研究を深めていたことが、立法政策法務にとって大いに有用なのである」とする。特に、政策手法の効能と使用上の注意を明らかにするうえで、法解釈学の成果は重要になる。

[4] たとえば、政策資源に着目して権限調達手法、財源調達手法、人的資源調達手法、情報収集手法、民間活力調達手法などに区分することが考えられるし（本章でも4の補完的な政策手法の中でこの発想を一部導入している）、実施の時点に着目して事前的手法、中間的手法、事後的手法などに区分することが考えられる。

[5] 西尾1988：32は、民間活動との関係に着目した行政活動の分類として、①民間活動を規制する活動、②民間活動を助成する活動、③民間活動を補完する活動（教育、福祉等）、④民間活動では対処しにくい活動（国防、警察等）の4類型を示しており、参考になる。ただし、法的手段を用いる条例の課題としては、①と②の活動が中心になろう。

手法となり得るものである。

　従来の条例では、ここでいう規制的手法が多かったが（ただし、罰則を定めなかったり、行政指導が多かった）、最近は課題の多様化に対応して誘導的手法や調整的手法が重要になっている。また、支援的手法は権利制限にならないため基本的には法に基づかなくても実施できるが、実施機関への義務づけや安定的な実施のために条例に定めることが望ましいし、最近は福祉推進条例や市民活動支援条例など支援的手法を基本とする条例が増えている。

　第2に、条例をつくる際には、上記の基本的手法の効果を維持・促進させる手法や、基本的手法を実施するための資源を調達する手法も重要となる。すなわち、⑤規制的手法や誘導的手法のめざすべき方向や目標を行政計画等として総合的に定める手法（計画的手法）、⑥規制的手法や調整的手法の実効性を確保するための手法（実効性確保手法）、⑦主として支援的手法のための財源を調達する手法（財源調達手法）、⑧誘導的手法や支援的手法を円滑に実施するために住民等との協働（換言すれば人的資源の調達）を促進する手法（協働促進手法）の4つの類型を設定できよう。それぞれ性格は異なるが、基本的手法を維持・補完するための手法という点では共通する。条例をつくる際にも、基本的手法に合わせてこれらの手法の採用を検討する必要がある。

　このうち実効性確保手法は、後述のとおり行政法学においても従来から取り上げられてきた課題であり、法律等でも活用されてきた。これに対し、計画的手法や財源調達手法は、条例ではあまり活用されてこなかった新しい手法である。また協働促進手法は、特に条例において今後の活用が期待される手法である。

　以下、この類型ごとに代表的な政策手法を紹介していく。あわせて、後出の**図表8-1**には、その政策手法を採用している具体的な条例をあげたので、参照してほしい。

3　基本的な政策手法

(1) 規制的手法

　規制的手法とは、望ましくない行為や状態を制限、抑制することによって問題を解決しようとする手法である。主な手法としては、次のものがあげられる。

　①禁止制　　一定の行為を禁止する制度
　②許可・承認制　　一定の行為を行う前に自治体の許可、承認等を得ることを

　　　　　　　　　義務づける制度
③協議・同意制　　一定の行為を行う前に自治体と協議し、又はその同意を得
　　　　　　　　　ることを義務づける制度
④指定・登録制　　一定の行為を行う前に自治体の指定又は自治体への登録を
　　　　　　　　　求める制度
⑤命令制　　一定の行為を行う場合に自治体が行為の停止、変更等を命令する
　　　　　　制度

　この手法は、一部の違反行為等を除いて自治体側の基準に沿った行為を行わせることができるため、一般的には有効性の高い手法といえる。また、後述の支援的手法等に比べて執行のためのコスト（内部的コスト）を比較的抑制できるため、効率性にもすぐれている。そのため、法律においては従来から多用されてきた。条例では条例制定権の限界もあってあまり厳しい規制的手法は採用されてこなかったが（採用しても罰則をつけないなど）、今後は必要な場合には十分な形で規定することが求められる。

　しかし、この手法は私人の権利や利益を制限することになるし、規制を求める声に押されて過剰な規制となるおそれもあるため、採用にあたってはその必要性や相当性を慎重に吟味するとともに、立法事実の明確化など十分な理論武装が必要である。特に、規制の度合いの強い禁止制、許可・承認制、命令制等を採用する場合には、こうした配慮が求められる。また、住民の生活や地域社会の安定を確保するためのいわゆる**社会的規制**に比べて、事業者の経済活動を保護・調整するためのいわゆる**経済的規制**については、より慎重でなければならない。

(2) **誘導的手法**

　誘導的手法とは、望ましい行為や状態への変化を促進することによって、問題を解決・緩和しようとする手法である。主な手法としては、次のものがあげられる。
①行政指導制　　ある望ましい行為を行い、又は望ましくない行為を行わない
　　　　　　　　よう、助言指導や勧告を行う制度
②補助金制　　ある望ましい行為や活動の費用の一部を助成する制度
③政策税制　　ある望ましい行為の税を減免し、又は望ましくない行為に税
　　　　　　　（法定外税）を課す制度
④認定・認証制　　ある望ましい行為や施設等を認定又は認証し公表する制度

⑤広報啓発制　　ある望ましい行為を行うようよびかける制度

　この手法は、公権力によって強制するのではなく、行為主体が自ら行為を変えようとするインセンティブ（誘因）を重視するものである（第8章1、2参照）。そのため、権利制限になるものではないし、監視等のコストも要しない点ですぐれている。そこで、最近はこの手法が重視されるようになっている。

　しかし、このうち行政指導制については、現在ではあまり効果が見込めないし、補助金制や政策税制のうち税の減免については、財源などの執行コストを要するため、効率性に問題がある。採用にあたっては、どの程度の効果を生み費用を要するか、慎重な検討が必要である。

(3) **支援的手法**

　支援的手法とは、住民等に金銭やサービスを提供することによって、その生活や活動を支援し補完する手法である。一般に行政活動は規制行政と給付行政に分けられるが、その給付行政を支える手法であり、「給付的手法」とよぶこともできるし、前述の誘導的手法とも共通する面がある。主な手法としては、次のものがあげられる。

　①金銭交付制　　一定の住民等を支援するため、金銭を交付する制度
　②金銭貸与制　　一定の住民等を支援するため、金銭を貸与する制度
　③サービス提供制　　一定の住民等を支援するため、サービスを提供する制度
　④施設提供制　　一定の住民等を支援するため、施設利用を認める制度
　⑤相談・情報提供制　　一定の住民等を支援するため、その相談に応じ、又は情報を提供する制度

　支援的手法は、住民等の生活、活動等を支えるために、何らかの資源（リソース）を提供する点では共通しており、費用と直接的効果の予測は比較的容易である。しかし、それだけに費用を支出することが自己目的化するおそれがあるし、財政がひっ迫すると抑制されやすいのもこの手法の特徴である。今後は、提供する金銭やサービスが実際に対象者の生活や活動の支援・促進にどの程度つながっているのかを評価するとともに、他の手法と組み合わせて政策全体の効果を高める工夫が求められる。

(4) **調整的手法**

　調整的手法とは、対象者や関係者の行為や意見・利害を調整することによって、問題を解決しようとする手法である。自治体の政策を実現するというより、

関係者間の話合いの場を設定し、合意を形成することに主眼がある。その意味で、「合意形成手法」とか「コミュニケーション手法」などとよぶこともできるし、「紛争解決手法」と捉えることもできる。また、住民の意見を反映する点で民主主義的な意味もあるし、後述の協働促進手法と共通する面もある。主な手法としては、次のものがあげられる。

①意見聴取制　一定の行為や決定を行う場合に関係者や住民の意見を聴取し、又は募集する制度

②調停あっせん制　意見や利害が対立した場合に関係者の申し出を受けて調停やあっせんを行う制度

③当事者協議制　一定の行為や決定を行う場合に関係者との協議や調整を求める制度

④協定・契約制　一定の行為や決定を行う場合に関係者との協定等の契約の締結を求める制度

⑤苦情対応制　関係者からの苦情を受けて行政機関、事業者等に調査や指導勧告等を行う制度（**オンブズパーソン**制度を含む）

このうち意見聴取制は、利害調整や住民参加など様々な目的で多様な条例において採用されているが、聴取した意見をどう意思決定や紛争解決に反映するかが難しい問題である。調停あっせん制は、中高層建築物の紛争予防条例などで採用され始めているが、裁判と違って自治体側の判断に法的拘束力があるわけではないため、過大な期待はできない。当事者協議制は、ある事業に先立って影響を及ぼす住民等との協議を求めるという制度が多く、重要な機能を果たしているが、これも協議が調わなかった場合にどう対応するかという問題がつきまとう。苦情対応制についても、個人の権利利益の点で問題があったことが判明しても、一般的には勧告にとどまる点に限界がある。

このように、調整的手法には問題解決の有効性の面では限界があるが、利害や価値観の多様化した現代社会では不可欠の制度であり、かつ自治体であればきめ細かな調整が可能であることを考えると、今後も重要な手法と考えられる。

4　補完的な政策手法

(1)　計画的手法

計画的手法とは、行政計画等を通じて他の政策手法の目標や方向を明確にす

る手法である。たとえば、まちづくり条例では、「まちづくり計画」を策定してこれに基づいて開発行為の規制や誘導を行っているし、男女共同参画推進条例では、「男女共同参画推進指針」を策定してこれに基づいて広報啓発やサービス提供を行う。行政計画や指針は、単独では普及啓発的な意味しかもたないが、他の具体的な政策手法と組み合わせることで目的を実現できるのである。その点で補完的な政策手法といえる。主な手法としては、次のものがあげられる。

①行政計画制　めざすべき将来像や施策・事業の実施計画を文書として明確化する制度
②行動指針制　住民等が守るべきルールや行動規範を文書として明確化する制度

計画的手法には、自治体としてめざす方向を明確にするという効果があるし、個々の政策手法や事業を総合的かつ計画的に進める機能がある。しかし、計画等が抽象的な内容では「絵に描いた餅」になって有効性が低くなるし、逆に具体的な内容にすると、住民や関係者の意見対立が生まれやすく、策定のコストも高くなることに注意する必要がある。

(2) **実効性確保手法**

実効性確保手法とは、他の政策手法、特に規制的手法や誘導的手法の実効性を確保するための手法である。規制的手法の場合、常に規制に従わない者が現れることを想定して、こうした者に何らかのサンクションや対抗措置を講じる必要がある。これらは個人の権利利益を制限するものであるため、あらかじめ法に明記しておく必要がある。また、誘導的手法の行政指導制や、調整的手法の調停あっせん制でも、自治体の指導や調整に実効性をもたせるための措置が必要になる。これが実効性確保手法である。主な手法としては、次のものがあげられる。

①罰則制　義務違反の行為を行った場合に制裁（行政刑罰等）を科す制度
②是正命令制　義務違反の行為を行った場合に行為の停止、原状回復等の是正措置を義務づける制度
③処分取消制　条件に違反した場合等に許可、認可、登録等の処分を取り消す制度
④行政調査制　義務違反等のおそれがある場合等に情報収集を行う制度
⑤氏名公表制　望ましくない行為を行った場合に氏名や当該事実等を公表する制度

⑥給付拒否制　　望ましくない行為を行った場合に公的サービスを拒否する制度

　実効性確保手法は、行政法学において「**義務履行確保制度**」等として従来から論じられてきた問題であり[6]、法律等でも活用されてきた手法である。

　このうち罰則制については、直接的に行政目的を侵害する義務違反に対して刑事手続に基づいて課される「行政刑罰」と、間接的に行政上の秩序に障害をもたらすおそれのある義務違反に対して行政処分として課される「過料（秩序罰）」がある。条例においては、行政刑罰として「二年以下の懲役若しくは禁錮、百万円以下の罰金、拘留、科料若しくは没収の刑」を、過料として「五万円以下の過料」をそれぞれ設けることができる（地方自治法14条3項）。

　是正命令制は、条例上の義務違反について行為の停止や原状回復等を命じるものであり、これを規定しない場合には民事手続による義務履行の確保には限界があることから[7]、条例で一定の義務を課す場合は罰則だけでなく是正命令の規定をおくことが望ましい。

　行政調査制には、国勢調査のような一般的な調査もあるが、ここでは義務違反等のおそれがある場合に、上記①〜③の手段を講じるために行う調査をさしている。条例では相手方の抵抗を排除してでも実施できる、いわゆる強制調査を設けることはできないが、調査を拒否した場合の罰則等を設けることによって調査の実効性を確保することができる。

　氏名公表制は、条例上の義務に違反した場合や行政指導に従わなかった場合の一種の制裁的措置として定めるものである。公表自体は情報提供であり罰則等に該当するわけではないが、制裁的措置として実施する場合は、法治主義の観点から法令上の根拠が必要と解されているため、条例に根拠規定を定めるべきである。

　給付拒否制は、たとえば、建築規制条例に違反して建築行為を行った場合に、

---

[6] たとえば、塩野2009：221-252、小早川1999：235-253、北村2008ａ、幸田・安念・生沼2004：133-149（幸田）参照。以下の記述もこれらを参照した。

[7] 周知のように、宝塚市パチンコ店等建築規制条例事件判決（最高裁平14・7・9民集56巻6号1134頁・判時1798号78頁）は、国又は地方公共団体が行政権の主体として国民に対して行政上の義務の履行を求める訴訟は、法律に特別の規定がない限り「法律上の争訟」にあたらず不適法と判断した。これに対しては学界の批判が強いが、後述のとおり条例に是正命令等の規定があれば、この違反に対する代執行は可能と解されているため（行政代執行法2条）、こうした規定を設けておくことが重要となる。

水道供給、下水道の接続、ゴミの収集等の公的サービスを拒否できることを規定するものである。しかし、そうしたサービス提供は行政上の義務であるため、合理的な理由がなければサービス提供を拒否することは違法と解される。したがって、条例上の義務とサービス提供の間に関連性がある場合に限って発動できる規定にすべきであろう。

なお、実効性確保手法としては、ほかに、**行政上の強制執行**の制度（代執行、執行罰、直接強制、行政上の強制徴収）がある。しかし、これらの「行政上の強制執行」に関しては、法律で定めるものとされているため（行政代執行法1条）、条例で強制執行の措置を設けることはできないと解されている[8]。もっとも、条例上の義務違反等であっても、**代執行**は可能と解されているし（同法2条）[9]、**強制徴収**も可能である（地方自治法231条の3第3項）ため、これらの法律の規定を生かして実効性確保を考えるべきである。これに対して、**執行罰**と**直接強制**についてはこうした規定がないため、条例上の義務についてこれらの手段を使うことはできない。

(3) **財源調達手法**

財源調達手法とは、政策を実現するために必要な財源を調達する手法である。ここまで述べてきた政策手法を実施するには、一定の財源が必要である。このように政策実現のために条例に基づいて財源調達を図ることが重要となる。主な手法としては、次のものがあげられる。

①独自税制　　財源確保のために法定外税等を賦課する制度
②寄付促進制　　財源確保のために住民、企業等からの寄付等を促進する制度

独自税制には、法律に直接の定めのない法定外税を付加する手法と、法定税の税率等を改正する手法がある。税を用いる点で誘導的手法の政策税制と共通するが、政策税制は税の賦課によって特定の政策目的を実現することを主目的にして

---

[8] 憲法で自治体に条例制定権を保障し（94条）、法的義務を創設できるにもかかわらず、その義務の履行手段を創設できないのは合理的でなく、この解釈については疑義がないわけではないが、いずれにしても地方分権の理念をふまえた法整備が必要だと思われる。

[9] 行政代執行法2条では、「法律の委任に基く……条例」に基づく義務が代執行の対象に含まれているが、この「法律の委任」には地方自治法14条も含まれるというのが実務及び学説の一般的な解釈である（これを委任と捉えるのはやや無理があるが）。広岡1981：53、ジュリスト編集部1977：16-17参照。これに基づいて、広島県プレジャーボートの係留保管の適正化に関する条例13条などいくつかの条例が代執行の規定を設けているが、これらは確認規定と解される。

いるのに対して、ここでは財源確保が主目的である点が異なる。

　寄付促進制については、最近ふるさと基金等を設けて地元出身者等に寄付をよびかけることが多くなっている。

(4)　**協働促進手法**

　協働促進手法とは、施策・事業の実施にあたり住民の参加や住民との協働を進める手法である。第6章で、条例評価においては「協働性」の視点が重要としたが、そのため政策手法としても参加・協働の方法を積極的に採用する必要がある。これらは、住民参加条例等の条例に主たる手法として定める場合もあるが、まちづくり条例など他の政策目的の条例の中で、施策・事業を進める際の手続として定めることも考えられる。主な手法としては、次のものがあげられる。

①住民提案制　　住民等の提案を募集し、これを促進する制度
②住民授権制　　住民団体等に公的権限・役割を付与する制度
③住民協働制　　住民やボランティア等との協力・連携を支援、促進する制度
④民間委託・指定制　　民間団体等に事務を委託又は資格を付与する制度

5　政策手法の選択

　以上をまとめたのが**図表8-1**の「政策手法一覧」である。ここに掲げた政策手法は、現時点で採用することが考えられる標準的な手法にすぎず、これ以外にもいろいろな政策手法があり得るし、実際には様々なアレンジをして採用する必要がある。その意味で、この表はレストランのメニュー表のようなものといえる。料理人の腕によって各料理の味は様々だし、これ以外のメニューも開拓していく必要がある。

　また、条例立案にあたっては、どの政策手法を採用するか、比較検討する必要がある。ある目的を設定した場合でも、それを実現するための政策手法には様々なものが考えられる。そこで、できるだけ多くの、しかも規制的手法や誘導的手法などできるだけ性格の異なる多様な手法を列挙するとともに、条例評価に関して第6章で述べたとおり、事前にシミュレーション等を行って評価し、最も適切と思われる手法を選択する必要がある。また複数の手法を組み合わせて、より有効で効率的な仕組みをつくることが重要である。その際には、対象者にどういうインセンティブ（誘因）を与えるかがポイントになる（第8章参照）。こうした作業の進め方については、第13章で検討する。

いずれにしても、条例立案にあたっては政策手法の選択がきわめて重要である。政策手法論は政策論と法律論を結びつけるカギをにぎっているのである。

図表8-1　条例で活用できる政策手法一覧（例示）

類型・政策手法		内　容（要　点）	具体例（略称を含む）
基本的手法	1．規制的手法	望ましくない行為を制限又は抑制する手法	—
	①禁止制	一定の行為を禁止	千代田区生活環境条例21条
	②許可・承認制	一定の行為を行う前に許可、承認等を義務づける	岡山県県土保全条例5条
	③協議・同意制	一定の行為を行う前に協議や同意を義務づける	神奈川県土地利用調整条例3条
	④指定・登録制	一定の行為を行う前に指定や登録を義務づける	福島県木材業者等登録条例3条
	⑤命令制	一定の行為に対して停止等の命令を行う	福井県アスベスト健康被害防止条例13条
	2．誘導的手法	望ましい行為や状態への変化を促進する手法	—
	①行政指導制	望ましい行為を行うこと等の指導や勧告を行う	東京都消費生活条例12条
	②補助金制	望ましい行為や活動の費用の一部を助成	香川県企業誘致条例5条
	③政策税制	望ましい行為の税を減免し、そうでない行為に課税	三重県産業廃棄物税条例4条
	④認定・認証制	望ましい行為や施設を認定・認証し公表	神奈川県子ども・子育て支援推進条例15条
	⑤広報啓発制	望ましい行為を行うようよびかける	北海道アウトドア活動振興条例8条
	3．支援的手法	サービス提供等により住民等を支援・補完する手法	—
	①金銭交付制	一定の住民等を支援するため金銭を交付	志木市要介護高齢者手当支給条例2条
	②金銭貸与制	一定の住民等を支援するため金銭を貸与	目黒区応急福祉資金貸付条例2条
	③サービス提供制	一定の住民等を支援するためサービスを提供	秋田県・羽後町ホームヘルパー派遣条例2条
	④施設提供制	一定の住民等を支援するため施設利用を認める	横浜市営住宅条例10条
	⑤相談・情報提供制	住民や団体の相談に応じ又は情報を提供	川崎市こころの相談所条例3条
	4．調整的手法	関係者の行為や意見・利害を調整する手法	—
	①意見聴取制	一定の場合に関係者や住民の意見を聴取又は募集	久留米市緑化推進条例4条
	②調停あっせん制	関係者の申し出を受けて調停・あっせんを行う	東京都中高層建築物紛争予防調整条例7条、9条

	③当事者協議制	一定の場合に関係者との協議・調整を求める	志木市墓地等の経営の許可等に関する条例7条
	④協定・契約制	一定の場合に関係者との協定等の締結を求める	福島県商業まちづくり条例20条
	⑤苦情対応制	関係者からの苦情を受けて調査や指導を行う	中野区福祉サービス苦情処理条例10条
補完的手法	5．計画的手法	計画等を通じて政策手法の目標等を明確にする手法	—
	①行政計画制	めざすべき将来像や施策・事業の計画を明確化	逗子市まちづくり条例7条
	②行動指針制	住民等が守るべきルールや行動規範を明確化	新潟市男女共同参画推進条例10条
	6．実効性確保手法	他の政策手法の実効性を確保する手法	—
	①罰則制	義務違反を行った場合に制裁を科す	神奈川県土地利用調整条例21条
	②是正命令制	義務違反を行った場合に是正措置を義務づける	高知県土地基本条例36条
	③処分取消制	条件に違反した場合等に許可等の処分を取り消す	岡山県県土保全条例10条
	④行政調査制	義務違反等の事実について情報収集を行う	埼玉県青少年健全育成条例26条
	⑤氏名公表制	望ましくない行為を行った場合に氏名等を公表	小田原市市税滞納措置条例6条
	⑥給付拒否制	望ましくない行為を行った場合にサービスを拒否	神奈川県・真鶴町まちづくり条例25条
	7．財源調達手法	政策実現に必要な財源を調達する手法	—
	①独自税制	財源確保のために法定外税等を賦課	福島県森林環境税条例1条
	②寄付促進制	財源確保のために寄付等を促進	北海道・ニセコ町ふるさとづくり寄付条例3条、5条
	8．協働促進手法	施策・事業の実施にあたり住民協働を進める手法	—
	①住民提案制	住民等の提案を募集・促進	神戸市まちづくり条例7条
	②住民授権制	住民団体等に公的権限や役割を付与	神戸市まちづくり条例4条、10条
	③住民協働制	住民等との協力・連携を促進	豊橋市市民協働推進条例6条
	④民間委託・指定制	民間団体等に事務を委託又は一定の地位を付与	神奈川県青少年保護育成条例8条の3

（出典）　著者作成

Column ❽　活躍できる？自治体職員出身の大学教員

　最近、自治体職員を辞めて大学教員に転身する例が少なくない。もともとキャリア官僚から大学教員に転身する例はあったが（特に総務省は多い）、最近では自治体職員からの転身が増えている。特に「政策法務業界」では、その例が多い。かくいう私もそのひとりということになろう。同様の傾向は「介護保険業界」にもみられる（介護保険導入時に活躍した自治体職員の転身）。

　金井利之氏は、こうした転身を「カリスマ職員」の「スピンアウト」と表現する。金井氏は、自治体の政策研究に関連して「政策人材のOJTによる育成」が重要だと指摘するとともに、「OJTによらなくても、たまたま意欲と関心を持った職員が突然変異的に発生し、このような職員が『出すぎた杭は打たれない』状態となって『カリスマ職員』化することによって政策が発生する」という。

　同時に、「もっとも、『出すぎた杭は抜けてしまう』とも言える。『カリスマ職員』は、政策人材となった職員が、政策能力を発揮する仕事に恵まれたときの職員類型である。しかし、こうした政策人材を当該自治体では使いこなしきれず、また、当人も充分な力を発揮できないことがある。そうなると、しばしば、中途退職して転職してしまう。これは民間企業との比喩でいえば、『スピンアウト』による転職・開業である」と指摘し、「自治体学会や自治体改革運動・政策法務運動で活躍した『カリスマ職員』あるいは政策人材は、しばしば、中途退職している。例えば、神奈川県職員でいえば、礒崎初仁氏（現・中央大学教授）が典型例である」という（金井2009：80）。著者が典型例といえるかどうかはわからないし、「カリスマ職員」は地域の現実がそうした人材を養成（要請）するのであり、突然変異ではないと思うが、興味深い観察だと思う。

　私自身は、そもそも同じ自治体で定年まで働き続けるという常識自体が合理的ではないと思う。広い視野をもった人材を育てる意味でも、組織の風通しをよくする意味でも、自治体と大学、行政と民間でもっと人材が行き来することが重要ではないか。

　もうひとつの問題は、このような実務家出身者が教育研究の分野で本当に役に立つのか、教育者・研究者として成長できるのかという点である。教育面では、確かに実務経験があるから、学生にとっておもしろい講義をすることは可能だろう。しかし、自らの実務体験に基づく講義も5年もたてば古くなるから、絶えず新しい素材を仕入れないと学生を引きつけることは難しい。研究面でも、最初は実務経験に基づく論考で新鮮な視点を打ち出すことも可能だが、次第にタネが尽きてくるし、より大きな理

論枠組みを獲得しなければ、研究の「質」は変わらない。実務経験を基礎としながらも、研究の世界でオリジナルなものをつくることが求められるのだと思う。

　いずれにしても、政策法務のような分野は、理論と実務の両方に軸足を置くことが求められる。この両方を「橋渡し」するような活動をしたいものだと思う。

第 3 部
法的検討の理論

|第3部| あらまし

　第2部の政策的検討に対して、第3部では法的検討に属するテーマを取り上げる。いわば「適法な条例」をつくるための検討である。

　第9章「憲法と条例」では、最高法規である憲法と条例の関係について考える。憲法は、個人の尊厳を掲げて人権保障に最高の価値をおいている。条例をつくる際も、この人権保障の原理に基づかなければならないし、訴訟になれば違憲立法の審査を受ける必要がある。そこで、やや長くなるが、憲法の人権規定について概説したうえで、違憲立法審査の考え方や基準を説明するとともに、条例について憲法適合性が争われた判決例を紹介する。

　第10章「分権改革の到達点」では、第1次分権改革を中心に、この間進められてきた分権改革の成果を確認するとともに、今後の課題を抽出する。機関委任事務制度の廃止を中心とする第1次分権改革は、大きな成果を残したが、自治体側には拡大した権限をどう活用するかが問われている。また、法令による義務付け・枠付けの見直しなど第2期分権改革の現時点での成果も確認し、今後の課題について論じる。

　第11章「条例制定権の限界」では、主として判例の判断基準を学ぶ。条例は「法律の範囲内」でなければならないが（憲法94条）、これに関する最高裁徳島市公安条例事件判決の考え方を検討するとともに、下級審を含めて様々な判例がこれについて判断を下しているため、これをフォローしながら、「適法な条例」にするためのポイントを考える。

　第12章「分権時代の条例論」では、条例制定権に関するこれまでの学説を幅広く紹介したうえで、分権時代にふさわしい条例論を考える。具体的には、分権改革の前後に分けて、条例制定権の限界に関する学説をフォローしたうえで、条例制定を応援する理論のあり方を探る。また、法定事務条例、都道府県条例と市町村条例の関係、条例の「上書き権」など、新しい論点についても検討する。

第9章 憲法と条例
―人権保障という思想

1 法治主義の意義と再検討

(1) 法治主義とは

　国家機関の活動は、国民・住民の福祉の実現を目的とするものである。しかし、その活動のあり方を政府とりわけ行政機関に全面的に委ねると、権力を濫用し市民生活に過剰に干渉し、国民の権利・自由を圧迫するおそれがある。

　そこで、近代国家では、国家機関による圧迫から国民の自由と権利を守るために、国家機関が権力を行使するときは、国民の代表機関である議会が制定した法律に基づかなければならないという原理を採用するようになった。これが**法治主義**であり、この原理によって営まれる国家を法治国家という。特に、行政が国民の権利・自由を制限する場合は、代表機関である議会が制定した法律の根拠を要するとされる。これが**法律による行政の原理**である（芝池2006：38-39、原田2012：77-79ほか）。

　法治主義といっても、行政権の行使が形式的に法律に従っていればよいとし、法律の内容を問わない（いわゆる形式的法治主義）とすると、法律の内容によっては、国民の権利を擁護せず、単に国民支配の道具になってしまうこともある。そこで、近代国家における法治主義は、法律の内容を問題とし、それが憲法の規定に基づいて人権保障の確保を図るものであることを要求する（いわゆる実質的法治主義）。この原則は**法の支配**（rule of law）とよばれ、立憲主義の基本原則とされる（芦部2015：13-14ほか）。こうした考え方を**近代的法治主義**とよぶことができる。

　近代的法治主義の根拠は、1つは、前述のとおり国民の基本的人権を中心に権利・自由を擁護するという自由主義的意義であるが、もう1つは、国民代表である議会が制定した法律によって行政を統制し、国民意思を反映するという民主主義的意義である。

　この法治主義（法律による行政の原理）には、次の3つの原則が含まれる（芝池2006：38-40、塩野2015：77 80）。

　第1に、**法律の優先の原則**であり、すべての行政は法律に反することができな

いという原則である。

　第2に、**法律の留保の原則**であり、国民の権利・自由を侵害する行政などの一定範囲の行政には、法律の授権を必要とするという原則である。

　第3に、**法律の法規創造力の原則**であり、新たな法規（国民の権利・自由を侵害する規範）の定立は、議会の制定する法律又はその授権に基づく命令においてのみなし得るという原則である。

(2) **法律の留保の原則**

　このうち重要なのは法律の留保の原則であるが、問題はどのような行政について法律の授権が必要かである。

　従来は、国民の権利・自由を制限する侵害行政については、法律の授権が必要だとされてきた（いわゆる侵害留保説。塩野2009：71-77）。いい換えると、国民に利益を供与したり、国民の権利義務に関係のない活動をする場合には、法律の授権は必要ないとされる。この見解は、法治主義の起源に忠実な理解であり、かつては通説的立場にあったし、実務では現在でもこの立場が採られている。

　しかし、法治主義が自由主義的意義だけでなく民主主義的意義を有していることを考えると、権利自由の制限に限らず、行政活動の根幹をなす本質的事項については法律の留保を必要と解すべきである（いわゆる本質性留保説。塩野2009：74-77）。たとえば、土地利用計画、地域福祉計画の策定等の行政計画の策定は、行政活動の根幹をなす決定であるため、民主主義の観点から、議会の民主的統制のもとにおくため、法律の授権が必要と考えられる[1]。

(3) **自治体における「法律の留保」**

　もっとも、自治体の場合は、法律の留保について注意すべきことがある。

　第1に、自治体の行政活動の場合は、法律の授権がなくても、条例の授権と規則の授権があればよいと考えられる。憲法は、自治体に法律の範囲内で条例を制

---

[1] このほか、学説としては、民主国家では行政活動はすべて国民の意思に発するべきだから、すべての行政に法律の授権が必要とする「全部留保説」、現代の福祉国家では国民の社会権を確保することも重要な責務だから、生活配慮行政にも法律の授権を必要とする「社会留保説」、行政が国民に権利を与え義務を免除する場合も含めて権力的な活動をする場合には法律の授権が必要とする「権力留保説」がある。全部留保説は、法治主義の民主主義的意義に忠実な解釈ではあるが、行政活動の自由や柔軟性に対する配慮に欠ける。社会留保説や権力留保説は民主主義的意義に対する配慮が不十分であるほか、その範囲が明確でないという問題がある。「本質性留保説」についても、何が本質的な事項かという問題はあるが、国民の人権や生活に重大な影響をもたらす活動など議会の個々の統制を必要とするか否かによって考えるほかはないであろう。塩野2015：83-90、宇賀2011：31-37ほか参照。

定する権能を認めているが（94条）、ここでいう「条例」は自治体の自主法を意味し、条例と規則の両方を含むと解されている（佐藤幸2011：564）。規則は、住民の直接公選によって選ばれる首長が制定する「法規」であることから、法律の留保原則に関しては規則による授権でもよいと解される。

第2に、そうはいっても、法律上、「普通地方公共団体は、義務を課し、又は権利を制限するには、……条例によらなければならない。」（地方自治法14条2項）と定められているため、住民の権利自由を制限する行政活動には条例の授権が必要となる。これは、民主的に選出されるといっても、幅広い行政権を有する首長に住民の権利自由を制限する法規の制定まで許容すると、住民の権利・自由が過度に侵害されるおそれがあるため、自由主義（権力分立）の観点から条例による授権を必要としたものと解される。したがって、規則の授権だけでは住民の権利・自由の制限はできないため、法律の留保に関して侵害留保説をとると、規則は法律の留保とは関係ないことになる。しかし、本質性留保説をとると、権利・自由の制限以外の行政活動の根幹をなす本質的事項については規則による授権も可能であり、そこに規則による授権を認める意味が生じることになる。

(4) 現代的な法治主義は可能か

この法治主義は、近代国家では国民の権利・自由を保障するために重要な原則であった。そこでは、法律・条例等の一般的な準則を予め公表しておくことによって、その後の行政決定が準則に従ってなされることを保障するところにポイントがある。これによって、国民に行政決定の予測可能性と平等取扱いの可能性を付与し、恣意的な行政決定から解放することをめざすわけである。すなわち、法治主義の根底には、市民にとっての予測可能性と合理的決定の確保という期待が存在する（以上につき大橋2016：26）。

ところが、現代国家では、国民の自由権や財産権だけでなく生存権などの社会権も基本的人権として認められている。そのため、国家は国民の権利・自由に介入しないだけでなく、社会権を保障するために、社会福祉、雇用政策その他の施策を積極的に講じる必要があり（福祉国家）、そのために、国民の財産権、経済活動の自由などの権利自由に介入する必要が生じている。

また、現代国家では、社会経済の複雑・高度化に伴って、国土開発、都市計画、産業振興その他各種の政策を積極的に展開することが求められている（第1章2で述べた政策化）。そこでは、行政機関は、ヒト・モノ・金などの政策資源を

効果的に投入し、総合的・計画的に施策・事業を実施することが重要になっており、これが住民の福祉の増進にもつながると考えられている。

さらに、自治体は、地域の実情によって多様な課題を抱えるとともに、住民自治原理のもとで、行政は住民の日常的な監視と参加のもとで進められるという仕組みになっており、住民の地縁に基づくコミュニティとも密接な関係を有している。すなわち、自治体では法規範のあり方に多様性・柔軟性が求められるし、住民による民主的基盤も議会だけではなく、多様なものを含み得る。したがって、法治主義といっても、国における法治主義の適用とは違った形が認められてよいと考えられる。

以上から、現代国家においては、法治主義の原則を形式的に適用することはできないし、特に自治体においては、これを住民の福祉増進と住民自治の原則につながる形で解釈・運用することが重要になっている（さしあたり磯部1995ｂ、同2001参照）。すなわち、法治主義の現代化と自治化が求められているのである。

では、どのような修正又は配慮が必要になるだろうか。

第１に、法律・条例の解釈にあたっては、規定文言に忠実な文理解釈だけでなく、社会経済の変化や地域の実情を踏まえた目的論的解釈が求められる。法律・条例は一般的・抽象的な規定をせざるを得ないため、しばしば社会の状況とズレを生じ、文理解釈だけでは不都合な結果を招きかねない。特に行政法規については、政策の実現と社会の現実をふまえた合目的的な解釈が求められる[2]。

第２に、法律・条例で細部まで固定的に定めるのではなく、一定程度、行政機関の裁量の余地を認める必要がある。社会に生じる事案は様々であるため、法律・条例であらかじめ細部まで定めてしまうと、実態に適合しない結論や政策目的の実現を図れない場合も生じる。特に行政計画の策定などは、行政機関の裁量を広く認める必要がある（いわゆる**計画裁量**）。この点では、国民に予測可能性と平等取扱いを保障するという法治主義の趣旨には抵触するおそれがあるが、政策目的の実現や執行現場の工夫を考えると、行政機関の裁量を認めつつ、後述のように、行政機関への住民参加やオンブズパーソン制度などによって権利・自由の

---

[2] 原田2010：87は、「伝統的ないし古典的法治国家では、（中略）法律の至高性・神聖性を前提として、法律の機械的執行のみが民意に即した理想的な行政の実現であ」るとするような見解が生じる余地があったが、「社会機構が複雑化した現代国家の現状と立法過程の実態をみると、こうした主張が現代に適合するとは、とうてい認めがたい」と指摘する。

擁護を図るべきであると考えられる。

　第3に、以上のような柔軟化の反面、自治体は行政運営にあたり住民参加と住民の権利擁護に努力する必要がある。法治主義の民主主義的意義からすると、法律・条例の執行にあたり、執行機関の裁量を広く認める反面、その裁量の行使は行政の恣意やひとりよがりであってはならず、事前に住民の参加や合意形成に努めるべきである。また、法治主義の自由主義的意義からすると、執行機関の裁量を尊重しつつ、住民の権利自由を守るために、オンブズパーソン、苦情対応等の制度を整備し、自治体ならではの権利擁護に努めるべきである[3]。

　自治体には、以上のような修正ないし配慮によって実質的に住民自治と権利保障を図ることが求められているし、こうした実践によって「**現代的法治主義**」とよべるものが明らかになると考えられる。これは政策法務の重要な課題でもある。

2　基本的人権の保障の考え方

　基本的人権は、幸福追求権、平等権、自由権、参政権、社会権に分けることができ、さらに自由権は、精神的自由、経済的自由、人身の自由に分けることができる。順にその要点を確認しよう（以下、芦部2015：119-283参照）。

(1)　幸福追求権

　憲法は、「生命、自由及び幸福追求に対する国民の権利については、公共の福祉に反しない限り、立法その他の国政の上で、最大の尊重を必要とする。」と定める（13条。以下、本章の条文は憲法を示す）。この幸福追求権について、かつては14条以下に列挙された人権を総称したもので、ここから具体的権利を導くことはできないと解されていたが、1960年代以降の社会経済の変化によって生じた諸問題に対して法的対応が求められたことから、14条以下に列挙されていない「新しい人権」の根拠となり得る規定と解されるようになり、判例も幸福追求権に根拠づけられた権利に具体的権利性を認めている（肖像権の具体的権利性を認め

---

[3] 原田2010：87は、注2の指摘に続けて、「現代行政とりわけ住民生活に身近な地方自治行政においては、どうしても法律の不備・欠陥を承認し、これを補充する役割が行政機関にある程度期待されざるをえない」としたうえで、「そうだとすると、向後の行政法には、国家（行政）意思の形成過程への国民（ないし関係人）の参加システムを整備・充実して行政作用を適正化する機能が強く求められる」とし、「市民参加による民主的な協同決定・合意形成のルールづくり」の重要性を指摘する。

た最判昭44・12・24刑集23巻12号1625頁)。

　幸福追求権は、個人の人格的生存に不可欠な利益を内容とする権利の総体をさす（芦部2015：120）。そして、14条以下の条項との関係は、一般法と特別法の関係にあるため、個別の人権が適用されない場合に幸福追求権が適用される。これまで、新しい人権として主張されたものには、プライバシー権、環境権、日照権、情報権、平和的生存権など様々なものがあるが、最高裁が明確に認めたのは肖像権ぐらいである。下級審において認められている「プライバシー権」は、現在では広く「自己に関する情報をコントロールする権利」と捉えられ、自由権的側面だけでなく、その保護を公権力に求めていくという側面が重視されるようになっている。

(2) 平等権

　(1)の幸福追求権と同様に、人権の総則的意味をもつとともに具体的権利でもあるのが「法の下の平等」であり、平等権である。憲法は、「すべて国民は、法の下に平等であつて、人種、信条、性別、社会的身分又は門地により、政治的、経済的又は社会的関係において、差別されない。」と定める（14条1項）。ここでいう「平等」とは、人々には様々な差異があることを前提として、法が与える権利と義務の両面において、同一の事情・条件のもとでは均等に扱うことである。したがって、法上の取扱いの差異が人々の差異に照らして合理的なものであれば、平等権違反ではないと解される（芦部2015：130）。

　平等権に関して立法の違憲性が問題となる場合には、後述の二重の基準の考え方に基づき、精神的自由や参政権に関して平等権違反が問題となるときは、立法目的が必要不可欠であり、その達成手段が必要最低限のものでなければならないが、その他の自由・権利が問題になるときは、立法目的が正当であり、目的と手段の間に合理的な関連性があればよいと解されている（芦部2015：132）。

(3) 精神的自由

　精神的自由は、内心の自由と表現の自由に分けることができる。そして、内心の自由としては、思想・良心の自由、信教の自由、学問の自由があげられる。

　第1に、「思想及び良心の自由は、これを侵してはならない。」（憲法19条）。これは、まず国民がいかなる国家観、人生観等をもとうとも、内心の領域にとどまる限り絶対的に自由であり、公権力がこれに立ち入ることはできないことを意味する。また、国民がいかなる思想を抱いているかについて公権力が表明を強制す

ることは認められないこと、すなわち、思想について沈黙の自由が保障されることを意味する。

　第2に、「信教の自由は、何人に対してもこれを保障する。」とされる（20条1項前段）。この権利には、宗教を信仰し又は信仰しないこと、信仰する宗教の選択について個人が任意に決定できる「信仰の自由」、信仰に関して個人が単独又は共同で宗教上の儀式、行事その他布教等を任意に行う（又は行わない）ことのできる「宗教的行為の自由」が含まれる。また、政教分離の原則も定められている（20条1項後段・3項）。

　第3に、「学問の自由は、これを保障する。」（23条）。学問の自由には、学問研究の自由、研究発表の自由、教育の自由が含まれる。すなわち、真理の発見・探究を目的とする研究の自由（内面的な自由）だけでなく、その結果を発表する研究発表の自由も保障される。さらに大学その他の高等学術研究機関における教育の自由も含まれる。

　第4に、「言論、出版その他一切の表現の自由は、これを保障する。」（21条1項）。内心における思想や信仰は、外部に表明されて初めて社会的意味をもつ。表現の自由は、個人が言論活動を通じて自己の人格を発展させるという自己実現の価値をもつとともに、言論によって国民が政治的意思決定に関与するという民主主義的な価値をもつ。表現の自由は、本来は思想・情報を発表し伝達する自由であるが、報道の自由、取材の自由、知る権利なども含まれる。

　第5に、「集会、結社……の自由」は憲法上保障される（21条1項）。まず「集会」とは、政治、経済など共通の目的をもって一定の場所に集まることをいう。特定の場所でなく、集団行進、集団示威運動（デモ行進）のように場所を移動する場合も含める見解が有力である。集会の自由は、表現の自由の一形態として重要な意義を有するが、多人数が一定の場所に集合する表現行為であることから、他者の権利・利益と衝突する可能性もあり、それを調整するために必要不可欠な最小限度の規制を設けることは許容される。判例では、公共施設の使用許可の申請に対して、条例で定める「公の秩序をみだすおそれがある場合」に該当するとして不許可にした処分について、集会の自由の制限にあたるため、客観的事実に照らして「明らかな差し迫った危険の発生が具体的に予見されることが必要」と判示し、違法とした例がある（泉佐野市民会館事件・最判平7・3・7民集49巻3号687頁）。

次に、「結社」とは、政治、経済、宗教、学術など共通の目的をもって継続的に結合することをいう。団体を結成し加入する自由や団体として活動する自由だけでなく、団体を結成したり加入したりしない自由も含まれる。

以上の精神的自由に対する立法の違憲性が問題になる場合には、後述の二重の基準の考え方により、特に厳しい基準によって司法審査が行われる。すなわち、表現の内容を理由とする規制（表現内容規制）については、「検閲禁止」の原則（21条2項）のほか、「明白かつ現在の危険の基準」や、「必要不可欠な公共的利益の基準」が適用される。これに対して、表現の時・場所・方法等を理由とする外形的規制（表現内容中立規制）については、「LRAの基準」、「明確性の基準」などが適用される。以上の審査基準の内容については後述する。

(4) 経済的自由

経済的自由として、職業選択の自由、居住・移転の自由、財産権があげられる。

第1に、「何人も、公共の福祉に反しない限り、……職業選択の自由を有する。」（22条1項）。この自由は、自己の従事する職業を決定する自由であるが、その職業を遂行する自由、すなわち営業の自由も含まれる。職業選択の自由に対しては、国民の生命・健康等に対する危険を防止するための消極目的の規制（警察的規制）だけでなく、経済の調和ある発展や社会的・経済的弱者の保護を図るための積極目的の規制（政策的規制）を行うこともできる。

第2に、「何人も、公共の福祉に反しない限り、居住、移転……の自由を有する。」（22条1項）。この自由は、自己の住所又は居所を自由に決定し、移動する自由であり、旅行の自由を含む。この自由は、人身の自由や精神的自由の要素を有しているため、そうした特質に応じた保障が求められる。

第3に、「財産権は、これを侵してはならない。」（29条1項）。これは、個人が有する具体的な財産上の権利を保障するという意味と、個人が財産を享有し得る制度すなわち私有財産制を保障するという意味の両方を含む。しかし、「財産権の内容は、公共の福祉に適合するやうに、法律でこれを定める。」とし（同条2項）、財産権の内容が法律で一般的に制約され得ることを明らかにしている。財産権も、消極目的規制だけでなく積極目的規制を受けることになる。さらに、「私有財産は、正当な補償の下に、これを公共のために用ひることができる。」とされ（同条3項）、私有財産を公共のための収用・制限できること、その場合に

は正当な補償が必要であることを定めている。

　以上の経済的自由を制限する立法の違憲性については、二重の基準の考え方を基本として、「合理性の基準」などより緩やかな基準が適用される。すなわち、営業の自由や財産権に対する積極目的規制については「明白性の基準」が、消極目的規制については「厳格な合理性の基準」がそれぞれ適用される。

(5) 人身の自由

　憲法は、「何人も、いかなる奴隷的拘束も受けない。又、犯罪に因る処罰の場合を除いては、その意に反する苦役に服させられない。」と定める（18条）。ここで「奴隷的拘束」とは、自由な人格者であることと両立しない程度の身体の自由の拘束状態をいい、「その意に反する苦役」とは、本人の意思に反して強制される労役をいう。

　また、憲法は、「何人も、法律の定める手続によらなければ、その生命若しくは自由を奪はれ、又はその他の刑罰を科せられない。」とする（31条）。この規定は、人身の自由について基本原則を定めた規定であり、人権保障のために公権力を手続的に拘束しようとする「法の適正手続」(due process of law) に由来するとされている。この規定では、手続が定められることを求めていると読めるが、①法律で定められた手続が適正であること、②手続だけでなく実体も法律で定められていること、③その実体の規定も適正でなければならないことを意味すると解されている（芦部2015：243）。

　さらに被疑者の権利として、「何人も、現行犯として逮捕される場合を除いては、権限を有する司法官憲が発し、且つ理由となつてゐる犯罪を明示する令状によらなければ、逮捕されない。」(33条) などの規定が定められているし、被告人の権利として、「すべて刑事事件においては、被告人は、公平な裁判所の迅速な公開裁判を受ける権利を有する。」(37条1項) などの権利が保障されている。

(6) 参政権

　国民は、主権者として国の政治に参加する権利を有する。憲法では、「公務員を選定し、及びこれを罷免することは、国民固有の権利である。」と定めている（15条1項）。参政権のうち、最も重要なものは議員を選挙する選挙権である。この選挙権は、投票の数的平等だけでなく、投票価値の平等も保障されなければならないとされ、議員定数不均衡の違憲性が問題となってきた。学説では、1票の重みがおおむね2対1以上に開くことは投票価値の平等の要請に反して違憲であ

るという意見が強い（芦部2015：141）。

(7) 社会権

憲法は、生存権、教育を受ける権利、労働基本権という社会権を保障している。

第1に、「すべて国民は、健康で文化的な最低限度の生活を営む権利を有する。」と定められている（25条1項）。この生存権の規定は、社会権の中で原則的な規定である。この趣旨を実現するため、「国は、すべての生活部面について、社会福祉、社会保障及び公衆衛生の向上及び増進に努めなければならない。」とされ（同条2項）、これを受けて生活保護法、児童福祉法などの社会福祉関連法や、国民健康保険法、介護保険法などの社会保険関連法が定められている。もっとも、生存権の内容は抽象的・不明確であり、社会的・財政的な事情によって変動するため、この規定だけで具体的権利を保障したものと解することはできない。しかし、この規定は国に政治的・道義的義務を課したにとどまるもの（プログラム規定説）ではなく、個別の立法によって具体的権利になる権利を定めたものと解するべきである（抽象的権利説）。したがって、具体的な立法が行われれば、憲法と当該立法を一体と捉え、生存権の具体的権利性を論じることができると考えられる。

第2に、「すべて国民は、法律の定めるところにより、その能力に応じて、ひとしく教育を受ける権利を有する。」と定めている（26条1項）。この権利に対応して、教育を受けさせる責務を負うのは、親ないし親権者であるが（同条2項参照）、この権利の社会権としての側面として、国は教育制度を維持し、教育条件を整備すべき義務を負う。この要請を受けて、教育基本法、学校教育法等が定められている。

第3に、憲法は「すべて国民は、勤労の権利を有し、義務を負ふ。」と定めた（27条1項）うえで、「勤労者の団結する権利及び団体交渉その他の団体行動をする権利は、これを保障する。」とする（28条）。後者の規定は、団結権、団体交渉権、団体行動権（争議権）という労働基本権（労働三権）を保障している。この権利の制限に関しては、公務員の労働基本権の制限が問題になってきたが、判例は現行法の厳しい制限を積極的に合憲と解している（全農林警職法事件・最判昭48・4・25刑集27巻4号547頁など）。

3 | 人権保障と条例の関係

　条例は憲法の規定、特に人権保障の規定に違反してはならない（98条1項）。憲法も「法令」の1つ（法令中の法令）であるから、この条件は第11章で検討する「法律の範囲内」という条例制定権の限界に含まれているといえるが、一般の法律とは異なる検討を要するため、ここで取り上げる。実際に、自治体職員などの実務家は、細かい法令への抵触は慎重に検討するのに対して、憲法との関係は鈍感であることが少なくないし、研究者の間でも憲法と条例の関係は十分に検討されていない問題といえる。これについては、大きく2つの点に留意する必要がある。

　第1に、基本的人権の制限を行う場合には、「公共の福祉」に基づく必要最小限度の制限でなければならない。たとえば、開発行為の規制は財産権や営業の自由の制限になるし、広告物の規制は表現の自由の制限となる。もちろん、基本的人権も「公共の福祉」による制約を受けるため（13条）、条例で人権を制限することも可能である。しかし、その制限は合理的なものでなければならないし、より規制的でない手段を採用したり、規制基準を明確にするなど、細心の注意が必要となる。

　第2に、憲法上「法律で定める」等の規定がおかれている事項（法定主義が採られている事項）について、条例で定めることができるかが問題となってきた。具体的には、財産権の内容（29条2項）、刑罰を科する手続（31条）、租税の賦課（84条）の事項である。特に財産権については、条例による制限が必要とされることが多いため、重要な問題となってきた。かつては、これらの事項については条例では規制できないという見解があったが、現在ではここでいう「法律」とは議会制定法をさし、条例もこれに含まれるとする見解が有力となっている（芦部2015：371）。判例においても、奈良県ため池条例事件判決（最判昭38・6・26刑集17巻5号521頁）において、判旨にやや不明確な部分はあるが、条例による財産権規制を認めている。刑罰と租税については、それぞれ法律の授権があると解し、その範囲内で条例を制定することができると解されている。

4 違憲立法審査の基準と条例制定の可能性

(1) 違憲立法審査の考え方──司法消極主義とは

立法は、憲法の規定に抵触することはできない（98条1項）。特に基本的人権については、「公共の福祉」に基づく必要最小限度の制限でなければならない。しかし、この憲法適合性、特に「公共の福祉」に基づく必要最小限度の制限かどうかについて、誰が判断するかという問題がある。

憲法では、「最高裁判所は、一切の法律、命令、規則又は処分が憲法に適合するかしないかを決定する権限を有する終審裁判所である。」と定めている（81条）。裁判所は、具体的な事件（争訟）に対して法の解釈適用を通じてその解決を図る機関であるが、同時にその判断に必要な範囲で法律その他の規範の憲法適合性を判断する権能を付与されているのである。特別に設けられた憲法裁判所が、具体的な争訟と関係なく抽象的に違憲審査を行う**抽象的違憲審査制**に対して、通常の裁判所が具体的な争訟事件を裁判する際に、その解決に必要な限度で法律等の違憲審査を行う、このような仕組みは**付随的違憲審査制**とよばれる（たとえば芦部2015：380）。

この違憲審査制の運用をめぐって、司法消極主義と司法積極主義の考え方がある。**司法消極主義**とは、立法権の立法判断を重視し、司法府は違憲審査権をできるだけ自己抑制的に行使すべきだと考えるアプローチである。これに対して**司法積極主義**とは、司法府の人権保障の機能を重視し、司法府は違憲審査権を積極的に行使すべきだと考えるアプローチである。このいずれが日本の憲法の原理に適合しているのだろうか。

まず、憲法判断をするか否かの「間口」の段階では、憲法判断はできるだけ回避すべきである。なぜなら、①司法権はもともと具体的な争訟事件の解決を目的としているし、②憲法判断は経験的素材に基づき熟慮されたものでなければならないし、③民主主義のもとでは国民代表の議会の判断をできるだけ尊重すべきだからである。この点では司法消極主義の考え方が妥当する。米国でも、たとえば、憲法判断をしなくても事件を処理できる場合には憲法判断を行わない、法律の合憲性に疑いがあったとしても、その問題を回避できるような法律解釈が可能かどうかを確認すべきである等**憲法判断回避の準則**（ブランダイス・ルール）が提示されており、日本でも参考にされている。

一方、憲法判断をする場合の「実体判断」の段階では、司法が個人や政治的少数者の人権を保障するとともに、立憲民主主義の維持保全に原理面から寄与するために、違憲判断に消極的であってはならないと考えられる（佐藤幸1990：305-306）。この点では、法律の違憲性については複雑かつ政治的な要請も考慮する必要があり、議会の制定した法律は明白な誤りがある場合に限って違憲と判断されるべきであるという考え方もある（明白性の原則など）。しかし、多数者の意思に基づく議会の判断では、政治的少数者の人権は十分に反映していない可能性があるし、特に表現の自由等に対する制限立法など民主的過程に瑕疵が生ずる場合には、民主的過程を回復するためにも、司法権が積極的に違憲判断に踏み込む必要がある（後述の二重の基準を参照）。したがって、実体判断については司法積極主義に近い立場をとるべきであると考えられる。

(2) 違憲立法審査の基準——二重の基準

では、違憲審査についてはどのような基準で判断すべきだろうか。この点については、1970年代から米国の違憲立法審査の基準が紹介され、憲法学の大きなテーマになってきたし、一定の審査基準は判例にも取り入れられている。これらの審査基準は条例の合憲性についても適用されるものであり、条例制定にあたっては、これらの審査基準に基づいて合憲性を検討し、確認しておく必要がある。

この審査基準の基本となる考え方は、財産権や経済的自由に比べて、表現の自由などの精神的自由は、選挙などの民主的過程を支えるものであり、これが制限されると立法府や行政府を支えるプロセス・正統性にゆがみが生じる可能性があるため、違憲立法審査においても、より厳しい審査が求められるという考え方である。これが**二重の基準**である。自治体の実務では、表現の自由よりも財産権の規制になることをおそれる傾向があるが、憲法理論では逆なのである。

もっとも、表現の自由の制限立法に関する判例をみるかぎり、現在の裁判所（特に最高裁）が二重の基準を採用しているとはいい切れない部分がある。後述のとおり、最高裁は、経済的自由の制限立法について「厳格な合理性の基準」を当てはめて違憲判断を下す一方、精神的自由の制限立法について規定の明確性について緩やかな判断をしたり、「合理的関連性の基準」を適用したりして、厳しい審査を行わない傾向がある。これに対しては、後述のとおり学説から強い批判が投げかけられている。しかし、条例制定については、違憲性の疑いをかけられることのないよう学説にも配慮すべきであること、特に民主的過程の保全について

は、住民自治の原理を重視する自治体として積極的に擁護・保全すべきことから、二重の基準を基本として、合憲性について十分に吟味する必要がある。

なお、これらの審査基準は、裁判所が立法機関（議会）の裁量をどこまで許容するかの基準であり、経済的自由だから価値が低いとか、過度の制限も許されるというものではないことに注意を要する。

日本国憲法の人権のカタログにこの基準を当てはめると、**図表9-1**のとおりである。以下、それぞれの内容を簡潔に説明しておこう。

(3) 類型別の合憲性判断基準と条例への適用

① 経済的自由の積極目的規制

第1に、経済的自由の積極目的による規制（政策的・外在的な目的のための規制）については、規制の目的と手段が著しく不合理でなければ合憲とする**合理性の基準**や、法が著しく不合理であることが明白でないかぎり合憲とする**明白性の原則**

図表9-1　立法の合憲性に関する審査基準（例示）

区分	審査基準	内容	主な適用範囲
特に緩やかな基準	合理性の基準	規制の目的と手段が著しく不合理でなければ合憲とする	経済的自由（財産権）・社会権の積極的規制 例：まちづくり、景観保全、生活維持
	明白性の基準	規制が著しく不合理であることが明白でないかぎり合憲とする	
緩やかな基準	厳格な合理性の基準	他のより緩やかな規制では法の目的を十分に達成できない場合にかぎり合憲とする	経済的自由（財産権）の消極的規制 例：災害防止、安全確保
厳格な基準	LRAの基準（Less Restrictive Alternative＝より制限的でない他の選び得る手段の基準）	手段の審査において、法の目的を達成するためにより制限的でない他の選び得る手段が存在しない場合に合憲とする	精神的自由の外形的規制、参政権の規制 例：デモ行進規制、屋外広告物規制
	漠然性ゆえに無効の基準	規制内容があいまいな場合に、そのことを理由として違憲とする	
	過度の広汎性ゆえに無効の基準	規制内容が明確であっても、その範囲があまりに広く、過度の規制となり得る場合に違憲とする	
特に厳格な基準	明白かつ現在の危険の基準	対象行為を放置することによって近い将来、重大な害悪が発生する蓋然性が明白であり、かつ規制手段が害悪を回避するのに必要不可欠である場合にのみ合憲とする	精神的自由の内容に関する規制 例：出版の制限、集会の禁止

（出典）各種教科書から著者作成

が適用される。

　たとえば、小売市場距離制限事件判決（最判昭47・11・22刑集26巻9号586頁）は、経済活動の規制について消極目的の規制のほかに積極目的の規制をなし得ることを認めたうえで、積極目的の規制については当該規制が著しく不合理であることが明白である場合に限って違憲になるという「明白性の基準」を適用し、小売市場の開設許可に一定の距離以上離れていることを求める小売商業調整特別措置法の規制について、経済的基盤の弱い小売商を過当競争による共倒れから保護するという積極目的の規制と認定し、合憲とした。また、公衆浴場距離制限事件判決（最判平元・1・20刑集43巻1号1頁）は、公衆浴場の開設に関する距離制限を定める公衆浴場法等の規制について、公衆浴場に依存する住民の需要に応えてこれを維持・確保するために経営の安定化を図る積極的・社会経済政策的な規制と捉えて、「明白性の基準」を適用して合憲とした。

　条例に関する判例として、東郷町ホテル等建築適正化条例事件判決（名古屋地判平17・5・26判タ1275号144頁）では、ホテル及び旅館の構造等について所定の基準を設け、これに適合しない場合には町長がその建築に同意しないことを定める条例について、憲法22条の「公共の福祉」による制約は、社会国家的見地からする積極的、政策的なものであっても、その規制の程度がその目的を達するために「合理的な関連性」を有する範囲内であるかぎり許容されるとし、ラブホテルの生活環境等への悪影響を指摘したうえで、同条例には相応の合理性があり、規制の手法・内容も比例原則に反するとはいえないとして、合憲とした。前述の「合理性の基準」を採用したものといえよう。

　なお、飯盛町旅館建築規制条例事件判決（福岡高判昭58・3・7判タ498号192頁）では、旅館業法が旅館業に対する規制をこの程度にとどめたのは、職業選択の自由等を考慮したものと解されるから、「旅館業法よりも強度の規制を行うには、それに相応する合理性、すなわち、これを行う必要性が存在し、かつ、規制手段が右必要性に比例した相当なもの」でなければならず、これが肯定されない場合には、「比例の原則に反し、旅館業法の趣旨に背馳する」とし、本件条例を違法とした。この判決は、法律との関係が問題となった事例だが、その判断にあたり人権保障との関係を考慮し、規制の必要性と規制手段の相当性を求めており、憲法的な視点を含む判決といえる。

　このほか、この類型に属する条例としては、景観保全のために建築物を規制す

る条例、計画的なまちづくりのために開発行為を規制する条例、青少年の健全育成のためにパチンコ店等の風俗店を規制する条例などが考えられる。これらは、建築基準法、都市計画法等の個別法への抵触も問題となるが（第11章4参照）、憲法との関係では条例制定権者の裁量が比較的広く認められるといえる。

② 経済的自由の消極目的規制

第2に、経済的自由の消極目的による規制（当該行為がもたらす問題の発生を防止するための規制）については、他のより緩やかな規制では目的を十分達成できない場合にかぎり合憲とする**厳格な合理性の基準**が適用される。

たとえば、薬局距離制限事件判決（最判昭50・4・30民集29巻4号572頁）は、薬局の開設に適正配置を求める旧薬事法等の規制について、許可制のような強力な制限については、公共の利益のために必要かつ合理的な措置であることを要し、またそれが消極目的の規制については、よりゆるやかな規制では目的を十分達成できないことを要するとしたうえで、本件は国民の生命・健康に対する危険の防止という消極目的の規制であると認定し、規制の理由とされる、薬局等の偏在→競争激化→一部薬局等の経営の不安定→不良医薬品の供給等の危険という事由は、規制の必要性・合理性を肯定するに足りないとし、かつこの目的はよりゆるやかな規制手段によっても達成できるとして、違憲とした。

条例に関する判例としては、奈良県ため池条例事件判決（最判昭38・6・26刑集17巻5号521頁）がある。ため池の破損、決かい等による災害を防止するため、ため池の堤とうに農作物等を植える行為等を規制する条例について、ため池の破損、決かいの原因となる堤とうの使用行為は、憲法・民法の保障する財産権の行使のらち外にあり、これらの行為を条例をもって禁止、処罰しても憲法等に抵触するものではないとした。この判例では、「財産権の行使のらち外にある」としたため、明確な判断をしなかったとも読めるが、結論的には条例の合憲性を認めている（学説では議会制定法であれば財産権の規制は可能と解しており、これが妥当と解される）。なお、古い判例でもあり、審査基準に関する判断は示していない。

また、秦野市地下水保全条例事件判決（東京高判平26・1・30判例地方自治387号11頁）は、地下水保全のため井戸の設置を原則禁止した条例について、目的が合理性を有し、規制手段も必要性・合理性を有するとし、憲法29条2項に違反しないと判示し、最高裁もこれを認めた（最判平27・4・22）。大口町地下水の水質保全に関する条例事件判決（名古屋地判平27・3・12）も、地下水の水質汚染を防止

する目的を達成する規制手段としての必要性と合理性が認められるとし、憲法22条1項に違反しないとした。

③　精神的自由の外形的規制

第3に、精神的自由の外形的規制（表現行為の時・場所・方法に関する制限）については、まず規定の仕方自体について**明確性の基準**が適用されるし（この中にも、漠然性ゆえに無効の基準と過度の広汎性ゆえに無効の基準がある）、その規制内容については、より制限的でない手段が他に存在しない場合にかぎり合憲とする**LRAの基準**が適用される。

もっとも、最高裁は、こうした基準を厳格に適用していない。

まず「明確性の基準」については、徳島市公安条例事件判決（最判昭50・9・10刑集29巻8号489頁）は、条例の「交通秩序を維持すること」という許可条件が下級審では不明確とされたのに対して、通常の判断能力を有する一般人であれば、だ行進等の行為がこれに当たるものと容易に想到することができるとして、不明確とはいえないとした。

最近の判例でも、広島市暴走族追放条例事件判決（最判平19・9・18刑集61巻6号601頁）は、同条例が暴走族による集会を規制するとともに、「暴走族」を「暴走行為をすることを目的として結成された集団又は公共の場所において、公衆に不安若しくは恐怖を覚えさせるような特異な服装若しくは集団名を表示した服装で、い集、集会若しくは示威行為を行う集団」と定義しているのに対して、条例全体の趣旨や施行規則の規定等を総合すれば、規制対象は本来の暴走族のほか、「このような暴走族に類似した社会通念上これと同視することができる集団」に限られると解して、合憲とした。規定の明確性について柔軟な判断をしているといえる。

次に、「LRAの基準」については、最高裁はこの基準を採用せず、目的と手段の間に抽象的な関連性があればよいという**合理的関連性の基準**を用いている。たとえば、大阪市屋外広告物条例事件判決（最判昭43・12・18刑集22巻13号1549頁）は、美観風致の維持と公衆に対する危害の防止という目的を正当としたうえで、「この程度の規制は、公共の福祉のため、表現の自由に対し許された必要且つ合理的な制限と解することができる」として、規制手段の妥当性を具体的に検討しないまま合憲性を認めた。大分県屋外広告物条例事件判決（最判昭62・3・3刑集41巻2号15頁）も同様の判断を示している。

また、東京都公安条例事件判決（最判昭35・7・20刑集14巻9号1243頁）は、集団行動による思想等の表現は、内外からの刺激、せん動等によって容易に動員され得るものであり、昂奮、激昂により暴徒と化し、実力によって法と秩序を蹂躙するような事態に発展する危険があるとし（いわゆる暴徒化論）、いわゆる公安条例で、不測の事態に備え法と秩序を維持するに必要かつ最小限度の措置を事前に講ずることはやむを得ないとした。「LRAの基準」などで求められる具体的な検討は行われていない。

　国家公務員法に基づく公務員の政治活動の自由の制限についても、下級審判決は、「LRAの基準」を用いて違憲としたのに対して、最高裁は、当該制限が「合理的で必要やむをえない限度にとどまるものである限り、憲法の許容するところである」とし、「合理的関連性の基準」を適用して合憲と判断した（猿払事件判決・最判昭49・11・6刑集28巻9号393頁）。これらの判決は、学説から強い批判を受けている。

　ほかにも、信仰の自由との関係が問題になった事例として、京都市古都保存協力税条例事件判決（京都地判昭59・3・30行集35巻3号353頁）がある。この判決は、京都市内の社寺等に所在する有形文化財の観賞者に課税する条例について、「本件条例は、文化財の観賞に伴う信仰行為、ひいては観賞者個人の宗教的信仰の自由を規律制限する趣旨や目的で本税を課すものでないことは明らかであり、また、右信仰行為に抑止効果を及ぼし、これを結果的に制限するものでもない。」とし、合憲とした。

　このように、精神的自由の外形的規制について、判例はかなり柔軟・寛容な姿勢を示しており、「明確性の基準」「LRAの基準」等の基準を採用しないか、採用してもゆるやかにしか適用していない。しかし、学説ではこうした姿勢に対して批判が強い（芦部94：243、佐藤（幸）2011：651-）。また、精神的自由は国政だけでなく地方政治の民主的過程を機能させるためにも重要なものである。とすれば、自治体がこうした内容の条例を制定する場合には、特に慎重な配慮を行い、「明確性の基準」「LRAの基準」等の基準に依拠して検討・判断すべきと考えられる。

　④　精神的自由の内容的規制
　第4に、精神的自由の内容に関する制限については、表現行為を事前に抑制することは許されないという**事前抑制の理論**と、事後規制であっても、前述の明確

性の基準のほか**明白かつ現在の危険の基準**が適用される。このうち事前抑制の理論は、「検閲」にあたる場合は当然に許されないが（憲法21条2項）、「検閲」にあたらなくても表現行為の事前抑制は原則として認められないとするものである。

　もっとも、ここでも最高裁は比較的柔軟な解釈を示している。たとえば事前抑制に関しては、税関検査事件判決（最判昭59・12・12民集38巻12号1308頁）は、関税定率法に基づく税関検査は、関税徴収手続に付随して行われるものであること等から、思想内容等の表現物を網羅的一般的に審査する「検閲」にはあたらず、また、「風俗を害すべき書籍、図画」等の輸入制限はわいせつな書籍、図画等を制限するものと限定解釈できるため、明確性に欠けるものではないと判示した。また、教科書検定について最高裁（最判平5・3・16民集47巻5号3483頁）は、不合格となった原稿を一般の図書として出版することは禁止されていないことを理由として、検定の「検閲」性を否定するとともに、本件検定による表現の自由の制限は合理的で必要やむを得ない限度のものとし、合憲とした。これらについては学説の批判が強い。

　条例に関する判例として、岐阜県青少年保護条例事件判決（最判平元・9・19刑集43巻8号785頁）は、ポルノ写真・刊行物等を「有害図書」として指定し、青少年に販売・配布・貸付等することや自動販売機に収納することを禁止する条例について、有害図書が青少年の健全な育成に有害であることは社会共通の認識であること等を理由として、こうした規制は、「青少年の健全な育成を阻害する有害環境を浄化するための規制に伴う必要やむをえない制約である」とし、合憲とした。また、同判決は、「有害図書」の指定と販売・配布・貸付等を規制する条例について、「検閲」にあたらないと判断するとともに、「必要やむをえない制約」であり、合憲であると判断した。これらの判決について、学説では、「有害図書」の指定が明確な基準で行われない場合は萎縮効果を生むため事前抑制と同視すべきこと、「有害図書」と青少年非行化との因果関係について立法事実の裏付けが乏しいことが指摘されている（芦部2015：200）。

　また、「明白かつ現在の危険の基準」については、下級審ではこれを適用する判例があるものの、最高裁では正面からこれを認めた判決はなく、その趣旨を採用した判決（泉佐野市民会館事件判決・最判平7・3・7民集49巻3号687頁）があるにとどまっている。

　このように、表現の自由の内容的規制についても、判例はかなり柔軟な姿勢を

示している。すなわち、「事前抑制の理論」を限定的に解釈し、「明確性の基準」の適用もゆるやかであり、「明白かつ現在の危険の基準」については明確には採用していない。しかし、自治体が条例を制定する場合には、③の場合と同様に、自治における表現の自由の重要性にかんがみて、学説の示す基準に即して慎重な検討・審査を行うべきと考えられる。

なお、条例の合憲性に関する判例をまとめると、章末の**図表9-2**のとおりである。

5 法の一般原則

法律に明文の規定がない場合であっても、立法又は法執行にあたり遵守すべき原則がある。これらは、憲法上の統制原則として行政活動に一般的に適用される原則であるため、ここで紹介しておこう（以下、大橋2016：43-53参照）。

(1) 信義誠実の原則（信義則）

これは、行政活動に対して寄せられた市民の期待は、尊重しなければならないという原則である。もともとは民法上の原則（民法1条2項「権利の行使及び義務の履行は、信義に従い誠実に行わなければならない。」）であるが、行政法の分野にも当てはまると解されている。もっとも行政活動に関しては、違法な行政活動があった場合に、それを信頼した市民をこの原則によって保護すると法治主義に反するという場合もあり、適用にあたっては具体的な検討を要する（青色申告取消事件判決・最判昭62・10・30判時1262号91頁）。

(2) 権限濫用禁止の原則

これは、行政機関は、その権限を濫用してはならないという原則である。国や自治体は、国民の信託に基づいて公的権限が付与されたと考えられるから、その権限を濫用することは許されない。たとえば、個室付き浴場の開設計画があった場合に、その営業阻止をねらって町が児童福祉施設を設置しようとしたのに対して、県が異例の早さで認可処分を行ったことが、「行政権の著しい濫用」として違法と判断された（最判昭53・5・26民集32巻3号689頁）。また、ある事業者が産業廃棄物処理施設の設置許可の準備をしていることを知りながら、これに関わる規制条例を制定する場合には、その対象事業所の認定にあたり当該事業者の地位を不当に侵害しないよう配慮することが求められる（最判平16・12・24民集58巻5号2536頁）。

(3) 比例原則

　これは、行政が用いる規制手段は、規制目的に照らして均衡のとれたものでなければならないという原則である。比喩的にいえば、「雀を撃つのに大砲を持ち出してはならない」といわれる（須藤2010）。前述のLRAの基準も同様の考え方を取り入れたものといえる。条例を制定する場合にも、特に規制手段（本書でいう政策手法）の選択にあたっては、この原則を意識する必要がある。たとえば、前述の飯盛町旅館建築規制条例事件判決（福岡高判昭58・3・7判時1083号58頁）では、旅館業法よりも強度の規制を行う条例が比例の原則に反し、旅館業法の趣旨に背馳すると判示されたことが参考になる。

(4) 平等原則

　これは、行政は合理的な理由もなく市民を差別してはならないという原則である（憲法14条1項）。たとえば、産米供出個人割当額決定の方法につき法令上具体的な定めがない場合に、これを決定する村長に裁量が認められるとしつつ、このような場合でも、「行政庁は、何等いわれがなく特定の個人を差別的に取り扱いこれに不利益を及ぼす自由を有するものではなく、この意味においては、行政庁の裁量権には一定の限界がある」と判示した（ただし、本件決定は裁量の範囲内とした。最判昭30・6・24民集9巻7号930頁）。

　なお、条例の制定によって自治体ごと地域ごとに市民に対する規制や給付に違いが生じたとしても、憲法94条が自ら認めた結果であって、通常は平等原則に反するものではない。

　以上のほか、現代行政に対しては、新しい法の一般原則が成立しているとみることができる。たとえば、市民参加原則、説明責任の原則、透明性原則、補完性原則、効率性原則などがこれである（大橋2016：53-59）。政策法務の推進にあたっては、こうした原則を取り入れ、あるいは配慮する努力が必要である。

図表9-2　条例の憲法適合性に関する主な判例

区分	判例	対象条例	判例の要旨
経済的自由の積極的規制	飯盛町旅館建築規制条例事件判決（福岡高判昭58・3・7最高裁ホームページ判例検索システム掲載）	（長崎県）飯盛町旅館建築の規制に関する条例（1978年制定） 【要点】住民の善良な風俗を保持し、健全なる環境の向上を図るため、旅館業を目的とする建築物を建築しようとする場合に町長の同意を得なければならないとし、町長はその位置が　住宅地、教育・文化施設の附近、児童福祉施設の附近、その他町長が不適当と認めた場所では同意しないことを定める。 【参考】条例百選134頁、条例集覧157頁 ※飯盛町は合併により諫早市となった（2005年）。	【結論】違法（合憲性は争われていない） 【論点】旅館業法との関係、比例原則違反 【理由】旅館業法が旅館業に対する規制を前記の程度に止めたのは、職業選択の自由、職業活動の自由を保障した憲法22条の規定を考慮したものと解されるから、条例により旅館業法よりも強度の規制を行うには、それに相応する合理性、すなわちこれを行う必要性が存在し、かつ規制手段が必要性に比例した相当なものでなければならず、これが肯定されない場合は、比例の原則に反し、旅館業法の趣旨に背馳するものとして違法、無効になる。本件条例の内容は極めて強度のものを含んでいるが、このような強度の規制を行うべき必要性や、このような規制手段をとる相当性を裏づけるべき資料を見出すことはできない。よりゆるやかな規制手段についても、その有無、適否が検討された形跡は窺えない。本件条例は比例原則に反し、旅館業法の趣旨に背馳するものとして同法に違反する。
	東郷町ホテル等建築適正化条例事件判決（名古屋地判平17・5・26、最高裁ホームページ判例検索システム掲載）	（愛知県）東郷町ホテル等建築の適正化に関する条例（1994年制定） 【要点】旅館業法に規定するホテル及び旅館を対象として、その建物の構造等について所定の基準を設け、その基準に適合しない場合には、町長は当該ホテル等の建築に同意せず、かかる同意なくしてホテル等を建築し、又は建築しようとする者に対しては、当該ホテル等の建築の中止等を命ずることができる旨を定める。 【参考】東郷町ホームページ	【結論】合憲 【論点】憲法22条への適合性 【理由】憲法22条の「公共の福祉」による制約は、社会国家的見地からする積極的、政策的なものであっても、その規制の程度が、その目的を達するために合理的な関連性を有する範囲内である限り許容される。ラブホテル経営は、利用客の出入り自体が周辺の生活環境、教育環境に悪影響を与え得る上、性犯罪等の発生の可能性も無視できないなど、規制の必要性が高い。同町では都会化された地域と比較してこれらの悪影響は相当なものと推認され、同条例を定めたことには相応の合理性があり、同条例の構造基準を満たすホテル等をラブホテル等として使用すること等を禁ずるものではないことを考慮すると、規制の手法、内容が比例原則に反するとはいえないから、憲法22条に違反するとはいえない。
経済的自由の消極的規制	奈良県ため池条例事件判決（最判昭38・6・26刑集17巻5号521頁）	奈良県・ため池の保全に関する条例（1954年制定） 【要点】ため池の破損、決かい等による災害を防止するため、ため池の堤とうに農	【結論】合憲 【論点】条例による財産権の制限の可否、財産権制約の憲法適合性 【理由】本条例は堤とうを使用する財産上の権利のほとんどを全面的に禁止す

第 9 章　憲法と条例

	【参考】判例時報340号5頁、憲法判例百選Ⅰ（5版）216頁	作物等を植える行為等を、知事が許可した場合を除いて禁止することを定める。【参考】奈良県ホームページ、条例集覧68頁、条例百選86頁	るが、これは当然に受忍すべき制約であるから、ため池の破損、決かいの原因となる堤とうの使用行為は、憲法・民法の保障する財産権の行使のらち外にあり、そのような行為は条例によって禁止、処罰できる。
	秦野市地下水保全条例事件判決（東京高判平26・1・30）【参考】判例地方自治387号11頁	（神奈川県）秦野市地下水保全条例（2000年制定）【要点】地下水のかん養等のため、土地の所有・占有者は、市長の許可を受けなければ井戸を設置することができないとし、違反者に罰金を定める。【参考】秦野市ホームページ	【結論】合憲【論点】条例による財産権規制の合理性【理由】条例の井戸設置規制は、目的が公益的見地からの合理性を有し、規制手段も目的を達成するために必要性、合理性を有するため、合理的裁量の範囲を超えるものといえず、憲法29条2項に違反しない。＊最高裁では、上告に理由がないとして上告棄却（最判平27・4・22判例集未登載）。
精神的自由の外形的規制	東京都公安条例事件判決（最判昭35・7・20刑集14巻9号1243頁）【参考】判例時報229号6頁、憲法判例百選Ⅰ（5版）180頁、憲法の基本判例（2版）75頁	東京都・集会、集団行進及び集団示威運動に関する条例（1950年制定）【要点】道路その他公共の場所で集会若しくは集団行進を行おうとするとき、又は場所のいかんを問わず集団示威運動を行おうとするときは、東京都公安委員会の許可を受けなければならないとし、これらに違反した者に罰則を科すとともに、公安委員会は、集団行動の実施が「公共の安寧を保持する上に直接危険を及ぼすと明らかに認められる場合」の外はこれを許可しなければならないと定める。【参考】東京都ホームページ	【結論】合憲【論点】表現の自由への制限の合憲性【理由】集団行動による思想等の表現は、多数人の潜在する一種の物理的力によって支持されており、内外からの刺激、せん動等によって容易に動員され得る性質のものである。平穏静粛な集団であっても、昂奮、激昂の渦中に巻きこまれ、甚だしい場合には暴徒と化し、実力によって法と秩序を蹂躙するような事態に発展する危険が存在する。従って地方公共団体が、集団行動による表現の自由に関するかぎり、いわゆる公安条例を以て、地方的情況その他諸般の事情を考慮に入れ、不測の事態に備え、法と秩序を維持するに必要かつ最小限度の措置を事前に講ずることは止むを得ない。
	徳島市公安条例事件判決（最判昭50・9・10刑集29巻8号489頁）【参考】判例時報787号24頁、地方自治判例百選（3版）58頁、憲法判例百選Ⅰ（5版）182頁	徳島市公安条例（集団行進及び集団示威運動に関する条例）（1952年制定）【要点】道路その他公共の場所における集団行動を行う場合又は場所を問わずすべての集団示威行進を行う場合に、県公安委員会に届け出るものとし、その際の遵守事項を罰則付きで定める。【参考】徳島市ホームページ、条例百選74頁、条例集覧55頁	【結論】合憲【論点】表現の自由への規制の明確性【理由】本件条例が集団行進等の遵守事項として「交通秩序を維持すること」を掲げているのは、道路における集団行進が一般的に秩序正しく平穏に行われる場合にこれに随伴する交通秩序阻害の程度を超えた、殊更な交通秩序の阻害をもたらすような行為を避止すべきことを命じている趣旨と解され、このように解釈した場合、右規定は犯罪構成要件の内容をなすものとして憲法31条に違反するような不明確性を有するものではない。
	広島市暴走族追放条例事件判決（最判平19・9・18刑集61巻6号	広島市暴走族追放条例（2002年制定）【要点】「暴走族」を「暴走行為をすることを目的とし	【結論】合憲【論点】表現の自由への制限の明確性【理由】本件条例にいう「集会」は、暴走行為を目的として結成された集団

601頁） 【参考】憲法判例百選Ⅰ（5版）252頁	て結成された集団又は公共の場所において、公衆に不安若しくは恐怖を覚えさせるような特異な服装若しくは集団名を表示した服装で、い集、集会若しくは示威行為を行う集団」と定義したうえで、その公共の場所での集会等に対して、市長が中止命令等を行うことを定める。	ある本来的な意味における暴走族の外、服装、旗、言動などにおいてこのような暴走族に類似し社会通念上これと同視することができる集団によって行われるものに限定されると解される。このように解釈すれば、規制目的の正当性、弊害防止手段としての合理性、この規制により得られる利益と失われる利益との均衡の観点に照らし、憲法21条1項、31条に違反するとまではいえない。
大阪市屋外広告物条例事件判決（最判昭43・12・18刑集22巻13号1549頁） 【参考】判例時報540号81頁、憲法判例百選Ⅰ（5版）124頁	大阪市屋外広告物条例（1956年制定） 【要点】美観風致を維持し、公衆に対する危害を防止するために、屋外広告物の表示の場所・方法、屋外広告物を掲出する物件の設置及び維持について必要な規制を定める。	【結論】合憲 【論点】表現の自由の制限の合憲性 【理由】本件印刷物の貼付が営利と関係のないものであるとしても、右法律及び条例の規制の対象とされているものと解すべきである。憲法の下で都市の美観風致を維持することは、公共の福祉を保持する所以であるから、この程度の規制は、公共の福祉のため、表現の自由に対し許された必要且つ合理的な制限と解することができる。従って、所論の各禁止規定を憲法に違反するものということはできない。
大分県屋外広告物条例事件判決（最判昭62・3・3刑集41巻2号15頁） 【参考】判例時報1227号141頁、憲法判例百選Ⅰ（5版）128頁	大分県屋外広告物条例（1964年制定） 【要点】屋外広告物法に基づいて、大分県における美観風致の維持及び公衆に対する危害防止の目的のために、特定の場所への屋外広告物の掲出を禁止し、その違反に対して罰則を定める。	【結論】合憲 【論点】表現の自由の制限の合憲性 【判旨】本件条例は、美観風致の維持及び公衆に対する危害防止の目的のために、屋外広告物の表示の場所・方法及び屋外広告物を掲出する物件の設置・維持について必要な規制をしている。国民の文化的生活の向上を目途とする憲法の下においては、都市の美観風致を維持することは、公共の福祉を保持する所以であり、右の程度の規制は、公共の福祉のため、表現の自由に対し許された必要かつ合理的な制限と解される。
京都市古都保存協力税条例事件判決（京都地判昭59・3・30行集35巻3号353頁） 【参考】判例時報1115号51頁、憲法判例百選Ⅰ（5版）90頁	京都市古都保存協力税条例（1983年制定） 【要点】京都市内の社寺等の敷地内に所在する本堂、庭園等の有形文化財の観賞行為について、その観賞者に対して本税を課税することとし、文化財を観賞に供する者その他本税の徴収について便宜を有する者で被告市長が指定したものを特別徴収義務者とすることを定める。 ※本件条例は1988年に廃止（原告との和解が成立）	【結論】合憲 【論点】信仰の自由の制限との関係、合憲性 【理由】本件条例は、対価を支払ってする有償の文化財の観賞という行為の客観的、外形的測面に担税力を見出し、これに本税を課すこととしたものである。この趣旨のほか、本税の税額が現在の物価水準からして僅少であることなどに鑑みると、本件条例は文化財の観賞に伴う信仰行為、ひいては観賞者個人の宗教的信仰の自由を規律制限する趣旨や目的で本税を課すものでないことは明らかであり、右信仰行為に抑止効果を及ぼすものでもない。

第9章　憲法と条例

精神的自由の内容規制	岐阜県青少年保護条例事件判決（最判平元・9・19刑集43巻8号785頁）【参考】判例時報1327号9頁、憲法判例百選Ⅰ（5版）114頁	岐阜県青少年保護条例（1960年制定）【要点】「著しく性的感情を刺戟し、又は著しく残忍性を助長するため、青少年の健全な育成を阻害するおそれがある」図書や、ポルノ写真・刊行物を「有害図書」として指定し、青少年に販売・配布・貸付等すること、自動販売機に収納することを禁止し、違反した者に罰則を定める。	【結論】合憲【論点】表現の自由の制限の合憲性【理由】本条例の定めるような有害図書が一般に思慮分別の未熟な青少年の性に関する価値観に悪い影響を及ぼし、性的な逸脱行為や残虐な行為を容認する風潮の助長につながるものであって、青少年の健全な育成に有害であることは、社会共通の認識になっている。さらに自動販売機による有害図書の販売は書店等における販売よりもその弊害が大きい。しかも自動販売機業者において、指定がされるまでの間に当該図書の販売を済ませることが可能であり、このような脱法的行為に有効に対処するためには、本条例による指定方式も必要性があり、合理的である。そうすると、有害図書の自動販売機への収納の禁止は、青少年に対する関係において憲法21条1項に違反しないことはもとより、成人に対する関係においても、青少年の健全な育成を阻害する有害環境を浄化するための規制に伴う必要やむをえない制約であるから、憲法21条1項に違反しない。
罪刑法定主義との関係	福岡県青少年保護育成条例判決（最判昭60・10・23刑集39巻6号413頁）【参考】憲法判例百選Ⅱ（5版）252頁	福岡県青少年保護育成条例（1956年制定）【要点】小学校就学時から満18歳未満の者を青少年と定義したうえで、「何人も、青少年に対し、淫行又はわいせつの行為をしてはならない」（10条1項）とし、違反者に対して2年以下の懲役又は10万円以下の罰金を科すことを定める。	【結論】合憲【論点】刑罰規定の明確性【理由】同条例にいう「淫行」とは、「青少年を誘惑し、威迫し、欺罔し又は困惑させる等その心身の未成熟に乗じた不当な手段により行う性交又は性交類似行為」のほか、「青少年を単に自己の性的欲望を満足させるための対象として扱っているとしか認められないような性交又は性交類似行為」をいうと解すべきである。このように解釈すると、同規定は不当に広すぎるとも不明確ともいえず、31条に違反するものとはいえない。
租税法律主義との関係	旭川市国民健康保険条例事件判決（最判平18・3・1民集60巻2号587頁）【参考】判例時報1923号11頁、憲法判例百選Ⅱ（5版）450頁	旭川市国民健康保険条例（1959年）【要点】国民健康保険の保険料率の算定基準を定めた上で、その決定及び告示を市長に委任することを定める。	【結論】合憲【論点】国民健康保険料に対する憲法84条の適用、市長委任の合憲性【理由】国民健康保険の保険料には、憲法84条が直接に適用されることはないが、租税に類似する性質を有するため、同条の趣旨が及ぶ。国民健康保険法の委任に基づき条例において賦課要件がどの程度明確に定められるべきかは、賦課徴収の強制の度合いのほか、国民健康保険の目的、特質等をも総合考慮して判断する必要がある。　本件条例が賦課総額の算定基準を定めた上で、市長に保険料率を決定すること等を委任したことは、憲法84条の趣旨に

173

| | | | 反するとはいえない。 |

Column ❾　検事たちの「おかしな条例」

　かなり古い本になるが、伊藤栄樹編著（1965）『おかしな条例―立案者への助言』（帝国地方行政学会）と同編著（1981）『新おかしな条例―立案者への助言』（ぎょうせい）という本がある。現職の検事たちが、各地のおかしな条例・問題のある規定を取り上げて批判的に分析したものだが、いろいろな意味で考えさせられる本である。

　編著者によると、「法務省刑事局では、各地で制定される条例中罰則の定めのあるもののうち、地元の検察庁で知ることができるすべてのものの報告を求めて、その解釈等について検討を行なっている」が、「なかには条例として規定できる範囲を逸脱した定めをもつものや、立法技術の不十分さからせっかくの罰則が空振りになってしまっているものがあったり、あるいは、他の市町村の条例をそっくりまねしたつもりが、一箇条写しわすれたため、まったく奇妙な結果になったりしているものが見受けられる。このような場合には、そのつど、地元の検察庁を介して立案当局にご注意を喚起するようにしているが、多くの場合、あとの祭りにおわることが多い」という（伊藤編著1965：はしがき）。まず、法務省がこのように条例の収集と検討をしていたことや、いわゆる検察協議（Column ⓫参照）をしていない例が多かったことが、興味深い事実である。

　短く紹介できる例としては、家畜の伝染病予防を目的とするある町の条例で、「他市町村から本町に移入した馬は、移入の日から5日以内に、本町の指定する獣医師の検診を受けなければならない。」と定めている例が取り上げられる（伊藤編著1965：79-81）。この規定は、「馬に義務を課するにとどまっている」から、これに「違反した馬は、あわれ、最高5万円の罰金に処せられる」し、「刑事訴訟法を改正して、馬から罰金を徴収する手続を定めねばなるまい」とジョークを入れ、こうした書き方ではまさに「馬の耳に念仏」になると、よくできたオチまで用意している。そしてこの規定をどう変えればよいか（馬の所有者又は管理者の義務とする）も記載している。

　このように問題のある規定について、具体的にかつ軽妙な文体で「解剖」しているため、勉強になる。法令文は、ちょっとした間違いが命取りになるということがよくわかるし、プロの法曹は論理的に厳密な読み方をするものだと感心もする。条例立案に携わる人は、一度は読んでみる価値があると思う。

　そのうえで、プロの法律家がここまで徹底して規定の「出来の悪さ」を証明してい

ると、その「上から目線」に若干の反発心を抱くのも事実だ。これらの条例は、おそらく専任の法制担当者をおくこともできない町村が必要に迫られて制定した条例が多いと思うし、地域でそれなりに通用し問題解決につながるなら、それでもよいのではないかという気もしてくる。前述の例でも、馬を飼育している者の義務と読み取れるから、確かに罪刑法定主義の点から刑事責任を問うことはできないかもしれないが、行為規範としては通用するのではないか。ローカル・ルールとしての条例では、規定上隙がないことよりも、地域の実情に合致することや、人々に支持されることの方が重要なのではないか。そんな反論をしたくなる本でもあった。

第10章 分権改革の到達点
―自治体の権限はどこまで拡大したか

1 第1次分権改革の要点

(1) 第1次分権改革の経緯

1993年、衆参両議院において、全会派で「地方分権の推進に関する決議」が議決された。この決議は、「東京への一極集中を排除し、国土の均衡ある発展を図るとともに、国民が待望するゆとりと豊かさを実感できる社会をつくり上げていくために、(中略)中央集権的行政のあり方を問い直し、地方分権のより一層の推進を望む声は大きな流れとなっている。」ことから、「地方分権を積極的に推進するための法制定をはじめ、抜本的な施策を総力をあげて断行すべきである。」とするものであった。地方分権の必要性についてはこれまでも審議会等で指摘されながら、十分な改革が行われないまま推移していたが、国権の最高機関である国会がこうした決議をしたことは、大きな意味をもった。

この決議を受けて、1995年に**地方分権推進法**が制定され、これに基づいて設置された地方分権推進委員会を中心に、5年間(委員会は6年間存続)にわたり地方分権の推進方策について検討と調整が行われた。この委員会は、勧告する内容については各省庁の了解をとりつけるという方針をとったことから、有識者を中心とする委員・参与が省庁担当者と膝詰め交渉(グループ・ヒアリング)なども行ったうえで、5次にわたる勧告を行った(委員会の審議経過については西尾1999：19-56参照)。これに基づいて、政府は「地方分権推進計画」を策定し、これを踏まえて1999年に地方自治法をはじめとする475本の関連法令を一挙に改正する**地方分権一括法**が制定され、2000年から施行された。この改革は、**第1次分権改革**とよばれている。

(2) 分権改革・4つの要点

この改革の内容は多岐にわたるが、次の4点が重要である(この改革の内容については松本2000、その成果と限界については西尾2007：57-119参照)。

① 機関委任事務から自治事務等への転換

第1に、機関委任事務制度の廃止と自治事務・法定受託事務の創設である。**機関委任事務制度**とは、国の事務を自治体の首長等の機関に処理させるものであ

り、この事務の処理にあたっては、首長等が国の下部機関とみなされる制度である。国の下部機関として事務を執行するため、国の所管大臣等が当該事務に関して首長等に対して包括的な指揮監督権を有する（旧・地方自治法150条）という点がポイントである。

たとえば、都市計画法に基づく用途地域の指定や開発許可等などの事務は、基本的には都道府県知事の権限だが、機関委任事務であったことから、知事は建設大臣（現在は国土交通大臣）の指揮監督に従う義務があり、その結果、国の膨大な通達に縛られていたし、国から指示されれば、それに従わなければならなかったのである。このような機関委任事務が、都道府県の場合には担当事務の7～8割、市町村の場合は3～4割を占めるともいわれていた（久世1957、辻1976：194）。機関委任事務制度は、国から独立しているはずの自治体の機関（特に選挙で選ばれた首長）を国の下部機関とみなすという特異な制度であり、日本の集権的行政システムの象徴として問題視されてきたが、戦後55年たってようやく廃止され、これに代わって自治事務と法定受託事務という2種類の事務に区分されることになった。機関委任事務だった事務のうち、約4割が法定受託事務とされ、約6割が自治事務とされた。この2つの事務の違いについては、2で検討しよう。

② 関与のルール化と係争処理手続の創設

第2に、関与のルール化と係争処理手続の創設である。**関与**とは、一定の行政目的を実現するため国（又は都道府県）が自治体（又は市町村）に対して具体的かつ個別的に関わる行為をいう（地方自治法245条3号）。従来は、特に法律上の根拠がなくても、国は自治体に対して、都道府県は市町村に対して、それぞれ様々な関与を行っていた。これが国と自治体の自主性・自立性を損なってきたという反省から、関与の法定主義などの原則が明確にされた。また、この関与に対して自治体に不服がある場合に、第三者機関に審査の申し出ができ、その審査結果にも不服がある場合には訴訟を提起できるという制度が創設された。これについては3で詳述する。

③ 必置規制の縮小・緩和

第3に、必置規制の縮小・緩和である。**必置規制**とは、国が自治体に対して特定の行政組織・施設や、特定の資格・職名を有する職員・附属機関の設置を義務づけることである。たとえば、行政組織としては保健所、福祉事務所などが、施

設としては公立の図書館、博物館、公民館などが定められていたし、職員としては保健所長、福祉事務所長、司書、学芸員などの配置とその資格が、附属機関としては都市計画審議会などが定められていた。これらが自治体の自主組織権、人事管理権等に対する過剰な規制となっていることから、一定の規制を廃止するとともに、名称の特定をやめるなどの緩和を行ったが、保健所、福祉事務所などの行政組織の設置や、保健所長の医師資格の義務づけなど重要な規制が残され、この改革は不十分に終わった。

④　都道府県・市町村関係の見直し

第4に、都道府県・市町村関係の見直しである。従来は、都道府県は国の下請機関的な役割を担い、市町村に対して指導監督を行う規定も設けられていた。これを「対等・協力の関係」に転換するため、都道府県の機能における統一的事務の削除、市町村の行政事務を規律するための統制条例制度の廃止、市町村への事務委任制度の廃止と条例による事務処理特例制度の創設などが行われた（詳細は松本2000：283-306、礒崎2000ｃ：30-37参照）。この改革は、都道府県と市町村の関係を見直すとともに、これによって都道府県には国の下請機関から真の広域自治体に脱皮することが求められたという意味で、重要な改革であった。政策法務に関しても、都道府県条例と市町村条例の関係（第12章4参照）や都道府県の市町村への関与のあり方（第14章7参照）などの論点に関わるため、注意が必要である。

(3)　**自治事務と法定受託事務**

第1次分権改革では、**図表10-1**のとおり、従前の機関委任事務のうち、国の関与を相当程度認めざるを得ないもののみを法定受託事務とし[1]、その他は機関委任事務でなかった事務を含めてすべて自治事務に区分した。

ここで**自治事務**とは、自治体が処理する事務のうち法定受託事務以外の事務をいい、**法定受託事務**とは、自治体が処理する事務のうち、国（又は都道府県）が本来果たすべき役割に係るものであって、国（又は都道府県）においてその適正な処理を特に確保する必要があるものとして、法律又はこれに基づく政令に特に定めるものをいう（地方自治法2条8項、9項）[2]。たとえば、衆参両議院の議員選

---

[1] どのような事務を法定受託事務とするかについては、前述の地方分権推進計画において8項目のメルクマールが示され、これが立法上の指針とされた。

[2] 法定受託事務のうち、国の役割に係るものを第1号法定受託事務といい、都道府県の役割に係るものを第2号法定受託事務という（地方自治法2条9項）。

図表10-1　第1次分権改革による自治体事務の変化

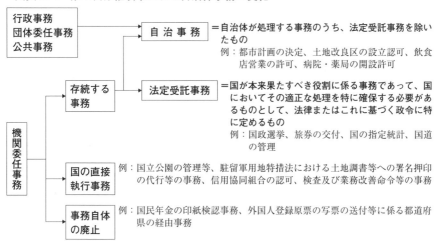

（出典）　自治省（2000年当時）資料

挙は本来国が実施すべきものであるが、円滑な事務処理等を図るため、法律に基づいて市町村と都道府県の選挙管理委員会が様々な事務（投票所の設置、開票など）を担当しているものであり、これについて法令違反や不適正な処理が行われると国政の民主的な運営が確保できないため、国が特にその適正な処理を確保する必要があることから、法律で法定受託事務とされている。同様に、旅券（パスポート）の発行、国道の管理なども法定受託事務とされた。これに対して、都市計画の決定、土地改良区の認可、病院の開設許可などは、国が本来果たすべき役割とはいえないし、適正な処理を確保すべきことは当然だが、それは自治体自身が責任をもつべき義務であり、国が特に適正処理を確保する必要があるとはいえないため、自治事務とされている。

2　第1次分権改革による変化とその限界

(1)　法令解釈権と条例制定権の拡充

機関委任事務から自治事務・法定受託事務に切り替えられることによって、次のような変化が生まれた（図表10-2参照）。

第1に、これらの事務に関する法令の解釈運用権が自治体の権限となったことである。機関委任事務は国の事務であり、国が指揮監督権を有していたため、自

治体は日常的な解釈運用は自ら行っていたが、最終的には国の解釈運用の判断が優先していたし、国が通達・通知を発すれば自治体の機関はこれに従う必要があった。しかし、自治事務と法定受託事務はいずれも自治体の事務であり、その解釈運用権は自治体にある。したがって、自治体はこれらの事務に関する法令の規定は遵守する必要があるが、国の通達・通知は、原則として技術的助言となり、自治体はこれに従う義務がなくなった。法定受託事務についても、後述のとおり処理基準の制定などいくつか踏み込んだ国の関与が認められているが、その範囲内で最終的に判断するのは自治体である。

　第2に、これらの事務について条例制定が可能となったことである。そもそも条例は、自治体の事務に関して制定するものであるが（地方自治法14条1項）、機関委任事務は法的には国の事務であるため、これについて条例を制定することは法律の委任がないかぎり認められなかった。前述のとおり都道府県の事務において機関委任事務が8割を占めていたとすれば、条例制定が可能であるのはわずか2割の事務だったということになる。これに対して、自治事務と法定受託事務は自治体の事務であるため、法律の委任がなくても条例制定が可能となった。もち

図表10-2　第1次分権改革による事務の変化

	機関委任事務		自治事務	法定受託事務
条例制定権	不可	⇒	法令に違反しない限り可	法令に違反しない限り可
地方議会の権限	・検閲、検査権等は自治令で定める一定の事務（国の安全、個人の秘密に係るもの並びに地方労働委員会および収用委員会の権限に属するもの）は対象外 ・100条調査権の対象外	⇒	原則及ぶ （地方労働委員会および収用委員会の権限に属するものに限り対象外）	原則及ぶ （国の安全、個人の秘密に係るもの並びに地方労働委員会および収用委員会の権限に属するものは対象外）
監査委員の権限	自治令で定める一定の事務は対象外	⇒		
行政不服審査	一般的に、国等への審査請求が可能	⇒	原則、国等への審査請求は不可	原則、国等への審査請求が可
＊国等の関与	包括的指揮監督権 個別法に基づく関与	⇒	関与の新たなルール	

（出典）　自治省（2000年当時）資料に著者が＊を追加

ろん、「法律の範囲内」という限界（憲法94条、地方自治法14条1項）は残っているし、法定受託事務については処理基準等の拘束もあるため条例制定の余地は広くないと考えられるが、条例制定の対象事務が大きく広がったことは評価すべきである。特に、第12章3で検討するように、今後は法定事務に関する条例（法定事務条例）の可能性を追求すべきである。

このほか、自治事務・法定受託事務については地方議会や監査委員の権限が原則として及ぶこと、自治事務については行政不服審査が原則として当該自治体に対する異議申立てとなることなどの変化が生じた。

(2) **関与のルール化とは**

第1次分権改革では、国等の自治体に対する**関与のルール**が明確化された。

機関委任事務の時代には、国は包括的な指揮監督権を有していたことから、法令に根拠がなくても様々な関与が認められており、こうした関与が機関委任事務以外の事務についても広がっていた。しかし、自治事務と法定受託事務は自治体の事務であり、基本的に独立・対等の関係にある国が法的根拠もなく自治体に関与を行うことはおかしい。そこで、行政手続法における行政機関の民間に対する許可等の手続に対する規律を参考にして、関与のルールを明確にしたのである。

ここで**関与**とは、一定の行政目的を実現するために自治体に対して具体的かつ個別的に関わる行為をいい、国だけでなく都道府県が市町村に対して関わる行為も含まれる。地方自治法では、関与についてまず次の3つの原則を明らかにした。

① **関与の法定主義**：国や都道府県が関与を行うには、法律又はこれに基づく政令の根拠を要する（地方自治法245条の2）
② **関与の必要最小限の原則**：関与はその目的を達成するために必要な最小限度のものとし、かつ自治体の自主性、自立性に配慮しなければならない（同法245条の3第1項）
③ **関与手続の公正・透明化原則**：関与にあたっては行政手続法にならった手続ルールに従わなければならない（同法246条～250条の6）

これらを踏まえて、認められる関与の類型が限定された（**図表10-3参照**）。まず、自治事務に対する関与としては、**技術的助言・勧告、資料提出の要求、是正の要求、協議**の4つが基本的な類型とされ、このうち協議を導入するには個別法の根拠も必要とされた（地方自治法245条・245条の3）。このほか個別法の規定が

図表10-3　国等の関与の類型

関与の類型	自治事務	法定受託事務
①技術的な助言・勧告（254条の4）	○	○
②資料提出の要求（245条の4）	○	○
③是正の要求（245条の5）	○	
④同意（245条の3④）		○※
⑤許可・認可・承認（245条の3⑤）		○※
⑥指示（245条の7）		○
⑦代執行（245条の8）		○
⑧協議（245条の3③）	○※	○※
＊その他個別法に基づく関与	①同意、許可・認可・承認、指示：一定の場合に限定 ②代執行、その他の関与：できる限り設けない	その他の関与：できる限り設けない

（注）　○印は地方自治法で認められている関与の基本類型を示す。※印は地方自治法の規定のほか個別法の規定を要するものを示す。
（出典）　自治省（2000年当時）資料に＊を追加

あれば、同意、許可・認可・承認を求めることや指示を行うことも可能であるが、これらは一定の基準を満たす場合に限られるし、代執行その他の関与はできるかぎり設けないこととされた。総じていえば、自治事務については最終決定を左右しない非権力的な関与が中心になっている。

これに対して、法定受託事務に対する関与としては、自治事務と同様の関与のほか、**同意、許可・認可・承認、指示、代執行**の計7つが基本的な類型とされている（地方自治法245条・245条の3）。このうち協議、同意、許可・認可・承認を導入する場合は個別法の規定も必要とされているし、その他の関与はできるかぎり設けないものとされているが、法定受託事務については最終決定を左右するような権力的な関与も幅広く認められているのである。

また、2012年法改正により、国等の是正の要求又は指示に自治体が従わなかった場合は、国等は高等裁判所に対して不作為違法確認訴訟を提起することができる（地方自治法251条の7、252条）。

(3) 係争処理の制度化

このような関与のルールの実効性を確保するため、国の関与のうち公権力の行

第10章 分権改革の到達点

図表10-4 国と自治体の係争処理の仕組み

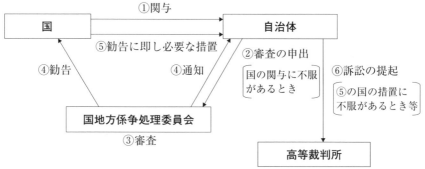

(出典) 自治省（2000年当時）資料

図表10-5 国等の関与に係る係争処理の審査事案一覧　（2017年12月末現在）

申出者	関与者	関　与	勧告・決定	参考資料
国地方係争処理委員会の審査				
横浜市長	総務大臣	勝馬投票券発売税の新設に対する不同意	平13・7・24勧告＝協議が不十分として国に再協議することを勧告	地方自治判例百選（4版）204事件
新潟県知事	国土交通大臣	鉄道建設・運輸施設整備支援機構の北陸新幹線の工事実施計画（長野・上越間）に対する認可	平21・12・24決定＝審査申出の対象でないこと等を理由として申出を却下	総務省ホームページ「報道資料」2009・12・25
沖縄県知事	国土交通大臣	①米軍基地建設に係る公有水面埋立承認の取消に対する執行停止処分 ②公有水面埋立承認の取消に対する是正の指示	①平27.12.28却下＝執行停止は関与に該当しない ②平28.6.20「判断しない」との結果を通知（議論の基盤づくりが不十分） →県は放置、国が訴訟提起 最高裁：県の不作為は違法	総務省・国地方係争処理委員会Webサイト
自治紛争処理委員の審査				
千葉県我孫子市長	千葉県知事	農業振興地域整備法に基づく農用地利用計画の変更に対する不同意	①平22・5・18勧告＝県が同意基準を策定していなかったことを理由として不同意の取消し等を勧告 ②平23・10・21決定＝県の不同意（2度目）は違法・不当ではない	総務省ホームページ「報道資料」 ①2010・5・18 ②2011・10・21 地方自治判例百選（4版）206頁

(出典) 各資料から著者作成

使にあたるものに対して自治体に不服があるときは、**図表10-4**のとおり、国地方係争処理委員会に審査の申出をすることができることとされた（地方自治法250条の13）。**国地方係争処理委員会**は、総務大臣が任命する5人の委員によって構成される第三者機関である（同法250条の7〜250条の12）。また、都道府県の関与のうち公権力の行使にあたるものに対して市町村に不服があるときは、**自治紛争処理委員**の審査を求めることができる（同法251条の3）。自治紛争処理委員は3人であり、総務大臣が事案ごとに任命する（同法251条2項）。さらに、当該自治体がこれらの係争処理の結果に不服があるときは、高等裁判所に対して国・都道府県の関与の取消し等の訴えを提起することができる（同法251条の5・252条）。なお、自治紛争処理委員は、従来通り自治体間の紛争の調停も役割としており、市町村間の紛争調停の事案については都道府県知事が同委員を任命する。

　この係争処理制度が創設されて以来、国の関与については2件、都道府県の関与については2件の申出（係争は実質的に1件）が行われ、勧告2件、それ以外の決定2件となっている（**図表10-5**参照）。

　このうち沖縄米軍基地辺野古埋立承認取消事件は、国が普天間基地の移設先として公有水面埋立法に基づく埋立承認を申請し、前知事が承認した後に、計画反対を公約として当選した知事がこの承認に瑕疵があったとして取り消した事件である。これに対して国が取消処分を取り消すよう是正の指示を行ったため、知事が国地方係争処理委員会への審査の申し出を行ったが、同委員会は、議論を深めるための共通の基盤づくりが不十分であること等を理由として、本件是正の指示の適法性について「判断しない」とする審査結果を通知した（2016年6月20日決定）。国と県の協議を勧告することもしなかったこの決定は、同委員会がその責務を果たさなかったものといえる。

　なお、その後、県が是正の指示に従わなかったため、国が福岡高裁に地方自治法に基づく不作為違法確認訴訟を提起し、同高裁は県の不作為を違法とする判決を行い、県が上告した。最高裁平成28年12月20日判決（民集70巻9号2281頁）は、高裁の判断を支持し県の敗訴が確定した。この判決は、処分の瑕疵は処分時の事情に照らし違法又は不当があるか否かの観点から行われるべきであるとしたうえで、前知事の承認の判断には瑕疵がないとし、これを取り消した処分は違法であるとした。この判決については、承認処分には裁量を認めながらその取消処分には認めなかったことなどに疑問がある（政策法務研究会編2017：8131（礒崎）。ほか

に野口2017参照。Column ❿も参照)。

(4) 第1次分権改革の限界

このように、第1次分権改革は、地方自治制度を大きく変革したといえるが、残された課題も少なくない[3]。

第1に、この改革では個別法の内容はほとんど変わっていないことである。地方自治法という**一般法**は変わったが、建築基準法、農地法、老人福祉法など行政分野ごとの**個別法**はほとんど改正されていない。本来であれば、個別法の基本的な仕組みや個々の規定についても、国と自治体の適正な役割分担や自治体の自主性・自立性の発揮（地方自治法1条の2）などの観点から必要な改正をすべきであったが、機関委任事務の廃止や関与のルール化に伴って必要不可欠となる規定の改正は行われたものの、検討時間の限界もあって、それ以上の改正は行われなかった。

コンピュータにたとえると、Windows10とかmac OSなどのOS（オペレーション・システム）は変わったが、その上で動くアプリケーションソフトは変わっていない状態といえる。コンピュータのベースになる論理や考え方（一般法）は中央集権から地方分権に変わったのに、事務処理の中身を規定するアプリケーションソフト（個別法）は、旧来のバージョンのまま使っているため、仕事の仕方は変わらない。個々の許認可や給付の基準や手続が集権時代のままになっているため、分権改革から12年経過した現在でも自治体の自主性・自立性を生かしにくい状態が続いているのである。

この点では、国の各省庁が自ら個別法を改正しようとすることは考えにくいため、自治体からこの法令のこの規定をこう変えるべきだという要求や提案をすべきであり、その点では自治体側の責任も大きいと考えられる。

第2に、第1の点にも関わるが、**法令の規律密度**が高いということである。個別法にはそれぞれ政令、省令、大臣告示が定められ、法律の委任事項やその施行に必要な事項を細部にいたるまで定めており、事務を執行する自治体はこれに拘束されるため、地域の実情に合わせて解釈運用することが難しくなっている。こ

---

[3] 当の地方分権推進委員会は、「最終報告」（2001年6月）において残された課題を、①地方税財源の充実確保、②法令等による義務付け・枠付けの緩和、③事務権限の移譲、④地方自治制度の再編成、⑤住民自治の拡充、⑥「地方自治の本旨」の具体化と幅広く捉えている。本章では、第1次分権改革が取り組んだ法的権限に関する課題の範囲内で、残された課題を抽出するものである。

の点は、第1次分権改革の積残し課題と認識されており、後述のように、第2期分権改革において「義務付け・枠付け」の見直しが行われてきたが、大きな状況は変わっていない。

第3に、自治体の自主性・自立性を制約するいくつかの重要な関与が残されたことである。特に、自治体が行政計画を策定する際に、国や都道府県に協議することが義務づけられ、しかも同意を得なければならないという関与は、自治体の自主的なまちづくりに支障となっている。たとえば、農業振興地域整備法に基づく農用地利用計画の策定・変更は市町村の権限（自治事務）であるが、事前に都道府県知事に協議し、その同意を得ることが義務づけられている。前述の我孫子市と千葉県の自治紛争処理事案は、この制度に基づく県の不同意に対して提起されたものであった。こうした関与についても、第2期分権改革において一定の見直しが行われたが、まだ十分ではない。

3 三位一体の改革の失敗

法的権限の分権化をめざした第1次分権改革の後、税財政関係の分権化のために、2003〜2005年に小泉内閣のもとで**三位一体の改革**が実施された。この改革は、①国庫補助金の廃止・縮減、②税財源の移譲、③地方交付税の見直しの3つを一体的に進めようとする改革である。すなわち、国庫補助金は、その用途が限定されており、自治体の自主性を損なうことから、これを廃止又は縮減する代わりに、国税の一部を地方税として移譲して自治体の自主財源を充実させるとともに、地方交付税については自主財源ではあるものの、対象自治体の税収拡大の努力が評価されないなど様々な問題を抱えているため一定の見直しを行うというものであり、これらを一体的に進めようとしたことは妥当な判断といえる。

しかし、実際には各省庁の強い抵抗もあって、①の国庫補助金については補助金の金額は減少したものの、制度自体は残ったため、自治体の自主性・自立性の向上につながらなかった。また、②の税源移譲は小規模なものにとどまり、③の地方交付税は平成の市町村合併の推進策という意味もあって大幅な減額が行われたため、自治体の財政状況をひっ迫させた。単純な計算では、地方財政全体でマイナス約6.7兆円となった。もちろん、国の財政状況が厳しい中で、地方財政だけを優遇できないという事情はあったものの、自治体財政の危機をもたらしたことは事実である。三位一体の改革は、地方分権の推進という点では失敗に終わっ

図表10-6　地方分権改革の時期区分と概要

大区分	改革	時期	中心的な機関	主な改革
第1期分権改革	第1次分権改革	1995～2000年	地方分権推進委員会	①機関委任事務の廃止 ②関与のルール化と係争処理制度 ③必置規制の緩和 ④都道府県・市町村関係の見直し
	三位一体の改革	2004～2006年	地方分権改革推進会議、経済財政諮問会議	①国庫補助金の整理縮小 ②国から地方への税源移譲 ③地方交付税制度の見直し
第2期分権改革	第2次分権改革	2007～2009年	地方分権改革推進委員会	①法令の義務付け・枠付けの見直し →地方分権改革推進計画 ②都道府県から市町村への権限移譲
	地域主権改革	2009～2012年	地域主権戦略会議	〔継続〕上記の①と②を継続 →第1次、第2次一括法の制定 〔新規〕 ③一括交付金制度の導入 ④国と地方の協議の場の法制化
	新・地方分権改革	2013年～現在	地方分権改革推進本部、地方分権改革有識者会議	〔継続〕上記の①と②を継続 →第3次、第4次一括法の制定 〔新規〕提案募集方式と手挙げ方式 →第5次～第7次一括法の制定

（出典）著者作成

たのである。

〔三位一体の改革の結果〕

① 国庫補助金の廃止・縮減：－約4.7兆円
② 税財源の移譲　　　　　：＋約3.0兆円
③ 地方交付税の見直し　　：－約5.1兆円

　この第1次分権改革と三位一体の改革は、法的側面と財政的側面にわたる改革であり、両者をあわせて分権改革をめざしたという意味で、**図表10-6**のとおり、これを**第1期分権改革**と捉えることができる（地方六団体の呼称による）[4]。

---

[4] 西尾2007：121-123は、三位一体の改革はその第1期が終了した時点で中断していると認識し、第1次分権改革とこれを合わせて「第1期分権改革」とよぶことに反対している。その趣旨は理解できるが、客観的状況としては、「三位一体の改革」は過去のものとする認識が強いし、むしろこれを過去の失敗としたうえで新たな改革を構想することも重要と考えられるため、ここでは通例の用法をとった。

4 第2期分権改革の課題と成果

(1) 第2期分権改革とは

　第1期分権改革で積残しとなった課題を解決するため、2007～2009年に自公政権のもとで、地方分権改革推進委員会を中心として更なる地方分権の方策が検討された。これを「第2次分権改革」とよんでおこう。

　次に、その改革が検討段階にあるうちに、2009年に政権交代が行われ、新政権のもとで、新たに「**地域主権改革**」が行われた。**地域主権改革**は、国の権限の一部を地方に移譲する地方分権では限界があると考え、むしろ地域にこそ「主権」があるという発想に立って改革を進めようとしたものである。理論的に地域に「主権」があると考えることは難しいが、その姿勢・発想は理解できる。もっとも、その中心は第2次分権改革の内容を継承するものであった。

　さらに、2012年末に自公政権が復活し、2013年から再び地方分権改革と称する改革が行われ、継続課題について第3次一括法と第4次一括法を制定するとともに、新たに提案募集方式と手挙げ方式による検討を行い、これが第5次～第7次一括法の制定につながった。この改革を「新・地方分権改革」とよんでおこう。

　以上3つの改革は、政権交代によって区切られるものの、主たる内容は継続しているため、**図表10-6**のとおり、まとめて**第2期分権改革**と捉えることができる（礒崎2017ｃ参照）。

(2) 第2期分権改革の検討課題と成果

　まず第2次分権改革では、第1次分権改革にならって、2006年に地方分権改革推進法が制定され、翌年に**地方分権改革推進委員会**が設置された。この委員会は4次にわたる勧告や各種意見を通じて、国から自治体への権限移譲、国の出先機関の整理統合、法令による義務付け・枠付けの見直し、地方税財源の充実確保等の提言を行った。その結果、2009年12月に新政権のもとで**地方分権改革推進計画**が策定された。

　次に民主党政権のもとで行われた**地域主権改革**では、2009年に**地域主権戦略会議**が設置され、この会議が2010年に**地域主権戦略大綱**を定めて改革の課題を掲げたが、ここでは熟度の異なる事項が多岐にわたってあげられた[5]。その後、2011年に入って、第1次一括法、第2次一括法、そして国と地方の協議の場に関する法律の3本の法律が成立したが、その内容は「協議の場」を除いて第2次分権改

革の検討経過を継承して検討し、実現したものである（小早川監修2011、川﨑編著2012、岩﨑2012参照）。

　さらに自公政権復活後の新・地方分権改革では、**地方分権改革推進本部**のもとで継続課題の検討が進み、第３次一括法と第４次一括法が制定された。2013年には、地方分権改革の推進施策について検討するため**地方分権改革有識者会議**（神野直彦座長）が設置され、その検討結果を踏まえて、自治体から権限移譲と規制緩和に関する改革提案を募る**提案募集方式**と、一律の移譲が難しい場合に希望する自治体に選択的に権限を移譲する**手挙げ方式**を導入した。その結果、2017年までに第５次～第７次一括法が制定された。

　このように10年以上にわたり実務的な検討・調整が続けられ、一定の成果が積み上げられてきた。この第２期分権改革全体を通じてどのような課題が検討され、どのような成果につながったか、振り返っておこう。

　第１に、国から都道府県への権限移譲と**国の出先機関**（地方支分部局）の廃止である。特に地方整備局、地方農政局等の出先機関が担当している事務を都道府県に移譲することが課題になったし、地域主権改革では国の出先機関の原則廃止まで掲げられたが、各省庁の強い反対・抵抗があって、ようやく2012年４月に、都道府県が広域連合を設置した場合に当該広域連合に対して権限を移譲するという方針が閣議決定された。もっとも、いくつかの条件が付され、実現の見通しは立っていない。その後、第４次～第６次一括法で限られた事務について都道府県への移譲が行われた。

　第２に、都道府県から市町村への権限移譲である。これについては、継続的に検討・調整が行われ、第２次一括法（47法律）、第４次一括法（63法律）、第５次一括法（12法律）、第６次一括法（11法律）、第７次一括法（４法律）と、合計137法律について相当数の事務が政令市、一般市を中心に移譲され、基礎自治体の役割が拡大した。

　第３に、法令による**義務付け・枠付け**の見直しと条例制定権の拡大である。これは前述の**法令の規律密度**の問題への対応といえるが、長期にわたる検討・調

5　すなわち、①義務付け・枠付けの見直しと条例制定権の拡大、②基礎自治体への権限移譲、③国の出先機関の原則廃止、④ひも付き補助金の一括交付金化、⑤地方税財源の充実確保、⑥直轄事業負担金の廃止、⑦地方政府基本法の制定、⑧自治体間連携・道州制、⑨緑の分権改革の推進の９項目である。

整の結果、第1次一括法（41法律）、第2次一括法（160法律）、第3次一括法（74法律）、第5次一括法（8法律）、第6次一括法（4法律）、第7次一括法（6法律）と、合計293法律の相当数の規定について見直しが行われた。その主な内容は、①施設・公物設置管理の基準の見直し（児童福祉施設の設置・運営の基準の条例委任、公営住宅の整備基準と収入基準の条例委任など）、②協議、同意、許可・認可・承認の見直し（市町村立幼稚園の設置廃止等に係る都道府県教育委員会の認可を届出に変更など）、③行政計画等の義務づけとその手続の見直し（中心市街地活性化基本計画の法定内容の例示化など）である。この改革は多項目にわたるが、見直しが求められる法令はもっと幅広いこと、条例委任といっても限られた事項について政省令等の基準の範囲内で認められるものであることなど、その成果は限定的といわざるを得ない。

なお、これに関連して、第2次分権改革では、条例の「上書き権」の制度化が検討された。**条例の「上書き権」**とは、一定の場合に条例で法令の規定を補正する権限を付与すること、すなわち一定の場合に条例が法令の規定と異なる内容を定めたときは、当該地域においては条例の規定が優先して適用されることを法律で容認することである。この制度は、地方分権改革推進委員会において検討され注目されたが、結局、第2次分権改革では制度化にいたらなかった。これについては、第12章5で検討しよう。

第4に、国庫補助金の**一括交付金化**と地方税財源の充実確保である。新政権においては、国庫補助金について使途の範囲を拡大して「一括交付金」とする方針が掲げられ、2011年度から順次導入された。しかし、2012年末の自公政権の復活によって、この制度は廃止された。自主税財源の拡充は、今後の課題として残されているのである。

第5に、国と地方の協議の場の法制化である。これは、地方自治に影響を及ぼす国の政策の企画・実施について、国と地方が協議を行う場を設置するものであり、その法的基礎を明確にするため、「国と地方の協議の場に関する法律」（2011年）に基づいて、**国と地方の協議の場**が設置され、定期的に会議が開催されている。現在のところ、この協議による成果は明確でないが、国と地方の間でこうした協議が行われるようになったことは、前進といえる。

以上のように、第2期分権改革は試行錯誤しながらも、息の長い検討・調整が行われ、いくつかの成果をおさめたのである。

(3) 第2期分権改革の問題点

第2期分権改革については、問題点・限界が少なくない。

まず注目された地域主権改革については、法的権限から税財政、地方政府基本法、道州制にいたるまで数多くの課題が掲げられ、「ごった煮」のような改革方針が掲げられたことである。課題の多くが第1期分権改革では実現できなかった難しい課題であるにもかかわらず、改革の論理・必然性が明確でなく、改革のエネルギーが分散して、実現可能性を低くする結果となった。戦略としてはもっと課題を絞り込んで、改革の実をあげるよう努力すべきであったと考えられる。

また全体を通じて検討された課題をみると、国から都道府県への権限移譲はごく限定されたし、税財源の充実強化はほとんど進まなかった。国と地方の協議の場の法制化は成功したし、都道府県から市町村への権限移譲、義務付け・枠付けの見直しは、長期にわたり少しずつ進展したが、「分権型社会」への転換という意味では残された課題の方が大きいといえる。

特に政策法務の観点からは、義務付け・枠付けの見直しについて取り上げる必要がある。この見直しは、数多くの法令事務についてねばり強く検討したという意味では高く評価できるが、次のような問題点がある。

第1に、法令の枠付けを緩和し、一部事項について条例委任を導入したが、重要な事項は相変わらず政省令に留保している。また、条例委任の事項についても、国が「**従うべき基準**」「**標準**」「**参酌すべき基準**」という3つの基準を示すことができることになっており、条例委任といっても中途半端であり、自治体が自主性・自立性を発揮することは難しいと思われる。

第2に、自治体の裁量を重視するのであれば、条例で定めることを「義務付け」しないで、何をどういう形式で定めるかを含めて自治体に任せるべきであった。もともと法令の規律密度が高いことが問題であり、それを引き下げて自治体の自由度を増すことが求められているのに、条例という形式を指定することは合理的でない。特に、委任事項には技術的な事項が多く、議会での審議を求める実質的意義が乏しいものも少なくない。

第3に、そもそも個別法のあり方自体を抜本的に見直す必要がある。本来であれば、個別法自体の規定を簡素化する必要があるし、できれば省庁ごとの縦割りではなくて総合的な法律にすることが求められているが、今回の見直しも、各法律の枠組みを温存して一部の事項を条例に委任するにとどまっている。

第2期分権改革は、ミクロに見ると多くの成果をもたらしたが、マクロに見ると得られた成果は限られているし、法制度的にはいびつな「分権」になったように思われる。

5 分権改革の第3ステージ──「立法分権」の提案

(1) 分権改革休止論は妥当か

このように20年余にわたる分権改革は、様々な限界や課題があるものの、相当の成果を残したといえる。では、自治体側はこの成果を十分に生かしているのだろうか。

近年、分権改革を担ってきた有識者から、全国の自治体は分権改革の成果を生かすことに専心し、分権改革の要求をしばらく休止すべきだ、そして来るべき時期まで力を蓄えるべきだという指摘が出ている[6]。これを「分権改革休止論」とよぶことができよう。

確かに自治体側に分権改革の成果を活用するという姿勢や努力は乏しいが、それ以上に**法令の過剰過密**（第12章5参照）などの現実が強固に存在し、自治体の対応を縛っている。義務付け・枠付けの見直しが裁量権の拡大につながっていないのは、前述のとおりである。これでは活用したくても活用できないというのが現実ではないか。また、地域のある課題の解決を考えた場合、国の制度では過不足があり、時間やコストがかかるが、自ら制度をつくって対応すれば効果も高く、住民にもわかりやすい。さらに、いまわが国では、人口減少時代を迎えて地方創生の諸施策や行財政システムの改革が求められている（第2章6参照）。こうした施策やシステムの転換を進めるには、従来の縦割り・フルセットの法制度を見直すことが不可欠である（礒崎2017ｅ：192-196）。

そもそも分権改革は「明治維新・戦後改革に次ぐ『第三の改革』というべきものの一環」であって、「一朝一夕に成し得る性格のものではない」とされていた

---

[6] 西尾2013：77、95は、「分権改革のおかげでこういうことができるようになったのかと、住民の皆さんが初めて気づく、そしてさらに分権改革を進めようと自治体を応援してくれるようにならなければならない。しかし、いまのところ、分権改革の成果が住民にまで還元されていない。このままであれば、分権せよという声は決して強くならないだろう。」「自治体職員は、こうした分権改革論議の動向に一喜一憂し右往左往することをやめ、それよりもむしろ、地方分権改革の既往の成果を活用することにこそ専心してほしい。」とする。地方自治制度研究会編2015：159（西尾発言）、同151（神野発言）も同旨。

（地方分権推進委員会1996）。目標の一部しか達成できていないこの段階で、改革の提案や要求を休止すべきではない（松本2013、地方自治制度研究会編2015：152（松本発言）も同旨）。

これまでの成果を継承しつつ、分権改革の第3ステージを切り拓く必要がある。

(2) **分権改革の第3ステージは「立法分権」**

地方分権は、自治体の自己決定権を拡大することであるが、どういう権限を拡大するかによって行政分権と立法分権に分けることができる。**行政分権**とは国の制度の解釈運用権（行政権）を拡充することであり、**立法分権**とは制度・政策の立案決定権（立法権）を拡充することである。地方分権改革推進委員会2008が指摘したように、地方政府の確立には、自治行政権だけでなく自治立法権の確立が不可欠である（礒崎2017e参照）。

第1次分権改革は、機関委任事務の廃止など法令解釈権の拡充を主目的とするものであり、行政分権であった。しかし、前述のとおり法令の解釈運用を工夫する余地は限られているし、それだけでは地域の課題を解決することができない。これに対し第2期分権改革は、基礎自治体への権限移譲は行政分権であったが、義務付け・枠付けの見直しは条例委任を進めた点で立法分権に属する改革であった。しかし、「拡大」の範囲は限定的であり、期待される立法分権とは隔たりがあった。そこで、改めて真の「立法分権」が求められているのである。

(3) **立法分権の具体的方法**

では、立法分権をどのような方法で進めるべきだろうか。

第1に、**法令の規律密度**を改革し、個別法のあり方を見直すことである。そのためには、条例委任の規定があるか否かだけでなく、個別法をどう改正すべきか、「青写真」を提示する必要がある。多数の法令についてこの作業を行うのは簡単ではないが、まず自治体の地域づくりに重要な意味をもつ法令について改正案を検討・提示し、そうした改正の考え方を他の法令にも及ぼしていくことが考えられる。これこそ政策法務の重要な課題であろう。

第2に、地方分権改革推進委員会が検討した**条例の「上書き権」**を制度化するとともに、法定事務条例の可能性を検討することである。条例の「上書き権」は、ローカル・ルール優先の考え方を導入する画期的な仕組みである。もちろん一定の事項や条件を付する必要はあるが、近い将来、制度化することが求められ

る。そのためにどういう制度化が考えられるか、これも政策法務の課題といえる（第12章5参照）。

　第3に、地方自治法制を簡素化・基本法化するとともに、条例による住民自治の実践を拡げることである。実は個別法だけでなく、地方自治法、地方公務員法、公職選挙法等の一般法も、細かい規定を定めて自治体を拘束し、しかも条例による上乗せ・横出しなどが許されないかのような解釈が通用している。分権時代にあっては、地方自治の仕組みを定める一般法こそ規律密度を大幅に緩和し、基本法・枠組み法に切り替えていくべきである。こうした新しい地方自治法制を検討することも、政策法務の課題になろう。

　更なる分権改革を実現し、個性ある地域づくりを進めるためにも、政策法務における制度設計の努力が求められるのである。

Column ❿　米軍基地辺野古移設問題をどう考えるか－受益圏と受苦圏の分離

　本章2で取り上げた沖縄米軍基地辺野古移設問題は、いろいろな意味で日本の地方自治の現実を象徴している。この問題に対して、憲法でも保障された地方自治権の侵害だと批判することは可能だが、外交・安全保障が国の権限と責任であり、法的に米軍基地の設置に地元自治体の同意が必要とされていない中で、そのような批判を繰り返しても必ずしも建設的ではない。

　しかし、政治的にみると、地域社会に重大な影響を与えるような決定を行う際には、国には自治体の主張や利益に配慮する義務がある。特に米軍基地のような開発計画では、広く全国的に安全保障などの利益をもたらすのに、地元は騒音、治安悪化など大きな不利益を受けるため、地元自治体と十分に調整を図る必要がある。

　このような問題は、以前から社会学の分野で「受益圏と受苦圏の分離」の問題として取り上げられてきた。新幹線、空港、軍事基地、廃棄物処分場などの大規模開発では、広く利益を享受する「受益圏」が存在する一方で、近接する地域は騒音、振動などの不利益を集中的・継続的に受ける「受苦圏」が存在し、この両地域が分離・固定化するという構造が存在している（さしあたり梶田1988：8-25）。この場合、立地を決定するのは国などの広域的な主体であり、受益圏の意向が反映するため、多数決型の民主主義では受苦圏の意向は反映しづらい。そこで私は、そうした構造が存在する開発計画については、政治的なルールとして、原則として地元自治体の同意が必要だ

と考える。いわば「受苦圏」に拒否権を認めるのである。

　ただし、地元自治体が十分な理由もなく同意しない（そもそも明確な意思決定ができない）という場合もある。そこで、例外的に次の条件のすべてを満たす場合は、地元自治体の同意がなくても開発を進めることが容認されると考える。すなわち、①当該施設の客観的な必要性が認められること、②立地場所の選定が合理的であり、これ以外の適地が認められないこと、③地域への負担を最小限にするための措置が講じられること、④地域の負担に見合う補てん・代償措置を講じること、⑤これらの検討過程を公開し、地域住民の参加を保障すること、以上5つである。

　辺野古移設問題については、2017年末時点で地元自治体はいずれも反対しており、同意していない。そして例外5条件についても、少なくとも②と⑤の条件は満たされていないと考えられる。よって、政治的なルールとして国は移設計画を強行すべきではないというのが、私の意見である（礒崎2016ｃ）。

　辺野古移設問題については、沖縄の歴史的・政治的な特殊性を考える必要があるが、同時に大規模開発に伴う国と地域社会の合意形成という問題でもある。からまった問題をときほぐすためにも、討議可能な問題に分解して検討することが重要ではないだろうか。それは政策法務のテーマでもあろう。

第11章 条例制定権の限界
―「適法な条例」とはなにか

1　条例制定権の3つの限界

　条例は法的にどこまで制定できるのか、条例はどういう場合に違法と判断されるのか。これに答えるのが条例制定権の理論である。

　憲法は、条例は「法律の範囲内で」制定できるものとし（94条）、地方自治法は、条例は「法令に違反しない限りにおいて」地方公共団体の「事務に関し」て制定できると定めている（14条1項）。さらに憲法では、「憲法は、国の最高法規であつて、その条規に反する法律、命令、詔勅及び国務に関するその他の行為の全部又は一部は、その効力を有しない。」と定められており（98条1項）、当然ながら条例も憲法に反することはできない。そこで、条例制定には、①当該自治体の事務に関するものであること、②法令に違反しないこと、③憲法に反しないことという3つの条件・限界があるということになる。

　このうち、③については第9章で検討したため、本章では①と②について検討する。

2　対象事務の限界―当該自治体の事務に関するものであること

　第1の条件として、条例は当該自治体の「事務」に関するものであることを要する。市町村条例であれば、当該市町村が担当する事務に関して定めるものであり、国や都道府県の事務に関して定めることはできない。たとえば、外交関係の処理、刑罰権の行使、経済取引の統制等は、国に専属する事務として条例の対象にならないし、大気汚染防止、海岸管理等の広域的な事務は、都道府県の事務として通常は市町村条例で定めることはできない。また、かつての機関委任事務は、法的には「国の事務」とされていたため、これについて条例を制定することができなかった。

　この条件に関しては、次の点に留意する必要がある。

　第1に、当該自治体の事務といっても、現に法令等に基づいて処理している事務である必要はなく、当該自治体の「役割」に属すると認められれば、条例で事務を創設してその内容等を定めることも可能である。そもそも、わが国における

自治体への事務配分は、法令によって個々の事務を特定する**制限列挙方式**ではなく、その役割を概括的に定めるだけで個々の事務を特定しない**概括授権方式**が採られているから（西尾2001：63-66）、何が当該自治体の事務かということ自体が明確ではない。たとえば、放置自転車の取締りや路上喫煙の制限は、法令上市町村の事務と定められているわけではないが、快適な都市環境の確保等のために地域において何らかの対応が必要であり、かつ広域的な対応までは要しないと認められれば、条例を制定することができると解される。

第2に、国・都道府県・市町村の事務配分は、相互に排他的なものではなく、相互乗入れ可能な「共管領域」が少なくない。たとえば、土地利用の規制は、国土保全や県土管理といった広域的な視点からは国や都道府県の事務とされるが、まちづくりや生活環境の保全という視点からは市町村にとっても重要な事務といえる。したがって、すでに国や都道府県の事務となっていても、市町村が自らの役割に照らして必要と考えれば、条例制定が可能となる場合が少なくない。またそうだからこそ、都道府県条例と市町村条例が重複した場合の解釈が問題になるのである（第12章4参照）。

第3に、市町村は、「地域における事務」を包括的に担当できるが、都道府県の事務は、広域、連絡調整、補完の3つに限定されているため（地方自治法2条5項）、都道府県が条例を制定する場合は、このいずれかに該当する必要がある。たとえば、介護サービスの提供、都市施設の整備、町並みの保全等の事務は、基本的には市町村の事務と解されるため、都道府県が条例を制定することは違法となるか、少なくとも不適切と考えられる。一般的には、法的効力については、市町村条例よりも都道府県条例が優先すると解されているが（第12章4参照）、守備範囲からいえば都道府県条例の方が狭いのである。

3 法律との関係による限界—法令に違反しないこと

(1) 判例・学説の概要

第2の条件として、条例は法律の範囲内であること、すなわち法律に抵触しないことを要する。地方自治法では、前述のとおり「法令に違反しない」ことが求められているが、ここでいう「法令」は、法律のほか法律の委任を受けた政省令等（すなわち委任命令）に限られると解されるため、結局、この規定は憲法と同じ内容を定めていることになる。

では、どのような場合に「法律の範囲内」といえるか、逆にどのような場合に「法律に抵触する」と解されるか。これについては、様々な解釈が示されてきたが、大別すると3つの基本的な見解があるといえる（学説の詳細は第12章1、2参照）。

第1に、法律がすでに対象としている事務ないし領域については、法律の委任がないかぎり条例を制定することはできないという解釈（**法律先占理論**）であり、1960年代まではこれが有力な見解であった。この解釈では、たとえば、建築規制については建築基準法という法律が存在するから、条例は制定できないことになる。いわば門前払いの考え方といえる。これによると、法律の対象事項についてより厳しい規制を行う「上乗せ条例」はもちろん、法律の対象事項以外の事項について定める「横出し条例」についても、法律が先占した領域と認められれば制定できないこととなる。この判断自体は単純だが、これでは憲法が条例制定権を認めた意義が生かされないため、より柔軟な解釈が求められるようになった。

第2に、より柔軟に、法令と条例の間に実質的に矛盾抵触があるか否かによって判断すべきとする解釈である（**実質的判断説**とよぶ）。現在の裁判所はこの解釈を採用している。すなわち最高裁は、**徳島市公安条例事件判決**（最判昭50・9・10刑集29巻8号489頁）において、法令への抵触については、法令と条例の対象事項と規定文言を対比するだけでなく、それぞれの趣旨、目的、内容及び効果を比較し、両者の間に矛盾抵触があるか否かによって決すべきであるとした。そのうえで、後述のとおりいくつかの場合に分けて矛盾抵触があるか否かの判断基準を示した。また、**高知市普通河川等管理条例事件判決**（最判昭53・12・21民集32巻9号1723頁）も、横出し条例に関する判断基準を追加的に示した。

この見解は、対象事項だけで判断していた法律先占理論を否定又は修正し、ケースバイケースで実質的な抵触の有無を判断するものであり、この時点の判断としては常識的な判断といえる。当時は学説の多くもこの見解を支持した。最高裁の判例であり、実務ではこの基準に基づいて判断する必要があるため、(2)以下でより詳細に紹介しよう。

第3に、さらに、条例制定権の意義を高めるための解釈論が唱えられている。たとえば、以前から、地方自治の核心に関わる「固有の自治事務」領域（環境、福祉など）については、法律の趣旨にかかわらず条例で独自の規制が可能と解する見解（**固有の自治事務領域説**）がある。また、第1次分権改革をふまえた新し

い見解として、法令で自治体の事務（特に自治事務）とされた事務については、原則として条例で上乗せや横出しを行うことができるとする解釈（**条例原則適法説**）や、法令の詳細な規定を標準的規定と解して、条例でこれと異なる規定を定めることも可能とする解釈（**法律標準規定説**）が示されている。これらの学説については第12章１、２で検討する。

(2) **徳島市公安条例事件判決をどう読むか**

それでは、第２の「実質的判断説」に属する前述の最高裁徳島市公安条例事件判決（昭50・9・10刑集29巻8号489頁・判時787号22頁）がどのような判断基準を示しているか、具体的にみてみよう。この判決は、条例が法律に違反するか否かについて、一般論として次のとおり判示した。

「普通地方公共団体の制定する条例が国の法令に違反する場合には効力を有しないことは明らかであるが、条例が国の法令に違反するかどうかは、両者の対象事項と規定文言を対比するのみでなく、<u>それぞれの趣旨、目的、内容及び効果を比較し、両者の間に矛盾抵触があるかどうかによってこれを決しなければならない</u>。例えば、ある事項について国の法令中にこれを規律する明文の規定がない場合でも、当該法令全体からみて、右規定の欠如が特に当該事項についていかなる規制をも施すことなく放置すべきものとする<u>趣旨</u>であると解されるときは、これについて規律を設ける条例の規定は国の法令に違反することとなりうるし、逆に、特定事項についてこれを規律する国の法令と条例とが併存する場合でも、後者が前者とは別の<u>目的</u>に基づく規律を意図するものであり、その適用によつて前者の規定の意図する<u>目的と効果</u>をなんら阻害することがないときや、両者が同一の<u>目的</u>に出たものであつても、国の法令が必ずしもその規定によつて全国的に一律に同一内容の規制を施す<u>趣旨</u>ではなく、それぞれの普通地方公共団体において、その地方の実情に応じて、別段の規制を施すことを容認する<u>趣旨</u>であると解されるときは、国の法令と条例との間にはなんらの矛盾抵触はなく、条例が国の法令に違反する問題は生じえないのである。」（下線部は著者）

ここでは、条例が法律に違反するか否かは、それぞれの趣旨、目的、内容及び効果を比較し、両者の間に矛盾抵触があるかどうかによって決するとしたうえで、３つの場合に分けて条例が法律に違反しない基準を抽出している（**図表11-1参照**）。判決が着目しているのは、法律と条例の対象、目的、趣旨、効果の４つ

の要素である。特に決め手となるのは法律側の趣旨・目的・効果であり、条例の内容や合理性ではない。すなわち、一般論としては法律が各タイプの条例を許容するか否かを問題にしているのである[1]。

ところが、この判決では、これに続けて本件への当てはめ（個別論）において、次のように判示する。

> 「これを道路交通法七七条及びこれに基づく徳島県道路交通施行細則と本条例についてみると（中略）道路交通法七七条一項四号は（中略）<u>その対象となる道路の特別使用行為等につき、各普通地方公共団体が、条例により（中略）交通秩序の維持の見地から一定の規制を施すこと自体を排斥する趣旨まで含むものとは考えられず</u>、各公安委員会は、このような規制を施した条例が存在する場合には、これを勘案して、右の行為に対し道路交通法の前記規定に基づく規制を施すかどうか、また、いかなる内容の規制を施すかを決定することができるものと解するのが、相当である。そうすると、道路における集団行進等に対する道路交通秩序維持のための具体的規制が、道路交通法七七条及びこれに基づく公安委員会規則と条例の双方において重複して施されている場合においても、<u>両者の内容に矛盾抵触するところがなく、条例における重複規制がそれ自体としての特別の意義と効果を有し、かつ、その合理性が肯定される場合には、道路交通法による規制は、このような条例による規制を否定、排除する趣旨ではなく、条例の規制の及ばない範囲においてのみ適用される趣旨のものと解する</u>のが相当であり、したがって、右条例をもって道路交通法に違反するものとすることはできない。」（下線部は著者）

このうち前段では、道路交通法は許可の対象行為を公安委員会の決定に委ねるなど、もともと地域の実情に沿った対応を許容しているから、条例によって別の規制を行うことを排除する「趣旨」ではないと認定している。前述の一般論から

---

[1] もっとも、本件の「最高裁判所判例解説」である小田1976：154-157によると、その理論構成は特殊である。すなわち、「国の法令が明文の規定をおいて条例の定めを優先させることができることは疑問の余地はない」が、「国の法令にこのような明文の規定がない場合でも、当該規定の趣旨から、条例による特別の規制を容認ししかもそれを国の法令に優先させる趣旨であると解される場合（このような解釈をとるについては慎重な判断が必要であることはいうまでもないが。）にも同様に考えてよいであろう」というのが本判決の考え方であるとする。すなわち、本判決は、条例への授権の論理を拡大して条例の適法性を導いたと説明している。しかし、判決文からそういう趣旨を読み取ることはできないし、少なくとも、この判決の判断基準が多くの「自主条例」に適用されてきた現在では、維持できない「判例解説」というべきであろう。

いえば、ここまでの認定で結論を出すことができるはずである。ところが、後段では、条例による重複規制が「特別の意義と効果」を有し、かつその「合理性」が肯定されることを求め、このような条例であれば同法はこれを排除する「趣旨」ではないとして、条例側に一定の条件の具備を求めているように読める[2]。この判決のいわば「二重構造」をどう理解すべきだろうか。

学説には、この判決の個別論に着目し、条例制定の意義や合理性を重視して法律適合性を判断すべきだという見解がある（南川2012：155、169-172）。このほかにも、法律適合性を条例の合理性や立法事実によって決しようとする見解は少なくない[3]（岩橋2001：366、376-378、鈴木（庸）2002：16。いわば**条例合理性重視説**）。

しかし、第1に、この判決文では一般論（基準設定）と個別論（当てはめ）を分けたうえで、一般論としては条例側の「特別の意義・効果」や「合理性」は求めていない。最高裁判決において一般論と当てはめを混同することは考えにくい[4]。

第2に、第12章2で述べるとおり、条例制定権の限界に関する解釈としても、一般論の解釈が適切と考えられる。確かに、法律の趣旨だけで条例の法律適合性が決まるとすれば、条例制定権の範囲は国の立法政策の自由に委ねられるおそれがある（南川2012：169、原田2005：168）。しかし、①法律が地方の実情に応じた別段の規制を容認する趣旨であれば、法律との関係では条例を制定できるはずであり、条例の内容は自治権に属する問題として基本的には当該自治体の判断に

---

[2] さらに判決は、この場合に同法は「条例の規制の及ばない範囲においてのみ適用される」として、法律の適用範囲を限定する解釈まで示している。これによると、両者は重複規制にならないことになる。小田1976：154-155のように、この判決の趣旨が条例授権の論理の拡大だとすれば、このことは当然の帰結となる。さらに同：155では、道路交通法の制定時の立案当局が、国会質疑において、同法と公安条例は一般法・特別法の関係になると説明したことが紹介されている。

[3] たとえば、岩橋2001：366、376-378は、判決のこの部分に着目して、法律と条例の間で「より合理的な根拠を有する規範が優位する」という解釈を導いているし、この判決とは別の文脈であるが、鈴木（庸）2002：16は法律と条例のいずれがすぐれているかによって適用を決めるべきとする。なお、法律の趣旨に加えて、条例制定の意義・合理性を求める解釈は、成田1985：252、阿部（泰）1999：115、山下2013：54、幸田・安念・生沼2004：123-124（幸田）など少なくない。

[4] ではなぜ道路交通法と公安条例の場合にこれらの要件を求めたのか。この点は小田1976でも言及されていない。考えられるのは、①交通秩序維持の要請は全国的な画一性が強いため、別段の規制には相当の根拠が必要と考えたこと、②集団行進等の規制は表現の自由の制限となるため、その規制にはとくに強い合理性が必要と考えたこと、③本件の場合、法令の適用を条例が適用されない範囲に限定する必要があったため、それだけの根拠が必要であったこと等であるが、いずれも決め手にはならない。

委ねられるべきこと、②権利制限を伴う条例については、その必要性や合理性が認められなければ被制限者との関係で当然に違法（さらに憲法違反）となるものであり、このことは、法律との重複が問題にならない条例についても同様であること、③条例制定について「特別の意義・効果」が求められると、特に福祉、教育等など地域差の少ない領域における条例制定が認められにくくなる可能性があること、④一方で法律の趣旨については、地方自治の本旨（憲法92条）や立法・解釈原則（地方自治法2条11～13項等）との整合性から、条例制定権と調和するよう弾力的に解釈することが可能であることから、法律の趣旨・目的によって条例の法律適合性を判断することが適切と考える（いわば**法律趣旨重視説**）。多くの教科書も、判例の立場としてこの一般基準のみを紹介し、概ねこれを支持している（たとえば、兼子1978：69-72、塩野2012：185-189、宇賀2017b：221-222、芦部2015：373）。

(3) 最高裁の判断基準のポイント

では、改めて最高裁の判断基準を確認しよう。最高裁判決は、「条例が国の法令に違反するかどうかは（中略）それぞれの趣旨、目的、内容及び効果を比較し、両者の間に矛盾抵触があるかどうかによってこれを決しなければならない。」としたうえで、3つの場合に分けて次のような判断基準を示した（かっこ書きは著者）。

① ある事項について法令が規律していない場合（**横出し条例**）でも、当該法令がいかなる規制もしないで放置する趣旨であるときは、これを規律する条例は法令に違反する。

② ある事項について法令と条例が併存する場合（**広義の上乗せ条例**）でも、条例が法令とは別の目的に基づくものであり、かつ法令の意図する目的と効果を阻害しないときは、条例は法令に違反しない。

③ 法令と条例が併存する場合に、両者が同一の目的に基づくものであっても（**狭義の上乗せ条例**）、法令が全国一律の規制を施す趣旨ではなく、地方の実情に応じて別段の規制を施すことを容認する趣旨であるときは、条例は法令に違反しない。

さらに、最高裁は、前述の高知市普通河川等管理条例事件判決において、次の判断を示した。これは法律適合性に関する判断基準を追加したものといえる。

④ ある事項について法令が規律していない場合（**横出し条例**）でも、法令が

条例で法令の規律よりも厳しい規律を行うことを許容していないときは、そうした規律を行う条例は法令に違反する。

(4) **最高裁判例のわかりやすい判断フロー**

　最高裁の判断基準は論理的ではあるが、このままではわかりにくいため、条例の検討にあたっては、**図表11-1**のとおり3段階のチェックポイントを設定して順に点検することをお勧めしたい。

　第1のポイントは、法令と条例の「対象」が重複するか否かである。たとえば、建築物の建築を規制する条例の場合、すでにこれを規制する建築基準法があるため、YESに進む。これに対し、放置自転車の規制条例の場合は、放置自転車を直接規制する法令はないため、NOに進む。

　第2のポイントは、上述の結果によって2つの場合に分かれる。まず対象が重複する場合（YESの場合）には、法令と条例の「目的」が重複するか否かが問題となる。たとえば、建築物の規制条例の場合でも、建築基準法は建築物の安全性等を確保することが目的だから、同様の目的の条例ならYESに、景観保全を目的とする条例ならNOに進む。

　これに対し、対象が重複しない場合（NOの場合）には、法令の「趣旨」が当該対象を放置する趣旨（当該行為を行う自由を保障する趣旨）か否かが問題になる。たとえば、放置自転車の規制条例の場合、法令がこれを放置する趣旨（あえて自転車を放置する自由を認める趣旨）だとすれば、この条例はこれに違反することになるが、そういう趣旨でないことは明らかだから、NOに進む。

　第3のポイントは、3つの場合に分かれる。まず対象が重複し、かつ目的も重複する場合（YESの場合）は、法令の「趣旨」が全国一律の規制（地域による上乗せ規制を認めない趣旨）か、それとも全国最低限の規制（地域による上乗せ規制を認める趣旨）かが問題になる。たとえば、建築物の安全性確保を目的とする建築規制条例の場合は、建築基準法の趣旨が問題となるが、おそらく全国最低限の規制と解されるから（すなわちNO）、この条例は○（適法）となる。

　次に、対象は重複するが目的が異なる場合（NOの場合）には、法令の「効果」を妨げるか否かが問題となる。たとえば、景観保全を目的とする建築規制条例の場合に、もし建築基準法が建築物の建築を促進するという効果を意図しているとすれば、当該条例がこれを抑制する効果を生むことが問題になるが、同法はそうした効果を意図しているわけではないから（すなわちNO）、この条例は○（適法）

となる。

さらに、対象が重複せずかつ法令が当該対象を放置する趣旨でない場合（NOの場合）は、法令と条例の規制が均衡を失するか否か（特別な理由もなく法令より厳しい規制をしていないか）が問題になる。たとえば、放置自転車の規制条例の場合は、関連する道路法等が不法占用物に対して採っている規制よりも厳しい規制でなければ（すなわちNO）、この条例は○（適法）となる。

図表11-1　最高裁による条例の法律適合性の判断フロー（要点）

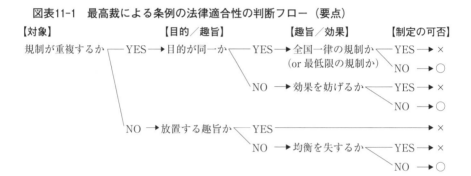

4　判例にみる法律適合性の判断(1)──上乗せ条例の場合

では、下級審を含む判例が、前述の判断基準を踏まえて実際の条例の法律適合性についてどのような判断をしているか、みていこう（各判決の詳細については章末の**図表11-3を参照**）。まず上乗せ条例に関する判決について分野別に取り上げる。

(1)　道路交通規制に関する法律と条例

前出の徳島市公安条例事件判決では、集団示威行進を行う場合に県公安委員会への届出を必要とし、遵守事項を罰則付きで定める同条例が、道路使用行為の許可等を定める道路交通法に抵触するのではないかが問題となった。同判決は、前述のとおり、両者は対象と目的において一部共通するが、同法は別の規制を排斥する趣旨ではなく、かつ同条例は独自の目的と意義を有し合理性も肯定できるとして、同条例を適法とした。

(2)　建築規制に関する法律と条例

いくつかの自治体でラブホテル、パチンコ店等の建築を規制する条例が制定され、旅館業法、風俗営業等の規制及び業務の適正化等に関する法律（以下「風営

法」という)、建築基準法との関係が問題になってきた。最初に結論として条例を適法とした判決例からみていこう。

　まず、伊丹市教育環境保全条例事件判決（神戸地判平5・1・25判タ817号177頁）は、青少年の健全育成のために、風俗営業等の建築物の建築に市長の同意を必要とし、教育文化施設等から一定の距離内にある場合に同意しないこと等を定める同条例が、風俗営業の取締りを定める風営法に抵触しないかが問題となったものである。同判決は、両者は目的・規制方法が異なるとし、条例の適用によって同法の目的と効果を阻害しないし、仮に目的に共通する面があるとしても、同法は地方の実情に応じた独自の規制を容認していることから同条例は同法に抵触しないとし、同条例を適法とした。最高裁の判断基準に忠実に判断したものといえる。

　また、東郷町ホテル等建築適正化条例事件判決（名古屋地判平17・5・26判タ1275号144頁）は、快適で良好な生活環境の保持と青少年の健全育成のため、ホテル等の建築についてロビーの設置等の基準を設けるとともに、町長の同意を必要とすることを定める同条例が、風営法及び旅館業法に抵触しないかが問題となったものである。同判決は、同条例と風営法は目的と対象がほぼ共通し、規制手法についても重なる部分があるが、同法は最大限規制を定めるものであって条例による規制を一切許さない趣旨とはいえないから、同条例は同法の趣旨に反するとはいえないとする。また旅館業法についても、ラブホテル等の建築について同法以上の規制を禁止する趣旨とは解されず、さらに、同条例が比例原則や規制内容の明確性に欠けるともいえないとして、同条例を適法とした。

　さらに、飯盛町旅館建築規制条例事件判決（福岡高判昭58・3・7判時1083号58頁）は、善良な風俗の維持と健全な環境の向上を目的として、旅館業を目的とする建築物の建築に町長の同意を必要とし、その位置が住宅地、教育・文化施設の「付近」等である場合には同意しないことを定める同条例が、旅館業の許可制を定める旅館業法に抵触しないかが問題となったものである。同判決は、両者は目的において競合しているとしたうえで、同法は全国一律に施される最高限度の規制を定めたものと解することは困難としつつ、同法は職業選択の自由を考慮してこの程度の規制にとどめたものだから、条例でより強度の規制を行うには相応の合理性、すなわち、規制の必要性と規制手段が相当なものであることを要するとし、同条例にはこれらを裏づける資料をみいだせないため、比例原則に反し同法

の趣旨に背馳するとし、同条例を違法とした。

　この判決は、法律の趣旨ではなく、条例側の問題点をあげて法律に抵触するとしたのであり、前述の条例意義重視論の系譜に属する判例といえる。第9章4で検討したとおり、条例制定においても憲法との関係等からこうした検討や配慮は重要であり、ここに着目したことは評価できるが、むしろ端的に比例原則違反により違法又は憲法違反とすべきであったと思われる。

　以上に対し、宝塚市パチンコ店等建築規制条例事件判決（大阪高判平10・6・2民集56巻6号1193頁）は、良好な環境の確保を目的として、パチンコ店等の建築に市長の同意を必要とし、その位置が市街化調整区域等であるときは同意しないことを定める同条例が、風営法及び建築基準法に抵触しないかが問題となったものである。同判決は、風営法と同条例の目的と規制方法は実質的に同一としたうえで、同法は全国一律の最高限度の規制であり、条例でより強度の規制をすることを排斥しているとして、同条例は同法に違反するとした。また、建築基準法と同条例の目的も同一としたうえで、同法は用途地域等の指定等を認めているから、それ以外に条例で独自の規制を行うことを予定していないとし、同条例は同法にも違反するとした。

　この判決は、前出の2つの判決と異なり、風営法を全国一律規制と解するとともに、建築規制について法律以外の方法を実質的に認めないとした点で、条例制定権にきわめて消極的な判決といえる。確かに、同条例の内容や合理性については問題が多いと思われるが、法律の趣旨をこのように解することは適切でない。

(3) 廃棄物処理施設に関する法律と条例

　廃棄物処理施設の設置に関しても、これを規制する条例が数多く制定され、廃棄物の処理及び清掃に関する法律（以下「廃棄物処理法」という）との関係が問題になってきた。

　まず、紀伊長島町水道水源保護条例事件判決（名古屋高判平12・2・29民集58巻9号2621頁）は、水道水質の汚濁防止、水源の保護等を目的として、町長が指定する地域内における規制対象事業場の設置の禁止、対象事業を行う際の事前協議等を定める同条例が、廃棄物処理施設の設置等を制限する廃棄物処理法に抵触しないかが問題となったものである。同判決は、同法は産業廃棄物の適正な処理によって生活環境の改善を図ることを目的とするのに対し、同条例は水道法に基づいて町が安全な水道水を確保する目的で制定したものであり、両者は目的、趣旨

が異なるから、同条例は同法に違反しないとした。水道法という別の法律に基づく自治体の責任に着目して妥当な結論を導いたものと評価できる。

　次に、三重県生活環境保全条例事件判決（名古屋高判平15・4・16裁判所ウェブサイト）は、県民の健康の保護、良好な生活環境の保持等を目的として、産業廃棄物処理施設の設置について、計画段階から地域住民との合意を図るために必要な事項を定める同条例とこれに基づく指導要綱が、廃棄物処理法に抵触しないかが問題となったものである。同判決は、同法は地方公共団体が地方的実情と必要に応じて条例等で特別の規制を加えることを容認しているところ、同条例は周辺住民の不安等の解消、紛争の予防等のために制定されたものであるため、同条例は同法に違反しないとした。あっさりとした判決文であるが、法定手続の事前手続を条例で定めることを適法としたのである。

　以上に対し、宗像市環境保全条例事件判決（福岡地判平6・3・18判タ843号120頁）は、自然環境の保全及び市民との紛争予防を目的として、産業廃棄物処理施設の設置について市長が計画変更等を指導・勧告でき、その違反に対して刑罰を科すことを定める同条例が、自然環境保全を目的として各種の規制を行う自然環境保全法及び廃棄物処理法に抵触しないかが問題となったものである。同判決は、同条例と自然環境保全法の目的は同一だが、同法は地方公共団体が自然環境保全のための規制を行うことを否定しておらず、規制の態様・性質も異なるから同法には違反しないとした。一方、同条例と廃棄物処理法の目的は異なるが、同法は環境悪化の防止との調和を保ちつつ、産業廃棄物の処理を通じて生活環境の保全等を図るという目的から技術基準に基づく規制を行うものだから、同条例は同法による規制の目的及び効果を阻害し、同法に違反するとした。前出の2判決と同様に目的の違いを認めつつ、法律の目的・効果を妨げることを理由として同条例を違法と判断したのである。

　また、阿南市水道水源保護条例事件判決（徳島地判平14・9・13判例地方自治240号64頁）は、水道水質の汚濁防止、水源の保護等を目的として、市長が指定する地域内で対象事業を行う際の事前協議や規制対象事業場の設置の禁止等を定める同条例が、廃棄物処理法に抵触しないかが問題となったものである。同判決は、両者の目的は同じであるとしたうえで、同法は施設の技術的審査を都道府県知事の権限としているから、同条例によって二重の審査を行うことは、事業者に過度の負担をかけるうえ、同法が市町村長と知事の役割分担を規定していることか

ら、同条例は同法に違反するとした。

(4) **法定外税に関する法律と条例**

　自治体は、総務大臣の同意を得て、条例で地方税法に基づかない法定外税を導入することができるが、この条例についても法律との関係が問題になる。

　神奈川県臨時特例企業税条例事件判決（最判平25・3・21判時2193号3頁）は、法定外普通税として、一定以上の資本金等を有する法人に対して、地方税法では損金算入が認められている「繰越控除欠損金額」を損金に算入しないものとして計算した所得金額に相当する金額を課税標準として課税することを定める同条例が、地方税法に抵触しないかが問題になったものである。高裁判決（東京高判平22・2・25判時2074号32頁）では、同法の目的及び効果を阻害するとまではいえず適法であると判断されたが、この判決では、法定外普通税に関する条例であっても、同法の強行規定に反する定めを設け、その内容を実質的に変更することは、同法の趣旨、目的に反し、その効果を阻害するものとして違法であるとした。

　この判決は、同法の法定税に対する準則法としての性格を全面的に承認するものであるが、このような規律密度の高い法令の規定は「地方自治の本旨」との関係で標準規定と解する余地がある（第12章2参照）。まして法定外税にまで強行規定たる効果を及ぼすとすれば、法定外税を設ける余地が極めて制限されるため、自主財政権（憲法94条）との整合性から国法にこうした効果を認めるべきか、疑問がある。この判決には批判も少なくない（地方自治判例百選（4版）56頁（碓井）、憲法判例百選Ⅱ（6版）442頁（須賀）とこれらに提示された文献を参照）。

5　判例にみる法律適合性の判断(2)——横出し条例の場合

　横出し条例の事例としては、前述の高知市普通河川等管理条例事件判決があげられる。この判決は、公共の安全の保持を目的として、河川法の適用・準用を受けない「普通河川」について、工作物の新築等に市長の許可を要することなど、その管理に必要な事項を定める同条例が、河川法に抵触しないかが問題となったものである。同判決では、普通河川の管理について条例を制定できることを認めつつ、同法は普通河川について同法が定める以上に強力な管理は施さない趣旨であるため、普通河川について同法よりも強力な管理を行う条例は同法に違反するとした。ただし、同条例の条項については、法律と調和するよう解釈すれば違反とはいえないと判断した。

この判決については、普通河川のような小河川ほど周辺に小規模施設が無秩序に設けられているなど強力な管理が必要となる事情もあることを指摘し、批判する見解が少なくない（原田1993：42）。ただ、横出し条例について法律との均衡が求められる場合があることは、留意する必要があろう。

　以上の判決のポイントをまとめると、**図表11-2**のとおりである。なお、法定事務条例の適法性（法律適合性）については、新しい条例論の問題として第12章3で取り上げる。

図表11-2　各判決における法律適合性の判断一覧

判決	関係の法律	①対象	②目的／趣旨	③趣旨／効果	結論
①徳島市公安条例事件判決	道路交通法	YES：重複	YES：重複	NO：最低限	○適法
②伊丹市教育環境保全条例事件判決	風営法	YES：重複	NO：違う	NO：阻害なし	○適法
③東郷町ホテル等建築適正化条例事件判決	風営法	YES：重複	YES：重複	NO：最低限	○適法
	旅館業法	YES：重複	NO：違う	NO：阻害なし	○適法
④飯盛町旅館建築規制条例事件判決	旅館業法	YES：重複	YES：重複	NO：比例違反	×違法
⑤宝塚市パチンコ店等建築規制条例事件判決	風営法	YES：重複	YES：重複	YES：一律	×違法
	建築基準法	YES：重複	YES：重複	YES：一律	×違法
⑥紀伊長島町水道水源保護条例事件判決	廃棄物処理法	YES：重複	NO：違う	NO：阻害なし	○適法
⑦三重県生活環境保全条例事件判決	廃棄物処理法	YES：重複	YES：重複	NO：最低限	○適法
⑧宗像市環境保全条例事件判決	自然環境保全法	YES：重複	YES：重複	NO：最低限	○適法
	廃棄物処理法	YES：重複	NO：違う	YES：阻害あり	×違法
⑨阿南市水道水源保護条例事件判決	廃棄物処理法	YES：重複	YES：重複	YES：阻害あり	×違法
⑩神奈川県臨時特例企業税条例事件判決	地方税法	YES：重複	NO：違う	YES：阻害あり	×違法
⑪高知市普通河川等管理条例事件判決	河川法	NO：なし	NO：放置なし	YES：均衡失す	×違法

　（注）「目的／趣旨」は目的が同 か／放置する趣旨か、「趣旨／効果」は一律の規制か／効果を妨げるか／均衡を失するか、をそれぞれさす。なお、この判断基準については**図表11-1**参照。

6 法律に抵触しないための留意事項

　以上の判例を踏まえて、条例立案にあたってどのような点に留意すべきだろうか。一般に、条例の内容を構成する要素としては、①目的、②執行主体、③対象、④執行手段、⑤執行基準があげられる（第5章2参照）。そこで、これらの要素ごとにその設定にあたって留意すべき事項をあげていこう。

　第1に、目的については、関係する法律の目的と異なるものであることが望ましい。もちろん、このために本来の目的を変える必要はないし、裁判所は実質的な同一性（重複）をみているから規定ぶり（言葉）を変えるだけでは意味はないが、法律と異なる目的である場合にはそのことを目的規定（第1条）で明記するなどの工夫を行うとともに、訴訟においてはこの点を強調する戦略が求められよう。

　第2に、執行主体については、法律上の執行主体とのズレに注意する必要がある（前述の阿南市水道水源保護条例事件判決を参照）。もっとも、法律上の執行主体と同一である場合には、逆に法律に基づく措置を講じればよいとの指摘もあり得るため、条例の目的や効果に照らして適切な執行主体とすることが重要である。

　第3に、対象については、可能であれば法律の規制対象と重複しないようにすること、すなわち、横出し条例とすることが望ましい。もっとも、この点も条例の目的実現のためには安易な妥協はできないため、重複する場合にはその必要性や相当性を十分に「理論武装」しておくことが重要である。判例をみても、上乗せ条例だからといって直ちに法律に抵触するとしているわけではなく、それなりに慎重に法律の趣旨や条例の合理性を検討している。条例制定にあたっても、過度に萎縮することなく、法律の趣旨解釈や、条例の正当性とそれを裏づける「立法事実」を明確にしておくことが重要である。なお、法律の趣旨については、第1次分権改革によって最低限規制と解される可能性が広がっているといえる。

　第4に、執行手段については、第8章で検討したとおり、幅広い選択肢の中から、目的実現のために最も適切な行政手段を選択することが重要である。条例の合理性・相当性が認められるためにも、また比例原則に違反しないためにも、他により制限的でない手段が考えられないか、常に点検する姿勢が必要である（憲法訴訟におけるLRAの法理や前述の飯盛町旅館建築規制条例事件判決を参照）。このことは、「すぐれた条例」をつくるためにも、「適法な条例」をつくるためにも重

要なポイントになるのである。

　第5に、執行基準については、執行手段と同様に、目的実現に必要な内容にするとともに、恣意的な判断が入らないようできるだけ明確かつ具体的なものにする必要がある。規制の基準が漠然としていたり、その認定が首長の自由裁量に任されているような基準では、それだけで違法となる可能性がある（前述の宝塚市パチンコ店等建築規制条例事件判決を参照）。この点は、規制条例としては当然備えるべき要件であるが（第9章4参照）、法律との関係においても留意する必要がある。

　以上の点に留意すれば、裁判になっても「法律に抵触しない条例」と判断される可能性が高まるといえよう。

7　条例（制定権）と執行権の関係

　条例は議会の立法権に基づいて制定されるものであり、法律で保障された執行権を侵害するような条例は許されないと解される。第4章3で述べたとおり、わが国の自治体ではいわゆる二元代表制（首長制）が採用され、議会と執行機関は「抑制と均衡」（チェック・アンド・バランス）の関係に立つため、議会が制定する条例によって執行権の本質的な要素を侵害することは地方自治法に反し許されないと解される。従来はこの問題が明確に取り上げられることは少なかったが、最近、議員提案による政策条例が増えるとともに、議決事件条例（地方自治法199条2項）など、執行権のあり方に介入する条例が増えていることから、問題になる局面が増加している。

　もともと法律自体が執行権に属する事項を条例事項としていること（たとえば公の施設管理条例）もあって、その境界線は明確ではないが、立法権は一般的・抽象的な法規範を定立する権能であるのに対して、個別の事務処理や組織運営は執行権に属するものであることに留意する必要がある。たとえば条例で個々の事務処理や組織運営を具体的に規定し、執行機関の裁量を一切認めないことは、違法と解される。また、個別の申請に対する許認可や特定の公共事業の実施を義務づけたり、執行機関の職員の採用や人事の基準を具体的に定める条例は、違法となるおそれがある。

　さらに、本来は条例事項であっても、その目的、経緯等によっては違法になり得ることに注意する必要がある。たとえば、特別職の報酬は条例で定められる

が、首長の責任追及を目的として議員提案で首長等の報酬を著しく減額する条例を制定した場合は、当該条例は違法となる可能性がある[5]。首長の在任期数を拘束するいわゆる首長多選制限条例（第4章5参照）も、その意図、経緯、効果によっては違法になり得ると考えられる[6]。

条例については、以上のような条件・限界がある。しかし、だからといって過度に萎縮する必要はない。分権型社会を築くには、これらの限界を理解したうえで、必要な理論武装をして政策条例の制定に挑戦することが求められるのである。

図表11-3　条例（自主条例）の法律適合性に関する主な判例

区分	判例	対象条例	判例の要旨
上乗せ条例	徳島市公安条例事件判決（最判昭50・9・10刑集29巻8号489頁）【参考】判例時報787号22頁、地方自治判例百選（4版）54頁、新条例百選144頁ほか	徳島市公安条例（集団行進及び集団示威運動に関する条例）（1952年制定）【骨子】道路その他公共の場所において集団行動を行う場合又は場所を問わずすべての集団示威行進を行う場合に県公安委員会に届け出るものとし、その際の遵守事項を罰則付きで定める。【参考】徳島市ホームページ、条例百選74頁、条例集覧55頁	【結論】適法【論点】道路交通法との関係【理由】法律と条例の対象と目的が同一であっても、法律が全国一律の規制を施す趣旨ではなく、地方の実情に応じた別段の規制を容認する趣旨であるときは、条例は法令に違反しない。道路交通法は公安委員会の裁量を認め全国一律の基準を避けていることから、条例で交通秩序維持等の見地から一定の規制を施すことを排斥する趣旨ではなく、かつ同条例は独自の目的と意義を有し合理性も肯定できる。
	飯盛町旅館建築規制条例事件判決（福岡高判昭58・3・7行集34巻3号394頁）【参考】判例時報1083号58頁、地方	（長崎県）飯盛町旅館建築の規制に関する条例（1978年制定）【骨子】善良な風俗の維持と健全な環境の向上を目的として、旅館業を目的とする建築物の建築には町長の同意を要することとし、その位置が住宅地、教育・文化施設の付近等である場合に	【結論】違法【論点】旅館業法との関係【理由】両者は目的において競合しているが、旅館業法は全国一律規制を定めたものではないものの、同法がこの程度の規制にとどめたのは職業選択の自由を考慮したものだから、条例でよ

---

[5] 市町村長と議会の対立によりこのような条例が議決され、審査申立てにより取り消された例がいくつかある。最近では、逗子市長に対し地方公務員法違反の人事異動を行った責任を問うとの理由で、同市議会が市長の給与を減額する条例を議決したことについて、市長の審査申立てを受けた神奈川県知事が同条例に係る議決を取り消した例がある（2004年5月25日裁定）。
[6] 現在制定されている首長多選制限条例はいずれも首長提案によるが、たとえば、現職の首長の立候補を阻止することを主目的として、多選を禁止する条例を議員提案により制定した場合などは、違法となる可能性があろう。

第11章　条例制定権の限界

自治判例百選（3版）62頁	は同意しないことを定める。 【参考】条例百選134頁、条例集覧157頁 ※飯盛町は合併により諫早市となった（2005年）。	り強度の規制を行うには相応の合理性、すなわち規制の必要性があり、かつ規制手段が相当なものであることを要する。本条例は法律に比してきわめて強度の規制をするものだから、比例原則に反し同法の趣旨に背馳する。
伊丹市教育環境保全条例事件判決（神戸地判平5・1・25） 【参考】判例タイムズ817号177頁、判例地方自治112号	（兵庫県）伊丹市教育環境保全のための建築等の規制条例（1972年制定） 【骨子】青少年の健全育成のために、旅館業、風俗営業を目的とする建築物の建築に市長の同意を要することとし、その位置が教育文化施設等の周囲の一定距離にある場合には同意しないことを定める。 【参考】伊丹市ホームページ	【結論】適法 【論点】風営法との関係 【理由】両者は目的・規制方法が異なるため、条例の適用によって風営法の目的と効果を阻害しないし、仮に目的に共通する面があるとしても、風営法は各地方の実情に応じた独自の規制を容認しているから、本条例は同法に抵触しない。
宗像市環境保全条例事件判決（福岡地判平6・3・18行集45巻3号269頁） 【参考】判例タイムズ843号120頁	（福岡県）宗像市環境保全条例（1991年制定） 【骨子】自然環境の保全及び事業者と市民の紛争予防を目的として、産業廃棄物処理施設の設置等の抑止を図るため、同施設の設置等について市長への届出を必要とするとともに、市長が必要と認めるときには計画の変更又は廃止を指導、勧告することができることとし、これに違反した者には刑罰を科することを定める。	【結論】違法 【論点】自然環境保全法、廃棄物処理法との関係 【理由】本条例と自然環境保全法の目的は同一だが、同法は基本法的性格を有すること等から地方公共団体が自然環境保全のための規制を行うことを否定していないところ、本条例は同法とは規制の態様・性質が異なるから同法に抵触しない。また、本条例と廃棄物処理法の目的は異なるが、同法は環境悪化の防止との調和を保ちつつ、産業廃棄物の処理を通じて生活環境の保全等を図るという目的から技術基準に基づく規制を行うものだから、本条例は同法による規制の目的及び効果を阻害し、同法に違反する。
宝塚市パチンコ店等建築規制条例事件判決（大阪高判平10・6・2民集56巻6号1193頁） 【参考】判例時報1668号37頁	（兵庫県）宝塚市パチンコ店等、ゲームセンター及びラブホテルの建築等の規制に関する条例（1983年制定） 【骨子】良好な環境の確保を目的として、パチンコ店等の建築に市長の同意を必要とし、市長は施設の位置が市街化調整区域や商業地域以外の用途地域であるときは同意しないことを定める。 【参考】宝塚市パチンコ店等及びラブホテルの建築の規制に関する条例に改正（2003年）	【結論】違法 【論点】風営法及び建築基準法との関係 【理由】両者の目的と規制方法は実質的に同一だが、風営法は全国一律の最高限度の規制であり、条例でさらに強度の規制をすることは同法により排斥される。本条例は、一定地域での建築を一律に不同意とするが、その合理性が肯定されないから、本条例は同法に違反する。建築基準法は、特別用途地区の指定等を認めているから、それ以外に条例で独自の規制を行うことを予

213

		定しておらず、本条例は同法に違反する。 ※最高裁では、本件訴訟は「法律上の争訟」にあたらないとして訴えを却下したため、条例の適法性の判断にいたらなかった（最判平14・7・9民集56巻6号1134頁・判例時報1798号78頁参照）。
紀伊長島町水道水源保護条例事件判決（名古屋高判平12・2・29民集58巻9号2621頁） 【参考】判例地方自治205号31頁、地方自治判例百選（4版）64頁	（三重県）紀伊長島町水道水源保護条例（1994年制定） 【骨子】水道水質の汚濁防止、水源の保護等を目的として、町長が指定する水源保護地域内における規制対象事業場（水質汚濁等のおそれのある事業場として町長が認定したもの）の設置の禁止、対象事業を行う際の事前協議、これらに係る改善命令等の措置を定める。 【参考】全国条例データベースホームページ ※紀伊長島町は合併により紀北町となった（2005年）。	【結論】適法 【論点】廃棄物処理法との関係 【理由】廃棄物処理法は、産業廃棄物の排出を抑制し、産業廃棄物の適正な処理によって生活環境の改善を図ることを目的とするのに対し、本条例は、水道法によって地方公共団体に施策を講ずることが定められた結果、紀伊長島町が安全な水道水を確保する目的で制定したものである。両者は目的、趣旨が異なるから、本条例は同法に違反しない。 ※最高裁では、町長の認定が事業者の地位に配慮する義務に違反するため違法とし、条例の適法性の判断に至らなかった（最判平16・12・24民集58巻9号2536頁）。
阿南市水道水源保護条例事件判決（徳島地判平14・9・13） 【参考】判例地方自治240号64頁	（徳島県）阿南市水道水源保護条例（1995年制定） 【骨子】水道水質の汚濁防止、水源の保護等を目的として、市長が指定する水源保護地域内で対象事業を行う際の事前協議、同地域内の規制対象事業場（水質汚濁のおそれのある事業場として市長が認定したもの）の設置の禁止、これらに係る一時停止命令、罰則等の措置を定める。	【結論】違法 【論点】廃棄物処理法との関係 【理由】本条例は、水質汚濁を防止するため技術上の不備がある施設を禁止する点で廃棄物処理法の目的と同じである。同法は施設の技術的要件の審査を都道府県知事の権限としているから、本条例によって二重の審査を行うことは、事業者に過度の負担をかけるうえ、同法が市町村長と知事の役割分担を規定していることから、本条例は同法に違反する。
三重県生活環境保全条例事件判決（名古屋高判平15・4・16）	三重県生活環境の保全に関する条例（2001年制定） 【骨子】県民の健康の保護、良好な生活環境の保持等を目的とする同条例において、知事は、産業廃棄物処理施設設置の計画段階から地域住民との合意を図ることを基本として、必要な事項を定めるものとすると定める（94条）	【結論】適法 【論点】廃棄物処理法との関係 【理由】廃棄物処理法は廃棄物についてのあらゆる事項を規制する趣旨で制定されたものでなく、地方公共団体が特殊な地方的実情と必要に応じて条例等で特別の規制を加えることを容認している。当条例は周辺住民の不安等の

第11章　条例制定権の限界

		（これに基づいて産業廃棄物処理指導要綱を制定）。 ※同条項は後に削除。	解消、紛争の予防等のために制定されたものであり、これに規定されている申請に先立つ手続（事前協議の手続）は適法と解される。
	東郷町ホテル等建築適正化条例事件判決（名古屋地判平17・5・26） 【参考】判例タイムズ1275号144頁、地方自治判例百選（4版）60頁	（愛知県）東郷町ホテル等建築の適正化に関する条例（1994年制定） 【骨子】町民の快適で良好な生活環境の保持と青少年の健全育成を図るため、ホテル等の建築についてロビーの設置等の基準を設けるとともに、町長の同意を要するものとし、これに違反した場合に中止命令、罰則等の措置を定める。 ※2004年、同条例は廃止され、東郷町ラブホテル等建築規制条例が制定された。	【結論】適法 【論点】風営法及び旅館業法との関係 【理由】風営法と本条例は、目的と対象がほぼ共通し、規制手法についても重なる部分があるが、同法は規制の最大限であって、条例による規制を一切許さない趣旨とはいえないから、本条例は同法の趣旨に反するとはいえない。旅館業法の目的は、平成8年改正で善良な風俗の確保という観点が後退したことから、本条例と共通する部分は解消され、同法がラブホテル等の建築について同法以上の規制を禁止する趣旨とは解されない。本条例は、比例原則や規制内容の明確性に欠けるともいえない。
	神奈川県臨時特例企業税条例事件判決（最判平25.3.21） 【参考】判例時報2193号3頁、地方自治判例百選（4版）56頁、憲法判例百選（6版）442頁	神奈川県臨時特例企業税条例（2001年制定） 【骨子】地方税法に基づく法定外普通税として、資本金5億円以上等の法人に対し、法人事業税の課税標準である所得の計算上、「繰越控除欠損金額」を損金に算入しないものとして計算した所得金額に相当する金額を課税標準とし、税率を3/100～2/100とする臨時特例企業税を課する。 ※本条例は2009年3月末で失効（附則2）。	【結論】違法 【論点】地方税法との関係 【理由】地方税法の法定普通税についての規定は、これと異なる条例の定めを許容する別段の定めがあるものを除き、強行規定と解される。法定普通税に関する条例だけでなく、法定外普通税に関する条例において、強行規定に反する定めを設けることによって、当該規定の内容を実質的に変更することも、同法の規定の趣旨、目的に反し、その効果を阻害する内容のものとして許されない。本件条例の規定は、地方税法の定める欠損金の繰越控除の適用を一部遮断することを趣旨、目的とするものであり、同法の強行規定と矛盾抵触するものとして違法、無効である。
横出し条例	高知市普通河川等管理条例事件判決（最判昭53・12・21民集32巻9号1723頁） 【参考】判例時報918号56頁、同954	高知市普通河川等管理条例（1967年制定） 【骨子】公共の安全の保持を目的とし、河川法の適用又は準用を受けないいわゆる普通河川について、工作物の新築等に市長の許可を要することなど、その管理に必要な規定を定める。	【結論】適法（限定解釈） 【論点】河川法との関係 【理由】普通河川の管理について条例を制定することはできるが、河川法は普通河川について同法が定める以上に強力な管理は施さない趣旨であるから、普通河川について同法よりも強力

| 号156頁（判例評論）、地方自治判例百選（4版）58頁 | 【参考】現・法定外公共物管理条例（2005年制定）、高知市ホームページ、条例百選200頁、条例集覧242頁、新条例百選198頁 | な管理を行う条例は同法に違反する。するよう解釈すれば違反とはいえない（原判決破棄・差戻し）。 |

（出典）　各判決文等から著者作成
（注）　表中の文献（一部のみ）は次のとおり。条例百選＝『条例百選・ジュリスト800号記念特集』（有斐閣、1983年）、条例集覧＝『条例集覧（条例百選資料編）』（有斐閣、1984年）、新条例百選＝『新条例百選・ジュリスト増刊』（有斐閣、1992年）、新条例集覧＝『新条例集覧（新条例百選資料編）』（有斐閣、1992年）、全国条例データベースホームページ＝https://elen.ls.kagoshima-u.ac.jp。なお、判決文は最高裁ホームページ・判例検索システム、http://www.courts.go.jp/app/hanrei_jp/search1参照。

Column ⓫　検察協議ってなに？

　本文でも述べたとおり、罰則を含む条例を制定する場合、議会への提案に先立って地方検察庁に協議する必要がある（Column ❾も参照）。その根拠については、法務省に1951年に条例係検事がおかれたときの法務府刑政長官通牒にあるとか（北村2004d：103）、全国都道府県総務部長連絡事項（1973年1月25日付）にあると推測されているが（鈴木（潔）2009：43-44）、いずれにしても法的な義務ではない。しかし、実際に条例違反の事案が生じ、自治体が告発し、警察の捜査を経て、検察が起訴するか否かの判断をすることになった場合に、条例自体に法的な疑義があって起訴できないということになってはまずいため、あらかじめ協議することが慣行になっている。

　私も、実務家時代に土地利用調整条例の策定に携わった際に、横浜地方検察庁に協議した経験がある。検察協議はやっかいだとか、時間がかかると聞かされていたが、この条例の場合はわりにスムーズだった。担当は総務担当の検事だったが、最初に、「われわれは、条例の良し悪しに口出しするものではありません。起訴する際に問題がないよう、条例上の構成要件が明確かという点と、法定刑が類似の法律・条例の法定刑と均衡がとれているかという点を点検するものです」と言ってくれ、実際にこの2点に関して確認や指摘があった。

　その指摘も、開発行為の着手後に開発計画を変更する場合は再協議をしなければならないが、いつの時点で条例違反になるかを明確にするため、開発行為をいったん停止させる義務づけ規定をおくべきだという内容で、的確なものだったし、その態度も紳士的だった。

　話はずれるが、条例文を作成していて意外に難しいのが、この計画変更に関わる規

定だ。計画変更といっても、承認前の変更、承認後で行為着手前の変更、行為着手後で完了前の変更、完了後の変更と、時点によって対応が異なるし、これに軽微な変更か否かの差異や住民説明などの手続がからむと、さらに複雑になる。あれこれ場合分けをして注意して規定したつもりだったが、まだ不完全だったわけだ。

　もっとも、2～3回の打合せで協議終了と思っていたところ、その検事から連絡があった。検察庁内で決裁を取ろうとしたところ、検事正からいろいろと指摘されたとのことで、条例案の基本的な部分を含めて指摘があった。その多くは、そうもいえるが実務的には支障はないという内容だったため、「施行規則の中で補います」などと言ってお許しを願った。このやりとりから、検事の世界でも決裁を取るんだな、またどこの組織にも細かいことをいう上司（？）がいるんだな、と思った次第。

　いずれにしても、刑事事件のプロに助言をもらえることは貴重なので、この機会を積極的に利用するという姿勢で臨むとよいと思う。

第12章 分権時代の条例論
―条例は国法を乗りこえられるか

1　自主条例の法律適合性(1)―分権改革以前の議論

　第11章では、主として法律と条例の関係について判例の考え方を中心に検討したが、本章では、学説の展開について第1次分権改革の前後に分けて紹介するとともに、条例制定権に関する新しいテーマについて検討しよう。

(1) 分権改革以前の議論の状況

　第1次分権改革以前には、法律と条例の関係について様々な議論があったが、それらを主な着眼点によって大別すると、6つの考え方・類型に分けることができる（高田1984：201-213など参照）。

　第1に、国の法律が明示的又は黙示的に先占している事項については、法律の委任がないかぎり条例を制定できないとする、いわゆる**法律先占理論**がある。1960年代までは学説上でも実務でもこの見解が有力であった。これによると、いわゆる上乗せ条例は法律の委任がないかぎり違法となるし、横出し条例についても法律が当該領域を先占したものと解されれば違法とされる。たとえば、田中二郎氏は、かつて「国の法令による明確な規制はないが、法令全体の趣旨・建前からいって、法令の先占領域と解される場合には、条例で規制することはできない（中略）。これは、直接、法令に抵触するとはいえないが、法令の趣旨に反するからである」としていた（田中（二）1963：458。ほかに俵1975：302参照）。

　ここでいう「先占領域」がどのような場合をさすかは微妙だが、法律で定められた事項ないし領域を広く先占領域と解するとすれば、憲法が条例制定権を認めた意義が没却されるため、特に公害防止条例をめぐってこの見解の問題点が指摘され、1970年代以降はこの理論は力を失うこととなった。

　第2に、法律の先占領域を限定し、法律で明らかに制限している場合に限って条例制定が認められないとする、**先占領域限定説**がある（**明白性の理論**ともよばれる）。これによると、上乗せ条例は引き続き違法とされるが、横出し条例の多くは適法と解されることになる。たとえば、成田頼明氏は、「法令の先占領域の観念をあまり広く解して自治立法権の範囲を縮小する解釈にはにわかに賛成しがたい。先占領域の観念を認めるにしても、その範囲は、当該法令が条例による規

制を明らかに認めていないと解される場合に限られるべき」とし、いくつかの場合に分けて条例制定の可否を論じている（成田1959：215-216)[1]。

　この考え方は、典型的な先占理論ほど形式的ではないが、先占領域に関する条例は違法という枠組みを維持しているため、上乗せ条例について法律の趣旨に関係なく違法とされるなど、自治立法権拡充の点では問題を残している。

　第３に、法律の対象だけでなく、その趣旨・目的等によって実質的に法律に抵触するか否かを判断しようとする、いわば**法律趣旨重視説**がある。これによると、上乗せ条例についても法律の趣旨に反しなければ適法と解される。たとえば、兼子仁氏は、法律の規定内容は多様であること、法律は「地方自治の本旨」の実現を妨げないよう合憲的に条理解釈すべきこと等を指摘して、法律先占理論は「一般的な法律優先主義に過ぎる」と批判し、地方自治に関わる国の法律には、規制事項の性質と人権保障に照らして立法的規制の最大限を規定する「規制限度法律」と、全国的な規制の最低基準を規定する「最低基準法律」があるとし、前者について法律の基準をこえて規制する条例は違法となるが、後者については適法であるとする（兼子1978：65-72、同2006：99-104）。第11章**3**で分析した最高裁徳島市公安条例事件判決（昭50・9・10刑集29巻8号489頁）も、基本的には法律の趣旨を重視しており、ここに属する考え方といえる。この判例を支持する学説は数多い（塩野2012：186、宇賀2009ａ：150-152、芦部2015：373）。

　この考え方は、個々の法律の趣旨を考慮することによって、法律の目的や政策意図を尊重しつつ常識的な結論を導くことができるが、条例制定の可否が国の立法政策に委ねられてしまうとともに、法律の趣旨解釈自体が微妙な判断を伴うため、自治立法権の十分な保障にならないことが課題となる。

　第４に、法律と条例の関係について、憲法上の地方自治の本旨や人権保障の趣旨を考慮して、憲法的な価値に即して判断すべきとする、いわば**憲法価値重視説**がある。これによると、法律の規定や趣旨に抵触すると考えられる条例についても、地方自治の本旨等から適法と解される場合があることになる。逆に、人権保障の点から条例による上乗せ等は認められないと解される可能性もある。

---

[1] 成田氏はその後、後述の総合的考慮説に属する主張をしている。一方、田中（二）1976：135は、「国の法令の先占領域（中略）は、できるだけ限定的に解釈し、法令が条例との関係で沈黙している場合には、十分合理性の認められる法令の定めに明らかに抵触するものてない限りにおいて、条例を制定することができるものと解すべき」とし、前述の考え方を変更している。

たとえば、室井力氏は、法律と条例の問題に関して、「憲法が地方自治を保障したことを前提とし、地方自治体の存在理由と人権保障の具体的内容および人権の価値序列の考察などを考慮しつつ、各種行政領域について具体的な検討がなされなければならない」とし（室井1978：17）、公害行政については、「国の法令による規制は、地方自治体の条例による規制を抑制するものではなく、全国的・全国民的見地からする規制の最低基準を示すものと解される」とする（室井1970：67参照。広沢1988：433、原野1984：13も、人権保障の観点から条例制定権の限界を論じている）。

また、原田尚彦氏は、「地方自治行政の核心的部分については、『地方自治の本旨』を保障した憲法の趣旨より見て国の立法政策のいかんによらず、いわば『固有の自治事務領域』としてその第一義的責任と権限が地方自治体に留保されるべき」とし、このような領域に関する法律は、「全国一律に適用さるべきナショナル・ミニマムの規定と解すべき」であり、「独自の条例をもって横出しないし上乗せ規制を追加することも、つねに許される」としたうえで、こうした領域として、「公害防止、地域的自然環境の保護、土地利用の計画化など住民生活の安全と福祉に直接不可欠な事務」を例示する（原田1975：62。同2005：165-168も参照）。この見解は**固有の自治事務領域論**とよばれている。

この考え方は、上位規範である憲法上の価値を反映できる点で評価できるが、法律と条例以外の要素を組み込むことによって判断が複雑となるほか、重要な人権の制限となる場合は上乗せ条例の方が違法と解されるなど、自治立法権の意義からすれば逆の方向にも働きかねないことに注意を要する。

第5に、条例制定に地域の実情に基づく必要性や合理性が認められる場合には、法律との関係においても条例を適法とする、いわば**条例合理性重視説**がある。これによると、上乗せ・横出しの規制が必要であり、その内容が合理的であれば、法律の趣旨に関わりなく条例制定が認められることになる。たとえば、南川諦弘氏は、第11章でも取り上げたとおり最高裁判決の個別論に着目し、憲法が条例制定権を保障した趣旨から考えて、「法令に積極的に抵触する条例は無効であるが、条例による規制が特別の意義と効果をもち、かつその合理性が認められるならば、かかる条例は適法である」とし、こうした考え方を**特別意義論**と名づけている（南川2012：155、169-172）。

この考え方は、第11章3で述べたとおり、条例の合理性は法律との関係では被

規制者との関係で問われるべき事項であること、条例の合理性には多様な評価があり得るため、判断基準としては明確性を欠くことに注意を要する。

　第6に、条例制定の可否については、法律の趣旨だけでなく、当該行政分野の性格、規制の必要性・合理性、関係する人権の内容等を総合的に検討すべきとする、いわば**総合的考慮説**がある。これによれば、法律が最大限規制と解される場合でも、上乗せ・横出しの条例が違法と解されるときもあれば、法律が最低限規制と解される場合でも、条例が違法と解されるときもあることになる。たとえば、前出の成田頼明氏は、その後の論考において、「条例の上のせ・横出しの可否は、地域社会における具体的必要性と規制の合理性、比例原則、技術進歩の程度、国の法律に定める罰則との関係等を総合的に配慮して個々具体的に判定すべき」とし、条例が「国法より厳しければ厳しいほどよいというような単純な考え方には賛同することはできない」とする（成田1978：211）[2]。

　この考え方については、なぜこれらの要素を考慮する必要があるのかが論証されていないほか、多様な要素を考慮するため判断者（裁判官）の恣意的な判断になりかねない点に注意する必要がある。

(2) 各見解による具体的な差異

　では、具体例を想定して、各見解で結論にどのような差異が生じるか、考えてみよう（**図表12-1参照**）。都市計画法の開発許可では、1 ha 以上の開発行為には区域の3％以上の面積の公園緑地を設けるよう義務づけられている（同法33条1項9号等を単純化）。仮にある自治体が土地利用規制条例を制定し、①0.3ha 以上の開発行為にも同様の規制を行う（横出し条例）、②5％以上の公園緑地を義務づける（上乗せ条例）、③2％以上の公園緑地を義務づける（引下げ条例）としよう。法律先占理論では、開発規制の領域は国法の先占領域となり、①②とも違法と解される。先占領域限定説では、開発規制の領域は先占領域ではないと解し、①②は適法となる可能性がある。法律趣旨重視説では、1ha 未満の開発行為を規制しないとの趣旨ではないと考えられ、①は適法だが、②については3％以上の基準が全国一律の趣旨か否かによって左右される。憲法価値重視説では、土地利用の規制は自治体固有の役割として、①だけでなく②も適法となる可能性が高

---

[2] 渋谷1995：195-196は、事務の種類、行政領域の類型、行政の活動形式、関係する人権の内容・価値序列などを組み合わせたアプローチ方法をとるべきとしており、ここに属する考え方といえる。

図表12-1　自主条例の法律適合性に関する見解の比較（試論）

	見　解	横出し条例	上乗せ条例	引下げ条例
分権前	(1)法律先占理論	△	×	×
	(2)先占領域限定説	△	△	×
	(3)法律趣旨重視説	○	△	×
	(4)憲法価値重視説	○	△	×
	(5)条例合理性重視説	△	△	×
	(6)総合的考慮説	△	△	×
分権後	(7)条例原則適法説	○	○	×
	(8)法律標準規定説	○	○	○
	(9)合理的規範優先説	△	△	△

（注）　各見解から論理的・一般的に導かれると思われる結論を記載した。○＝原則適法、△＝場合により適法、×＝原則違法、をそれぞれ示す。「引下げ条例」は、法律の規制よりも緩やかな規制を定める条例を想定した。
（出典）　著者作成

い。条例合理性重視説では、①や②が地域事情に照らして合理的か否かによって左右される。総合的考慮説では、①や②の合理性や国法との関係などを総合的に考慮して判断される。③については、いずれの見解でも違法と判断されよう（ただし、後の注5を参照）。

2　自主条例の法律適合性(2)——分権改革以降の新しい議論

(1)　分権改革以降の議論の状況

条例は、当該自治体の事務について、法律の範囲内で制定できるものである（地方自治法14条1項）。第10章2で述べたとおり、第1次分権改革では、機関委任事務制度が廃止され、従来、機関委任事務とされていた事務が自治体の事務（自治事務と法定受託事務）となったことから、条例制定の対象事務が大きく拡大した。また、「法律の範囲内」という制限は変わらないものの、地方自治法の改正によって、国と自治体の役割分担の原則（1条の2）や、自治体に関する立法と解釈の原則（2条11～13項）が定められた。そこで、法律と条例の関係についてもこれらを踏まえて解釈すること、すなわち分権適合的な解釈が求められ、新しい解釈が提案されている[3]。

第1に、分権改革の趣旨を踏まえて、自治体の事務に関する法律は特別な事情

がないかぎり全国最低限の規制を定めるものであり、上乗せ条例・横出し条例ともに原則として適法と解すべきだとする、いわば**条例原則適法説**が主張されている。たとえば、阿部泰隆氏は、地方自治法2条13項の規定を踏まえて、自治事務については、「条例は原則として国法に抵触しないという推定が働くと解すべき」としている（阿部（泰）1999：123）[4]。

この解釈は、条例制定権の限界を突破するような大胆さはないものの、最高裁判例の基準を基礎としつつ、個別法について地方自治法の原則規定との整合を図るよう解釈することによって分権適合的な判断を導くもので、論理的にも無理がないといえよう。

第2に、自治事務に関する法律の規定を標準的な規定と解し、条例でこれと異なる規定を定めた場合は条例の規定が優先するという、いわば**法律標準規定説**が提起されている。たとえば、北村喜宣氏は、地方自治法2条13項の法意を根拠として、「たとえ、規律密度高く規定されている法令であっても、それは、例示であって一応の標準的なものと、受け止められるべき」であり、条例による基準の「上乗せ」だけでなく、「基準の緩和」も可能と解している（北村2004ｂ：64-65、72-74）。また斎藤誠氏は、「自治事務に関して設けられた個別の法令による規律は、いわば『規律の標準設定』として扱って差し支えないものがあり、このことによって条例による規律が直ちに排除されると解すべきではない」とする（斎藤2012：262-266。櫻井2001：68も参照）[5]。

この考え方は、地方分権の趣旨を生かして法令の壁に風穴をあける画期的な発想を含んでいるが、北村氏のように自治事務に関する法令の規定を一般的に標準規定と解するのは、国の立法権を軽視するおそれがあるし、斎藤氏のように限定

---

[3] 以下のほか、憲法論の視点から自治立法権の新たな位置づけを模索する見解も注目される。大津2015：393-397は、現代国民主権原理を基礎として地方自治を「国民による主権の地域的行使」と捉え、多元的な立法権分有主体どうしの「対話」を主権行使の不可欠の要素とし、「対話的立法権分有」の法理を提唱する。

[4] 阿部（泰）1999：122では、地方自治法でこうした推定規定をおいて立法的に解決することも提案している。亘理2000：81、89も同旨。

[5] 法律と並行する独自条例で基準を上乗せや横出しをすれば、結果的に法律が予定した規律より重いか広い規律となるため、法律への抵触が問題となるが、引下げ（緩和）をしても、法律の規律が変わるわけではない（条例上は適法でも法律上は引き続き違法である）ため、こうした引下げ条例を違法とする必要もないという解釈もありうる。しかし、法規範の一体性・整合性から、二重の基準を生むこと自体が法律に抵触するという解釈もありうる。ここでは、後者の立場に立って整理するが、本来、引下げをしたいのであれば3で取り上げる法定事務条例として定めるべきであろう。

的に標準規定と解するとすれば、その範囲・基準をどう考えるかという問題を抱えることになる。なお、このような基準の緩和は、基本的には後述の法定事務条例の中で行われるべきであろう。

第3に、法律の対象、趣旨、内容等にかかわらず、条例自体に立法事実に基づいて合理性が認められれば、法律に優先して適用されるとする、いわば**合理的規範優先説**が主張されている。この見解は、前述の条例合理性重視説をさらに進めて、法律と条例の対等性を基礎として、より直截にすぐれた法規範を優先するという発想に立っているといえる。たとえば、岩橋健定氏は、法律と並行条例（自主条例）が抵触関係にある場合には、「条例の側について、法律の定めと抵触してでもある規律をしなければならないだけの合理的な根拠が、立法事実によって裏付けられているか否かが問われ」るし、法律の側にも、「条例による抵触を許さないという形での法律の定めをすることの合理的な根拠が、立法事実に裏付けられているか否かが問われる」とし、結局「より合理的な根拠を有する規範が優位する」とする（岩橋2001：375-378)[6]。

この考え方は、論理構成と問題解決の妥当性の両面で魅力的な議論であるが、およそ法制度の合理性（すぐれているか否か）については多様な評価が可能であって、一元的な尺度によって優劣を決することはできないし（第5章4参照）、この判断を裁判所に期待することは三権分立の原則からいっても問題がある。また、法律が上乗せ条例を容認する趣旨であっても、条例が法律よりも合理的でなければ違法となるはずであり、特に福祉、教育など地域特性を主張しにくい条例は制約されるおそれがある（第11章3参照）。さらに実践的にも、ある条例を制定する際にこれが適法かどうかが裁判にならないとわからない（予測可能性が低い）ため、条例制定権を不安定な基盤のうえに立たせる結果になろう。

(2) **各見解による具体的な差異**

ここでも、前述の開発許可と土地利用規制条例の例を用いて、各見解でどのような差異が生じるか、比較しておこう（**図表12-1参照**）。条例原則適法説では、開発許可が自治事務であることもあって、①横出し条例も②上乗せ条例も適法と解

---

[6] 鈴木（庸）2002：15-16も、憲法92条の「地方自治の本旨」を「関連する諸規定との衡量を前提にその最適化を命ずる」原理規範（最適化命令）と解したうえで、「国法と条例に抵触があるときに、どちらを適用すべきかは、立法事実論（その立証を含めて）としてどちらがすぐれているかによって決めるべき」としており、ここに属する見解といえる。鈴木（庸）2010 a も参照。

されるが、③引下げ条例は従来どおり違法となろう。法律標準規定説では、①②だけでなく、③も適法となる。合理的規範優先説では、「0.3ha 以上」も規制することがより合理的なら①は適法、「３％以上」より「５％以上」が合理的なら②は適法、「２％以上」がより合理的なら③は適法となろう（こうした合理性の判断を裁判所に求めることが適切か問題があることは前述のとおり）。

(3) 今後の解釈論—私見

一般に法解釈においては、①法的整合性・論理性、②現実的妥当性・合理性、③解釈の明確性・予測可能性に配慮する必要がある。

まず、分権改革以前の議論のうち、法律先占理論及び先占領域限定説は、③の点ですぐれているが、分権時代の要請に応えられず、②の点で採用できない。法律趣旨重視説は、論理的であり①の点ですぐれているが、分権時代の要請に十分応えられず、かつ微妙な判断を要するため、②と③の点で問題がある。憲法価値重視論は、①と②の点ではやや魅力があるが、どういう憲法価値を重視するかが自明でないため、③の点で問題がある。条例合理性重視説及び総合的考慮説は、②の点で魅力があるが、なぜこのような要素を重視するかの根拠が明確でなく、またその結果が予測できないため、①と③の点で問題がある。

次に、分権改革後の議論のうち法律標準規定説は、分権時代に合致し②の点ですぐれているが、国の立法権を軽視するおそれがあるほか、何が標準規定かの線引きが難しいため、①と③の点で全面的に依拠するには問題がある。合理的規範優先説は、すぐれた論理構成により①の点で魅力があるが、合理性の判断基準が不明確であるため、②と③の点で問題がある。これらに対して、条例原則適法説は、理論構成は平凡であるが、①、②、③のすべての点で問題の少ない解釈といえる。

したがって、私は基本的には条例原則適法説をとり、自治体の事務（特に自治事務）に関する法律は原則として上乗せ・横出し条例を許容するものと解するとともに（礒崎2000ｂ：184-186、同2001：104-105）、部分的に法律標準規定説をとり、法令の中には過度に規律密度の高い規定など標準規定と解すべきものがあり、これについては引下げ条例も適法と解すべきである（ただし、本来は後述の法定事務条例として定めるべき）と考える。

3 法定事務条例の可能性

(1) 法定事務条例の意義

第3章1で整理したとおり、ここで**法定事務条例**とは、法律に基づく事務（法定事務）の基準、手続等を定める条例である。これに対して、これまで検討してきた**自主条例**（又は**独自条例**）は、法律とは別に独自に事務を創設してその基準、手続等を定める条例である[7]。この法定事務条例の中にも、法律の委任に基づいて制定する**委任条例**と、それ以外の条例、すなわち法律の執行にあたって自治体の判断によって必要な事項を定める**執行条例**がある。

従来の条例論は、主に自主条例について検討されてきた。本章の1、2の検討も基本的には自主条例を念頭においている。しかし、第1次分権改革によって機関委任事務が廃止されたため、自治体が処理する事務については基本的に条例を制定することが可能になった。また、地方分権を進めるには、法律に基づく事務であっても、できる限り地域の実情と自治体の政策方針を生かして具体化し、実施することが重要である。そこで、今後は法定事務条例、特に執行条例の可能性を拡げていくことが重要となる（北村・山口・礒崎2005：18-19、政策法務研究会編2017：5121-（礒崎）参照）。

自主条例は、法律とは別の規範を定立して、その中で法律よりも厳しい上乗せ規制や法律の対象外の事項を対象とする横出し規制を行うことが考えられるのに対して、法定事務条例は法律規範に介入し何らかの「変更」を行うものである（**図表12-2参照**）。いわば、自主条例が法律とは別の土俵をつくって勝負するのに対して、法定事務条例は法律と同じ土俵に入って自治体なりのルールを加味して勝負するものといえよう。

法定事務条例の規定としては、法律の規定をどう「変更」しようとするかによって、①法律の抽象的・一般的な規定を詳細化する**具体化規定**、②法律の基準をより厳しくする**強化規定**（これにも法律の基準より高い基準を定める場合と法律の基準にない基準を追加する場合がある）、③法律の基準をより緩やかなものにする

---

[7] 岩橋2001：360は、ここでいう自主条例を法律と並行して執行されるため「並行条例」とよび、ここでいう法定事務条例をその内容によって「具体化条例」と「書きかえ条例」とよんで、それぞれの法律適合性を判断しており、参考になる。

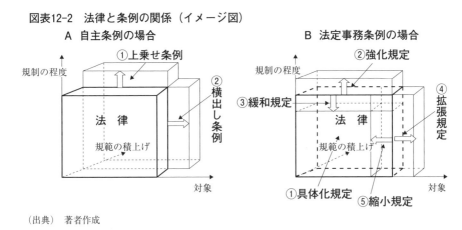

図表12-2 法律と条例の関係（イメージ図）
A 自主条例の場合　　　B 法定事務条例の場合

（出典）著者作成

緩和規定、④法律の対象範囲を拡大する**拡張規定**、⑤法律の対象範囲を縮小する**縮小規定**という５種類の規定が考えられる[8]。このそれぞれについて、法律との関係で適法性を検討する必要がある。

　法定事務条例については、法律規範を「変更」するものであり、法律に基づく行為に直接影響するため、法律との整合性がより厳しく問われることになる。しかし一方で、自治事務については地域の特性に応じて処理できるように配慮することが求められるため（地方自治法２条13項）、自治事務の基準や手続については条例による具体化の余地は広いと考えられる。また、規制される者にとっては、法律と条例による二重の規制を免れるため一般的には負担が少なくなるし、法体系全体としてもシンプルでわかりやすいものになる。これまでの法体系は、国の省庁による縦割りに加えて条例という形で法規範が分立し、複雑な仕組みとなっていた。地方分権の時代には、これらの法規範をできるだけ統合し、法律の根拠に基づきながら、その具体的な基準や手続は地域の実情を踏まえて条例で定めるという仕組みをとることが望ましい。いわば「**法令と条例のベストミックス**」をめざして法規範の再構築を進めるべきであり、そのために法定事務条例の可能性を拡げることが重要になっているのである（礒崎2002ｂ）。

---

[8] この区分は、礒崎2002ａ：50-55で整理した具体化基準、上乗せ基準、横出し基準、緩和基準の四区分を基礎としつつ、対象範囲の変更を加えて再整理したものである。

(2) 法定事務条例の適法性に関する議論の状況

法定事務条例の適法性（法律適合性）については、最近議論が始まったばかりだが、細かくみるといくつかの見解があり、その結論も大きく分かれている。

第1に、塩野宏氏は、審査基準に関する条例についてであるが、条例への委任規定がない場合、「地方公共団体としては、行政手続法による審査基準を定めることになるが、これを条例の形式として定めることは、法律の法規創造力からして、許されないと解される」とする（塩野2006：173）。ここでいう「法律の法規創造力」とは、「法律の支配」の一内容であり、「一般的規律の定立の立法権独占」をさすとされているから（塩野2009：68）、この解釈は、国会が法律を定めた以上、一般的規律は法律で完結しているはずであり、それ以下の事項は行政庁の決定に委ねられているから、自治体の立法権の対象にはならないという意味であろうか。だとすれば、法定事務の内容に関しては、法律の委任がなければ条例制定は認められないから、**法定事務条例否定説**といえよう。

第2に、小早川光郎氏は、「要件効果規定の形の基準を条例で付加すること」は、「法律が予定する自治体機関にとっての要考慮事項の範囲が条例で縮減されることになる」ため、法律による委任ないし授権がないかぎり認められないが、「条例によって新たに付加される基準が裁量基準たる性質のものであるとき」は、法律の要考慮事項を変更するものではなく、どのような処置が妥当か等に関する目安を示すものだから、違法ではないとする（いわば**裁量基準限定説**。小早川2001：388-399）。自治体が条例の制定まで行うのは、要件効果に何らかの変更を加えたい場合だから、この見解はかなり限定的な許容論といえる。

第3に、岩橋健定氏は、法律上の要件を変更する「書きかえ条例の類型については、明文なしには原則として認められない」とし、「例外的に認めるべき場合には、その例外の必要性と許容性からその範囲が決定される」とする一方で、法律上の要件を具体化する「具体化条例の類型については、分権改革によってその制定が可能となる場合が拡大している」とし、「その法律の規定の趣旨の具体化として適当であるか否かが判断基準となろう」とする（いわば**具体化条例限定説**。岩橋2001：376）。要件を具体化する規定まで適法とするのは評価できるが、書きかえ条例を原則として認めない点は改善を要するといえよう。

第4に、前述の自主条例に関する**法律標準規定説**をとると、法定事務条例の多くは適法と解されることになる。たとえば、前出の北村氏は、法律は全国画一的

性格をもっていることから、地域によって「その内容が過剰・過少規制となっている可能性は、否定できない」ため、「『地域の特性』の観点からは、法定自治事務を規定する法令の内容は、基本的に、『標準的なもの』と、とらえることになる」、あるいは「条例によって自治体が修正することを国会は当然に予定している」としたうえで、①規制対象の拡大（スソ切り引き下げ）、②規制対象の追加（横出し）、③規制対象に関する定義の詳細化、④規制基準の強化（上乗せ）・緩和、⑤規制基準の具体化・詳細化、⑥規制基準の追加（横出し）に分けて、条例制定の可能性を詳細に検討している（北村2004b：131、140-154）[9]。明快な解釈ではあるが、国民の権利義務に関わる法律規範をここまで柔軟に変更してよいか、法律の立法者の意思に反しないか、検討を要しよう。

(3) **考えられる解釈──私見**

私自身は、法律の制定意義や立法者の意思を尊重しつつ、自治事務に関する自治立法の範囲を最大限拡大するという基本的な考え方のもとで、次のとおり解すべきだと考える（詳細は礒崎2002a：52-53参照）。この見解は、②を認める点に特徴があるため、**規範接合容認説**とよぶことができよう。

① 具体化規定　法律の趣旨・目的に反しないかぎり制定可能と解される。

② 強化規定　自主条例として制定できる内容であり、かつ法律の目的の範囲内であれば、特に法律で明らかに禁止していないかぎり、「法規範の追加・接合」として制定可能と解される。自主条例としてより厳しい規制を行うこと（上乗せ条例）が可能だとすれば、ともに自治体の事務である以上、法律という規範と条例という規範を接合し、一体化することも認められるべきだからである。

③ 緩和規定　法律の全国最低基準としての意味は維持させる必要があるため、法律の規定が標準規定と解される場合を除いて、原則として制定できないと解される。②の場合と異なり、「法規範の縮減」は認められないのであ

---

[9] その後、北村氏はこの見解を「ベクトル説」に発展させている（北村2008b：58）。すなわち、法律に基づく自治体への授権内容を①法定部分と②オープン・スペース部分で構成されたベクトルと考え、「法律の趣旨目的というベクトルの外枠をはずれることはできない」が、オープン・スペースにおいて「上乗せ・横出しする条例を制定することは、特段の明文根拠がなくても可能」であり、法定部分でも「法律規定を具体化・詳細化・顕在化させる条例を制定することができる」とし、その結果、「法律施行条例として、法律と融合して作用することになる」という。北村2015：37も参照。

図表12-3　法定事務条例の適法性に関する見解の比較（試論）

見　　解	具体化規定	強化規定	緩和規定	拡張規定	縮小規定
(1)法定事務条例否定説	×	×	×	×	×
(2)裁量基準限定説	△	×	×	×	×
(3)具体化条例限定説	○	×	×	×	×
(4)規範接合容認説	○	○	×	×	×
(5)法律標準規定説	○	○	○	○	×？

（注）　各見解から論理的・一般的に導かれると思われる結論を記載した。○＝原則適法、△＝場合により適法、×＝原則違法、をそれぞれ示す。
（出典）　著者作成

る。

④　拡張規定　法律の対象範囲は、国民の自由な活動（ないし予見可能性）を保障する観点から、法律自体で定められていることが必要である（この点で②と異なる）ため、法律の委任ないし授権がないかぎり、条例でこれを拡張することはできないと解される。いわば法律が設定した「土俵」においてどういう相撲をするかは条例で定める余地があるが、「土俵」自体を拡げることはできないと考えられるのである。

⑤　縮小規定　④と同様に、法律の委任ないし授権がないかぎり、条例で法律の対象範囲を縮小することはできないと解される。

(4)　**各見解による具体的な差異**

ここでも、前述の開発許可の例を用いて、都市計画法施行条例で公園緑地の基準や規制対象を変更する場合を想定して、各見解でどのような差異が生じるか、比較しよう（**図表12-3**参照）。この場合、①具体化規定として3％の公園緑地の整備やカウントの方法を定める規定、②強化規定として5％以上とする規定、③緩和規定として2％以上とする規定、④拡張規定として0.3ha以上を対象とする規定、⑤縮小規定として2ha以上を対象とする規定がそれぞれ考えられる。法定事務条例否定説では①〜⑤のいずれも違法となる。裁量基準限定説では、①は裁量基準の範囲内として適法と解されるが、②〜⑤は要件効果を変えるため違法となろう。具体化条例限定説では、名称どおり①のみが適法となる。規範接合容認説では、前述のとおり①②が適法となろう。法律標準規定説では、⑤だけは違法となる可能性があるが、他は適法になる。

(5) 法定事務条例の適法性に関する判例の状況

　第１次分権改革を踏まえて、特に土地利用と廃棄物処理の分野で、政策的な意図を持った法定事務条例が制定されつつある[10]。その内容は、法定事務の「基準」を定める規定と「手続」を定める規定に分けられる。

　これに伴って、そうした条例の適法性が争われる裁判例も増えている。たとえばさいたま市墓埋法施行条例事件判決（さいたま地判平21・12・16判例地方自治343号33頁、地方自治判例百選（４版）62頁）は、墓埋法（墓地、埋葬等に関する法律）に基づく墓地等の経営許可の基準について、条例で宗教法人による申請の場合は市内に１年以上事務所を有すること（在市要件）を求める規定について、同法が当該許可につき広範な裁量を認めていることから、地域の実情に応じた許可基準を定めることができ、当該規定が著しく不合理な場合に限り違法となるとし、この規定を適法とした。この判決は独自条例に関する最高裁の判断枠組み（第11章３参照）に依拠することなく、法律が裁量性を認めていることを理由として条例による許可基準の具体化を適法と判断したものである[11]。少なくとも前述の具体化規定については、裁判所も適法性を認める方向であるといえる。

4　都道府県条例と市町村条例の関係

(1) 基本的な考え方

　第11章２で述べたとおり、条例は当該自治体の「事務に関して」制定するものであり、都道府県条例は都道府県の事務について、市町村条例は市町村の事務について、それぞれ定めるものである。法律が国の事務だけでなく自治体の事務に関しても制定されるのに対して、都道府県条例は、市町村の事務について規定することはできない。具体的には、都道府県は「地域における事務」のうち、広域的事務、連絡調整事務、補完的事務を担当し（地方自治法２条５項）、それ以外は

---

[10] たとえば北海道砂利採取計画の認可に関する条例（2001年制定）、鳥取県砂利採取条例（2003年制定）、八尾市廃棄物の減量及び適正処理に関する条例（2004年制定）、横須賀市・開発許可等の基準及び手続きに関する条例（2005年制定）、千葉県林地開発行為等の適正化に関する条例（2010年制定）、横浜市墓地等の経営の許可等に関する条例（2011年改正）がある。

[11] これに対して北海道砂利採取計画不認可事件裁定（公害等調整委員会平25・３・11裁定）は、最高裁の判断枠組みを基本として地域の特性を考慮して条例を適法とした（人見2013、岩﨑2013参照）。なお、練馬区墓地経営許可取消事件判決（東京地判平22・４・16）は、許可事務について条例で住民関与の手続を設けた場合に、当該住民に原告適格を認めた。

広く市町村が担当することとされている（同条3項。**市町村優先の原則**）。したがって、都道府県条例はこの3つの事務について制定すべきであるのに対して、市町村条例はそれ以外の事務について制定すべきであり、これをこえる条例はいずれも論理的には違法になる。このように、都道府県条例と市町村条例の関係は、まず事務配分の問題として考える必要があり、両者は重複しないのが原則となる。

しかし、都道府県の事務と市町村の事務は実際には相互に排他的なものでなく、相互乗入れの領域も少なくない。たとえば土地利用については、都道府県が広域的な観点から規制する必要がある一方、市町村が住民の身近なまちづくりの観点から規制する必要もある。また、都道府県の補完的事務は、「その規模又は性質において一般の市町村が処理することが適当でないと認められるもの」であり（地方自治法2条5項）、本来的には市町村が処理できる事務であるため、当該事務を処理できる市町村が当該事務に関する条例を制定することによって、都道府県条例と重複する可能性がある。たとえば、消費生活条例については、都道府県が補完的事務として制定する一方で、大都市、中核市などの市町村が制定することが考えられる。特に、今後政策条例の制定が進むと、このように重複・競合するケースが増加すると考えられる。この場合に、いずれの条例が優先するかが問題となる（この問題に関する包括的研究として澤2007がある）。

地方自治法では、「市町村及び特別区は、当該都道府県の条例に違反してその事務を処理してはならない。」と定められている（2条16項）。従来、この「事務の処理」には条例の制定も含まれるため、都道府県条例に反して市町村条例を制定することはできないと解されてきた。そして、どのような場合に都道府県条例に反するかについては、前述の法律と条例の関係に関する解釈論が当てはまるという考え方が強かった（兼子1978：147-148、原田1994：163）。

しかし、前述のとおり、そもそも都道府県条例と市町村条例はそれぞれの事務について定められるものであり、独立・並存の関係にあるため、原則として矛盾抵触を問題にする必要がないはずである。特に第1次分権改革では、統制条例規定（旧地方自治法14条3・4項）の廃止、事務委任・補助執行の規定（同法153条2・3項）の廃止などによって、都道府県と市町村は独立・対等の関係にあることが明確にされたこと（第10章1参照）から、このような原則に合致した法解釈を行う必要がある。すなわち、両条例が同一対象に対して重複・競合する場合でも、都道府県条例は都道府県の事務として、市町村条例は市町村の事務としてそれぞ

れ規律するものであり、両者は原則として並存し得るものと解すべきである（礒崎1998：90-92）。

たとえば、土地利用に関して、都道府県が県土保全条例を制定し、大規模開発について知事の同意を要することを定めたのに対して、ある市町村がまちづくり条例を制定し、開発行為について市町村長の同意を要することを定めた場合は、両条例とも有効であり、大規模開発を行う者は両方の基準を満たすよう設計し、両方の同意をとる必要があると解されるし、そう解釈すれば矛盾抵触は生じないのである。

(2) **両立しない場合の解釈**

しかし、例外的に両方の条例を遵守できない場合がある。たとえば、県土保全条例では、開発面積の抑制のため開発区域の面積を建築物の面積の2倍未満と定めたのに対して、まちづくり条例では、ゆとりある市街地形成のため開発区域の面積を建築物の面積の2倍以上と定めた場合は、論理的に両方を遵守することはできないため、いずれが優先するかを決める必要がある。このように、両条例が論理上又は事実上両立し得ない内容を定めている場合は、都道府県条例が定めている事務の性格によって優劣を考えるべきであろう[12]。

まず、広域的事務及び連絡調整事務に関する都道府県条例については、都道府県の役割を確保するため、原則として都道府県条例が優先するものと解すべきである。たとえば、前述の県土保全条例における開発区域面積の規定が広域的な土地利用のあり方として必要と認められて導入されたとすれば、これが市町村条例によって排除されると、その目的を実現することができず、ひいては都道府県の存在意義を損なうおそれがあるため、都道府県条例が優先し市町村条例の当該規定は違法・無効と解するべきである。前述の地方自治法2条16項の規定は、条例制定に関しては、このような場合に適用される規定と解される[13]。

これに対し、補完的事務に関する都道府県条例については、本来、市町村が担

---

[12] 礒崎1998：92-93でも、事務の性格に着目した解釈を示したが、広域的事務や補完的事務に関する条例については、矛盾抵触がないと考えて十分な検討をしなかった。澤2007：68-82は、広域的事務と補完的事務に関する条例について検討しているが、本書よりも「矛盾抵触」と解する範囲が広いと考えられる。また同書は、「広域事務―補完事務」の区分のほか、事務の処理方法に着目して「独立型―融合型」の区分を導入し、これらをクロスさせて4つの類型を設定して条例間の優劣を検討しており、やや複雑であるが参考になる。

当し得る事務であり、都道府県条例は文字どおり補完的な存在にとどまるため、市町村が条例を制定した場合は、原則として市町村条例が優先すると解される。たとえば、都道府県と市町村の消費生活条例で異なる商品表示方法を定めている場合は、市町村条例の規定が優先し、都道府県条例の当該規定は当該市町村の区域には適用されないと解するべきである。

(3) 実務上・立法上の対応

もちろん実務的には、条例制定の段階で互いに協議を行い、調整を図るべきである。地方自治法でも、都道府県と市町村はその事務の処理にあたり「相互に競合しないようにしなければならない。」と定められている（2条6項）。そこで条例制定の前に互いに協議し、いずれの条例として定めるか等について調整を行うべきである。

また都道府県条例を定める場合は、市町村条例が制定されることを想定して、適用除外等の規定をおくことが考えられる。たとえば、都道府県が広域的事務又は連絡調整事務に関して条例を制定する場合は、市町村がこれと異なる条例を定めた場合で、当該条例によって都道府県条例の目的・効果も確保できると認められるときは、当該市町村の区域を適用除外とする規定を定めることが考えられる[14]。これに対して、補完的事務に関する条例を制定する場合は、市町村が同様の目的で同様の対象について条例を定めた場合は、格別の条件を付することなく当該市町村の区域を適用除外とする規定を定めることが望ましい[15]。

条例間関係を適切に処理することは、政策法務の重要な課題である。

---

[13] 地方自治法2条16項は「事務処理」についての規定であり、「条例制定」には適用されないという解釈もあり得るが（澤2007：58-65）、その場合でも、当該市町村条例に基づく「事務処理」については都道府県条例に違反してはならないから、結果的に条例間関係の問題を検討せざるを得ないと思われる。

[14] この場合は、本来、都道府県が担当すべき事務であるため、市町村条例によって都道府県条例の目的・効果も確保できることを条件とすべきである。適用除外の規定としては、市町村条例が同等以上の効果をもつと知事が認めた場合に適用を除外する「条件・承認型」（神奈川県土地利用調整条例19条など）や、知事と関係の市町村長が協議して適用除外を定める「協議型」（広島県環境影響評価に関する条例47条2項など）が考えられる。澤2007：89-93、111-113参照。

[15] この場合は、本来、市町村が担当できる事務であるため、市町村条例の内容を問わず適用除外とすることが望ましい。適用除外の規定としては、特別な条件を付けることなく知事の承認によって除外する「承認型」（岡山県福祉のまちづくり条例32条など）や、何らの条件・手続も不要とする「承認不要型」（兵庫県環境影響評価に関する条例34条など）が考えられる。なお、政令指定都市、中核市等の類型や市町村名を指定する「特定要件型」（大分県環境緑化条例25条など）も考えられる。澤2007：89-93、111-113参照。

5 | 法令の規律密度改革と条例の上書き権

(1) 法令の規律密度をどう改革するか

　わが国では、地域的事項についても数多くの法律が定められ、しかも法律とその委任を受けた政省令等で具体的かつ詳細な規定が定められているため、当該法律を執行する自治体の裁量を生かしにくい仕組みとなっている。これが**法令の規律密度**の問題である（礒崎2011ｂ：368-373参照）。分権型社会を実現するには、この規律密度を引き下げ、できれば枠組法とすることによって、自治体の解釈運用の幅を拡大するとともに、条例制定の余地を拡げることが求められる[16]。

　そこで第１に、国の法令を横断的に見直し、改正を行う必要がある。そのために、法令ではどういう事項についてどの程度の規定を定めるべきか、逆にどういう事項については自治体の判断に委ねるべきかについて、一定の指針・基準を作成するとともに、各法律の見直しを進めることが重要となる。第10章４で述べたとおり、地方分権改革推進委員会においても、法令による**義務付け・枠付けの見直し**が行われ、2011年の第１次一括法と第２次一括法により一定の見直しが行われたが、不十分な面が多い（礒崎2011ｂ：373-379）。今後の更なる改革が期待されるが、同時に自治体側（地方六団体等）が法律の改正案（代替案）を提案することが重要である。

　第２に、国の法令の制定・改正に対して、自治体側の意見反映や第三者機関による監視を行う仕組みをつくる必要がある。仮に上記の法令改革が成功したとしても、今後制定・改正される法令が再び規律密度の高いものとなっては意味がない。今後とも**分権配慮型の立法**を行わせるため、自治体の事務に関する重要な法令の制定・改廃にあたっては、事前に自治体の意見を反映する制度をつくるとともに、監視・助言を行う常設の第三者機関を設置することが考えられる。前者の点では、2011年から「国と地方の協議の場」が設置されたため、今後の運営と機能が注目される。後者の点では、たとえば、参議院に地方自治保障院（仮称）等の組織をおいて、政省令を含めて監視を行い、必要な場合には議院に対して提言

---

[16] もっとも、前述のように、自治事務に関する法律の規定を一般に「標準規定」と解すれば、規律密度の問題も大きな障害ではなくなるし、後述の上書き権を制度化する必要性も低いということになろう。それだけに、こうした「便利な」解釈を打ち出すには慎重でなければならないと思われる。

を行うことが考えられる。

(2) 条例の「上書き権」は可能か

以上のとおり法令の規律密度改革は重要であるが、国（特に各省庁）が法改正に取り組まなければ現状は変わらない。そこで、自治体自身の努力によって規律密度の壁を突破しようというのが、条例の「上書き権」の問題である。

条例の「上書き権」とは、法令の規定に対して条例がこれと異なる規定をおくことによって条例の規定が優先して適用されるという仕組みであり、前述の「書きかえ条例」を適法にする制度といえる。地方分権改革推進委員会が検討課題に掲げて以来、理論的にも実務的にも重要な課題となった[17]。これについては、法律と条例の関係を「逆転」させるものともいえるため、現実的でないとか、憲法違反の疑いがあるという指摘もあるが、一定の条件のもとでこうした仕組みを法律自身で設けることは現行憲法のもとでも可能であるし、今後の分権型社会を築くうえで、こうした法的仕組みをつくる意義は大きいと考える。

問題はこれを制度化する方法であり、制度設計である。制度化の方式としては、**図表12-4**のとおり3つの方式・7つのタイプが考えられる。

このうちa. 通則法方式には、①上書き権を一般的制度として明確化できる、②個別法の改正を要せず、所管省庁の判断に左右されないというメリットがあるが、①個別法の趣旨・目的・効果を著しく阻害するおそれがある、②特別法優先の原則により通則規定が効果を有しない（という解釈の）可能性がある[18]、③どのような事項に上書きできるか明確でない、という問題点がある。一方、b. 個別法方式には、①個別法の趣旨・目的・効果を考慮して制度化できる、②どの規定に上書きできるかが明確、というメリットがあるが、①個別法の規定に依存することになる、②所管省庁の判断に左右される、③対象事項が限定され、または多く

---

[17] もっとも、同委員会の第3次勧告9頁では、この問題について、法令の「従うべき基準」を「参酌すべき基準」に移行させる見直しも条例による「上書き」を許容するものとして、これを勧める勧告を行った。しかし、条例の上書きとは、法令による規範が存在している場合に、その一部を変更（補正）するものだから、参酌すべき基準への見直しは、規律密度の緩和ではあるが、上書き権の問題ではない。この点で同委員会が問題をあいまい化したことは残念であるが、上書き権の問題は今後も検討すべき課題である。

[18] 松本2011a：93は、この疑問に対して、「当該規定は、個別行政分野の法律の規定に対して、いわば『特別法の特別法』に相当するのではないか」とし、条例による事務処理特例の制度（地方自治法252条の17の2）が同様の位置づけにあるとしている。ありうる解釈ではあるが、法的疑義を生じない立法措置の方が望ましいであろう。

の条件が設けられる可能性がある（その場合、従来の条例委任と変わらない）、という問題点がある。

そこで私は、通則法で上書き権を根拠づけるとともに、個別法でその対象から除外することを可能とする、c.組み合せ方式＋ネガティブ・リスト型が適切と考える。すなわち、通則法において「法律の規定に基づく自治事務の基準又は手続について、当該事務を処理する地方公共団体が条例で規定を定めたときは、当該規定が定める範囲において当該規定を適用する。但し、当該法律の規定のうち、国が本来果たすべき役割に係るものであって、当該法律で特に定めるものについては、この限りでない。」といった規定を定める。それを踏まえて個別法で「第○条第○項、……及び第○条第○項の規定は、○○（通則法）第○条但書で定める規定とする。」と定めるのである（個別法における法定受託事務を定める規定を参

図表12-4　条例の上書き権の制定方式

大区分	細区分	説　　明	主な論者
a. 通則法方式		地方自治法等の通則法に上書き権を規定する	鈴木2010b：21
	包括規定型	法律の規定はすべて上書きできることを定める	岡田2010c
	条件付き規定型	一定の条件や個別法による例外を付記して定める	松本2011：89-95
b. 個別法方式		自治体の事務を定める個別法に上書き権を規定する	田中2011：48、岩橋2011：359（方式は不明）
	包括規定型	当該法律の規定はすべて上書きできることを定める	
	ポジティブ・リスト型	上書きできる規定を特定または列挙する	
	ネガティブ・リスト型	上書きできない規定を特定または列挙する	
c. 組み合せ方式		通則法で一般的規定を規定し、個別法で上書きの可否を規定する	―
	ポジティブ・リスト型	個別法で上書きできる規定を特定または列挙する	斎藤2012：367、礒崎2011：380-381
	ネガティブ・リスト型	個別法で上書きできない規定を特定または列挙する	礒崎2017e：202

（出典）　著者作成

照)。

　この方式によると、①上書き権を一般的制度として位置づけられる、②上書き権の対象外とするには個別法の規定が必要になる（所管省庁に説明責任が生じる）、③個別法の趣旨・目的・効果を維持することが可能、④特別法優先の原則による効果のとの関係が明確になる、というメリットがある。もちろん個別法でリストを増やせば上書き権の範囲は狭くなるが、内閣提出法案であれば閣議決定と国会の議決が必要であるため、法律所管省庁による恣意的な除外はできないし、法律案の段階で「国と地方の協議の場」で協議対象とすることも考えられる。

　以上のように、分権改革と政策法務の進展によって、条例が国法の壁を乗りこえる時代が見えてきているのである。

Column ⓬ 「政策に強い議会」をつくる方法？

　自治体議員の不祥事や問題行動が続いている。メディアは、自治体議会の日常活動は取材もしないのに、議員の不祥事や問題行動は全国ネットでこぞって報道するという問題もあるが、議会が十分に存在意義を発揮できていないことも事実である。そのため、社会全体に議員への不信や批判が強いのである。

　議会は、制度上強い権限と責任を有している。現在の二元代表制では、首長に比べて議会の権限は制限されているという見解もあるが（たとえば新藤2013：44-51）、予算の議決権・修正権や条例による議決事件の追加なども考えると、その差は大きなものではない。首長が様々な検討を行い、住民や関係者の合意を得ながら条例案を提案しても、最後に議会が否決すれば終わりである。そこで、執行機関側は、議員の意向を忖度し、あるいは事前に根回しをして条例案の内容に反映させるのが通常である。議会は最後に待ち構える関門であり、「拒否する権力」として君臨しているといえよう（礒崎2017ｅ：436-439）。

　しかし、議会が新しい政策や事業を能動的に提案することは難しい。新しい政策を否定するだけなら問題点を指摘すればよいが、それを立案し提案するには相当の知識が必要になる。また、議員同士はライバル関係に立つことが多く、議員提案について議会内で合意形成を行うことは容易ではない。しかし今後は、主体的に政策をつくれる機関に改革する必要がある。そのために何をなすべきか。

第1に、議員が政策の「代替案」をもって審議に臨むことである。政策づくりでは、できるだけ多くの政策案を考えて比較検討することが不可欠である（第6章3参照）。首長提出議案に対して別案も持たないで審議しても、重箱の隅をつつくような質問や追及になってしまう。事前に代替案を考えて審議に臨むとともに、審議の結果、どこを修正すればよいかを検討すれば、建設的な審議が可能になろう。

第2に、議員提案と議員間討議の機会を増やすことである。条例の制定、予算案の修正など議員が提案できる議案は少なくないが、実際の提案はごく少数にとどまっている。また、二元代表制では執行機関は議会に責任を負うわけではないが、議会の審議は執行機関への質疑が基本になっており（いわば質疑主義）、議員同士の議論は限られている。今後は、執行機関の職員の出席を限定するとともに、各議員の一般質問を踏まえて議会としての意見書（次期予算案に対する意見書など）をまとめることや、重要議案の採決を行う前に議員間討議の時間を設けることが考えられよう。

第3に、議会内で政策検討の習慣をつくることである。たとえば会派や委員会で定期的な研究会を開いたり、有識者を招いて勉強会を行ったりすることが考えられる。また、現場の情報がなければ執行機関側の情報に依存せざるを得ないため、外部有識者、各種団体、NPOなど外部人材との連携を進めることも重要である。

こうした取り組みによって、「政策に強い議会」をつくることが重要ではないだろうか（以上、礒崎2017d参照）。

第4部
政策法務の実践

|第4部| あらまし

　ここまで、第2部では政策的検討の理論について検討し、第3部では法的検討の理論について検討してきた。第4部では、こうした理論的検討を基礎として、政策法務をどう実践するか、実務的な課題について検討する。ここでは、政策法務のPlan-Do-Seeの3段階に即して、立法法務―執行法務―争訟・評価法務の順に検討したうえで、最後にそれらの実践を支えるマネジメントについて検討する。

　第13章「立法法務の実践」では、条例づくりのプロセスを課題設定―基本設計―詳細設計―住民参加―審議・決定の5段階に分けて、それぞれにどのような課題があり、それをどうクリアすべきかを検討する。

　第14章「執行法務の実践」では、行政学における執行活動の理論を踏まえて執行活動の制約条件を確認したうえで、法律・条例の執行活動を執行管理と狭義の執行活動に分けて、それぞれの要点について検討する。あわせて法執行の段階で基礎とすべき行政手続法制と国・都道府県の関与への対応について概説する。

　第15章「争訟・評価法務の実践」では、不服審査制度と苦情対応について検討するとともに、行政訴訟等の訴訟対応について制度の概要を説明し、その対応に政策法務の視点を導入することを検討する。また、評価法務については、単独の法律・条例評価と法制評価について対応すべき内容を述べ、最近の実践例を紹介する。最後に、組織の役割と人材育成を中心に、政策法務のマネジメントについて整理する。

　各自治体がこれらの取組みについて、ひとつずつでも実践に移していくことを期待したい。

第13章 立法法務の実践
―ローカル・ルールをつくろう！

1 立法法務のプロセス

　第1章3で述べたとおり、政策法務を進めるには、法をつくる段階すなわち立法法務の取組みが重要である。立法法務には規則や要綱の制定も含まれるが、中心となるのは条例の制定であるため、本章でも条例制定について取り上げる。

　条例の制定は、大きくいえば課題設定→立案→決定の3つの過程に分けることができるが、このうち**立案過程**は長く複雑な経過をたどることが多いため、**基本設計**と**詳細設計**に分けて検討することが適切である。さらに、条例制定には住民参加の手続が不可欠であり、これについては立案作業が概ね終了した段階で実施することが標準的であろう。

　そこで、立法法務の過程は下記の5段階に分けることができる。この段階区分は指針又は分析のための理念的な区分であり、実際の条例づくりでは、基本設計をした後でその内容に合うように課題を設定し直すとか、審議過程で基本的内容を含めて修正されるというように、行きつ戻りつしながら複雑なプロセスをたどることが多いことに注意する必要がある[1]。

① **課題設定**　　ある問題を条例制定の課題として認識し立案作業を開始する段階
② **基本設計**（立案1）　　条例の基本的内容（骨子）を検討する段階
③ **詳細設計**（立案2）　　条例の具体的内容を検討し条例文として整備する段階
④ **住民参加**　　条例案又はその骨子を公表して住民の意見を聴取する段階
⑤ **審議・決定**　　議会に条例案を提案し、審議を行い、議決する段階

　以下では、それぞれの段階でどのような作業を行い、どのような点に留意すべきか、検討していこう。

　なお、条例の制定は議会の権限であるが、条例案の提案については首長提案、議員提案、住民提案（ここでは直接請求まで実施する場合と途中から他の主体による

---

[1] 条例の制定過程については、佐藤（竺）編著1978、礒崎2000ａ、出石2004、山本（博）2011参照。

提案につなげる場合の両方を含む）の3つの方法があり、条例案を検討する主体も3つに分かれる。このため、以下ではまず共通する内容を取り上げ、必要により主体別の留意事項等を検討する。

2　条例制定の課題設定

　立法法務において最初に重要になるのが課題設定である。ここでいう**課題設定**とは、ある問題を条例制定の課題として認識し、組織ないしグループとして検討を始めることをいう。立法というと立案過程や決定過程に注目しがちだが、そもそも問題があっても条例制定の課題と捉えなければ検討さえ開始されない。そこには、問題が表面化しないよう抑え込もうという力が働く可能性もある[2]。また、どういう課題として設定するかによってその後の検討内容が大きく異なる。課題設定はきわめて重要なのである（真渕2004：90-96、新藤2004：50-63、太田・吉田2006：45-54）。

(1)　問題の明確化

　課題設定にあたっては、第1に、対応すべき問題を明確化する必要がある。条例制定を検討するのは、地域社会又は自治体行政に何らかの「問題」が生じているからである。そこで、最初に何が問題なのか、その問題がなぜ生じるのかを明確にする必要がある。すなわち、ここには、**問題の把握**と**原因の究明**が含まれる。これらは単純な作業のようだが、これを正確に把握し、関係者間で共有化することは意外に難しい。

　たとえば、最近しばしば取り上げられる「ゴミ屋敷」が地域で問題になっていると仮定しよう。これについては、街の美観への影響、衛生環境の侵害、周辺への悪臭、歩行者の安全など、何が「問題」なのかを明確にする必要がある。また、その「原因」としては、物に執着する人間心理、一人暮らしの孤独、人間関係やコミュニティの希薄化等が考えられる。そこで、自治体として何らかの対策を講じるべきか否かが問題となるし、講じるとすれば、これを個人に起因する問題とみるか、人間関係の希薄化などの社会に起因する問題とみるかによって、対策の方向が異なることになる。

---

[2] 政治学では、ある問題が課題として表面化しないよう抑え込む力を「非決定権力」とよぶことがある。真渕2009：430-431参照。

なお、ここでいう「問題」にも、具体的な問題や支障が生じていて何らかの対応が求められる**問題解決型課題**と、特別な問題や支障が生じているわけではないが、よりよい状況への改善をめざす**状況改善型課題**があると考えられる（第3章1参照）。ゴミ屋敷問題は前者の例だが、たとえば、自治基本条例や環境基本条例が必要だという場合は後者の問題と考えられる。後者の場合は、問題の「原因」といっても、社会的な原因ではなく、自治の理念等をより明確にするという制度的な要請が中心であり、性格が異なることに注意する必要がある。

(2) **条例の必要性の検討**

第2に、課題設定においては、その問題を解決するために条例制定が必要か否かを検討する必要がある。

この検討には、そもそも自治体（行政）として対応することが必要かという点の検討が必要である。仮に地域で何らかの対応をすべき問題が生じているとしても、それは私人間の問題（いわゆる民々の問題）として最終的には司法権（裁判所）によって解決すべきかもしれないし、地域社会（コミュニティ）の問題としてその自主的な取組みに期待すべきかもしれない（第6章4参照）。また、仮に自治体の対応が必要だとしても、条例の制定が必要かという点の検討も必要である。法律上、住民や事業者に義務を課したり権利を制限したりするには、条例の根拠が必要となるが（地方自治法14条2項）、これ以外の場合には必ずしも条例を制定する必要はない。要綱に基づく行政指導や予算に基づく事業によって目的を達成できるのであれば、あえて条例化する必要性は乏しいということになる。

たとえば、ゴミ屋敷問題についても、相隣関係等の私人間の問題と捉えて、行政が関与すべき問題ではないと考える余地もあるし、行政が関与すべき問題だとしても要綱等に基づく行政指導で対応するとか、専門家派遣等によって町内会等の取組みを支援すれば足りるとすれば、条例化の必要性は低いということになる。そうではなく、ゴミ屋敷問題は地域全体で取り組むべき公共的な課題であり、かつ権利制限等の実効性のある対応をするには条例が必要そうだということになれば、課題設定が行われたことになる。

以上の検討は、条例の必要性や合理性を裏づける社会的事実である**立法事実**を明確化することにつながるものである（第7章4、5参照）。

(3) **主体別の課題設定の方法**

こうした条例制定の課題は、どうやって把握し、設定しているのだろうか。主

体別に検討しよう。

　まず首長提案の場合は、首長自らが問題を感じ、あるいは住民等の要望を受けて、職員に検討を指示することによって課題設定が行われることが多い。最近では、首長候補がマニフェストで条例制定を約束し、当選後、職員に指示して検討を始めるケースも少なくない。また、職員の側が日常業務を執行しながら問題を把握し、上司と相談のうえ検討を始めることや、総合計画等の計画を策定する中で問題が浮かびあがり、検討に入ることもあろう。政策条例の制定を進めるには、職員が広く地域の問題を感じ取るアンテナを張るとともに、組織の中で問題提起を行う姿勢をもっていることが重要である。

　次に、議員提案の場合は、議員が日頃の議会活動、住民や支持者の相談や陳情から問題を認識して検討を始めることが考えられる。町内会、NPO等の地域団体から要望が寄せられることもあろう。業務範囲が限定された職員に比べて、議員は多様なチャンネルを通じて住民の視点で総合的に問題を認識できるし、認識した場合には議会での質問等を通じて問題を提起できるため、議員には特に課題設定の役割が期待される。

　さらに、住民提案の場合は、住民が日常生活の中で直面する問題や地域で生じている問題を取り上げ、自ら対応策を検討し始めることが考えられる。通常は、行政や議員に条例制定を要望・要請することが多いが、それらに期待できない場合には、自ら条例案の検討を行うことになる。その中には、原子力発電所の建設、市町村合併等の重大な争点をめぐって、住民投票条例の制定を検討するケースもみられる。

(4) 検討体制の整備

　以上の作業が終わると、次に条例案検討の体制をつくる必要がある。検討体制については、一般的には専門的な知識と住民等の生活に根ざした意見をどう汲みとるかという観点が重要である。具体的な検討は主体によって異なる（**図表13-1**参照）。

　まず、首長提案の場合は、所管部局内の検討と首長の決裁によって条例案をつくることができるが、「○○条例検討委員会」等の検討組織を設置して、事務局（所管部局）が中心となって検討を行うことが多い。こうした検討組織にも、学識者中心型、関係団体中心型、公募住民中心型、職員中心型（プロジェクトチーム型）の4タイプがあり、それらの融合型もある。条例化の検討が法的問題点な

第13章 立法法務の実践

図表13-1 条例制定の検討体制の比較

	検討体制の類型		メリット	デメリット
執行機関	1	首長主導型	トップの方針が明確	きめ細かい検討が行われにくい
	2	所管部局主導型	きめ細かい検討が可能	大胆な制度設計や決断が難しい
	3 検討組織設置型	①学識者中心型	理論的検討が可能	地域の実情を反映できない
		②関係団体中心型	地域内の意見調整が可能	利害関係に左右されるおそれ
		③公募住民中心型	住民の意見反映が可能	個人の意見に左右されるおそれ
		④職員中心型	幅広く実務的な検討が可能	大胆な制度設計や決定が難しい
議会	1	議員主導型	議員だれでも取り組める	他の議員の賛成が得られにくい
	2	会派主導型	踏み込んだ検討が可能	他の会派との合意形成が困難
	3 検討組織主導型	①議員有志型	設置しやすい	方針決定後の合意形成が困難
		②会派代表型	方針決定後の合意形成が容易	設置前後の合意形成が困難
		③議員全員型	方針決定後の合意形成が容易	設置前後の合意形成が困難
		④委員会型	正式の検討と審議が可能	弾力的な運営が困難
	4	外部連携型	住民や専門家の意見を反映	時間や費用を要する
住民	1	既存団体中心型	検討体制が組みやすい	団体の利害に左右されるおそれ
	2	横断的グループ型	目的に沿った検討が可能	メンバー間の結束が崩れやすい

（出典）著者作成

ど理論的検討が中心となる場合は学識者中心型とし、地域内の利害調整が中心となる場合は関係団体中心型とするなど、検討の内容・性格に応じて構成を考える必要があろう。最近では、自治基本条例など住民自治の充実を図る条例の場合には、公募住民中心の検討組織を設置することが多いが、住民自身が組織する会議体やグループに条例の検討作業を依頼するケースもある。

　次に、議員提案の場合は、議員間で検討組織を設置することが多い。この検討組織にも、議員有志による組織、会派代表者による組織、議員全員による組織、検討のための委員会、これらとの混成型組織など様々な形態がある。最近、議員による政策条例の提案も増えているが、その過程をみると、どういう検討組織で検討したかが重要なポイントになっている。

　さらに、住民提案の場合は、地域で活動しているNPO等の既存の団体が動き出すか、特定の課題を抱える市民たちが「○○を考える会」などのグループを立ち上げて、条例の提案を検討する場合が多い。

3 条例案の基本設計（立案1）

検討体制ができると、いよいよ立案作業に移る。まず基本設計である。この段階では、基本的政策手法と構成要素（条例骨子）の検討が中心になる（第5章2、第8章参照）。

(1) 基本的政策手法の検討

政策手法とは、第8章で検討したとおり、社会の課題を解決するために国や自治体が行う活動の手段ないし方法である。そもそも条例は、地域社会の問題を解決するために、自治体が地域社会に対して何らかの働きかけを行うために制定するものである。したがって、条例づくりでは、主としてどういう手段によって働きかけを行うかという政策手法の検討が重要になる（自治体法務検定委員会編2018b：63-70）。特に、条例の仕組みの中で中心となる**基本的政策手法**の選択が重要である。条例を人体にたとえれば、基本的政策手法は背骨にあたり、次に述べる構成要素は人体の各パートにあたると考えられる。背骨がしっかりしていないと頑強な体ができないように、基本的政策手法の選択は制度設計の中核をなす作業である。実際に基本的政策手法を選択するには、次のような手順が考えられる。

まず、できるだけ多くの考えられる政策手法の案を列挙する。しかも、規制的手法や誘導的手法など、できるだけ多様な手法から列挙することが望ましい（第8章・図表8-1参照）。議員の意識や予算の状況等を考えると、実現可能な対応策（落としどころ）は限られているかもしれないが、合理的な制度設計をするには、最初から特定の対応策に絞らず、できるだけ選択の幅を広げておくことが重要である。

次に、対応策の案についてそれぞれメリット、デメリットを整理し、比較する必要がある。この比較にあたっては、第7章2で述べた条例評価の基準、すなわち有効性、効率性、協働性等の観点から、「A案では効果は高いが、執行のコストがかかる」「B案では効果は低いが、住民との協働という点ですぐれている」といった比較検討を行って、よりすぐれた政策手法を選択することが考えられる。

たとえば、ゴミ屋敷問題については、周辺に悪影響を与えている敷地内の廃物・物品について所有者に撤去を命じる「命令制」、同様の事案について勧告等を行う「行政指導制」などが考えられるし、その資金や人手がないのであれば、

撤去等に要する資金を貸し付ける「金銭貸与制」や、職員が応援に出向く「サービス提供制」が考えられる。あるいは、町内会等が自主的に所有者との交渉や撤去作業を行う場合には、その資金の一部を支援する「金銭交付制」や、弁護士等が相談にのる「相談・情報提供制」をとることもありえよう。これらのメリット・デメリットを比較して、最終的に条例の基本的対応策を選定することになる。

(2) 構成要素（条例骨子）の検討

次に、条例全体の構成要素を検討する必要がある。どのような要素を盛り込むかは条例によって異なるが、標準的な要素としては以下のものがあげられる（**図表13-2参照**）。

① **目的**

条例制定の目的や条例の内容を簡潔に示す規定であり、第１条におかれるのが通常である。目的規定はいわば条例の「顔」であり、各規定の解釈運用の指針にもなるため、立案作業の際には十分に精査して洗練された規定に仕上げる必要がある。この規定を読めば、条例が必要になった理由や背景（立法事実）、条例がめざす目標、条例の要点を理解できることが望ましい。

② **基本理念**

条例がめざす理想や基本的方向を示す規定である。目的規定でも同様の内容を表すことができるが、理念型条例のようにあえて理念を強調したい場合にこの規定をおく。この規定は、執行機関、住民等の意識を啓発するとともに、各規定の解釈運用の指針となる。

③ **定義**

条例中で何度か使用する用語の意味や範囲を一括して定めておく規定である。

④ **責務**

自治体、住民、事業者等の責務を一般的、抽象的に定める規定である。この規定も必須ではないが、各規定が特定の要件のもとで法的義務を定めているのに対して、要件は特定しにくいが、一般的にこういう行動や配慮をしてほしいという場合に定めるものである。

⑤ **政策手法**（対応措置）

地域社会への働きかけの手段・措置を定める規定であり、この選択については(1)で述べたとおりである。政策手法については、さらに次の要素を検討しておく

図表13-2　条例の標準的なしくみ（構成要素）

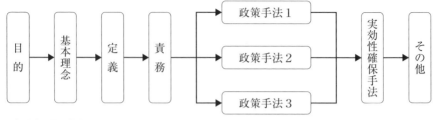

（出典）　著者作成

必要がある（第5章2の政策の構成要素を踏まえつつ、そこでの「執行基準」を執行基準と執行手続に細分化した）。

　a　執行主体（誰が）　　この措置を誰が行使するかを検討する必要がある。自治体の執行機関（特に長）を指定することが多いが、住民団体等を主体にすることもある。

　b　対象（誰に・何に）　　この措置を誰又は何に対して行うかを検討する必要がある。住民、事業者等の「人」を対象とすることもあるし、特定の「行為」や特定の「場所」を対象とすることもある。これが明確でないと法的義務の有無が不明確となるため、特に慎重に規定を定めることが求められる。

　c　執行手段（どういう手段で）　　どのような措置を採用するかをより具体的に検討する必要がある。

　d　執行基準（どういう基準で）　　この措置をどのような要件、基準のもとで行うかを検討する必要がある。許可制であれば許可基準、補助金交付制であれば交付基準がこれにあたる。その内容を長が定める規則等に委任することも多いが、条例制定権を有するのは議会だから、過度の委任は問題である。

　e　執行手続（どういう手続で）　　この措置をどのような手続、プロセスで行うかを検討する必要がある。特にこの段階では、関係者の権利保障のための手続と住民参加の手続の必要性を検討することが重要である。

⑥　**実効性確保手法**

上記の執行手段の実効性を確保するための手段を定める規定である。この中にも、条例違反など望ましくない行為に対する罰則、氏名公表等の不利益な措置と、行動指針に従うなど望ましい行為に対する補助金などの授益的な措置が考えられる。

⑦　その他

そのほか、条例の円滑又は公正な施行を図るため、審議会等の第三者機関の設置などの仕組みを規定することがある。

4　条例案の詳細設計（立案2）

条例案の骨子（条例案要綱）ができると、詳細設計に移ることになる。この段階では、条例の具体的内容の検討、条例文の作成、条例案の事前評価を行う必要がある。順に検討しよう。

(1)　条例の具体的内容の検討

まず、条例の具体的な内容を検討する必要がある。この作業の内容は個々の条例によって異なるが、ここでは特に問題になりやすい点を指摘しておこう。

第1に、政策手法の「対象」をどう設定するかである。この点は、基本設計の段階で基本的な内容を決めているが、その規模や形態を含めて確定する必要が生じる。たとえば、ゴミ屋敷問題については、対象となる家屋や敷地をどう規定するか、またどういう状態が「ゴミ屋敷」といえるか、その範囲や定義を定める必要がある。

対象の規定方法には、対象を一般的・包括的に規定したうえで、対象から除外するものを個別に列挙する「包括規定方式」と、対象を個別的・具体的に列挙する「個別列挙方式」がある。たとえば、開発行為の定義を定めてこれを対象としつつ、適用除外とする行為を列挙する都市計画法の開発許可の規定（29条）は前者の例であるのに対し、許可を要する行為として工作物の新築等の行為を列挙する自然公園法の行為許可の規定（20条3項ほか）は後者の例である。対象を包括的に捕捉できる点では前者がすぐれているが、包括的に定義することが難しい場合や個別に列挙した方が明確になる場合は後者の方式をとることになる。また、適用除外や個別列挙の規定については、条例で主なものを規定し、その他を「その他規則で定めるもの」等として規則に委任することが多い。いずれにしても、条例の対象になるか否かで大きな差が生じるから、対象規定は十分吟味し、正確に規定する必要がある。

第2に、政策手法の「基準」をどう設定するかである。この点でも、基本設計の段階で設定した考え方に沿って、より具体的な基準づくりを行う必要がある。たとえば、ゴミ屋敷問題について命令制や行政指導制をとる場合は、命令や行政

指導を行う基準として、廃物等の種類、積上げの量や状態、衛生面の状況等の基準を定めるとともに、客観的な判断が難しいと考えられることから、第三者機関の認定等の手続を加えることも考えられる。

　基準の規定づくりにあたっては、目的実現を重視すれば、理想的な基準（規制的手法では厳しい基準）が望ましいが、対象者の権利・利益や執行コストを重視すれば、現実的な基準（規制手法ではより緩やかな基準）が望ましく、両者のバランスの中で政策的な判断を行う必要がある（第14章3参照）。また、基準の詳細は規則に委ねることが現実的だが、基本的内容は条例自体に規定すべきである。

　第3に、政策手法の「手続」をどう設定するかである。この点でも、基本設計の段階で設定した考え方に沿って、より実務的な手続規定を設ける必要がある。たとえば、ゴミ屋敷に対して命令を行う場合は、事前に勧告等の指導を行うことや、所有者等に弁明の機会を与えること等を定めることが考えられる。なお、手続の詳細や様式類は規則で定めることが多い。

　第4に、条例違反に対する「罰則」をどう設定するかである。違反行為等については、前述のとおり様々な措置が考えられるが、罰則制を選択した場合には、この段階でさらにどういう罰則にするかが問題になる。地方自治法は、条例には、「二年以下の懲役若しくは禁錮、百万円以下の罰金、拘留、科料若しくは没収の刑又は五万円以下の過料」を設けることができるとしている（14条3項）。罰則の設定にあたっては、違反行為の重大性、違反抑制の効果、他の法律・条例の罰則規定との均衡等を考慮して慎重に行う必要があるし、誰のどのような行為がいつの時点で罰則対象になるか、構成要件が明確になるよう規定する必要がある。実務的には、これらの点について捜査機関（検察庁及び必要により警察）との協議が必要になる（Column ⓫参照）。

　第5に、「施行期日」と「経過措置」をどう設定するかである。施行期日については、施行のための準備期間を考慮するとともに、特に規制条例の場合には住民等への周知期間（3ヶ月～1年程度）を確保する必要がある。経過措置については、既得利益の保護という意味で、施行日までに対象行為に着手した者や同様の法的手続を行った者について、条例の適用除外やみなし規定を定める必要がある。

(2) 条例文の作成―法制執務の基礎知識

　次に、条例の内容を条例文として表現する必要がある。条例文は、いわゆる**法**

制執務のルールに基づいて作成する必要がある。このルールを知らないまま作成すると予期せざる結果を招くため、極力これに従って正しく作成する必要がある。

まず、首長提案の場合は、総務課、文書課等に法令審査の担当者が配置されているため、条例案を提示して審査を受ける必要がある。担当課としては、法令担当者に任せきりではなく、各規定のねらいや予定している取扱いを説明して、よりよい条例文に仕上げることが重要である。

次に、議員提案の場合、議員だけで条例文を作成することは難しいため、議会事務局のサポートを受けたり、外部有識者の助言を求めることが必要であろう。この場合も、事務局等に任せきりでなく、様々な指示や意見交換を行うことが重要であり、そのため議員も法制執務について一定の知識をもっておくことが望ましい。

さらに、住民提案の場合も、住民だけで条例文を作成することは難しく、直接請求をしても形式的な不整合等を理由として議会で否決される可能性もあるため、有識者や職員OB（法令事務経験者）などに点検してもらうことが考えられる。

法制執務のルールは、一見専門的でとっつきにくいが、一種の約束事であり、慣れるとパズルを組み立てるようなおもしろさもあることから、最後は専門家に点検してもらうとしても、法制執務の教科書（標準的なものとして、林1964、早坂2001、大島監修2011、石毛2012参照）を参考にして、自分たちなりの条例文をつくってみるとよいと思われる。ここでは、法令執務のイメージを伝えるために、その考え方や具体例を紹介しよう。

① 条文作成の基本的考え方

条文の作成にあたっては、次の点を念頭におく必要がある。

第1に、条文はできるだけ正確でなければならない。意味内容が明確に伝わり、疑義を生じることがないように、文章構成や用語・概念は厳密に使用する必要がある。

第2に、条文はできるだけ簡潔でなければならない。まぎらわしい解釈が生じないように、不要な修飾語や理由説明等は書かないで、「主体―要件―効果」など必要事項を端的に記述する必要がある。

第3に、条文は平易でわかりやすいものでなければならない。住民が読んで容

図表13-3 法令用語のルール（例示）

区分	用語	意味・用法（使用上の区分）
主語	〜は	一般的に「は」とする
	〜が	条件文中では「が」とする
述語	〜することができない	法律上の権利又は能力がないことを示す
	〜してはならない	不作為の義務を示す
	〜しなければならない	作為の義務を示す
	〜するものとする	作為の義務だが、若干の含みをもたせて一般的な原則や方針を示す
	〜と推定する	特に取決め等がない場合に、一定の状態にあるものとして取り扱うことを示す
	〜とみなす	内容の異なる場合を同一のものとして取り扱うことを示す
	〜を準用する	内容が類似する場合に多少の変更を加えて適用することを示す
	〜はこの限りでない	ただし書の規定において、本文が適用されないことを示す
	〜を妨げない	ただし書の規定において、本文と別の規定の適用があり得ることを示す
接続詞	及び	ある語句を併合的に連結することを示す。連結する語句に段階がある場合は、一番小さな連結に用いる
	並びに	併合的に連結する語句に段階がある場合に、より大きな連結に用いる
	又は	ある語句を選択的に連結することを示す。連結する語句に段階がある場合は、大きな意味の連結に用いる
	若しくは	選択的に連結する語句に段階がある場合に、小さな連結に用いる
その他	直ちに	時間的な遅延を許さない意味（最も即時に）
	遅滞なく	正当な理由がないかぎり、時間的な遅滞を許さない意味
	すみやかに	できるだけ早くという意味（比較的急迫性が低い）
	者	法律上の人格をもつ者を示す
	物	一般の物件を示す
	もの	「者」又は「物」で表現できない場合や、さらに要件を重ねて限定する場合に用いる
	場合	仮定的な条件や、すでに規定されたある事項を引用する包括的な条件を示す
	とき	不特定の時を示す（「場合」と同じ意味でも使用）。2つの前提条件があるときは、大きな条件を「場合」で示し、小さな条件を「とき」で示す
	時	ある時点を主観的に捉えて表現する場合に用いる

（出典） 各種教科書から著者作成

易に理解でき、地域のルールとして共有できるように、できるだけ専門用語を避けて日常的な表現にしたり、箇条書きや別表を利用して理解しやすくしたりする必要がある。

② 条例の構成（条文の配列）

条例の構成にはルールがあり、公布文、条例番号、題名、目次、本則（見出しと条文。条文は条・項・号に分けられる）、附則の順に記載する。本則の規定も、目的規定から罰則規定まで標準的な配列が決まっている。

対応措置を定める個々の規定については、(ⅰ)時間的な配列（各行為の時間的経過や手続の順番に従って配列）、(ⅱ)論理的な配列（基本的な規定から具体的な規定に進むなど、論理的な関係により配列）、(ⅲ)混合的な配列（上記２つを組み合わせて配列）の方法がある。配列方法を工夫するだけで、条例の「筋」がわかりやすくなったり、簡潔な規定になったりするため、十分に吟味したい。

③ 法令用語のルール

条例文では、内容を正確に表現するために、日常用語では似たような言葉を厳格に区別して用いることがある（図表13-3参照）。これらの**法令用語**は、法律学で用いるいわゆる法律用語（意思能力、錯誤など）とは異なり、法令文を作成するうえで慣用される技術的なルールである。たとえば、「及び」という接続詞は、複数の語句を併合する意味だが（英語のand）、３つ以上の語句を併合する場合で、語句の間に段階の差があるときは、一番小さな連結に「及び」を用い、それ以外の連結には「並びに」を用いることとされている。

(3) **条例案の事前評価**

条例文ができると、今度は条例案の事前評価を行う必要がある。いわば「条例アセスメント」である。これについては第７章３で述べたとおりであり、第15章６でも検討する。

以上の作業によって、条例の「制度設計」が完了することになる。

5 住民参加と合意形成

条例案ができると、これについて住民や関係者から意見を聴取し、それらを条例に反映させることが必要である。国の法令と違って、条例は住民に身近な自治体が地域の実情に応じて課題解決を図る点に意味がある。とすれば、条例づくりにおいて住民参加の手続は不可欠である（出石2004：131-141）。自治体によって

図表13-4　住民参加方法の比較

	方　　法	メリット	デメリット
文書	パブリック・コメント	幅広く意見聴取が可能	きめ細かい意見交換が困難
	住民アンケート	多くの住民の意向確認が可能	掘り下げた意見提出が困難
口頭	説明会・意見交換会	情報が得られ、理解しやすい	一面的な情報になりがち
	フォーラム等の開催	学びながら意見も伝えられる	掘り下げた意見提出が困難
	ワークショップの実施	掘り下げた意見や提案が可能	参加者が限られ負担も大
	検討組織の住民公募	掘り下げた意見や提案が可能	参加者が限られ負担も大

（出典）　著者作成

は、条例や要綱に基づいて、条例案の提案に先だってパブリック・コメント手続を義務づけているが[3]、そうした制度がなくても、少なくとも住民生活に影響を与える条例の制定・改正については、あらかじめ住民の意見を聴取することが求められる。

　住民の意見聴取については、詳細設計まで進んで条例案がある程度できた段階で行うことが多いため、ここでは詳細設計の後に位置づけたが、基本設計が終わった段階で条例案の骨子を示して意見を聴くことも多いし、前述の検討組織委員の住民からの公募などは、立案段階から住民参加を図っていることになる。

　具体的な住民参加の方法としては、**図表13-4**のような方法がある。それぞれのメリット・デメリットを考えて選択する必要がある。

　なお、住民参加は、手続としての保障という面もあるが、実質的に住民の合意形成につながることが重要である。ここで**合意形成**とは、何らかの働きかけによって住民や関係者の多数が基本的に同意・理解している状態（紛争が顕在化しない状態）をつくり出すことをいう。合意形成の手法としては、①説明・論証（当該選択の合理性・正当性を説明）、②権威の利用（専門家や第三者の見解によって説得）、③取引・妥協（自らの主張を譲歩又は相手方へ利益を提供）、④懇願・泣き落し（自らの思いや苦境を訴え同情・共感を引き出す）という方法が考えられる[4]。そもそも社会的な対立（紛争）は、価値観の相違によって生じる「価値対立」と、

---

[3] たとえば、横須賀市市民パブリック・コメント手続条例（2001年制定）4条では「条例の制定又は改廃に係る案の策定」についてパブリック・コメントを義務づけている。

金銭等の資源配分の不十分さ・不公平を原因として生じる「利害対立」に大別できるが、一般的には価値対立には①と②の手法が有効であり、利害対立には③と④の手法が有効と考えられる。合意形成のためには、対立（紛争）の本質を見極めて、それに適合した対応が求められるのである（合意形成については、合意形成研究会編1994、棚瀬編著1996、長谷川2004：24-38参照）。

6 条例の審議・決定

(1) 条例案の提案

条例案ができると、これを議案として議会に提出することになる。条例案の提案は、冒頭で述べたとおり、議員による提案、首長による提案、住民による直接請求の3種類がある。

まず、議員提案の場合は、議員定数の12分の1以上の賛成が必要である（地方自治法112条2項）。この要件は、この程度の賛同もなければ成立の可能性が低いことから、議事の円滑な運営のために設けられたものである。現行制度のもとでは、会派でまとまって提案したり、研究会等の横断的なグループで提案することになろう。次に、首長提案の場合は、特別の要件はない（同法149条1号）。他の執行機関の所管事項に係る条例案であっても、首長が提案する。さらに住民の直接請求による場合は、有権者の50分の1以上の連署を要する（同法74条1項）。

これらの提案件数をみてみると、**図表13-5**のとおり、条例提案件数のうち、議員提案は1～7％となっている。全体として増加傾向にあるものの、なお少数にとどまっている（議員提案条例の現状については、秋葉2001、加藤・平松2011参照）。分野別にみると、**図表13-6**のとおり、都道府県では意外に暮らし条例が多く、次いで振興条例、人づくり条例の順であるが、市町村では振興条例、地域条例、暮らし条例の順になっている。また、住民の直接請求は、**図表13-7**のとおり、制度創設から50年余で都道府県130件、市町村1,289件、計1,419件となっており、年間平均27件程度にとどまっている。

4　客観的な分析論としては、ほかに⑤威嚇・脅迫（合意しなければ不利益を与えることを示す）、⑥排除・抑止（反対者を関係者から排除又は反対行動を抑止）という手法が考えられるが、自由社会においては不当な方法と考えられる。

図表13-5　都道府県議会における提出者別条例提案数の推移（暦年）

(単位：件、％)

（暦年）	95	96	97	98	99	00	01	02	03	04
知事提案条例	2,388	1,946	2,162	2,145	2,762	4,289	2,965	3,280	3,235	3,141
議員提案条例（含む委員会）	76	20	37	61	70	74	153	179	139	200
条例提案数合計	2,464	1,966	2,199	2,206	2,832	4,363	3,118	3,459	3,374	3,341
議員提案条例の比率	3.08	1.02	1.62	2.77	2.47	1.70	4.91	5.17	4.12	5.99

（暦年）	05	06	07	08	09	10	11	12	13	14
知事提案条例	4,578	3,303	3,322	2,753	3,317	2,381	2,492	3,955	2,966	3,665
議員提案条例（含む委員会）	185	197	217	205	158	141	180	173	174	157
条例提案数合計	4,763	3,500	3,539	2,958	3,475	2,522	2,672	4,128	3,140	3,822
議員提案条例の比率	3.88	5.63	6.13	6.93	4.55	5.59	6.74	4.19	5.54	4.11

（出典）　滝本直樹「議員提案政策条例を介した地方議会活性化の方向性について」議会NAVI2015.11.25（http://www.dh-giin.com/article/20151125/4497/）

(2)　議会での審議

　条例案が提案されると、まず本会議で議案の説明が行われ、その後、関係する委員会に付託されるのが通常である。条例は重要な政策議題だから、成立の見込みに関係なく、委員会に付託して具体的な審議を行うことが適切であろう。

　議会の審議では、次の点に留意すべきである。

　第1に、条例提案にあたっては、条例制定の理由、条例案の内容はもちろん、条例案に関する法的な問題点や政策的な課題についても説明する必要がある。この際には、条例評価の基準（第7章2参照）を念頭において説明することが望ましい。

　第2に、審議は議員同士の討論を中心にするということである。一般に、地方議会では、執行機関に対する質疑を中心とする「質疑主義」の傾向が強いが、あくまで議会としての意思決定が求められているのだから、首長提案の場合でも、議員相互の議論を重視すべきである（Column ⓬参照）。それによって、ものの見方や価値観によっていかに条例案の受止め方が異なるかを認識でき、縦割りの執行機関側からは出てこないような修正案・代替案が生まれる可能性もある。

図表13-6　議員提案条例（議会関係条例を除く）の状況　　　　（2009～2015年度計）

区　分		都道府県	市区町村	合　計
提案件数	議　員	222(86.4%)	1,012(89.6%)	1,234(89.0%)
	委員会	35(13.6%)	118(10.4%)	153(11.0%)
	合　計	257(100%)	1,130(100%)	1,387(100%)
議決件数	原案可決	220(85.6%)	538(47.6%)	758(54.7%)
	修正可決	2(0.8%)	44(3.9%)	46(3.3%)
	否決その他	35(13.6%)	548(48.5%)	583(42.0%)
分野別可決件数	1）自治条例	0(0.0%)	46(7.9%)	46(5.7%)
	2）基本条例	3(1.4%)	18(3.1%)	21(2.6%)
	3）地域条例	12(5.4%)	108(18.6%)	120(14.9%)
	4）振興条例	52(23.4%)	163(28.0%)	215(26.7%)
	5）暮らし条例	108(48.6%)	104(17.9%)	212(26.4%)
	6）人づくり条例	32(14.4%)	53(9.1%)	85(10.6%)
	7）税条例	3(1.4%)	4(0.7%)	7(0.9%)
	8）その他	12(5.4%)	86(14.8%)	98(12.2%)
	合　計	222(100%)	582(100%)	804(100%)

（注）　議員提案条例のうち「議会・議員に関するもの」を除外した件数である。分野別可決数は次により区分した。1）自治条例＝自治関係条例（自治基本、住民参加、住民投票等）、2）基本条例＝分野別基本条例（基本条例という名称に限定）、3）地域条例＝地域づくり条例（都市計画、環境、公共施設等）、4）振興条例＝地域振興条例（地域振興、産業育成、コミュニティ等）、5）暮らし条例＝暮らしづくり条例（福祉、衛生、防災・防犯等）、6）人づくり条例＝人づくり関連条例（子育て、教育、人権等）、7）税条例（法定外税、税の減免等）、8）その他（行政統制、職員人事等）。分野区分は礒崎2012：29-48を参照。
（出典）　総務省「地方自治月報」56号～58号（2009～2015年度）「議員提案による条例に関する調」（総務省HPから入手）から筆者作成

図表13-7　条例の制定・改廃の住民の直接請求の件数　　　　（1947年～1999年3月）

区分	合計	却下	左のうち			その他
			議会において			
			否決	修正可決	可決	
都道府県	130(100%)	0(0.0%)	101(77.7%)	3(2.3%)	1(0.8%)	25(19.2%)
市町村	1,289(100%)	15(1.2%)	1,021(79.2%)	75(5.8%)	47(3.6%)	131(10.2%)
合計	1,419(100%)	15(1.1%)	1,122(79.0%)	78(5.5%)	48(3.4%)	156(11.0%)

（出典）　地方自治制度研究会（2002）『Q&A 地方自治法平成14年改正のポイント』ぎょうせい、62頁

第3に、議会の審議にあたっては、公聴会・参考人制度を活用して住民、NPO、有識者等の外部人材の意見を反映させることである（佐藤・八木1998：165も同旨）。たとえば、法的な問題点について有識者の意見を聴いたり、直接影響を受ける地域住民の意見を聴くことが考えられる。現状では、公聴会（地方自治法109条5項）はもちろん、参考人制度（同条6項）もあまり活用されていないが、こうした制度を活用して審議に外部の知恵や意見を取り入れる必要がある。

　第4に、議会として住民参加を進めることである。たとえば、重要な条例案の審議等にあたっては、事前に住民への説明会・懇談会、議会としてのパブリック・コメント等を実施して、その意見を審議に反映することが考えられる。

　以上のような審議を経て表決が行われ、過半数の賛成によって条例案が可決成立することになる。

Column ⓭　難航した受動喫煙防止条例の制定──知事と議会の「暁の攻防」

　私はこれまでいくつかの条例づくりに関わったが、中でも多くのドラマがあったのは、神奈川県受動喫煙防止条例の制定（2009年3月成立）である。拙著『知事と権力』（礒崎2017ｅ）の中から、このときの経緯を紹介しよう。

　この条例の制定は、2006年秋頃に松沢成文知事（当時）が言い始めた。海外を回ると、多くの先進国では法律で飲食店等における喫煙が禁止されているが、日本ではたばこ税を所管する財務省の反対できちんとした対策ができていない。健康増進法（2002年制定）25条で多数者が利用する施設について受動喫煙防止の努力義務が定められているだけ。国がやらないのなら県がやるべきだというのが、知事の発想だった。

　知事は、1期目の最後の年に、担当の保健福祉部に条例の検討を指示した。しかし、担当の部長も課長も、「喫煙による健康影響には賛否両論があり、エビデンスがない」「健康増進法に上乗せ規制するための地域的理由づけができない」といった理由で検討を渋ったが、知事は2期目のマニフェストの主要政策に掲げ、再選後、部課長を交代させ、検討を本格化させた。この時期、ネットを使った県民アンケートで、終盤になって反対票が賛成票を上回ったが、後にJT（日本たばこ産業㈱）が社員を動員して反対票を投じさせたことが判明するという「事件」もあった。

　大変だったのは、飲食店、ホテル・旅館、パチンコ等娯楽施設の事業者団体との意

見交換であった。これらの事業者は、禁煙や分煙措置を義務づけられると利用客が減少するため、「倒産してしまう！」という声も上がった。県では、知事自身も出席して、何度となく事業者団体への説明会や現地訪問を行い、事業者の声に耳を傾けた。

　もっとも、県民の意識調査では、賛成意見が多数を占める状況は最後まで変わらなかった。条例提案直前の最終段階では、大々的な県民タウンミーティングを開催したところ、1,122名が参加。事業者団体代表者の発言に「そうだ！」「引っ込め！」など賛否両方のヤジが飛び交う場面もあった。

　決定権を持つのは、県議会である。松沢県政では、反松沢の主流3会派が多数を占めており、その意向が重要であった。提案前の委員会審議では、条例制定の是非や制度設計よりも、「条例制定の検討が不十分だ」「施行後の執行体制を具体的に答えられないのはおかしい」など、建設的でない意見が多かった。というのも、主流会派内でも賛否が分かれ、会派としての方針を明確にできなかったのである。

　知事は、事業者の利益を考慮して対象施設を限定するなど、何度か条例案の修正を行った。それでも議会の賛否が不透明な中で、知事は2009年2月に条例案を提出。ボールを投げられた形の主流会派は、最終段階で自ら修正案を作成し提案の構えをみせる。宿泊施設等を法的義務から除外し、飲食店等の規制は3年後に検討し「別に条例で定める日」から施行するという骨抜きの内容に、知事が反発。修正案が議決された場合は再議に付すこと（再度の議決では2/3以上の同意が必要であるため否決される見通し）をちらつかせて話し合いに持ち込み、徹夜折衝の結果、議長あっせんを引き出して、議長による再修正案が議決された。この最終場面は「暁の攻防」とよばれた。

　全国で政策条例の制定が進んでいるが、これほど多くの県民や事業者の利害に関係し、厳しい対立となった条例は珍しいのではないか。主要新聞は、適用除外の多さから「骨抜き」「抜け殻」の条例と評したが、私は「松沢県政最大の傑作」と位置づけた。その後、兵庫県が同様の条例を制定したが、オリンピック・パラリンピックを控えた東京都では消極意見も多く、国の法律制定の動きもあって、2017年9月末時点でも決着していないな考え方」を公表するなど準備段階にある。

第14章 執行法務の実践
―法執行の実効性をどう高めるか

1 執行法務のプロセス

　第13章で検討した立法法務の段階が終わると、制定された法を執行する段階に入る。自治体の場合は、国が制定した法令（法律、命令）についても執行の義務を負うため、この「法」には、国の法令と条例・規則が含まれることになる。これらの法を執行するための自治体の取組みが、執行法務である。

　執行法務においては、ある政策目的を実現するために制定された法が期待された効果をあげるよう取り組むことが求められる。では、どのように執行すれば法の実効性を維持・向上させることができるか。これが執行法務の主たるテーマである。もちろん、法の実効性は、まず立法段階の制度設計において検討すべきであるが、執行段階でより具体的かつ実践的なレベルで問題になるのである。

　また、従来、機関委任事務体制のもとで、自治体の執行法務は国の通達等によって拘束され、集権的・画一的な仕組みによって実施されてきた。しかし、第10章1で述べたとおり、第1次分権改革（2000年施行）によって機関委任事務制度が廃止され、自治体は、自らの判断と責任で執行法務を実施すべきものとなり、これによって執行法務の可能性が拡大した。この拡大した権限を自治体の政策実現にどう生かすか。これが執行法務のもうひとつのテーマである。

　そもそも法の執行とは、法の内容を実現することであり、法の内容を具体化し、それを個別事案に当てはめて結論を出すことが中心となる。しかし、政策目的の実現という目的を考えると、個別事案の処理の以前に、そもそも自治体として法の執行にどう取り組むかを検討し、監視する**執行管理**の機能が重要である。そこで本章では、執行法務を次の2つの段階・側面に大別して検討する[1]。

　① **執行管理**　　有効かつ効率的な執行活動を行うために、どのような方針や

---

[1] 森田2000：148によれば、執行活動は、①法令を具体化して活動の枠組み・行動基準を設定する「基準設定」の段階、②限られた資源を用いて行うべき活動の内容を決定する「方針決定」の段階、③それらの基準・方針に従って実際に個別の対象に働きかけ、その行動を制御する「基準適用」の三段階に分けることができるという。本章では、このうち①と②を執行管理という概念に包括し、二段階で捉えようとするものである。

体制をとるか、執行活動のあり方を検討し、後方から監視・支援する活動。これには、4で後述するとおり、執行方針の検討、執行体制の整備、執行細則の決定、執行状況の点検評価等が含まれる。

② 狭義の執行活動　法と執行細則を個別事案に当てはめて結論を出す活動。ここには、個別事案の事実関係を確定し、これに関係する規定を抽出し、これを当該事案に適用するという三段階の行為が含まれる[2]。

以下では、執行法務の特質と制約条件について理論的に整理した後に、この2つの活動の進め方について検討し、最後に執行法務で必要となる行政手続法制や関与のルールなどの基礎知識について紹介する。

2　執行活動の理論

執行法務のあり方を考える際に参考になるのが、行政学・行政法学における**執行過程研究（インプリメンテーション研究）**の成果である（さしあたり森田1988：3-16、真山1991参照）。

もともと、行政学・政策研究においては、政策がどのようにつくられるかという政策決定過程に焦点があたり、執行過程は決定された政策を機械的に実施する非裁量的な過程と捉えられて、十分な検討が行われていなかった。しかし、1970年代頃から、アメリカ、イギリス等では、多くの人々に歓迎された政策が、執行段階でゆがめられ十分な成果をあげられなかったという事例が取り上げられ、なぜそうした「執行のギャップ」(implementation gap) が生じるのかを中心に、執行過程研究が盛んになった。

執行過程研究の嚆矢となったのが、J・プレスマンとA・ウィルダフスキーの『インプリメンテーション』である（Pressman. J and Wildavsky. A：1973）。この研究は、1960年代に連邦政府が導入した都市再開発、教育改革等の補助事業が、政治的合意や財源の調達に成功していながら失敗してしまった事例に注目し、執行過程にその原因があることを明らかにして注目を浴び、その後の多くの執行過程研究をよび起こした。

わが国でも、1980年代に入ると、執行過程研究が始められた。たとえば、森田

---

[2] 林1975b：7-8によれば、法令を具体的事件にあてはめるには、①事実の確定、②法令の発見又は検認、③発見又は検認した法令の適用という3つの段階を必要とするという。

朗氏は、自動車運送事業の規制行政を対象として、規制法の執行過程の構造を明らかにするとともに、関連業界の影響力など政治的な関係を描いた（森田1988、同1992）。また、行政法学の分野では、北村喜宣氏が水質汚濁防止法等の環境法の執行過程を取り上げて、違反行為への対応等の実態を解明した（北村1997）[3]。現在では、ほとんどの行政学の教科書で執行過程の問題が取り上げられている[4]。

さらに、執行活動の中でも、教師、警察官、福祉ケースワーカーなど執行現場を担う職員は、対象者との関係で広範な裁量権限を行使しているとされる。このことに注目するのが、**第一線職員（ストリートレベルの官僚制）** の研究である。そのパイオニアはリプスキー（田尾・北大路訳）1986であり、わが国でもこの研究の系譜に属するものとして畠山1989がある。これらの第一線職員研究は、政策は決定された後に執行されるという従来の理論モデルを疑い、政策は執行過程において具体化され形成されるとし、決定段階と執行段階の区別に意味がないと考える。このように、執行活動を現場の視点や対象者との関係で分析する研究を「**ボトムアップ・アプローチ**」とよび、政策決定と執行を区別する従来の政策執行過程研究を「**トップダウン・アプローチ**」とよんで区別する見方もある（真山1991）。

これらの執行過程研究が示している要点は、次の点であるといえる。

① 執行過程は、法令の機械的な執行ではなく、限られた資源のもとで、政策的な判断と的確な対応が求められる裁量に富んだ過程であること
② 執行過程は、執行機関内部の検討や調整だけでなく、相手方や利益団体等の影響を受けながら展開される多元的な過程であること
③ 特に執行現場での判断と対応が求められる第一線職員については、相手方との関係で裁量の幅が広く、これをどう統制又は支援するかが重要な課題であること
④ 規制法の執行過程では、行政指導などのインフォーマルな手段が多用され、命令等の法的対応・処分が行われるのは例外的であること

---

[3] ほかに「法と経済学」の方法を用いた最近の研究として、平田2009がある。
[4] たとえば、村松2001：225-248、森田2000：145-154、西尾2001：213-225、新藤2004：34-40、104-120、132-144、真渕2009：443-447、502-511参照。法社会学でも規制法の執行過程が取り上げられている。たとえば村上・濱野2003：152-168参照。さらに、行政法学者と行政学者による本格的な研究書として大橋編著2010参照。

執行法務の理論と実践については、このような執行過程研究の成果を踏まえ、採り入れる必要がある。

3 執行法務の制約条件

執行法務のあるべき姿を考えるうえで、どのような点に留意すべきだろうか。

まず執行法務にあたっては、「すぐれた法執行」をめざす必要がある。「すぐれた法執行」には、多様な意味や基準が考えられるが、ここでも条例評価について述べた、①必要性、②有効性、③効率性、④公平性、⑤協働性、⑥適法性の6つの基準が当てはまると考えられる（第7章2参照）。このうち、執行段階では特に②有効性、③効率性、⑥適法性が重要な要素になると考えられる[5]。

しかし、すぐれた法執行を実現するには様々な制約・障害がある。前述の執行過程研究も示しているとおり、執行活動には次のような制約条件があり、そこに執行法務の難しさもある[6]。

第1に、執行活動に投入できる資源の制約がある。執行活動にあてることのできる人員、財源、時間が無限であれば、「完全なる執行」を実現することもできるが、これらの資源に限界がある以上、法の執行は程度の差こそあれ常に不完全なものにならざるを得ないし、いかなる活動にどれだけの資源を投入するかは、執行機関の裁量に委ねざるを得ない。

では、一般に、執行活動についてどの程度の水準をめざすべきだろうか。これについては、めざす目標に照らして判断する目標指向型の基準と、費用対効果に照らして判断する費用指向型の基準があるとされる（**図表14-1参照**）。わが国では、法執行にあたって費用対効果に対する意識は低く、多くの場合、前者の目標指向の発想によって水準を決めていると考えられる。たとえば、ある規制法について違法行為が増加している場合でも、それが許容できる水準内であれば現状維持で満足する傾向がある。しかし、議会やマスコミが違反行為の多さを指摘したりすると、許容できる水準が上昇して、（費用対効果ではマイナスの結果になるとしても）人員や予算を増やして違反行為の摘発に努めるなど、場当たり的な判断に

---

[5] 森田2000：150-151も、執行活動の要件として、①適法性、②有効性、③効率性を掲げている。
[6] 森田2000：151-152は、執行活動の制約条件として、①法的制約、②予算・資源の制約、③社会状況の複雑さと流動性、④国民の利己的行動をあげており、本章でも参考にした。

図表14-1 執行活動体制の整備水準の考え方

	目標指向の規準	費用指向の規準
高 ↑ 執行水準 ↓ 低	↑ 一定水準以上の状態の実現を目標にして執行体制を整える ↓	執行活動による直接的な効果（便益）とこれに伴う抑止効果の間接的な効果（便益）の合計に見合う水準まで執行体制を整える
		執行活動による直接的な効果（便益）に見合う費用水準まで執行体制を整える

（出典）　西尾勝（2001）『行政学（新版）』有斐閣、219頁に一部加筆

なっている。今後は、費用指向の発想も採り入れ、複数の視点であるべき執行水準を見定める必要がある。

　第2に、対象者や関係者の権利利益の制約がある。たとえば、規制法の場合、これを徹底して執行しようとすると、対象者（被規制者）の権利利益を制限することになり、違法な対応となる可能性があるほか、対象者の抵抗や反発を生む。逆に低い執行水準で満足し、相手方の権利利益の追求を許容すると、政策目的が実現できないほか、それによって影響を受ける住民等の批判や反発を受けることになる。他方、サービス提供等を定める給付法の場合、高い水準の給付を行うと、対象者（利用者）の権利利益は増進するが、財源を負担する国民や他のサービスの利用者の批判や反発を受ける可能性がある。執行法務にあたっては、これらの関係者の利害や意見を考慮し、バランスを図る必要がある。

　第3に、社会経済の変化に対する予測の難しさがある。たとえば、規制法の執行にあたって、将来の人口や産業等の状況を予測して、規制を強化したり緩和したりすることが考えられるが、予測が外れた場合に、規制のレベルが厳しすぎたり、緩やかすぎるという事態が生じる。そうかといって、状況の変化に応じて次々に規制の水準を変えたのでは、「朝令暮改」の批判を受けるし、対象者の間に不公平が生じることになる。執行法務にあたっては、社会経済の変化を予測しながら、適切な方針を定める必要がある。

　第4に、執行を担当する職員又は職員集団の利害とモチベーションの制約がある。ある執行体制のもとで徹底した執行活動を行おうとすると、担当職員にとって時間外勤務や労働強化などの負担が増すことになる。そこで、職員又は職員集団は、期待される水準よりも低い水準で満足する傾向があるし、目標水準の引き

上げには抵抗する場合が多い。これに対しては、トップ層のリーダーシップや職員のインセンティブを引き出す人事政策等が有効であり（第6章5参照）、執行法務のあり方については、こうした組織運営と連動させて検討する必要がある。

執行法務では、以上の制約に対してどう対応し、これをどう克服するかが問われるのである。

4 執行管理の実践

まず、執行管理においては、次の対応が求められる。これらは、課長、係長等の監督者が一般職員の補佐を受けながら実施するのが通常であろう。

第1に、法の執行に必要な体制を整備する必要がある。新しい法律や条例を施行する場合は、どのような事務が必要になるかを想定しながら、担当する組織（課・係等）、職員、予算等を整備・確保する必要がある。施行後は、後述のとおり施行状況を監視・評価し、必要があればこれらの体制を見直す必要がある。

第2に、執行活動の方針を検討し、これに基づいて審査基準その他の「執行細則」を整備する必要がある。ここで**執行細則**とは、審査基準、事務処理要領（マニュアル）など法を執行するために必要となる規定をさす。後述する行政手続法制では、審査基準、処分基準、行政指導指針を定めることが求められているため、執行活動に先立ってこれらを整備する必要がある。また、一般的・抽象的な規範である法を実際の事案に当てはめるため、また担当職員や執行時期によってバラバラな対応にならないために、事務処理要領等を定めることが求められる。

分権改革以前は、国から通達や行政実例が示され、自治体はこれに依存していればよかったが、現在では、地域の実情と各自治体の政策方針に即して、自ら執行細則を整備する必要がある。また、法の施行後は、事務対応の「事例集」を作成しておくことも有効な方法といえる。

なお、これらの事項を条例や規則に定める必要があれば、そのための作業が必要になるが、これは第13章で検討した立法法務の課題である。

第3に、執行体制や執行細則等の整備にあたっては、有効かつ効率的な執行を実現できる仕組みを工夫する必要がある。特に規制法の執行にあたっては、①規制対象を定める基準が明快であること、②対象集団を把握するデータベース（台帳）が作成できていること、③違反者に対しては他の制度上の不利益にも連動する仕組みが用意されていること、④違反行為を効率的に監視・摘発できる「関

所・関門」が用意されていること、⑤違反者の通報など一般の人々の広範な協力が期待できることが重要である（西尾2001：216-218参照）。こうした仕組みは、法自体に組み込んでおくことが望ましいが、執行段階でも執行体制や執行細則の整備にあたって工夫する必要がある。

第4に、執行状況を監視し、問題があれば担当職員に必要な指示を行うとともに、定期的にこれを点検・評価し、執行体制や執行細則の見直しを行う必要がある。通常、法に基づいて許認可等を行う場合は、管理監督者の決裁を要するため、これらを通じて執行状況を監視し、必要な指示等を行うことができる。これに対して、窓口対応やサービス業務においては、一般職員の対応が中心となるため、管理監督者は特に注意して執行状況を監視する必要がある。また、住民等からの苦情・相談等があった場合には、これに適切に対応するとともに、執行上の問題がないか点検の機会とすることが求められよう。さらに、定期的に法の執行状況を点検・評価し、その結果を踏まえて執行体制の見直し等を行う必要がある（第15章6参照）。

5 執行活動の実践

次に、直接的な執行活動の進め方については、相手方の行為を規制する規制法（規制条例を含む）と、相手方に補助金の交付、施設利用などのサービスを提供する給付法（給付条例を含む）に分けて検討する必要があろう。

(1) 規制法の執行活動

第1に、規制法の執行にあたっては、法の目的実現を念頭において有効かつ効率的な活動を行うことが求められる。そのためには、規制対象を捕捉して違反行為を防止するとともに、規制内容等について周知し、関係者が自主的に法を遵守する環境をつくることが重要である。

第2に、対象者（被規制者）の権利利益を尊重し、後述する行政手続法制の規定を遵守するとともに、説明責任（accountability）を果たすことが求められる。たとえば、法に基づく申請に対して不許可等の拒否処分を行う場合は、その理由を具体的に記載するとともに（行政手続法8条参照）、相手方の求めに応じて十分に説明する必要がある。

第3に、法の解釈適用にあたっては、地域の実情や個別事案の特殊性を考慮して、合目的的で弾力的な解釈適用を行うことが求められる。

そもそも、法の解釈には、法文の用語や文章の意味に忠実に解釈する**文理解釈**と、法文の文理にこだわらず、法の趣旨・目的や条理を基準として解釈する**条理解釈**（目的論的解釈、論理解釈ともいわれる）があり、さらに論理解釈には、拡張解釈、縮小解釈、変更解釈、反対解釈、類推解釈、もちろん解釈などがある（林1975ｂ：70-135）。執行機関にとっては、根拠が明確であり、責任も問われにくい文理解釈に傾きがちであるが、政策目的の実現のためには柔軟な論理解釈が求められる。特に国の法令は画一的な規定になりやすいため、地域の実情を勘案して法の論理解釈を行うことが重要であり、そのためにも執行細則や事例集の整備が求められる。

　第4に、違反行為に対しては、迅速かつ毅然とした対応を行うとともに、行為者の動機・状況に応じた戦略的な対応が求められる。一般に、わが国の行政機関は、自らの負担や責任を逃れるため、違反行為を発見してもこれを放置したり、アリバイづくり的に行政指導を繰り返すなどの微温的な対応にとどまる傾向がある[7]。しかし、「初動対応」を誤ると、後に法的対応をとることが事実上難しくなるし、他の違反行為を助長するおそれがある。こうした事態が重なると、法が実効性を失い「ザル法」となることも考えられる。

　しかし同時に、違反者の動機や状況に応じた対応をしなければ、違反の防止や是正などの効果を生まないし、相手方の反発をよんで逆効果になることもある。行政学では、違反者の類型に応じて執行戦略を選択することが重要とされている（図表14-2参照）[8]。

　これによると、第1に、当該規制を知らないとか病気等のためにこれを遵守できなかった「善意の違反者」に対しては、規制の存在や内容を知らせる「周知戦略」や、物理的な装置等によって違反を防止する「制止戦略」がふさわしい。第2に、当該規制を遵守するか否かを損得勘定によって判断する利己的な「悪意の違反者」に対しては、「制止戦略」のほか、違反行為を的確に把握して厳正に処罰する「制裁戦略」が必要であり、事案の実情に応じて柔軟な処理を行う「適応戦略」をとると、違反をしても不利益はないと考えて違反を繰り返すことになり

---

[7] 特に産業廃棄物の不法投棄や農地・森林の違反転用などにこうした事例が多い。かつて問題になった香川県豊島の産業廃棄物不法投棄事件も、「有価物」であるという不法投棄者の強弁に押されて初動対応が遅れた事例といえる。大川2001：6-33参照。
[8] この整理は、フッド2000：63で示されたものを西尾勝氏や森田朗氏が紹介したものである。

第4部 政策法務の実践

図表14-2　違反者の類型と執行戦略の類型

		行政機関・行政職員の執行戦略			
		柔軟な対応	強硬な対応		柔軟な対応
		①周知戦略	②制止戦略	③制裁戦略	④適応戦略
違反者の類型	①善意の違反者	効果あり	効果あり	直接の効果なし	効果なし
	②悪意の違反者	効果なし	効果あり	効果あり	逆効果の余地あり
	③異議申立者	効果なし	逆効果の余地あり	逆効果の余地あり	効果あり
	③反抗者	効果なし	効果あり	逆効果の余地あり	行政側の屈服

（出典）　西尾勝（2001）『行政学（新版）』有斐閣、223頁

かねない。第3に、当該規制の違法性等を確信してあえて違反を行う「異議申立者」に対しては、その言い分に耳を傾けて対応を考える「適応戦略」が有効である。第4に、行政機関に対する反発からどのような行政対応にも抵抗する「反抗者」に対しては、「制止戦略」しか有効な戦略はない。

　そして、実際には上記の「悪意の違反者」が多いため、従来わが国でとられてきた微温的対応（上記でいう適応戦略）は、多くの場合、間違った戦略だったといえるのである[9]。

　なお、このうち制止戦略や制裁戦略などの「強硬な対応」を行うとすれば、第8章4で検討した実効性確保手法を活用する必要がある。たとえば、罰則制、命令制、氏名公表制などのほか、命令処分に従わない場合等には行政代執行も考えられる（行政代執行法2条）[10]。こうした手段を、適時・適切に行使することが執行法務のポイントになる。

(2) 給付法の執行活動

　次に給付法の執行活動にあたっては、第1に、政策目的を実現するとともに、対象者の権利・利益を保障するために、効果的な執行に努める必要がある。そのため、該当者がサービス利用の機会を逃すことがないよう給付内容等について十分に周知するとともに、できるだけ手続的な負担がないよう簡易かつ迅速な処理

---

[9] もちろん、具体的事案において違反行為者がどの類型に属するかは自明ではないが、実際には、担当職員は、相手方との接触の中でこのいずれに属するか判別できていることが多い。ただ、決めつける証拠がないことや相手方の反発やトラブルをおそれて、微温的対応を選択しているにすぎない。このように、この戦略論は思考の整理になるだけでなく、実際にも有効な議論と考えられる。

[10] 行政代執行の実務上の課題については、㈶日本都市センター編2007、西津2012などを参照。

に努めることが重要である。これらは、まず執行管理の段階で対応すべきであるが、個々の事案の執行にあたっても努力する必要がある。たとえば、法に基づいて生活資金や事業資金の助成や貸付けを行う場合に、事前のPRに努力したり、複雑な制度についてわかりやすい説明をしたり、添付書類を絞って過大な負担が生じないよう配慮したりすることが求められる[11]。もちろん不正な利用を防止することは重要だが、そのことを心配するあまり目的の実現を妨げることがないよう注意する必要がある。

第2に、不正な利用を防止するとともに、予算などの限りある資源を有効に活用するため、効率的な執行に努める必要がある。たとえば、法に基づいて福祉サービスの提供等を決定する場合には、申請に対する審査を厳密に行うとともに、事後の利用状況について点検や成果に関する評価を行い、不正な利用等が発見された場合は、決定の取消し、給付金の返還等を厳正に行う必要がある。一般に行政実務では、事前の審査は厳しいのに対し、給付した後の利用状況やその効果には関心をもたない傾向があるが、今後は事後の評価や対応を重視する必要がある。

6 行政手続法制による規律

(1) 行政手続法制の意味

以上の執行活動にあたっては、行政手続法制の規律を知り、これを遵守する必要がある。行政手続法は、「行政運営における公正の確保と透明性（中略）の向上」を図り、もって「国民の権利利益の保護に資すること」を目的として（1条）、申請に対する処分、不利益処分、届出等に関する手続を規律するものである（**図表14-3**参照。さしあたり宇賀2005、塩野2009：267-322）。また、ほとんどの自治体は、この法律の趣旨に沿って行政手続条例を定めており（同法46条参照）、条例に基づく処分等の手続や行政指導については、この条例を遵守する必要がある[12]。

---

[11] 生活保護法に基づく生活保護の申請を窓口で抑制する、いわゆる「水際作戦」は、意識的な行政指導によって給付額を抑制しようとしたものである。こうした対応は、法の目的を執行段階でゆがめ、該当者の権利を侵害するものといえる。

[12] 行政手続法・条例については、総務庁行政管理局1996・135以下、山口1996参照。自治体実務への影響については、磯部1995a、礒崎・木佐・鈴木・山口1997参照。

図表14-3 行政手続法の要点

区 分	要 点
申請に対する処分	① 行政庁は、審査基準（許認可等をするか否かを法令に従って判断するために必要とされる基準）を定め、公にしておかなければならない（5条）。 ② 行政庁は、申請がその事務所に到達してから許認可等をするまでに、通常要すべき標準的な期間（標準処理期間）を定めるよう努めるとともに、これを定めたときは公にしておかなければならない（6条）。 ③ 行政庁は、申請が行政庁の事務所に到達したときは、遅滞なく審査を開始しなければならない（7条）。 ④ 行政庁は、許認可等を拒否する処分をする場合は、申請者に対し、その理由を示さなければならない（8条）。 ⑤ 行政庁は、許認可等で、申請者以外の者の利益を考慮すべきことが法令において要件とされているものを行う場合は、必要に応じ、公聴会の開催その他その者の意見を聴く機会を設けるよう努めなければならない（10条）。
不利益処分	⑥ 行政庁は、処分基準（不利益処分をするかどうか等について法令に従って判断するために必要とされる基準）を定め、これを公にしておくよう努めなければならない（12条）。 ⑦ 行政庁は、不利益処分をする場合には、一定の区分に従い、聴聞又は弁明の機会の付与の手続をとらなければならない（13条）。
行政指導	⑧ 行政指導に携わる者は、当該行政機関の任務等の範囲を逸脱してはならないこと、及び行政指導の内容が相手方の任意の協力によってのみ実現されるものであることに留意しなければならない（32条1項）。 ⑨ 行政指導に携わる者は、相手方が行政指導に従わなかったことを理由として、不利益な取扱いをしてはならない（同条2項）。 ⑩ 行政指導に携わる者は、相手方に当該行政指導の趣旨・内容及び責任者を明確に示さなければならず、相手方からそれを記載した文書の交付を求められたときは、行政上特別の支障がない限り、これを交付しなければならない（35条）。 ⑪ 同一の行政目的を実現するため一定の条件に該当する複数の者に対し行政指導をしようとするときは、行政機関は、あらかじめ行政指導指針（行政指導に共通して内容となるべき事項）を定め、かつ、行政上特別の支障がない限り、これを公表しなければならない（36条）。
届出	⑫ 届出が法令に定められた形式上の要件に適合している場合は、提出先の機関の事務所に到達したときに、手続上の義務が履行されたものとする（37条）。
意見聴取手続	⑬ 命令等を定める機関は、命令等を定めようとする場合には、当該命令等の案及び関連する資料をあらかじめ公示し、意見の提出先及び提出期間を定めて、広く一般の意見を求めなければならない（39条）。 ⑭ 命令等を定める機関は、意見公募手続を実施して命令等を定める場合には、提出された意見を十分に考慮しなければならない（42条）。
その他	⑮ 地方公共団体は、この法律の規定を適用しないこととされた処分、行政指導及び届出並びに命令等の制定手続について、この法律の趣旨にのっとり、必要な措置を講ずるよう努めなければならない（46条）。

（出典）著者作成

これらは、法治主義の原則から法の執行に広く適用される最低限のルールであり、政策実現を重視する政策法務においても、このルールを遵守し住民等の信頼を得ることが不可欠である。行政手続法制を勉強しないまま行政の窓口に立っている職員は、「無免許運転」をしているようなものといえる[13]。

(2) 行政指導をどう考えるか

行政指導とは、行政機関が一定の行政目的を実現するため特定の者に一定の作為又は不作為を求める指導、勧告、助言その他の行為をいう（行政手続法2条6号）。行政指導については、従来から法的拘束力がないものと解され、判例でもその旨が示されてきたが、行政手続法の制定（1993年）によって、**図表14-3**のとおり、①任意性の原則、②不利益取扱いの禁止、③明確性の原則と文書交付制等が定められ、その効果に限界があることが明らかになった。しかし、行政指導自体が禁止されているわけではないし、抑制すべきものと考えられているわけでもない。

行政指導には、①規制的行政指導、②助成的行政指導、③調整的行政指導があるとされている（塩野2009：201-202）。このうち法治主義との関係が心配されるのは、①の規制的行政指導であるが、これについても、当事者の合意を得ながら柔軟な対応を行ううえで必要な場合がある。特に、政策法務の視点からは、法律、条例等の法規だけで多様な地域課題に迅速・柔軟に対応することは不可能であるため、状況に応じて事業者等の任意の対応を促す行政指導は有用なものといえる。

判例においても、建築行為に関して付近住民との間に紛争が生じたため、自治体が建築主に行政指導を行い、その間建築確認を留保した事件について、最高裁は、建築主が行政指導に応じないという明確な意思を表明するまでは、建築確認を留保することは違法でないとした（最判昭60・7・16民集39巻5号989頁）。

さらに、1960年代後半から広がった開発指導要綱等の要綱行政については、法律の不十分さを補うとともに、都市づくりや環境保全など自治体独自の政策実現を図るうえで重要な役割を果たしてきた（第2章3参照）。しかし、要綱は法規たる性格をもたないため、法的拘束力を有するものではない。開発指導要綱につい

---

[13] 北村2003 a：31は、法治主義社会で仕事をする自治体職員には行政法の知識と職員免許が必要なはずであり、これがないと無免許運転になる、と指摘する。

ては、法律上の「正当の理由」（水道法15条等）など、法の一般条項や抽象的規定を通じて何らかの法的効果をもつ場合があると考えられるが、要綱そのものに法的拘束力を認めることはできない。

　しかも、かつては開発関係事務の多くが機関委任事務であって、自治体の裁量を生かす余地がなかったし、条例を制定しようとしても法律との関係が問題となって難しかったため、緊急避難的な措置として要綱に基づく権利制限が認められる余地もあった。しかし、分権改革によって自治体の権限が拡大した現在、こうした理論構成は妥当性を失っていると考えられる。すなわち、規制的措置が必要であれば要綱の内容を条例化すべきであり、要綱については行政指導の指針（行政手続法36条）や、実験的措置等としての役割にとどめるべきと考えられる[14]。

7　自治体の法令解釈権と関与のルール

　執行法務にあたっては基本にすべき原則は、法令の解釈運用権はその執行を担当する自治体に属するということである。各自治体は、この権限を生かして、地域課題の解決に努める必要がある。地方自治法にも、自治体は、「住民の福祉の増進を図ることを基本として、地域における行政を自主的かつ総合的に実施する役割を広く担うものとする。」と定められている（1条の2第1項）。

　そのためには、逆に国や都道府県による関与のルールについて学び、これを生かしていく必要がある。第10章1、2で述べたとおり、これらの原則やルールは、第1次分権改革において国と自治体を対等・協力の関係にするため、明確にされたものである。すなわち、以前は、機関委任事務体制のもとで様々な関与が無原則に行われる傾向があったが、分権改革によって、自治体の自主的な事務処理を可能にするとともに、国と自治体、都道府県と市町村の関係を対等・協力の関係に転換するため、関与について、①法定主義の原則、②必要最小限の原則、③公正・透明な手続の原則が定められ、このもとで具体的な規定が整備された（地方自治法245〜252条）。

　法律・条例の執行にあたっては、このルールに基づいて国の不当な関与を防止

---

[14] 出石2007：64-70は、要綱の意義として、急施を要するものへの対応、試行的運用への対応、市民協働の拠り所としての機能、許可等の裁量基準としての機能、地域自治区の運営ルールとしての機能を指摘している。

することによって、主体的な執行を確保する必要がある。たとえば、国（又は都道府県）から事務処理のあり方について指示等があった場合には、法的根拠があるか否か、その法的性格は何か等について検討・確認することが重要である。また、国（又は都道府県）への協議が義務づけられている場合には、国（又は都道府県）の協議・意見の内容が当該協議制の目的を逸脱していないか、必要最小限の内容にとどまっているか等について点検し、問題があれば改善を申し入れることが考えられる。さらに、国（又は都道府県）から助言・勧告があった場合には、責任を明確にするため、その趣旨・内容を記載した書面を交付するよう求めることが考えられる（同法247条）。逆に都道府県の場合には、市町村への関与にあたってこれらの原則やルールを遵守する必要があるため、慎重な検討と配慮が求められよう。

　また、自治体が国（又は都道府県）の関与に不服がある場合は、国地方係争処理委員会（又は自治紛争処理委員）に審査の申出をすることができる（地方自治法250条の13・251条の3）。国地方係争処理委員会（又は自治紛争処理委員）は、国等の関与が違法又は不当（法定受託事務については違法）であると認めるときは、国等に対して必要な措置を講じるよう勧告を行う（同法250条の14・251条の3）。さらに、自治体がこの審査結果に不服がある場合等には、自治体（又は市町村）は高等裁判所に対して当該関与の取消し等を求める訴訟を提起することができる（同法251条の5、252条。以上については、第10章2参照）。現時点でこの係争処理制度を利用した事例は少ないが、今後は国等の関与に不服や疑義がある場合は、この制度を活用すべきである。

　自治体の法令解釈権と関与のルールは、分権時代の執行法務を支える基本的な原則であり約束事なのである。

Column ⓮ 規制行政はつらいよ!?

　私は自治体職員時代、許認可畑が長かった。農地法の農地転用許可、道路法・河川法の占用許可、大規模開発の事前指導などを担当した。大学出たての職員が事業者に計画変更を指導したり、市町村職員に法令や通達を説明したりするのだから、いま考えると冷や汗ものだ。その仕事の中で大変だったのは、許認可のスピードの問題と違反者への是正指導だ。

　農地転用許可の場合、事前に県農業会議の意見を聴くことになっていたが、農業会議の会議が月1回だから、毎月この日までに申請案件を審査し、足りない書類があると提出を指導したりしていた。ある案件について添付書類が足りなかったため、事業者に直接電話すれば間にあったかもしれないが、「来月まわしだな」と判断。会議日を知っていた事業者から電話があり、その旨を説明したところ、「私たちは銀行に金を借りて事業をやっている。1ヶ月遅れたら利息だけで何十万かかるか知ってるのか！」と怒鳴られた。以来、申請（市町村から進達）された月に処理できないときは、必ず申請者に確認するようにした。

　農地法の場合、違反転用も多い。通常は市町村農業委員会の職員が指導するが、悪質な場合は県職員も指導して、それでも効き目がない場合は知事名で原状回復命令を出す。神奈川県西部のある町で、優良農地（農振農用地）を廃車置場に無断転用しているというので、現地確認に行った。違反者は別件で刑務所に入っていると聞いていたが、現場に行くと「いかにも」と思わせる風体で現れて、「うちの土地に入って何をしてる！」。案内してくれていた町の職員は、スーッと後ろに回ったため、入庁2年目の私が押し出されて前面に。自分に気合いを入れて、「ここは農用地区域ですから転用はできません。早急に撤去してください」と指導。その声はうわずっていたと思うが、怒鳴り続けていた相手も最後は、「一時的に置いてるだけだから、近いうちに片づけるけど」と言ってその場は収まった。その夜、「慰労会」と称してその町職員と居酒屋に行ったが、支払いが向こうもちだったことはいうまでもない（?）。

　その後、河川法違反の是正指導に現地事務所を訪ねたらドーベルマンに襲われそうになったとか、大規模開発の計画を行政指導で「認められない」と押し返したら政治団体役員を名乗る男に4〜5時間怒鳴られ続けたとかいろいろあったが、こちらも図太くなってあまり覚えていない。本文では、「違反事案には毅然たる対応を」などと書いたが、規制行政の第一線職員は楽じゃないのである。

第15章 争訟・評価法務の実践
――自治体のアカウンタビリティ

1 争訟・評価法務とはなにか

　第14章で検討した法の執行に対して、不満のある相手方や第三者から争訟（不服審査や訴訟）が提起されることがある。また、法執行の実効性を確保するためには、自ら争訟を提起する必要が生じることもある。これらの争訟に適切に対応するための取組みが**争訟法務**である。また、法執行を踏まえて、法制度の評価を行うことも重要である。争訟をきっかけとして評価・見直しを迫られる場合もあるし、争訟とは関係なく自ら法の執行状況をみて評価・見直しを行う場合もある。このような評価・見直しの取組みが**評価法務**である（第7章1～3参照）。この2つは、段階的にも内容的にも密接に関係するため、第1章で述べたとおり、統合して「争訟・評価法務」として把握することができる。

　では、争訟・評価法務はどのような目的のために行うものだろうか。そして、そこではどういう観点を重視すべきだろうか。

　第1に、自治体の**法令遵守（コンプライアンス）**を徹底することである。法治主義のもとでは、自治体は、日々の業務の中で法令の規定及び趣旨を守るよう努めている。しかし、執行の現場にいる当事者ではわからない問題があり得るし、長年の慣行によって社会的なルールや常識とかけ離れた運用をしている可能性もある。各種の争訟はそうした問題点を指摘し、自治体の法令遵守を支える役割をもっているし、評価には自ら軌道修正を行う意味がある。

　第2に、住民や関係者に対する説明責任を果たし、その信頼を得るための「法的対話」を可能にすることである。**説明責任**（accountability）とは、国や自治体が自ら遂行する施策・事業についてその目的、手段、成果等を国民・住民に明らかにして、その理解を求める責任といえる[1]。自治体に対して争訟が提起された

---

[1] 西尾2001：401-402によると、説明責任は、元来は「下級機関が上級機関の問責に応答して自己のとった行動について弁明する責任」を意味していたが、今日ではインターネット通信の普及を背景として国民一般に対する責任になった、すなわち、責任を負う対象が国民の代表機関のレベルを越えて、究極の監督者である国民のレベルまで引き上げられたという。説明責任ないしアカウンタビリティの概念については、ほかに鈴木（庸）1999、阿部（昌）1999、新藤2004：221-222参照。

場合は、原告から説明責任を果たすことを求められていると考えられるし、むしろ、広く住民を含めて説明責任を果たすよい機会と捉える必要がある。特に争訟の場合は、当事者が対等の立場で法的な解釈や意見をぶつけ合う仕組み（対審構造）がとられているから、一方的な説明から「**法的対話**」に進めていくことが期待される[2]。また、法の評価は、それ自体が説明責任を果たすことを目的のひとつとするものである（行政機関が行う政策の評価に関する法律1条、第7章1参照）。

　第3に、既存の政策の目的を実現するとともに、よりよい政策に発展させていくことである。争訟が提起され、法自体やその執行が違法であると判断されては、法がめざした政策目的を実現することができないから、政策実現のためには争訟の中で自らの見解をきちんと主張する必要がある。また、争訟・評価においては、法やその執行の問題点をきちんと把握し、法の改正や執行方針の見直しにつなげることが重要である。政策法務の質を高めるには、争訟・評価法務に力を入れることが必要なのである。

　以下では、争訟と評価に分けて基本的な制度を紹介・確認したうえで、以上の目的を実現するためにどのような実践が必要か、検討していく。

2 不服審査法務の制度と実践

(1) 行政不服審査制度の概要

　行政不服審査制度は、国民の権利利益の救済と行政の適正な運営の確保を目的として、行政庁の公権力の行使について、国民が簡易迅速かつ公正な手続きの下で行政庁に不服を申し立てることを認める制度である[2]。不服申立てについては、他の法律に規定がない限り行政不服審査法が適用され、条例に基づく処分に対する不服申立てにも適用される（この点で行政手続法が法律に基づく手続に限定されていることと対照的である）。

　不服審査は、審査の公正さと権利救済の確実性では行政訴訟に劣っているため、不服申立ての結果に不満があるときは行政訴訟を提起することができるし、法律で不服申立前置主義がとられていなければ、直接、行政訴訟を提起することもできる。一方、行政訴訟では処分の違法性しか審査できないのに対して、不服審査では処分の違法性と不当性を審査することとされ、不当な処分についても審

---

[2] 行政不服審査制度については、さしあたり塩野2010：8-42、宇賀2009b：17-90参照。

査し、取り消すことができる。

　不服審査については、2014年に公正性と使いやすさの向上を図るため、行政不服審査法が改正され、2016年4月から施行された。この改正の主要点は次の3点である。

① 不服申立ての種類の一元化（異議申立ての審査請求への統合）、審理の一段階化（再審査請求の廃止）
② 審理員（処分に関与した職員以外の職員から指名）による審理手続の導入、行政不服審査会等への諮問手続の導入
③ 標準審理期間の設定、審査請求期間の延長

　不服申立ての種類としては、**審査請求**が原則となる。ただし、個別法に特別の定めがある場合は、処分庁に対する**再調査の請求**や、審査請求の裁決後に当該個別法に定める行政庁に対する**再審査請求**をすることができる。審査請求は、行政庁の処分に不服がある者のほか、行政庁に処分の申請をした者は、申請から相当の期間が経過しても不作為がある場合には、審査請求をすることができる。

　なお、市町村の機関が行った処分（自治事務を含む）に対して、法律に基づいて都道府県の機関に対する不服申立てが認められる場合（都市計画法50条1項等）があるが、上級行政庁ではない都道府県の機関にこうした関与を認めること（いわゆる裁定的関与）は、両者の対等原則からすれば問題がある。

(2) 不服審査の手続

　第1に、不服申立ての要件としては、次の点が求められる（これらを満たしていないと申立ては却下される）。

①原則として書面によって申し立てること
②行政庁が行った処分（公権力の行使に当たる事実上の行為で、その内容が継続的性質を有するものを含む）又は不作為（法令に基づく申請に対して相当の期間内に処分を行わないこと）に関する不服であること
③原則として法定期間内（処分があったことを知った日の翌日から起算して3月以内、知らなかった場合は1年以内）であること
④個別法に特別の定めがある場合を除き、処分庁の最上級行政庁（都道府県知事、市町村長など）に対する請求であること。ただし、上級行政庁がない場合には処分庁に対して請求できる。
⑤処分について法律上の利益（取消訴訟における原告適格と同様に解されている）

図表15-1 審査請求の流れ（概要）

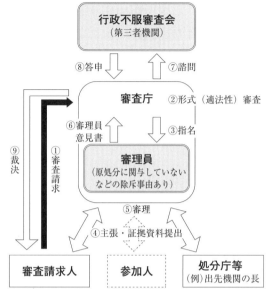

（出典）　島根県 HP「審査請求の流れ」
http://www.pref.shimane.lg.jp/admin/pref/jinji/jinji/shinnsaseikyuunagare.html　（2017年12月入手）

を有する者からの申立てであること　等

第2に、審理の方式等としては、原則として審査庁が処分に関与していない等の要件を満たす職員から指名する**審理員**が審理を行う（再調査の請求を除く）。原則として書面審理による（書面審理中心主義）。ただし、審査請求人等の利害関係者から申立てがあった場合には、口頭意見陳述の機会を与えなければならないほか、必要に応じ証拠書類等の提出や、参考人の陳述・鑑定の要求、物件の提出要求、検証などの手続が行われる。簡易迅速性という長所を維持するため審理員の職権による柔軟な対応に配慮しつつ、公正性の向上の観点から対審的要素を部分的に導入したとされている（宇賀2015：14）。審理は行政訴訟に比べれば職権主義の色彩が強く、必要があれば当事者が申し立てていない事実についても証拠調べを行うことができる（職権探知主義）。

審理員は、審理手続を終結した後、その結果を「審理員意見書」として取りまとめ、審査庁に提出する。提出を受けた審査庁は、他の第三者機関の関与がある場合や審査請求が不適法である場合、請求人が諮問を希望しない場合など一定の

場合を除いて、**行政不服審査会**等の第三者機関に諮問しなければならない。

なお、処分庁は、不服申立てのできる処分をする場合には、不服申立てをすることができる旨や不服申立先等を教示しなければならない。不服審査の審査庁は、同様に再審査請求をできる旨などを教示しなければならない。

(3) **不服審査への対応―不服審査法務の戦略**

不服申立てに対しては、権利利益の救済と行政の適正運営の確保を図るとともに、法制度の見直しにつなげるよい機会と捉えて、積極的に受け入れる姿勢をもつ必要がある。そのため、次のような取組みを行うことが考えられよう。

第1に、不服審査制度の存在やその手続について、周知・PRを行うとともに、相談体制を整備することである。もちろん、処分の際には「教示」が書かれているが、そうした記載だけでなくわかりやすいチラシ等を添付・配布したり、担当部課の外に総合的な相談窓口を設置し、相談に応じることが考えられる。

第2に、申立ての手続をできるだけ簡素化するとともに、書類作成等を支援することである。不服審査の手続は書面主義であるが、一般の住民が申立書や反論書を的確に作成することは難しい。特に介護保険法や国民健康保険法に基づく審査請求など、主として高齢者や障害者が申立人となる場合は、職員が自宅に出向いて事情を聴取し、その記録を申立書の補足書類としたり、NPO等の団体が支援できる体制をつくるなどの対応が考えられる。

第3に、条例等に基づいて自治体としての独自の手続を工夫することである。たとえば、不服申立ての利益については行政訴訟との均衡を考慮しつつできるだけ柔軟に認めること、第三者機関を設置して申立てがあった場合にその意見を聴くものとすること、口頭での意見陳述手続を活用して申立人に審査庁や処分庁に対する質問等の機会を保障すること等が考えられる（こうした工夫については、田中（孝）2008b：382-397参照）。行政不服審査法は必要最小限のルールを定めたものと考えられるため、これを「緩和」する規定は違法と解されるが、権利救済等の観点からこれを「強化」する規定であれば適法と解される（宇賀2009b：26-27）。特に条例に基づく処分に対する不服申立てについては、条例で独自の手続を設けることは当然といえる（情報公開条例に基づく情報公開審査会の答申等の手続はその一例である）。

3 苦情対応・オンブズパーソンの実践

(1) 苦情対応・窓口法務の重要性

不服審査に関連して、アカウンタビリティを果たすために取り組むべき課題として、苦情対応の体制整備がある（礒崎2008ａ参照）。

不服申立ては、簡易迅速な救済手段とはいうものの、申立ての要件が限定されているし、書類作成などの労力も必要であるため、住民にとって気軽に利用できる制度ではない。したがって、住民が特別な手続や負担を感じることなく、法令の規制、行政処分、公的サービスなどに対する苦情や不満を伝えられることが重要である。この点では、民間企業では、利用者・消費者からの苦情を「顧客からの贈り物」と考えて、これをサービス向上や企業経営に生かすという考え方が強くなっている（バーロウ＆モレール（井口訳）2006、関根（眞）2006）。

そこで、自治体においても、住民に対する説明責任を果たすとともに、住民の苦情や不満を自治体の政策展開に生かすために、広く住民から自治体の政策や事業に対する苦情を積極的に受け付け、必要な場合には改善を行い、申立人に説明する仕組みを整備することが必要になっている（関名2007、関根（眞）2009）。こうした苦情対応の仕組みについては、国際標準「ISO10002」を基礎として、2005年に策定された日本工業規格「品質マネジメント―顧客満足―組織における苦情対応のための指針」（JIS Q 10002）が参考になる（鍋嶋編著2005、下島・清水口・河野2008）。

一方、苦情対応においては、悪質クレーマーや行政対象暴力にどう対応するかという検討も重要である。行政に対する苦情者の中には、暴力や脅迫によって自己の主張を押し通そうとする者や、頻繁に訪問や電話をしたり職員につきまとったりして正常な業務運営を妨げる者もいる。こうした**悪質クレーマー**には通常と異なる見方と対応が求められる。専門の法律家によれば、悪質クレーマーは、①性格的問題クレーマー、②精神的問題クレーマー、③常習的悪質クレーマー、④反社会的悪質クレーマーに分けられ、それぞれの対応法があるという（横山2008：51-61）。また、行政に対しては、凶悪な**行政対象暴力**による事件も生じており[3]、こうした事件・トラブルから職員を守ることは組織としての当然の義務でもある。このような悪質クレーマーや行政対象暴力と判断される場合には、通常の苦情対応とは切り離して、警察の協力も求めて組織全体として毅然とした対

応を行うことが求められる。

　こうした側面を含めて、住民等の苦情や相談に適切に対応する仕組みを整備することが重要になっており、これを**窓口法務**ないし**苦情対応法務**とよぶことができる。具体的にいえば、①苦情処理の組織体制を整備すること、②苦情対応の方針とマニュアルを明確にすること、③申立人と苦情の特質に応じた対応を行うこと、④苦情を生かすマネジメントを導入することが重要である（礒崎2008ａ：9203-9245）。特に苦情・相談の初期段階で苦情の内容と苦情者の特質を把握し、緊急対応事案、組織対応事案、要注意事案などに分けて、どういう対応が必要かを見極めることがポイントになると思われる。

(2)　オンブズパーソン制度の導入

　この苦情対応の仕組みをさらに進めて、オンブズパーソン制度を導入することも考えられる。**オンブズパーソン（オンブズマン）** とは、行政機関の活動の監視や苦情処理を任務とし、住民の苦情申立てに基づき調査権や勧告権を行使する独立の機関である。もともとスウェーデンなど北欧諸国で制度化されていたが（園部・枝根1997）、日本では、行政一般を監察する「一般オンブズパーソン」として川崎市が条例に基づいて市民オンブズマンを導入し（1990年）、長崎県諫早市がこれに続いた（1991年）。また、特定の行政分野に限って監察する「特殊オンブズパーソン」として、東京都中野区が条例に基づいて福祉オンブズマンを導入する（1990年）など、いくつかの例がある（木佐・田中編著2006：218-222、兼子2008：398-401、宇賀2009ｂ：14-16）。

　オンブズパーソン制度については、実効性のある制度設計を行う必要があるし、一定のコストが必要になる。しかし、独立した機関によってより公正な苦情対応や適正な行政運営を確保する点では、導入することが望ましい。

4　訴訟法務の制度

(1)　自治体をめぐる訴訟の概要

　自治体が当事者となる訴訟としては、行政訴訟と民事訴訟がある（文献は多い

---

[3] たとえば、1999年５月に神奈川県平塚市役所で年金支払いをめぐって担当職員が刺殺された事件、2001年10月に栃木県鹿沼市で廃棄物担当職員が業者等に拉致・殺害された事件（鹿沼事件）、2007年４月に市の融資が受けられなかったこと等から長崎市長が暴力団幹部に刺殺された事件がある。

が、さしあたり行政事件訴訟実務研究会編2007、宇賀2009ｂ、塩野2010参照）。他に刑事訴訟も関係し得るが、関連性は薄い。

　まず、行政訴訟（行政事件訴訟）とは、違法な行政作用によって権利利益を侵害された住民の救済を図るための訴訟であり、民事訴訟とは異なるルールとして行政事件訴訟法が制定されているが、同法に定めがなければ民事訴訟の例によるとされている（行政事件訴訟法7条）。行政訴訟には、**抗告訴訟**、**当事者訴訟**、**民衆訴訟**及び**機関訴訟**が認められている（同法2条）。最も典型的な行政訴訟は抗告訴訟である。

　次に、民事訴訟としては、国家補償請求訴訟とその他の民事訴訟がある。**国家補償制度**は、国や自治体の行政作用に伴って私人に損害が生じた場合の損害を補てんする制度であり、これにも違法な行政作用による損害を賠償する**国家賠償制度**と、適法な行政作用による損失を補てんする**損失補償制度**がある。いずれも訴訟は民事訴訟として行われる。これに対して、自治体が私人と同様の立場で民事訴訟の当事者となる場合もある。

　それぞれの分類と意味を整理すると、**図表15-2**のとおりである。

(2) 行政訴訟の要件

　行政訴訟のうち、最も典型的な処分の取消訴訟を例として、訴訟を提起するために必要な要件（訴訟要件）を確認しておこう（加藤2007、行政事件訴訟実務研究会編2007）。

　第1に、取消訴訟の対象は、行政庁の「処分その他公権力の行使に当たる行為」でなければならない（**処分性**。行政事件訴訟法3条2項）。これについては、様々な判例があるが、問題となってきたのは、①私法上の行為、②抽象的規律にすぎない行為、③内部的行為、④中間的行為、⑤公権力の行使にあたる事実行為等である（行政事件訴訟実務研究会編2007：64-75）。

　第2に、訴訟提起の主体は、処分の取消しを求める「法律上の利益」を有する者でなければならない（**原告適格**。同法9条1項）。この「法律上の利益」の解釈をめぐっては、「法律上保護された利益」でなければならない（反射的利益では認められない）とする見解と、「裁判上保護に値する利益」であればよいとする見解があるが、判例は基本的に前者の見解をとってきた（最判昭53・3・14民集32巻2号211頁）。ただし、実際の事例に対しては次第に柔軟な判断を示している。さらに、行政事件訴訟法の2004年改正によって、この「法律上の利益」の判断にあ

図表15-2 自治体をめぐる訴訟の種類

大区分	小区分			根拠規定	意味
行政事件訴訟	主観訴訟	抗告訴訟	法定抗告訴訟 処分の取消訴訟	行3条2項	行政庁の処分その他公権力の行使に当たる行為の取消しを求める訴訟
			裁決の取消訴訟	行3条3項	審査請求、異議申立てその他の不服申立てに対する行政庁の裁決、決定その他の行為の取消しを求める訴訟
			無効等確認訴訟	行3条4項	処分若しくは裁決の存否又はその効力の有無の確認を求める訴訟
			不作為違法確認訴訟	行3条5項	行政庁が法令に基づく申請に対し、相当の期間内に何らかの処分又は裁決をすべきであるにかかわらず、これをしないことについての違法の確認を求める訴訟
			義務付け訴訟	行3条6項	行政庁が一定の処分をすべきであるにかかわらずこれがされないときその他一定の場合において、行政庁がその処分又は裁決をすべき旨を命ずることを求める訴訟
			差止訴訟	行3条7項	行政庁が一定の処分又は裁決をすべきでないにかかわらずこれがされようとしている場合において、その処分又は裁決をしてはならない旨を命ずることを求める訴訟
		無名抗告訴訟		行3条1項	行政庁の公権力の行使に関する不服の訴訟で、法定されていないもの
		当事者訴訟	形式的当事者訴訟	行4条前段	当事者間の法律関係を確認し又は形成する処分又は裁決に関する訴訟で、法令の規定によりその法律関係の当事者の一方を被告とするもの
			実質的当事者訴訟	行4条後段	公法上の法律関係に関する訴訟
	客観訴訟	民衆訴訟（例：住民訴訟、選挙無効訴訟）		行5条	国又は公共団体の機関の法規に適合しない行為の是正を求める訴訟で、選挙人たる資格その他自己の法律上の利益にかかわらない資格で提起するもの
		機関訴訟（例：国の関与の取消等を求める訴訟）		行6条	国又は公共団体の機関相互間における権限の存否又はその行使に関する紛争についての訴訟
国家補償請求訴訟	国家賠償請求訴訟	公権力行使に関する責任		国1条	国又は公共団体の公権力の行使にあたる公務員が職務を行うについて違法に他人に損害を加えた場合の賠償を求める訴訟
		営造物の設置管理に関する責任		国2条	道路、河川その他の公の営造物の設置又は管理に瑕疵があったために他人に損害が生じた場合の賠償を求める訴訟
	損失補償請求訴訟			憲法29条3項等	適法な行政作用によって生じた損失を行政主体が金銭で補てんすることを求める訴訟
民事訴訟	―			民事訴訟法等	私人間の権利義務に関する争いについて、私法を適用して解決するための訴訟

(注) 根拠規定中、「行」は行政事件訴訟法を、「国」は国家賠償法を、それぞれ示す。
(出典) 著者作成

たり関係法令の趣旨・目的を参酌することなど、柔軟な解釈が求められるようになったことに注意する必要がある（同法9条2項）。

第3に、現時点で処分を取り消すことが権利利益の救済につながるものでなければならない（狭義の**訴えの利益**）。たとえば、建築物の撤去命令の取消しを求める場合に、すでに建築物が撤去されているときや命令が撤回されているときは、権利利益の救済につながらないため、訴えの利益は認められない。

そのほか、訴えの適法性、当事者能力、管轄等の要件を満たす必要がある。

(3) 行政訴訟の手続

行政訴訟の進め方は、基本的に民事訴訟と同様である。**図表15-3**のとおり原告から訴状が提出されると、それを被告に送達して答弁書の提出を求め、その後、順次、それぞれの準備書面を踏まえて口頭弁論が進められ、争いのある事実について証拠調べが行われ、判決にいたるという流れをたどる。

行政訴訟についても、一般の民事訴訟と同様に弁論主義の原則がとられている。**弁論主義**とは、裁判の基礎となる資料（事実と証拠）の収集を当事者の権能かつ責任とする建前である。これに対して、この資料の収集を裁判所の権限に委ねるのが**職権探知主義**である。私人間の訴訟では、自己に有利な資料を提出するインセンティブが働くため、弁論主義をとっても十分な資料が提出されることが期待できるし、もし十分な資料が提出されず真偽不明の状態になった場合には、立証責任の分配に応じて判決を行うことができるためである。

しかし、取消訴訟については、行政処分の効力は公益と関わるし、行政主体と私人間の立証能力には大きな差異があるため、裁判所が証人喚問、物証の提出要求、現場検証などを行う職権証拠調べが認められている（行政事件訴訟法24条）。また、2004年の行政事件訴訟法改正によって、釈明処分の特則として、取消訴訟における訴訟関係を明瞭にするため、処分庁に対して処分の内容、根拠規定、処分の理由を明らかにする資料等であって、当該行政庁が保有するものの全部又は一部の提出を求めること等が可能とされた（同法23条の2）。裁判所は、これらの規定を活用して真実の発見に努めるべきである。

また、取消訴訟については、主張責任と立証責任の分配についても注意する必要がある[4]。まず主張責任については、一般の民事訴訟では、立証責任の分配と同一の基準にするとする見解が一般的であるのに対して、権利制限を行う行政庁には説明責任の一環として理由提示義務が課されていること（行政手続法8条・

図表15-3　裁判手続の流れ

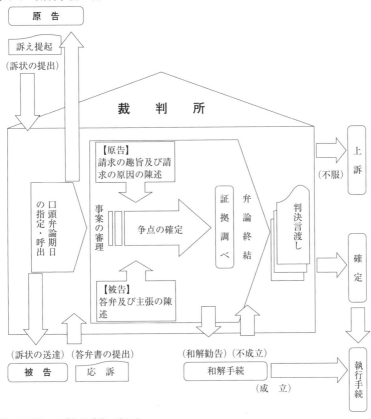

（出典）　法務省 HP「裁判手続の流れ」
http://www.moj.go.jp/shoumu/shoumukouhou/shoumu01_00022.html（2017年12月入手）

14条）から、適法要件を満たしていることの主張責任は被告が負うべきという見解もある。また立証責任については、一般の民事訴訟では、法律効果を権利発生、権利障害、権利消滅に分け、法律効果が自己に有利に働く当事者が当該効果

---

[4] 訴訟法でいう主張責任・立証責任の概念は、やや特殊な概念である。弁論主義のもとでは、ある事実が当事者によって主張されないとその事実はないものとして扱われるため、その結果いずれかの当事者に生じる不利益を主張責任という。同様に、ある事実が主張された場合でも、証拠調べをしてもその存否を確定できないときは、その事実があったもの又はなかったものと仮定せざるを得ないため、その結果いずれかの当事者に生じる不利益を立証責任という。宇賀2009b：220、塩野2010：162-168参照。

を基礎づける要件事実について立証責任を負うという見解（法律要件分類説）が通説であるのに対して、取消訴訟では、この見解のほか、行政庁には法令を誠実に執行すべき立場から調査義務があるため、処分の適法性を裏づける事実については基本的に被告が立証責任を負うべきという見解（調査義務反映説）、私人の自由権を制約する処分については被告が、社会権に係る給付拒否の処分については原告が負うという見解（権利性格説）、当事者間の公平、証拠との距離、立証の難易等を具体的に検討すべきという見解（個別具体的判断説）など多様な意見があって、一致していない状況である（以上につき宇賀2009ｂ：220-224参照）。

　行政訴訟については、行政庁側の説明責任や当事者間の資料収集能力の格差を考えると、民事訴訟の原則に立ちつつも、原告の負担をできるだけ軽減する解釈が求められよう。

5　訴訟法務の実践と戦略—法的対話とアカウンタビリティ

　以上の現行制度を前提として、自治体としてはどのように各種の訴訟（特に行政訴訟）に対応すべきだろうか。
　現在の自治体では、訴訟対応について次のようなイメージで捉えられている[5]。

① 　訴訟への対応には専門的知識と時間・労力を要するため、原告・被告を問わず訴訟はできるだけ回避すべきものと考えること（いわゆる厭訴主義・訴訟回避主義）[6]

② 　訴訟の提起は、突発的で不運な「事故」であり、施策事業のあり方や仕事の仕方とは無関係なものと捉えること（被害者意識・受け身姿勢）

③ 　行政は過ちをしないという建前から、訴訟になった場合は、理屈はともあれ行政側が勝訴しなければならない（勝訴するのがあたり前）と考えること（行政無謬論・理屈なき必勝主義）

④ 　訴訟への対応は専門家である顧問弁護士に任せればよいし、内部では法制

---

[5] 最近、訴訟法務の実態についても紹介されるようになっている。たとえば、（財）日本都市センター編2007、兼子・北村・出石編著2008：364-397（兼子・岡田・吉川・田中）、鈴木（潔）2009：165以下参照。また、訴訟法務のあり方については、鈴木（秀）2007、鈴木（潔）2011、出石2011、阿部（泰）2011参照。なお、自治体訴訟の法的検討については、野口2006-2007が参考になる。

[6] 金井2001：118-126は、訴訟をふまえた自治体法務のあり方には、訴訟を好まない「厭訴主義」と訴訟を好む「好訴主義」の２つの方向性があるとし、その原因と行動様式を分析している。金井2007ａ：68-89の分析も興味深い。

担当組織が担当すればよいと考えること（他人任せ・無責任主義）[7]

　もちろん、あえて訴訟を通じて問題をアピールしたり、制度変更を促す自治体や首長も登場しているし（いわゆる好訴主義）、やや辛辣な表現ではあるが、全体としては以上のような思考パターンが定着しているといえる。

　しかし、冒頭に述べた法令遵守、説明責任、政策反映の目的からいえば、今後は次のように対応すべきであろう。

　第1に、訴訟の提起は、自治体の法令遵守と説明責任が問われているものと考え、住民全体に対する責任の一環として組織全体で対応することである。もちろん、現実には一部の住民や事業者が提起したものであるが、何らかの利害関係者から施策事業の問題点を指摘されている以上、これに誠実に対応するとともに、他の住民に対しても説明責任を果たすよい機会と考えるべきである。したがって、顧問弁護士や一部職員に任せるのではなく、首長や担当部局が主体的に関わる必要があるし、勝訴という結果を求めるだけでなく、どのような主張・立証を行うかを慎重に検討する必要がある[8]。

　第2に、具体的な訴訟対応においては、説明責任を果たす見地から積極的に真実を発見する努力を行うことである。弁論主義のもとでの訴訟テクニックとしては、自己に不利な事実は弁論に乗せず、自己に不利な証拠は提出しないのが当然かもしれないが、自治体は、自己に不利益になるおそれがあるとしても積極的に真実発見の努力をすべきである[9]。その結果、その事件では敗訴したとしても、社会正義が実現し住民の信頼を得られれば、長期的には利益になると考えられる。

　第3に、相手方の主張に真摯に耳を傾け**法的対話**に努めるとともに、その立場や感情にも配慮して真の紛争解決をめざすことである。相手方の主張が法解釈としては誤りであったとしても、その意図や背景を理解し、それらを含めて疑問や指摘に実質的に答える必要があるし、相手方の立場や感情も汲み取って、前向き

---

[7] 訴訟法務の組織体制については、金井利之氏が主導する一連の調査が有用である。たとえば、金井監修2005～2012参照。
[8] 鈴木（秀）2007：140は、都市公園廃止処分取消訴訟において、原告適格が問題となる事例について、被告が本案前の答弁に終始せず、公園設置の経緯など本案の主張・立証を積極的に行った事例を紹介している。
[9] 鈴木（秀）2007：134-136は、「説明責任の訴訟政策」として、行政側に「積極的真実義務（完全義務）」を求めることを提案している。

な対応を図ることが重要であろう[10]。

　第4に、何度か指摘してきたが、訴訟をきっかけとして、法制度の改正やその執行状況の見直しにつなげることである（出石2011）。こうした対応については、訴訟対応の中でも約束し、相手方の理解や紛争解決につなげることが考えられる。

　訴訟法務は、専門的・技術的な領域であって、政策的な配慮などが入り込む余地はないというイメージがあるが、実は様々な対応の可能性のある、裁量に富んだ世界なのである。

6 　評価法務の実践

　条例の評価については、第7章1～3で取り上げたため、評価法務として取り組むべき内容については、すでに検討したといえる。問題は、この評価作業を実施するために、どのような仕組みをつくるべきかである（評価法務については福士2011、伊藤（智）2011）。後述のとおり、最近いくつかの自治体が条例見直しの仕組みを導入している。このような実践例を参考にして、これを他の自治体にも広げるとともに、各自治体が執行している法律にも拡大することが求められよう。

(1) 法律・条例評価の実践

　第1に、誰が評価を行うかという主体の問題がある。評価作業自体は、個別の法制度の執行を担当する担当課が実施するのが適切であろう。なぜなら、執行状況に関する情報をもっているし、今後の見直しについても実務的に検討できるからである。しかし、担当課だけでは、現状肯定的な評価になりがちであるため、評価結果のとりまとめにあたっては、全体を統括する法制担当課等の組織が点検、調整の役割を果たすべきである。さらに、住民や専門家の視点を反映させるため、市民からの公募委員や有識者による評価委員会等を設置して、外部評価の要素を取り入れることも考えられる。

　第2に、何について評価を行うかという対象の問題がある。まず、当該自治体

---

[10] 鈴木（秀）2007：137-139、141は、「修復的司法」の見地から「原告の感情面にも配慮した真の紛争解決」をめざした主張・立証の重要性を指摘するとともに、公立保育園における骨折事故による保護者からの損害賠償請求訴訟において、被告が保護者と保育士の日常的なコミュニケーションの実態を調査し、今後の積極的な情報提供を約束したことから、紛争が解決した事例を紹介している。

が執行している主な法律があげられる。法律にも様々なものがあるため、各分野の政策を支えるような重要な法律に限定するとともに、執行状況に関する評価を中心にすることが考えられる。次に、政策的な条例があげられる。条例には、自主条例と法定事務条例があるが、主として自主条例を対象とし、法定事務条例は重要なものに限定することが考えられる。さらに規則については、法律や条例の施行に必要な事項を補充的に定めるものが多いため、これらの評価の一環として実施するのが適切であろう。

　第3に、いつの時点で評価を行うかという時期の問題がある。新たに制定又は改正された法律・条例については、一般的には施行状況に関するデータが出そろう施行から5年程度の時点で実施することが考えられる。それ以外の定期的な評価・見直しについては、社会経済状況の変化と作業のコストを考えて、5～10年程度の間隔で実施することが考えられる。いずれにしても、あらかじめ実施時期を決めて計画的に実施することが重要である。

　第4に、どのような視点や尺度によって評価するかという基準の問題がある。私自身は、まず、条例の目的について「必要性」の検討を行い、手段について「有効性」「効率性」「公平性」「協働性」の評価を行い、全体について「適法性」の検討を行うことを提案しているが（第7章2参照）、各自治体で実施の目的に照らして設定すればよいと思われる[11]。また、評価にあたっては、表面的な評価にならないよう、条例制定の基礎となった社会的事実（立法事実）に変化はないか（第7章5参照）、政策手法の選択は適切か（ほかによりよい選択肢はないか）（第8章参照）、関係者のインセンティブに適合しているか（第6章参照）といった点に留意して、掘り下げた検討を行うことが望ましい。

　第5に、評価の結果をどういう行動に結びつけるかという対応の問題がある。法律については、執行方針の見直しにつなげるとともに、法令自体に問題がある場合は国に対して要望・提案を行うことが考えられる。条例については、内容によって条例の改正・廃止又は執行方針の見直しを行うことが考えられる。こうした対応についても、あらかじめ明確にしておくべきである。

---

[11] 実施中の自治体をみると、神奈川県では必要性、有効性、効率性、基本方針適合性、適法性、その他という6つの視点を、北海道では必要性、効果、基本方針との適合性、適法性、規定の適正化という5つの視点を、横浜市では条例の設置・目的・必要性、規定内容、市の施策、外的要因との関係等の4つの区分を設定し17のチェック項目を設定している。各ホームページ参照。

(2) 法制評価の実践

さらに、個々の法律・条例ではなく、自治体全体又は特定の分野全体の法律・条例のあり方を点検し、その過不足や問題点を明らかにすることも必要である。ここでは、こうした全体的な評価を**法制評価**とよんでおこう。具体的には、法律や条例の全体について不足している領域や課題はないか、法制度間で重複や不統一な点はないか、全体の体系性は確保されているか等を点検するものである。

近年、自治基本条例、まちづくり条例など基本的・総合的な条例の制定が進み、条例自体の体系性が意識されるようになっている。特に、自治基本条例が「自治体の憲法」としての意味をもつとすれば、その下に環境基本条例など分野別基本条例があり、さらにその下に実施条例があるという三層の構造を想定することができる（第3章1参照）。このように、それぞれの自治体があるべき条例の体系を念頭において現行の条例のあり方を評価し、今後の課題を抽出することが考えられよう。

この見直しにあたっては、他の先進的な自治体の条例体系を参考にすることが重要である（いわゆる**ベンチマーキング手法**。田中（孝）2002参照）。これによって、個人情報保護条例など自治体の「標準装備」というべき条例を見定めたり、住民参加条例、開発規制条例など先進的な条例を学んで、自らの条例制定に生かすことが考えられる。

(3) 自治体の評価法務の実践例

最近、条例については、こうした見直しの制度を導入する自治体が登場している。まだ少数ではあるが、それぞれ工夫された方法をとっており、参考になる。

たとえば神奈川県では、「条例の見直しに関する要綱」（2008年制定）に基づいて毎年度条例の見直しを行っている。2008～2012年度には、320件の条例について見直しを行い、改正を検討するもの67件、廃止を検討するもの13件、改正・廃止の必要がないもの240件となっている（神奈川県ホームページ2018。井立2011も参照）。約1/4の条例について改正・廃止を行っていることが注目される。また北海道では、「条例の見直しに係る基本方針」（2008年）を策定し、順次改正等の作業を行った。2010年3月時点で、見直し対象条例358件のうち、改正9件、廃止18件、規定の整備114件、見直し規定の設定80件となっている（北海道総務部人事局法制文書課2010）。実質的な改正は少ないものの、規定の整備は相当数にのぼったことが注目される。

なお、これに関連して**行政リーガルドック**を実施する自治体もある。これは、日常の事務事業の進め方について、予防法務・コンプライアンス（法令遵守）や分権改革の観点から点検する取組みであり、有識者（政策法務アドバイザー）も参加して所管課の説明を聞きながら問題点を洗い出すことが多い。静岡市が2008年から実施し、流山市が2016年から実施している（静岡市2008、同2010：24-25、平松2011、自治体法務検定委員会2018ｂ：169）。この取組みは、広く法律の執行を含む日常的な事務処理を実務に即して点検するものであり、執行法務（特に執行管理）の一環としても、評価法務の取組みとしても注目される。他の自治体にも広がることを期待したい。

7 政策法務のマネジメント

(1) 政策法務の組織戦略

最後に、政策法務を進めるための主体ごとの役割と今後の課題を抽出しよう（自治体法務検定委員会2018ｂ：324-333、礒崎2002ｃ、嶋田2011参照）。現状について、5つのプロセスごとに中心になるアクターを表示すると、**図表15-4**のとおりである。これをみると、政策法務はトップダウンでもボトムアップでもないこと（いわばアップ・ダウン型）、基本設計と決定では首長や議会という代表機関が担い手になるが、全体を通じて原課の役割が大きいことが伺われよう。

第1に、**トップ層**（首長、副市長・副知事等）は、政策法務のプロセス全体を指示し、監督する役割を担っている。特に、政策的な「攻めの法務」を実現するには、トップ層が政策的な決断を行ったり、議員等への政治的な調整を行う必要があるし、組織内に政策法務の発想を取り入れたり、そのための人材養成を図るなど、庁内の政策法務体制の整備に努力することが重要である。

第2に、**原課（所管課）**は、政策法務のプロセスにおいて一貫して重要な役割を担う。既存の法制度の合理的な運用を考えるのは原課の役割であり、現場の実態に基づいて条例制定の必要性を感じ取るのも原課である。原課が「本気になる」ことが政策法務実現のカギを握る。そのため、①原課の法令運用を評価する仕組みを導入すること、②原課の管理職層の意識を変えること、③各職場において現場から課題を汲み上げ、議論する風土をつくることが重要である。

第3に、職員レベルで原課に次いで重要なのは、**法制担当課**である。法制担当課の役割としては、①条例制定等に対する法制面の審査・助言（法制執務）、②

第4部　政策法務の実践

図表15-4　段階別にみた政策法務の担い手（概観）

担い手 \ 段階区分		課題設定	立案		決定	執行		争訟評価	
			基本設計	詳細設計		執行管理	執行活動	争訟	条例評価
住民等		△			△			△	
議会		△	△		◎	△			△
執行機関	首長等	○	◎		◎	△		△	
	企画担当課	△							
	法制担当課		◎	◎					
	原課　管理職		◎	◎		○	○	○	○
	一般職員		◎	◎			◎		○
府県その他			△			△	△		
国			△						

（注）◎は主な担い手を、○は通常の担い手を、△は従たる関与者を示す。⟹は主な担い手の移動を示す。
（出典）著者作成

訴訟、不服審査等の対応又はその助言（争訟事務）、③原課の事務処理に対する法的な助言・情報提供（日常的法務支援）、④条例制定等に対する政策面の助言・情報提供（政策法務的支援）、⑤政策法務の普及・促進（研修・広報）をあげることができる。従来の法制担当課は①と②が中心で、③や④については不十分だったが、今後はこれらの役割を重視していくべきである（法制担当課の実態については金井監修2005〜2012参照）。さらに⑤については、いくつかの自治体が取り組むようになっており、参考になる（北海道、千葉県など。北海道総務部人事局法制文書課ホームページ2012参照）。

なお、最近、法制担当課（文書課など）を**政策法務課**と改称したり、政策法務担当職員を配置する例が増えている。その試みは評価できるが、実際にどのような役割を果たせるかが重要であろう。

第4に、**企画担当課**は、現状では法務には大きな役割を果たしていないが、今後、政策法務を推進するためには総合計画との調整等も必要となるため、その役割も重要になると考えられる。特に課題設定や基本設計については、庁内組織等を通じて企画担当課が関与できる仕組みが求められる。

第5に、政策法務に関して庁内の検討・調整を行うため、**政策法務委員会**等の横断的組織を設置することも重要である。従来から、条例、規則等を制定する際の横断的な調整を行うため「例規審査委員会」等の組織を設置している自治体は少なくないが、これをより早い段階から課題設定や政策的検討を含めて担当する組織に切り替えることが考えられよう。

(2) **政策法務の人材育成—政策法務に強い職員とは**

次に、政策法務を担う人材をどう育てるべきだろうか（自治体法務検定委員会2018 b：329-331、礒崎2002 c、小池2011参照）。

そもそも法務の観点から自治体職員をみると、次の3つの類型に分けることができる（礒崎1999：48-50）。

① 法律に弱く、法律に使われる職員：多数＝法律学の知識や理論が苦手で、法律論になると十分理解できないために、法律の規定や形式的な法律論に左右されてしまう職員

② 法律に強く、法律に使われようとする職員：少数＝法律学の知識や理論は知っているが、これを政策的に活用する姿勢がないために、形式的な法律論にとどまってしまう職員

③ 法律に強く、法律を使おうとする職員：ごく少数＝法律学の知識や理論を知っていて、しかもこれを政策的に活用する姿勢をもっている職員

そして現状では、①のタイプの職員が一番多く、②のタイプは少数であり、法制担当課や許認可担当課などにはある程度いるが、③のタイプはほとんどいない。ここでいいたいことは、第1に、法律学の知識や理論を学んでいないと、結果として法律に使われるしかないこと、第2に、法律学の知識や理論があっても、それを活用する姿勢がなければ、やはり法律に使われる結果になることである。政策法務を実現するために必要なのは、一定の法的能力を有し、しかも法を政策的に活用するという姿勢を有する人材である。

では、こうした知識や能力をどう養成し、確保すべきだろうか。

第1に、職員研修を充実することが考えられる。職員研修にも、①職場研修（OJT）、②集合研修、③チーム研究（研修）、④派遣研修があるが、実際には、以上の研修を組み合わせて使いわけることが重要である。たとえば、法制担当課の職員には、複数の法務関連業務を経験した職員を登用したり、派遣研修の修了者を配置することが考えられる。

第 2 に、新たに専門的人材を登用することが考えられる。たとえば、弁護士資格をもった者や法科大学院修了者、あるいは若手研究者を任期付き職員や非常勤職員（専門委員等を含む）として任用することが考えられる[12]。こうした人材にとっても、自治体現場で経験を積むことはキャリア開発につながるため、専門人材側のニーズもあると思われる。

政策法務を支えるのも、やはり最後は人なのである。

Column ⓯　日本の公務人材の育成は大丈夫？─大学教育から人事制度まで

　本章では、「政策法務のマネジメント」の中で人材育成が重要であることを強調した。私自身、法学部や大学院公共政策研究科の教員として多くの学生が公務の世界に入ることを後押ししてきたし、いくつかの自治体の職員研修にも関わってきた。英国での在外研究も経験、かの地の公務員のあり方も少し勉強した。そんな経験の中から、日本の公務人材の育成には大きな問題があると思うようになった。

　第 1 に、大学の学部教育では、実務から離れた学問的知識を押しつける授業が多く、大教室中心の授業では考える力を養うことも難しい。執筆した論文の質と量に基づいて採用された大学教員に実務に直結する授業を期待する方がおかしいともいえるが、学生側も公務員試験には予備校の方が効率的だから、大学の授業にはあまり期待していない。もちろん、ゼミで現地調査に出向いたり、行政機関でのインターンシップに取り組む大学は増えているが、公務の専門人材を育てる仕組みにはなっていない。

　第 2 に、学部での専門人材の育成が難しいとすれば、期待されるのは大学院教育であるが、日本の大学院教育はいまなお低調である。法科大学院を除いて実務志望者が大学院に進学することは少ないし、研究者志望者も減って開店休業状態の大学院も多い。公務分野では、2004年頃から10校近い公共政策大学院がつくられたが、一部を除いて学生集めに苦戦している。公共政策大学院では、公務員として役立つ知識や能力は得られるが、国家公務員総合職試験における院卒者枠を除いて特別な試験や評価があるわけではなく、公務員になるという点ではメリットは少ないためである。

---

[12] 任期付き職員採用制度の緩和や弁護士業務の多様化に伴って、弁護士資格を有する者が行政実務に就く例が増えている。日本弁護士会ホームページによれば、2017年 8 月時点で、105自治体で150名の法曹有資格者が任用されている。https://www.nichibenren.or.jp/recruit/lawyer/sosikinai/data.html

第3に、公務員試験は、知識重視の多肢選択型の試験が基本であり、専門性を評価する試験になっていない。1次試験は、教養試験と専門試験の2本立てになっていることが多いが、専門試験は広く浅い知識を要領よく暗記した者に有利な試験になっているし、専門試験を廃止する自治体も増えている。2次試験では面接試験重視に変わっているが、表面的なコミュニケーション能力に左右され、本当の思考力や表現力が評価できていないのではないかという懸念がある。

第4に、採用後の人事制度も計画的な人材育成につながっておらず、特に専門性を育成する仕組みになっていない。自治体職員（特に事務職）の人事はジェネラリスト重視だが、「何でもこなせる」は多くの場合「本当の仕事は何もできない」であって、政策課題の複雑化にもかかわらず「壮大なる素人行政」がまかり通っている（礒崎 2015b 参照）。海外の行政組織では、政策を担うスタッフには修士や博士の学位を持つ専門家が多く、自らの専門分野で経験を積んでより重要な機関やポストに就くというキャリア形成の仕組みもある。ところが、民間企業を含む日本の組織は、若い人材を大量に採用して組織内で育成するという人事政策の結果、知識型労働の生産性が停滞し、国際競争力も低下している。自治体も同じ問題を抱えているのではないか。

このように日本の公務人材の育成は、どの段階でも「プロフェッショナル」を育てる仕組みになっていない。日本の公務員たちはそのことに疑問を抱かず、底の浅い知識やノウハウで仕事を「処理」して満足している。まずそのことに危機感を持つべきではないだろうか。

〔参考文献〕

碧海純一（1972）「法政策学」『世界大百科事典』平凡社
秋葉賢也（2001）『地方議会における議員立法』文芸社
秋吉貴雄（2017）『入門 公共政策学』中央公論新社
秋吉貴雄・伊藤修一郎・北山俊哉（2010）『公共政策学の基礎』有斐閣
芦部信喜（1973）『憲法訴訟の理論』有斐閣
芦部信喜（1994）『憲法学Ⅱ 人権総論』有斐閣
芦部信喜（1998）『憲法学Ⅲ 人権各論(1)』有斐閣
芦部信喜（高橋和之補訂）（2015）『憲法（第6版）』岩波書店
足立幸男（1991）『政策と価値―現代の政治哲学』ミネルヴァ書房
足立幸男（1994）『公共政策学入門―民主主義と政策』有斐閣
足立幸男（2009）『公共政策学とは何か』ミネルヴァ書房
阿部昌樹（1999）「行政訴訟におけるアカウンタビリティ」都市問題研究51巻11号
阿部昌樹（2000）「分権時代の自治体政策法務」都市問題91巻7号
阿部昌樹（2002）『ローカルな法秩序―法と交錯する共同性』勁草書房
阿部昌樹（2003）『争訟化する地方自治』勁草書房
阿部昌樹・田中孝男・嶋田暁文編（2017）『自治制度の抜本的改革―分権改革の成果を踏まえて』法律文化社
阿部泰隆（1996）『政策法学の基本指針』弘文堂
阿部泰隆（1998）『行政の法システム入門』放送大学教育振興会
阿部泰隆（1999）『政策法学と自治条例』信山社
阿部泰隆（2003）『政策法学講座』第一法規
阿部泰隆（2008）『行政法解釈学Ⅰ』有斐閣
阿部泰隆（2011）「自治体訴訟法務と裁判」北村喜宣・山口道昭・出石稔・礒崎初仁編著『自治体政策法務―地域特性に適した法環境』有斐閣
天野巡一・岡田行雄・加藤良重編著（1989）『政策法務と自治体』日本評論社
天野巡一（2004a）「自治体政策法務と訴訟法務」都市問題95巻5号
天野巡一（2004b）『自治のかたち、法務のすがた―政策法務の構造と考え方』公人の友社
天野巡一・石川久・加藤良重編著（2007）『判例解説 自治体政策と訴訟法務』学陽書房
新井誠・小谷順子・横大道聡編著（2011）『地域に学ぶ憲法演習』日本評論社
五十嵐敬喜（1987）『都市法』ぎょうせい
石毛正純（2012）『法制執務詳解（新版Ⅱ）』ぎょうせい
石田芳弘（2009）「今こそ地方議会改革」自治日報2009年2月20日
石森久広（2008）『政策法務の道しるべ』慈学社
出石稔（2004）「政策法務のプロセス」礒崎初仁編『政策法務の新展開―ローカル・ルールが見えてきた』ぎょうせい
出石稔編著（2006）『条例によるまちづくり・土地利用政策―横須賀市が実現したまちづくり条例の体系化』第一法規
出石稔（2007）「自治立法としての規則、要綱等」鈴木庸夫編著『自治体法務改革の理論』勁草書房
出石稔監修、松村享（2008）『自治体職員のための政策法務入門(2) 市民課の巻』第一法規
出石稔監修、杉山富昭（2008）『自治体職員のための政策法務入門(3) 福祉課の巻』第一法規
出石稔監修、提中富和・藤島光雄（2009）『自治体職員のための政策法務入門(1) 総務課の巻』第一法規
出石稔監修、横須賀市まちづくり条例研究会（2009）『自治体職員のための政策法務入門(4) まちづくり課

参考文献

の巻』第一法規
出石稔監修、肥沼位昌（2009）『自治体職員のための政策法務入門⑸ 環境課の巻』第一法規
出石稔（2010）「義務付け・枠付けの見直しと条例による上書き権─自治体の条例制定権への影響」都市問題研究62巻1号
出石稔（2011）「政策法務としての争訟法務」北村喜宣・山口道昭・出石稔・礒崎初仁編著『自治体政策法務─地域特性に適合した法環境』有斐閣
井関利明・川﨑政司（2011 a）「立法事実とソーシャル・マネジメント（ソーシャル・マネジメント対談1）」自治体法務NAVI（第一法規・非売品）39号
井関利明・川﨑政司（2011 b）「自治立法としての条例と立法事実（ソーシャル・マネジメント対談2）」自治体法務NAVI（第一法規・非売品）41号
井関利明・川﨑政司（2011 c）「これからの自治立法と立法事実論を考える（ソーシャル・マネジメント対談3）」自治体法務NAVI（第一法規・非売品）43号
礒崎初仁・木佐茂男・鈴木庸夫・山口道昭（1997）「（座談会）地方分権と政策法務の課題」判例地方自治157号
礒崎初仁（1998）「都道府県条例と市町村条例の関係はどうなるか」木佐茂男編著『自治立法の理論と手法』ぎょうせい
礒崎初仁（1999）『分権時代の政策法務』北海道町村会
礒崎初仁（2000 a）「条例の制定過程と政策法務─都道府県条例を題材として」都市問題91巻7号
礒崎初仁（2000 b）「土地利用規制と分権改革」今村都南雄編著『自治・分権システムの可能性』敬文堂
礒崎初仁（2001）「自治立法の可能性」松下圭一・西尾勝・新藤宗幸編『岩波講座 自治体の構想2 制度』岩波書店
礒崎初仁（2002 a）「法律上の許認可基準と条例制定に関する一試論」都市問題研究54巻11号
礒崎初仁（2002 b）「土地利用規制の法システム─法令と条例のベストミックスを求めて」月刊自治研514号
礒崎初仁（2002 c）「政策法務のマネジメント─プロセス・組織・人材」月刊自治フォーラム509号
礒崎初仁編著（2004 a）『政策法務の新展開─ローカル・ルールが見えてきた』ぎょうせい
礒崎初仁（2004 b）「まちづくり条例の可能性⑴⑵」北村喜宣編著『分権条例を創ろう！』ぎょうせい
礒崎初仁（2004～2007）「連載・自治体議会の政策法務（第1回～第32回）」月刊ガバナンス40号～71号
礒崎初仁（2007）「立法評価の理論」鈴木庸夫編著『自治体法務改革の理論』勁草書房
礒崎初仁（2008 a）「苦情対応の視点と方法」行政不服審査実務研究会編『行政不服審査の実務（加除式）』第一法規
礒崎初仁（2008 b）「個別基本条例づくり」兼子仁・北村喜宣・出石稔編著『政策法務事典』ぎょうせい
礒崎初仁（2011 a）「自治体立法法務の課題」北村喜宣・山口道昭・出石稔・礒崎初仁編著『自治体政策法務─地域特性に適合した法環境』有斐閣
礒崎初仁（2011 b）「法令の規律密度と自治立法権─地方分権改革推進委員会の検討を踏まえて」北村喜宣・山口道昭・出石稔・礒崎初仁編著『自治体政策法務─地域特性に適合した法環境』有斐閣
礒崎初仁（2011 c・d）「都道府県・市町村関係と自治紛争処理─我孫子市農用地利用計画不同意事件を題材として（1）（2・完）」自治研究87巻11号・12号
礒崎初仁（2015 a）「神奈川県における土地利用調整システムの成立と展開─『開発抑制方針』はなぜ実効性を持ち得たか」法学新報（中央大学）121号9・10号
礒崎初仁（2015 b）「自治体プロフェッショナルのすすめ─キャリアとスキルを磨く」月刊自治研2015年4月号
礒崎初仁（2015 c）「地方版総合戦略と地方分権」月刊ガバナンス2015年9月号
礒崎初仁（2016 a）「首長の権限、議会の影響力─二元代表制をどう機能させるか」月刊ガバナンス2016

年9月号
礒崎初仁（2016 b）「合意形成を考える—現代社会のキーワードか、単なる飾り言葉か」白門（中央大学法学部）2016年6月号
礒崎初仁（2016 c，2016 d）「大規模開発と合意形成—沖縄県米軍基地辺野古移設問題を題材として（1）（2）」自治研究2016年7月号、8月月号
礒崎初仁（2017 a）「神奈川県土地利用調整条例の制定と運用—行政指導の『法制度化』は何をもたらしたか」法学新報（中央大学）123巻7号
礒崎初仁（2017 b）「『政策に強い議会』をつくる—議会基本条例のその先へ」月刊ガバナンス2017年5月号
礒崎初仁（2017 c）「地方自治の70年・分権改革の20年—日本の自治体はいまどこに立っているのか」自治実務セミナー2017年7月号
礒崎初仁（2017 d）『自治体議員の政策づくり入門—「政策に強い議会」をつくる』イマジン出版
礒崎初仁（2017 e）『知事と権力—神奈川県政・マニフェストの時代』東信堂
礒崎初仁（2017 f）「法令の過剰過密と立法分権の可能性—分権改革・第3ステージに向けて」北村喜宣・山口道昭・礒崎初仁・出石稔・田中孝男編『自治体政策法務の理論と課題別実践—鈴木庸夫先生古稀記念』第一法規
礒崎初仁・金井利之・伊藤正次（2014）『ホーンブック地方自治（第三版）』北樹出版
磯部力（1990）「『都市法学』への試み」雄川一郎・成田頼明編『行政法の諸問題（下）（雄川一郎先生献呈論集）』有斐閣
磯部力（1991）「都市の環境管理計画と行政法の現代的条件」兼子仁・宮崎良夫編『行政法学の現状分析（高柳信一古稀記念論集）』勁草書房
磯部力（1993）「公物管理から環境管理へ—現代行政法における『管理』の概念をめぐる一考察」松田保彦・久留島隆・山田卓生・碓井光明編『国際化時代の行政と法（成田頼明先生横浜国立大学退官記念）』良書普及会
磯部力（1994〜1999）「連載・自治体行政法学入門第1講〜最終講（第60講）」自治実務セミナー33巻4号〜38巻4号
磯部力（1995 a）「自治体行政手続の法理」兼子仁・磯部力編『手続法的行政法学の理論』勁草書房
磯部力（1995 b）「自治体行政の特質と現代法治主義の課題」公法研究57号
磯部力（2001）「行政システムの構造変化と行政法学の方法」『（塩野古稀）行政法の発展と変革（上巻）』有斐閣
磯部力（2012）『新訂 行政法』放送大学教育振興会
磯部力・小幡純子・斎藤誠編（2003）『地方自治判例百選（別冊ジュリスト168）（第3版）』有斐閣
磯部力・小早川光郎・芝池義一編（2008）『行政法の新構想Ⅱ 行政作用・行政手続・行政情報法』有斐閣
磯部力・小早川光郎・芝池義一編（2011）『行政法の新構想Ⅰ 行政法の基礎理論』有斐閣
板垣勝彦（2017）『「ごみ屋敷条例」に学ぶ条例づくり教室』ぎょうせい
井立雅之（2011）「神奈川県における条例の見直しシステムの導入」北村喜宣・山口道昭・出石稔・礒崎初仁編著『自治体政策法務—地域特性に適合した法環境』有斐閣
伊藤修一郎（2002）『自治体政策過程の動態—政策イノベーションと波及』慶応義塾大学出版会
伊藤修一郎（2006）『自治体発の政策革新—景観条例から景観法へ』木鐸社
伊藤修一郎（2011）「自治体政策法務はいかに可能か？—政策学からの検討」北村喜宣・山口道昭・出石稔・礒崎初仁編『自治体政策法務—地域特性に適合した法環境の創造』有斐閣
伊藤智基（2011）「法執行の評価・見直し」北村喜宣・山口道昭・出石稔・礒崎初仁編著『自治体政策法務—地域特性に適合した法環境』有斐閣
伊藤栄樹編著（1965）『おかしな条例—立案者への助言』帝国地方行政学会

参考文献

伊藤栄樹編著（1981）『新おかしな条例―立案者への助言』ぎょうせい
猪野積編（1997 a）『条例と規則(1)（新地方自治法講座②）』ぎょうせい
猪野積編（1997 b）『条例と規則(2)（新地方自治法講座③）』ぎょうせい
井上達夫編（2009）『現代法哲学講義』信山社出版
今井一（2000）『住民投票―観客民主主義を超えて』岩波書店
今川晃・山口道昭・新川達郎編（2005）『地域力を高めるこれからの協働―ファシリテータ養成テキスト』第一法規
今村都南雄（2006）「公共性の再編と自治体改革―公共性を支えるのはだれか」月刊自治研2006年1月号
岩井奉信（1988）『立法過程』東京大学出版会
岩崎忠夫編（1990）『条例と規則（実務地方自治法講座2巻）』ぎょうせい
岩崎忠（2012）『「地域主権」改革―第1次～第3次一括法を踏まえた自治体の対応』学陽書房
岩崎忠（2013）「北海道石狩市砂利採取計画不認可処分取消裁定申請事件」自治総研422号
岩波講座（1997）『現代国家と法（岩波講座 現代の法1）』岩波書店
岩波講座（1998）『政策と法（岩波講座 現代の法4）』岩波書店
岩橋健定（2001）「条例制定権の限界―領域先占論から規範抵触論へ」『行政法の発展と変革（塩野古稀記念）（下）』有斐閣
岩橋健定（2008）「自治基本条例と住民自治」森田朗・田口一博・金井利之編『分権改革の動態（政治空間の変容と政策革新3）』東京大学出版会
岩橋健定（2011）「分権時代の条例制定権―現状と課題」北村喜宣・山口道昭・出石稔・礒崎初仁編『自治体政策法務』有斐閣
宇賀克也（2004）『改正行政事件訴訟法―改正法の要点と逐条解説』青林書院
宇賀克也（2005）『行政手続法の解説（第5次改訂版）』学陽書房
宇賀克也（2010）「自治紛争処理委員について」ジュリスト1412号
宇賀克也（2015 a）『行政法概説Ⅱ 行政救済法（第5版）』有斐閣
宇賀克哉（2015 b）『解説行政不服審査法関連三法』弘文堂
宇賀克也（2017 a）『行政法概説Ⅰ 行政法総論（第6版）』有斐閣
宇賀克也（2017 b）『地方自治法概説（第7版）』有斐閣
後房雄（2007）「ローカル・マニフェストと二元代表制―自治体再生の胎動と制度の矛盾」法政論集217号（名古屋大学）(http://www.sf21npo.gr.jp/pdf/ushiro_localmanifesto.pdf で取得)
内海麻利（2010）『まちづくり条例の実態と理論』第一法規
宇都宮深志・新川達郎編（1991）『行政と執行の理論（現代の政治学シリーズ③）』東海大学出版会
占部裕典・北村喜宣・交告尚史編（2005）『解釈法学と政策法学』勁草書房
江藤俊昭（2004）『協働型議会の構想』信山社
江藤俊昭（2011）『地方議会改革―自治を進化させる新たな動き』学陽書房
江藤俊昭（2012）『自治を担う議会改革―住民と歩む協働型議会の実現（増補版）』イマジン出版
遠藤博也（1976）『計画行政法』学陽書房
大川真郎（2001）『豊島産業廃棄物不法投棄事件―巨大な壁に挑んだ二五年のたたかい』日本評論社
大島稔彦監修（2011）『法制執務の基礎知識（第3次改訂版）』第一法規
太田雅幸・吉田利宏（2006）『政策立案者のための条例づくり入門』学陽書房
大嶽秀夫（1990）『政策過程（現代政治学叢書11）』東京大学出版会
大津浩（2015）『分権国家の憲法理論―フランス憲法の歴史と理論から見た現代日本の地方自治論』有信堂高文社
大津浩編著（2011）『地方自治の憲法理論の新展開』敬文堂
大橋洋一（1989）『行政規則の法理と実態』有斐閣

大橋洋一（1993）『現代行政の行為形式論』弘文堂
大橋洋一（1996）『行政法学の構造的変革』有斐閣
大橋洋一（1999）『対話型行政法学の創造』弘文堂
大橋洋一（2008）『都市空間制御の法理論』有斐閣
大橋洋一編著（2010）『政策実施（BASIC 公共政策学6）』ミネルヴァ書房
大橋洋一（2015）『行政法Ⅱ 現代行政救済論（第2版）』有斐閣
大橋洋一（2016）『行政法Ⅰ 現代行政過程論（第3版）』有斐閣
大橋洋一（2017）『社会とつながる行政法入門』有斐閣
大浜啓吉（2011 a・b）「条例制定権と法の支配（1）（2・完）」自治研究88巻2号・3号
大森政輔・鎌田薫編著（2006）『立法学講義』商事法務
大森彌（1995）『現代日本の地方自治』放送大学教育振興会
大森彌（2002）『新版 分権改革と地方議会』ぎょうせい
大森彌（2008）『変化に挑戦する自治体—希望の自治体行政学』第一法規
大森彌（2011）『政権交代と自治の潮流—続・希望の自治体行政学』第一法規
大森彌（2017）『人口減少時代を生き抜く自治体—希望の自治体行政学』第一法規
岡田章（2008）『ゲーム理論・入門—人間社会の理解のために』有斐閣
岡田博史（2010 a・b）「自治通則法（仮称）制定の提案（1）（2・完）」自治研究86巻4号・5号
岡田博史（2010 c）「自治体から見た地方分権改革—自治立法権に焦点を当てて」ジュリスト1413号（2010.12.15）
奥平康弘編著（1981 a）『青少年保護条例』学陽書房
奥平康弘編著（1981 b）『公安条例』学陽書房
尾崎治（1978）『公安条例制定秘史』柘植書房
小田健司（1976）「最高裁判所判例解説」法曹時報28巻5号
梶田孝道（1988）『テクノクラシーと社会運動』東京大学出版会
桂木隆夫（2005）『公共哲学とはなんだろう—民主主義と市場の新しい見方』勁草書房
加藤幸雄（2009）『議会基本条例の考え方』自治体研究社
加藤幸雄・平松弘光（2011）『議員条例集覧 新規政策条例編』公人社
加藤良重（2007）「訴訟手続の基礎知識」天野巡一・石川久・加藤良重編著『判例解説 自治体政策と訴訟法務』学陽書房
角松生史（2001）「自治立法による土地利用規制の再検討—メニュー主義と『認知的・試行の先導性』」原田純孝編『日本の都市法(2)』東京大学出版会
角松生史（2007）「条例制定の法的課題と政策法務」ジュリスト1338号
金井利之（2001）「自治体法務と訴訟マネジメント」㈶日本都市センター編『分権型社会における自治体法務—その視点と基本フレーム』同センター
金井利之監修（2005〜2012）「連載 分権時代の自治体における法務管理（1回〜41回）」自治体法務NAVI（第一法規、非売品）5号〜46号
金井利之（2007 a）「自治体における訴訟管理」㈶日本都市センター編『自治体訴訟法務の現状と課題』同センター
金井利之（2007 b）「自治体における政策法務とその管理」ジュリスト1338号
金井利之（2009）「政策研究と政策人材の育成」自治体学研究97号
金井利之（2010）『実践自治体行政学—自治基本条例・総合計画・行政改革・行政評価』第一法規
神奈川県（2008）「神奈川県における受動喫煙の現状」神奈川県ホームページ http://www.pref.kanagawa.jp/cnt/f6955/p35013.html
神奈川県（2010）「がんへの挑戦・10か年戦略（改訂計画）」（同県ホームページ http://www.pref.

参考文献

kanagawa.jp/cnt/f417303/p443460.html　で入手）
神奈川県ホームページ（2012）「神奈川県公共的施設における受動喫煙防止条例」http://www.pref.kanagawa.jp/cnt/f6955/p23021.html
神奈川県ホームページ（2018）「条例の見直し」http://www.pref.kanagawa.jp/cnt/f6823/
神奈川県自治総合研究センター編集企画・杉野信一郎・小川浩蔵・小林正（2000）『条例の制定と運用―実効性確保のための実情調査研究』公人社
神奈川県自治総合研究センター（2004）『自治基本条例』同センター
神奈川県自治総合研究センター（2005）『地域主権時代における自治体法務』同センター
金丸三郎（1964）『条例と規則（地方行政全書4）（改版）』良書普及会
兼子仁（1978）『条例をめぐる法律問題（条例研究叢書1）』学陽書房
兼子仁（1988）『自治体法学』学陽書房
兼子仁（2006）『自治体行政法入門〈法務研修・学習テキスト〉』北樹出版
兼子仁（2008）「オンブズマン制度と政策法務」兼子仁・北村喜宣・出石稔編著『政策法務事典』ぎょうせい
兼子仁（2010 a・b）「自治体実務行政法学を提唱する（1）（2・完）」自治研究86巻2号・3号
兼子仁（2012）『変革期の地方自治法』岩波書店
兼子仁（2017）『地域自治の行政法―地域と住民でつくる自治体法』北樹出版
兼子仁・北村喜宣・出石稔編著（2008）『政策法務事典』ぎょうせい
紙野健二・本多滝夫編（2016）『辺野古訴訟と法治主義―行政法学からの検証』日本評論社
川﨑政司（1996 a～h）「立法の現状と現代立法の特質(1)～(8)」国会月報1996年1月～9月
川﨑政司（2008）「立法をめぐる問題状況とその質・あり方に関する一考察―法と政治の相克と、その折合いのつけ方」ジュリスト1369号
川﨑政司（2009）「立法をめぐる昨今の問題状況と立法の質・あり方―法と政治の相克による従来の法的な枠組みの揺らぎと、それらへの対応」慶應法学12号
川﨑政司（2011 a）「自治立法のあり方と政策法務―より良き条例を目指した枠組みへの展開に向けて」北村喜宣・山口道昭・出石稔・礒崎初仁編『自治体政策法務―地域特性に適合した法環境の創造』有斐閣
川﨑政司（2011 b）『法律学の基礎技法』法学書院
川﨑政司編著（2012）『ポイント解説「地域主権改革」関連法―自治体への影響とその対応に向けて』第一法規
神原勝（2009）『自治・議会基本条例論―自治体運営の先端を拓く（増補）』公人の友社
菊池理夫（2004）『現代のコミュニタリアニズムと「第三の道」』風行社
菊池理夫（2007）『日本を甦らせる政治思想―現代コミュニタリアリズム入門』講談社
木佐茂男（1996）『自治体法務とは何か』北海道町村会
木佐茂男編著（1998）『自治立法の理論と手法（分権時代の自治体職員3）』ぎょうせい
木佐茂男編（2002）『〈まちづくり権〉への挑戦』信山社
木佐茂男・逢坂誠二編著（2003）『わたしたちのまちの憲法―ニセコ町の挑戦』日本経済評論社
木佐茂男・田中孝男編著（2006）『自治体法務入門（第3版）』ぎょうせい
規制の政策評価に関する研究会（2007）「最終報告」（総務省ホームページ www.soumu.go.jp/main_content/000154093.pdf から入手）
北村喜宣（1997）『行政執行過程と自治体』日本評論社
北村喜宣（2003 a）『自治力の冒険（政策法学ライブラリィ7）』信山社出版
北村喜宣編著（2003 b）『ポスト分権改革の条例法務―自治体現場は変わったか』ぎょうせい
北村喜宣（2004 a）「自治体の法環境と政策法務」都市問題95巻5号

北村喜宣（2004 b）『分権改革と条例』弘文堂
北村喜宣編著（2004 c）『分権条例を創ろう！』ぎょうせい
北村喜宣（2004 d）『自治力の情熱（政策法学ライブラリィ9）』信山社出版
北村喜宣（2008 a）『行政法の実効性確保』有斐閣
北村喜宣（2008 b）『分権政策法務と環境・景観行政』日本評論社
北村喜宣（2010）「第1次地方分権改革と自治体の対応─法律実施条例をめぐるいくつかの動き」都市問題101巻6号
北村喜宣（2015）『自治体環境行政法（第7版）』第一法規
北村喜宣（2016）「2つの一括法による作業の意義と今後の方向性─『条例制定権の拡大』の観点から」同編著『第2次分権改革の検証─義務付け・枠付けの見直しを中心に』敬文堂
北村喜宣（2018）『空き家問題解決のための政策法務─法施行後の現状と対策』第一法規
北村喜宣編著『第2次分権改革の検証─義務付け・枠付けの見直しを中心に』敬文堂
北村喜宣・山口道昭・礒崎初仁編著（2005）『政策法務研修テキスト（第2版）』第一法規
北村喜宣・鈴木庸夫・木佐茂男・礒崎初仁（2007）「座談会・政策法務の意義と到達点」ジュリスト1338号
北村喜宣・山口道昭・出石稔・礒崎初仁編著（2011）『自治体政策法務─地域特性に適合した法環境』有斐閣
北村喜宣・山口道昭・礒崎初仁・出石稔・田中孝男編（2017）『自治体政策法務の理論と課題別実践（鈴木庸夫先生古稀記念）』第一法規
衣笠章（2011）「評価法務の課題─法制評価の実践から見る効果と課題」北村喜宣・山口道昭・出石稔・礒崎初仁編著（2011）『自治体政策法務─地域特性に適合した法環境』有斐閣
キムリッカ,W.（千葉眞・岡﨑晴輝訳者代表）（2005）『新版 現代政治理論』日本経済評論社
㈶行政管理研究センター編（2001）『政策評価ハンドブック─政策評価制度の導入と政策評価手法等研究会』ぎょうせい
㈶行政管理研究センター編（2008 a）『詳解・政策評価ガイドブック─法律、基本指針、ガイドラインの総合解説』ぎょうせい
㈶行政管理研究センター編（2008 b）『規制の事前評価ハンドブック─より良い規制に向けて』同センター
行政事件訴訟実務研究会編（2007）『行政訴訟の実務』ぎょうせい
キングダン, ジョン（笠京子訳）（2017）『アジェンダ・選択肢・公共政策─政策はどのように決まるのか』勁草書房
久世公堯（1957）「府県における地方自治の実態」自治研究33巻2号～4号・6号・8号
久世公堯（1970）『地方自治条例論』日本評論社
倉沢進（1998）『コミュニティ論』放送大学教育振興会
桑原英明・増田正編著（2003）『自治体行政評価の基礎』創開出版
釼持麻衣（2016）「自治会加入促進条例の法的考察」都市とガバナンス26号
小池治（2011）「自治体政策法務と人材育成─政策形成と法務の融合をめぐって」北村喜宣・山口道昭・出石稔・礒崎初仁編著（2011）『自治体政策法務─地域特性に適合した法環境』有斐閣
小泉祐一郎（2011）『地域主権改革一括法の解説─自治体は条例をどう整備すべきか』ぎょうせい
合意形成研究会（1994）『カオスの時代の合意学』創文社
神崎一郎（2009 a・b）「『政策法務』試論（1）（2・完）」自治研究85巻2号・3号
神崎一郎（2009 c）「法律と条例の関係における『比例原則』『合理性の基準』『立法事実』」自治研究85巻8号
幸田雅治・安念潤司・生沼裕（2004）『政策法務の基礎知識─立法能力・訟務能力の向上にむけて』第一

参考文献

法規

コーエン, T.（高遠裕子訳）（2009）『インセンティブ―自分と世界をうまく動かす』日経BP社
国土交通省ホームページ（2012）「公共事業の評価」http://www.mlit.go.jp/tec/hyouka/public/index.html
小早川光郎（1999）『行政法（上）』弘文堂
小早川光郎編著（2000）『地方分権と自治体法務―その知恵と力（分権型社会を創る4）』ぎょうせい
小早川光郎・小幡純子編（2000）『あたらしい地方自治・地方分権（ジュリスト増刊）』有斐閣
小早川光郎（2001）「基準・法律・条例」『行政法の発展と変革（塩野古稀記念）（下）』有斐閣
小早川光郎・北村喜宣（2009）「対談・自治立法権の確立に向けた地方分権改革」都市問題100巻1号
小早川光郎監修・地域主権改革研究会（2011）『実務者必携！解説地域主権改革―義務付け・枠付けの見直しと権限移譲／関係法律全219掲載』国政情報センター
小林明夫（2007、2008 a・b）「立法検討過程の研究―自治体立法学への試論（1）～（4・完）」自治研究83巻8号・12号、84巻2号・3号
小林重敬編著（1999）『地方分権時代のまちづくり条例』学芸出版社
小林重敬編著（2002）『条例による総合的まちづくり』学芸出版社
小林直樹（1984）『立法学研究―理論と動態』三省堂
小林秀之・神田秀樹（1986）『「法と経済学」入門』弘文堂
小林正弥（2010）『サンデルの政治哲学―〈正義〉とは何か』平凡社
小林良彰（1988）『公共選択（現代政治学叢書9）』東京大学出版会
近藤哲雄（1997）「政策法務の確立」自治研究73巻1号
近藤哲雄（2008）『自治体法（第1次改訂版）』学陽書房
斎藤誠（2008）「今次分権改革の位置づけと課題―法学の観点から」ジュリスト1356号
斎藤誠（2012）『現代地方自治の法的基層』有斐閣
サイモン, H.（松田武彦ほか訳）（1989）『経営行動』ダイヤモンド社
三枝茂樹（2004）「住民参加・住民投票条例」礒崎初仁編著『政策法務論の新展開―ローカル・ルールが見えてきた』ぎょうせい
櫻井敬子（2001）「自治事務に関する法令の制約について―開発許可を素材として」自治研究77巻5号
佐藤竺編著（1978）『条例の制定過程』学陽書房
佐藤竺・八木欣之介編著（1998）『地方議会活性化ハンドブック』ぎょうせい
佐藤幸治（1990）『憲法（新版）』青林書院
佐藤幸治（2011）『日本国憲法論』成文堂
佐藤英善編著（2002）『新地方自治の思想―分権改革の法としくみ』敬文堂
佐野亘（2010）『公共政策規範（BASIC公共政策学2）』ミネルヴァ書房
澤俊晴（2007）『都道府県条例と市町村条例（政策法学ライブラリィ12）』慈学社
ザワツキー, S.（内藤光博訳）（1989）「立法のインフレーションと規範の発展」専修法学論集49号（1989.2）
サンデル, M.（菊池理夫訳）（2009）『リベラリズムと正義の限界』勁草書房（原典：Michael J. Sandel, Liberarism and Limits of Justice, Cambridge University Press, 1982, 1998）
サンデル, M.（鬼澤忍訳）（2010）『これからの「正義」の話をしよう―いまを生き延びるための哲学』早川書房（原典：Michael J. Sandel, *Jastice: What's the Right Thing to Do?*, Farrar, Straus and Giroux, New York, 2009）
塩野宏（1990）『国と地方公共団体』有斐閣
塩野宏（2001）『法治主義の諸相』有斐閣
塩野宏（2009）『行政法Ⅰ（第5版）』有斐閣
塩野宏（2012）『行政法Ⅲ 行政組織法（第4版）』有斐閣

参考文献

塩野宏（2013）『行政法Ⅱ 行政救済法（第5版補訂版）』有斐閣
塩野宏（2015）『行政法Ⅰ 行政法総論（第6版）』有斐閣
静岡市（2008）「静岡市行政リーガルドック事業実施要綱」（http://www.pref.hokkaido.lg.jp/sm/bsh/ から取得）
篠原一（2004）『市民の政治学―討議デモクラシーとは何か』岩波書店
篠原一編（2012）『討議デモクラシーの挑戦―ミニ・パブリックスが拓く新しい政治』岩波書店
自治体議会改革フォーラムホームページ（2012）「全国議会基本条例制定状況」http://www.gikai-kaikaku.net/gikaikihonjourei-list.html
自治体法務検定委員会編（2018 a）『自治体法務検定公式テキスト〈基本法務編〉平成30年度検定対応』第一法規
自治体法務検定委員会編（2018 b）『自治体法務検定公式テキスト〈政策法務編〉平成30年度検定対応』第一法規
芝池義一（2006）『行政法総論講義（第4版補訂版）』有斐閣
柴田直子・松井望編著（2012）『地方自治論入門』ミネルヴァ書房
渋谷秀樹（1995）「条例制定権の限界」長谷部恭男編著『リーディングズ現代の憲法』日本評論社
渋谷秀樹（2007）『憲法』有斐閣
渋谷秀樹（2011）「憲法と条例―人権保障と地方自治」北村喜宣・山口道昭・出石稔・礒崎初仁編著（2011）『自治体政策法務―地域特性に適合した法環境』有斐閣
嶋田暁文（2011）「自治体政策法務の推進体制―現状分析と今後の課題」北村喜宣・山口道昭・出石稔・礒崎初仁編著『自治体政策法務―地域特性に適合した法環境』有斐閣
島田恵司（2007）『分権改革の地平』コモンズ
清水克俊・堀内昭義（2003）『インセンティブの経済学』有斐閣
清水誠・金子晃・島田和夫編著（1993）『消費者行政と法』三省堂
自民党（2012）「チョット待て!! 〝自治基本条例〟～つくるべきかどうか、もう一度考えよう」（政策パンフレット）同党ホームページ http://www.jimin.jp/policy/pamphlet/jichikihonjyorei_01.pdf
下島和彦・越野裕子（2001）『すぐに使える苦情対応マニュアル・手順の作り方 JIS Z9920対応マネジメントシステムの構築法』日科技連出版
下島和彦・清水口咲子・河野幸子（2008）『ISO10002／JIS Q1002：2005苦情対応マネジメントシステムの上手な構築と運用』日刊工業新聞社
ジュリスト（2007）「特集2・自治体政策法務の展開」ジュリスト1338号
ジュリスト（2008）「特集・立法学の新展開」ジュリスト1369号
ジュリスト編集部（1977）『行政強制―行政権の実力行使の法理と実態』ジュリスト増刊
ジュリスト編集部（1983）『条例百選』ジュリスト800号
ジュリスト編集部（1984）『条例集覧（条例百選資料編）』ジュリスト増刊
ジュリスト編集部（1992 a）『新条例百選』ジュリスト増刊
ジュリスト編集部（1992 b）『新条例集覧（新条例百選資料編）』ジュリスト増刊
ジュリスト編集部（1994）『情報公開・個人情報保護』ジュリスト増刊
正田彬・鈴木美雪（1980）『消費生活関係条例』学陽書房
訟務事務研究会編（2001）『新版 訟務事務の手引―〈行政庁・自治体・公法人〉職員のための訴訟対策ガイド』ぎょうせい
白藤博行（2017）『地方自治法への招待』自治体研究社
新藤宗幸編著（1999）『住民投票』ぎょうせい
新藤宗幸（2004）『概説 日本の公共政策』東京大学出版会
新藤宗幸（2013）『日曜日の自治体学』東京堂出版

参考文献

神野直彦（2002 a）『地域再生の経済学―豊かさを問い直す』中央公論新社
神野直彦（2002 b）『人間回復の経済学』岩波書店
末弘嚴太郎（1946）「立法学に関する多少の考察」法学協会雑誌64巻1号
杉原泰雄（2002）『地方自治の憲法論―「充実した地方自治」を求めて』勁草書房
杉山富昭（2004）『交渉する自治体職員―自治体現場の政策法務』信山社
鈴木潔（2009）『強制する法務・争う法務―行政上の義務履行確保と訴訟法務』第一法規
鈴木潔（2011）「行政事件訴訟法と訴訟法務」北村喜宣・山口道昭・出石稔・礒崎初仁編著（2011）『自治体政策法務―地域特性に適合した法環境』有斐閣
鈴木庸夫（1994）「要綱行政の新たな展開」自治体学会編『環境と自治（年報自治体学7号）』良書普及会
鈴木庸夫（1995）「自治体の政策形成と政策法務」判例地方自治133号
鈴木庸夫（1999）「アカウンタビリティと行政法理論」『憲法裁判と行政訴訟（園部古稀記念）』有斐閣
鈴木庸夫（2002）「自治立法と最適化命令としての『地方自治の本旨』」月刊自治フォーラム509号
鈴木庸夫編著（2007）『自治体法務改革の理論』勁草書房
鈴木庸夫監修・山本博史著（2008）『行政手法ハンドブック―政策法務のツールを学ぼう』第一法規
鈴木庸夫（2010 a）「条例論の新展開―原理とルール・立法事実の合理性」自治研究86巻1号
鈴木庸夫（2010 b）「地域主権時代の条例論」ジュリスト1413号（2010.12.15）
鈴木秀洋（2003）「訴訟対応における自治体の対応―政策法務の視点から」自治体学会編『自治体のかたち（年報自治体学16号）』第一法規
鈴木秀洋（2007）「自治体の訴訟法務」鈴木庸夫編著『自治体法務改革の理論』勁草書房
スティグリッツ，J.E.（藪下史郎訳）（2003）『スティグリッツ公共経済学（第2版）上』東洋経済新報社
スティグリッツ，J.E.・ウォルシュ，C.E.（藪下史郎ほか訳）（2012）『スティグリッツ 入門経済学（第4版）』東洋経済新報社
須藤陽子（2010）『比例原則の現代的意義と機能』法律文化社
「生活安全条例」研究会（2005）『生活安全条例とは何か―監視社会の先にあるもの』現代人文社
政策評価各府省連絡会議（2001）「政策評価に関する標準的ガイドライン」（2001年1月15日了承）総務省ホームページ http://www.soumu.go.jp/main_sosiki/hyouka/gaido-gaidorain1.html
政策評価各府省連絡会議（2007）「規制の政策評価の実施に関するガイドライン」（2007年8月24日同会議了承）総務省ホームページ http://www.soumu.go.jp/main_sosiki/hyouka/seisaku_n/seisaku_hourei.html
政策法務研究会（編集代表・鈴木庸夫）編（2017）『政策法務の理論と実践（加除式）』第一法規
関名ひろい（2007）『窓口職員奮闘記 苦情こそ我が人生』文芸社
関根眞一（2006）『苦情学―クレームは顧客からの大切なプレゼント』恒文社
関根眞一（2007）『「苦情」対応力―お客様の声は宝の山』講談社
関根健夫（2009）『公務員のためのクレーム対応マニュアル』ぎょうせい
全国市長会（2009）「『都市における訴訟の係属状況に関する調べ』調査結果のポイント（平成20年度）」（全国市長会ホームページ http://www.mayors.or.jp/research/report.html から入手）
全国町村議会議長会編（2003）『議員必携（第7版改訂新版）』学陽書房
総務省（2017）「法定外税の状況」（2017年4月）総務省ホームページから入手
総務省ホームページ（2012 a）「政策評価の総合窓口」http://www.soumu.go.jp/main_sosiki/hyouka/seisaku_n/index.html
総務省ホームページ（2012 b）「行政不服審査法」http://www.soumu.go.jp/main_sosiki/gyoukan/kanri/fufuku/fufuku.html
総務庁行政管理局編（1996）『データブック行政手続法 1996年版』第一法規
曽我謙悟（2013）『行政学』有斐閣

園部逸夫・枝根茂（1997）『オンブズマン法（新版）』弘文堂
提中冨和（2004）『自治体法務の最前線―現場からはじめる分権自治』イマジン出版
田尾雅夫（2012）『市民参加の行政学』法律文化社
高橋和之（2006）『現代立憲主義の制度構想』有斐閣
高田敏（1984）「条例論」雄川一郎・塩野宏・園部逸夫編『現代行政法体系 第8巻』有斐閣
高見勝利（2008）『現代日本の議会政と憲法』岩波書店
田中成明（1994）『法理学講義』有斐閣
田中成明（2011）『現代法理学』有斐閣
田中二郎（1963）「国家法と自治立法(1)」法学協会雑誌80巻4号
田中二郎（1974）『新版行政法 上巻（全訂2版）』弘文堂
田中二郎（1976）『新版行政法 中巻（全訂2版）』弘文堂
田中聖也（2008）「地方分権改革推進委員会『中間的な取りまとめ』について（上）」地方自治723号
田中聖也（2011）「義務付け・枠付けの見直しの到達点（下）―地方分権改革推進委員会第2次・第3次勧告」地方自治767号
田中孝男（2002）『条例づくりへの挑戦―ベンチマーキング手法を活用して』信山社出版
田中孝男（2007）「条例制定の動向と課題」ジュリスト1338号
田中孝男（2008 a）「行政不服審査法改正の意義と課題―自治体の行政実務から」自治研究84巻4号
田中孝男（2008 b）「行政不服審査を政策争訟法務にする」兼子仁・北村喜宣・出石稔編『政策法務事典』ぎょうせい
田中孝男（2010 a、2010 b）「日本の自治体争訟法務の現状と課題(1)（2・完）」自治研究86巻4号・5号
田中孝男（2010 c）『条例づくりのための政策法務』第一法規
田中孝男（2012 a）『自治体職員研修の法構造』公人の友社
田中孝男（2012 b・c）「地域自主性一括法対応の条例などから見た条例論の課題(1)（2・完）」自治研究88巻2号・3号
田中孝男（2015）『自治体法務の多元的統制―ガバナンスの構造転換を目指して』第一法規
田中孝男・木佐茂男（2004）『テキストブック自治体法務』ぎょうせい
田中孝男・木佐茂男編著（2016）『新訂 自治体法務入門』公人の友社
棚瀬孝雄編著（1996）『紛争処理と合意―法と正義の新たなパラダイムを求めて』ミネルヴァ書房
田丸大（2000）『法案作成と省庁官僚制』信山社出版
田村達久（2007）『地方分権改革の法学的分析』敬文堂
田村哲樹（2008）『熟議の理由―民主主義の政治理論』勁草書房
田村満（2003）『外国人登録法逐条解説（全訂版）』日本加除出版
田村泰俊・千葉実・吉田勉（2009）『自治体政策法務』八千代出版
ダール，R. A.（河村望訳）（1988）『統治するのはだれか―アメリカの一都市における民主主義と権力』行人社
俵静夫（1975）『地方自治法（第3版）』有斐閣
地方自治職員研修編集部（2002）『自治基本条例・参加条例の考え方・作り方』地方自治職員研修・臨時増刊71号
地方自治制度研究会（2002）『Q&A 地方自治法平成14年改正のポイント』ぎょうせい
地方自治制度研究会編（2015）『地方分権20年のあゆみ』ぎょうせい
地方制度調査会（2016）『人口減少社会に的確に対応する地方行政体制及びガバナンスのあり方に関する答申』（2016年3月16日）
地方分権改革推進委員会（2009）『第3次勧告―自治立法権の拡大による「地方政府」の実現へ』
地方六団体地方分権推進本部（2001）『「地方分権時代の条例に関する調査研究」の中間まとめ』

参考文献

津軽石昭彦（2004）『議員提案条例をつくろう—議員提案条例のノウハウ』第一法規（非売品）
津軽石昭彦（2008）「議員提案に基づく条例づくり」兼子仁・北村喜宣・出石稔編著（2008）『政策法務事典』ぎょうせい
辻陽（2015）『戦後日本地方政治史論—二元代表制の立体的分析』木鐸社
辻清明（1976）『日本の地方自治』岩波書店
辻山幸宣編著（1998）『住民・行政の協働（分権時代の自治体職員7）』ぎょうせい
辻山幸宣（2000）「日本における条例の歴史と課題」自治体学会編『年報自治体学第13号　ローカル・ルールをつくろう』良書普及会
辻山幸宣（2003）『自治基本条例はなぜ必要か』公人の友社
出口裕明（1996）『行政手続条例運用の実務』学陽書房
寺井公子・肥前洋一（2015）『私たちと公共経済』有斐閣
戸松秀典（2008）『憲法訴訟（第2版）』有斐閣
内藤悟（1997）「条例はどう進化し伝播していくか—命をはぐくむ水の条例」法学セミナー507号
中尾修・江藤俊昭編著（2008）『議会基本条例—栗山町議会の挑戦』中央文化社
中島誠（2004）『立法学—序論・立法過程論』法律文化社
永田秀樹・松井幸夫（2010）『基礎から学ぶ憲法訴訟』法律文化社
長嶺超輝（2009）『47都道府県これマジ!? 条例集』幻冬舎
中村健人（2016）（折橋洋介監修）『改正行政不服審査法　自治体の検討課題と対応のポイント（施行令対応版）』第一法規
中山竜一（2009）『ヒューマニティーズ　法学』岩波書店
鍋嶋詢三編著（2005）『ISO 10002：2004/JIS Q10002：2005 苦情対応のための指針　規格の解説』日本規格協会
成田頼明（1959）「法律と条例」清宮四郎・佐藤功編『憲法講座第4巻』有斐閣
成田頼明（1978）「法律と条例」小嶋和司編『憲法の争点』有斐閣
成田頼明（1985）「法律と条例」小嶋和司編『憲法の争点（新版）』有斐閣
成田頼明編著（1992）『都市づくり条例の諸問題』第一法規
名和田是彦編著（2009）『コミュニティの自治—自治体内分権と協働の国際比較』日本評論社
名和田是彦（2011）「コミュニティと自治体政策法務」北村喜宣・山口道昭・出石稔・礒崎初仁編著『自治体政策法務—地域特性に適合した法環境』有斐閣
西尾勝（1988）『行政学』放送大学教育振興会
西尾勝（1998）『地方分権と地方自治（新地方自治法講座12巻）』ぎょうせい
西尾勝（1999）『未完の分権改革—霞が関官僚と格闘した1300日』岩波書店
西尾勝（2000）『行政の活動』有斐閣
西尾勝（2001）『行政学（新版）』有斐閣
西尾勝（2007）『地方分権改革（行政学叢書5）』東京大学出版会
西尾勝（2013）『自治・分権再考—地方自治を志す人々へ』ぎょうせい
西尾勝（2015）「地方分権改革の20年と政策法務への期待（下）」自治実務セミナー2015年5月号
西津政信（2012）『行政規制執行改革論』信山社
㈶日本都市センター編（2001）『分権型社会における自治体法務—その視点と基本フレーム』同センター
㈶日本都市センター編（2007）『自治体訴訟法務の現状と課題』同センター
日本弁護士連合会（2009）『弁護士白書2009年版（特集・多様化する弁護士の活動）』（日本弁護士連合会ホームページ http://www.nichibenren.or.jp/jfba_info/publication/whitepaper.html で入手）
人間環境問題研究会編（1981）『公害・環境に係る条例の法学的研究』有斐閣
野口貴公美（2006〜2007）「連載・自治体と訴訟①〜⑫」月刊自治フォーラム559号〜570号

野口貴公美（2017）「大臣の是正の指示に対する不作為の違法確認請求事件——辺野古訴訟最高裁判決（最判平成28・12・20）」法学教室2017年4月号（No.439）

ノージック, R.（島津格訳）（1985、1989）『アナーキー・国家・ユートピア（上・下）』木鐸社（原典：Robert Nozick, *Anarchy, State, and Utopia*, Basic Books, New York, 1974）

ノネ, P.・セルズニック, P.（六本佳平訳）（1981）『法と社会の変動理論』岩波書店（原典：Philippe Nonet and Philip Selznick, *Law and Society in Transition, Toward Responsive Law*, Harper & Law, 1978）

ハーバーマス, J.（細谷貞雄・山田正行訳）（1994）『公共性の構造転換—市民社会の一カテゴリーについての探究（第2版）』未来社（原典：Jürgen Habermas, *Strukturwandel der Öffentlichkeit. Untersuchungen zu einer Kategorie der bürgerlichen Gesellschaft*, Suhrkamp Verlag Frankfurt am Main 1990）

バーロウ, J.・モレール, C.（井口不二男訳）（2006）『苦情という名の贈り物（増補新装版）』生産性出版

橋場利勝・神原勝（2006）『栗山町発・議会基本条例』公人の友社

長谷川公一（2004）『紛争の社会学』放送大学教育振興会

長谷部恭男（2011）『法とは何か—法思想史入門』河出書房新社

畠山弘文（1989）『官僚制支配の日常構造—善意による支配とは何か』三一書房

早坂剛（2001）『条例立案者のための法制執務』ぎょうせい

林修三（1964）『法令作成の常識』日本評論社

林修三（1975a）『法令用語の常識』日本評論社

林修三（1975b）『法令解釈の常識（第2版）』日本評論社

林田清明（1996）『〈法と経済学〉の法理論』北海道大学図書刊行会

原島良成・筑紫圭一（2011）『行政裁量論』放送大学教育振興会

原田尚彦（1975）「地方自治の現代的意義と条例の機能」ジュリスト増刊『総合特集 現代都市と自治』

原田尚彦（1978）『公害防止条例』学陽書房

原田尚彦（1980）「地方自治体の法令解釈権」ジュリスト増刊『総合特集 地方自治の可能性』有斐閣

原田尚彦（1993）「普通河川管理条例」『地方自治判例百選（第2版）』有斐閣

原田尚彦（1994）『環境法（補正版）』弘文堂

原田尚彦（2005）『新版 地方自治の法としくみ（改訂版）』学陽書房

原田尚彦（2011）『行政法要論（全訂7版・補訂版）』学陽書房

原田大樹（2014）『公共制度設計の基礎理論』弘文堂

原竹裕（2000）『裁判による法創造と事実審理』弘文堂

原野翹（1984）「法律と条例—現代行政と条例制定権」都市問題75巻1号

ハリソン, J.L.（小林保美・松岡勝実訳）（2001）『法と経済学』多賀出版

人見剛・辻山幸宣編著（2000）『協働型の制度づくりと政策形成（市民・住民とパートナーシップ2巻）』ぎょうせい

人見剛（2000）「自治体法務とは」小早川光郎編著『地方分権と自治体法務—その知恵と力』ぎょうせい

人見剛（2005）『分権改革と自治体法理』敬文堂

人見剛（2013）「北海道砂利採取計画の認可に関する条例の適法性」法学セミナー2013年11月号

人見剛・横田覚・海老名富夫編著（2012）『公害防止条例の研究』敬文堂

平井宜雄（1995）『法政策学（第2版）』有斐閣

平井亮輔編（2004）『正義—現代社会の公共哲学を求めて』嵯峨野書院

平田彩了（2009）『行政法の実施過程—環境規制の動態と理論』木鐸社

平松以津子（2011）「予防法務のしくみの構築を目指して—静岡市の行政リーガルドック事業の試行的取組」北村喜宣・山口道昭・出石稔・礒崎初仁編著『自治体政策法務—地域特性に適合した法環境』有斐閣

参考文献

広岡隆（1981）『行政代執行法（新版）』有斐閣
広沢民生（1988）「法律と条例制定権の範囲」芦部信喜・高橋和之編『憲法判例百選Ⅱ（第2版）』有斐閣
福井秀夫（2007）『ケースからはじめよう 法と経済学』日本評論社
福士明（2011）「法制評価システムの構築」北村喜宣・山口道昭・出石稔・礒崎初仁編著『自治体政策法務―地域特性に適合した法環境』有斐閣
藤島光雄（2011）「自治体の行政不服審査法への対応」北村喜宣・山口道昭・出石稔・礒崎初仁編著『自治体政策法務―地域特性に適合した法環境』有斐閣
藤田宙靖（2005）『行政組織法』有斐閣
藤田宙靖（2013）『行政法総論』青林書院
フッド, C.（森田朗訳）（2000）『行政活動の理論』岩波書店（原典：Christopher. C. Hood, *Administrative Analysis: An Introduction to Rules, Enforcement, and Organizations,* Harvester Wheatsheaf, 1986）
船津衛・浅川達人（2006）『現代コミュニティ論』放送大学教育振興会
船橋晴俊・長谷川公一・畠中宗一・勝田晴美（1985）『新幹線公害』有斐閣
法学セミナー編集部（2017）「特集／沖縄・辺野古と法」法学セミナー751号
北海道総務部人事局法制文書課（2010）「北海道条例の一斉点検・見直しの結果に関する報告」（北海道ホームページから入手）http://www.pref.hokkaido.lg.jp/file.jsp?id=14742
北海道総務部人事局法制文書課ホームページ（2012）「ぶん太におまかせ」http://www.pref.hokkaido.lg.jp/sm/bsh/index.html
堀部政男（1994）『自治体情報法』学陽書房
ポリンスキー, A. M.（原田博夫・中島厳訳）（1986）『入門 法と経済』HBJ出版局
牧瀬稔（2008）『議員が提案する政策条例のポイント―政策立案の手法を学ぶ』東京法令出版
牧瀬稔（2009）『条例で学ぶ政策づくり入門』東京法令出版
増田寛也編著（2014）『地方消滅―東京一極集中が招く人口急減』中央公論新社
待鳥聡史（2015）『代議制民主主義』中央公論新社
松下圭一（1975）『市民自治の憲法理論』岩波書店
松下圭一（1991）『政策型思考と政治』東京大学出版会
松下圭一（1999）『自治体は変わるか』岩波書店
松下啓一（2004）『協働社会をつくる条例―自治基本条例・市民参加条例・市民協働支援条例の考え方』ぎょうせい
松下啓一（2007）『自治基本条例のつくり方』ぎょうせい
松永邦男（1997b）「要綱行政」猪野積編著『条例と規則(1)』ぎょうせい
松永邦男・長谷川彰一・江村興治（2002）『自治立法（地方自治総合講座2）』ぎょうせい
松村亨（2017）『憲法の視点から見る条例立案の教科書』第一法規
松本英昭（2000）『新地方自治制度詳解』ぎょうせい
松本英昭（2008）「地方分権改革委員会の『第1次勧告』と政府の『地方分権改革推進要綱（第1次）』を読んで」自治研究84巻9号
松本英昭（2011a）「自治体政策法務をサポートする自治法制のあり方」北村喜宣・山口道昭・出石稔・礒崎初仁編著『自治体政策法務―地域特性に適合した法環境』有斐閣
松本英昭（2011b）『要説 地方自治法（第7次改訂版）』ぎょうせい
松本英昭（2013）「巻頭言 地方分権推進決議から20年」自治実務セミナー2013年8月号
松本英昭（2015）『新版 逐条地方自治法（第8次改訂版）』学陽書房
真渕勝（2004）『現代行政分析』放送大学教育振興会
真渕勝（2009）『行政学』有斐閣
真山達志（1991）「政策実施の理論」宇都宮深志・新川達郎編『行政と執行の理論（現代の政治学シリー

ズ③)』東海大学出版会
馬渡剛（2010）『戦後日本の地方議会——一九五五〜二〇〇八』ミネルヴァ書房
見上崇洋（2006）『地域空間をめぐる住民の利益と法』有斐閣
南川諦弘（2012）『「地方自治の本旨」と条例制定権』法律文化社
宮川公男（1995）『政策科学の基礎』東洋経済新報社
宮川公男（2002）『政策科学入門（第2版）』東洋経済新報社
三好規正（2007）『流域管理の法政策——健全な水循環と統合的流域管理の実現に向けて』慈学社出版
ミルズ, C.W.（鵜飼信成・綿貫穣治訳）（1969）『パワー・エリート（上・下）』東京大学出版会
武蔵野百年史編さん室編（1997）『要綱行政が生んだ日照権——宅地開発等に関する指導要綱の記録』ぎょうせい
村上順（2010）『政策法務の時代と自治体法学』勁草書房
村上眞維・濱野亮（2003）『法社会学』有斐閣
村松岐夫（2001）『行政学教科書——現代行政の政治分析』有斐閣
室井力（1970）「公害行政における法律と条例」法学セミナー177号
室井力（1978）「条例の本質とその展開」法律時報50巻1号
森田朗（1988）『許認可行政と官僚制』岩波書店
森田朗（1992）「許認可行政の執行過程——行政過程における法運用の分析」法律時報64巻10号
森田朗（2017）『新版 現代の行政』第一法規
森田朗・村上順編著（2003）『住民投票が拓く自治——諸外国の制度と日本の現状』公人社
森田朗（2007）『制度設計の行政学』慈学社出版
森田朗・田口一博・金井利之編（2008）『分権改革の動態（政治空間の変容と政策革新3）』東京大学出版会
森脇俊雄（2010）『政策過程（BASIC 公共政策学5）』ミネルヴァ書房
薬師寺泰蔵（1989）『公共政策（現代政治学叢書10)』東京大学出版会
山口二郎（2013）『いまを生きるための政治学』岩波書店
山口道昭（2002）『政策法務入門——分権時代の自治体法務』信山社出版
山口道昭（2015）『政策法務の最前線』第一法規
山口道昭編著（2006）『協働と市民活動の実務（シリーズ・新しい自治がつくる地域社会2)』ぎょうせい
山口道昭（2007）「自治体法務のマネジメント」鈴木庸夫編著（2007）『自治体法務改革の理論』勁草書房
山口道昭編著（2015）『明快! 地方自治のすがた』学陽書房
山下茂・谷聖美・川村毅（1992）『比較地方自治——諸外国の地方自治制度（増補改訂版）』第一法規
山下淳（2013）「徳島市公安条例と道路交通法」磯部力・小幡純子・斎藤誠編『地方自治判例百選（第4版)』有斐閣
山代義雄（2003）『まちづくり条例制定の法的視点——地方分権改革後の「まちづくり」政策の留意点』大阪経済法科大学出版部
山田晟（1994）『立法学序説——体系論の試み』有斐閣
山本哲三編著（2009）『規制影響分析（RIA）入門——制度・理論・ケーススタディ』NTT出版
山本庸幸（2006）『実務立法技術』商事法務
山本庸幸（2007）『実務立法演習』商事法務
山本博史（2011）「条例制定過程の現状と課題——すぐれた条例を創出する条例制定過程とは」北村喜宣・山口道昭・出石稔・礒崎初仁編著（2011）『自治体政策法務——地域特性に適合した法環境』有斐閣
山谷清志（2012）『政策評価（BASIC 公共政策学9巻)』ミネルヴァ書房
湯川二朗（2006）「行政争訟と法的対話」判例地方自治279号
吉田勉（2013）『講義・地方自治法——基礎から実務まで（改訂版)』八千代出版

参考文献

吉田徹（2011）『ポピュリズムを考える―民主主義への再入門』NHK出版
吉田利宏・塩浜克也（2014）『法実務からみた行政法―エッセイで解説する国法・自治体法』日本評論社
吉田民雄・杉山知子（2006）『新しい公共空間のデザイン― NPO・企業・大学・地方政府のパートナーシップの構築』東海大学出版会
山脇直司（2004）『公共哲学とは何か』筑摩書房
横田清編（1997）『住民投票Ⅰ―なぜ、それが必要なのか』公人社
横浜市総務局しごと改革推進課ホームページ（2012）「条例見直し」http://www.city.yokohama.lg.jp/somu/org/sigoto/jourei/
横山雅文（2008）『プロ法律家のクレーマー対応術』PHP研究所（PHP新書）
リプスキー，M.（田尾雅夫、北大路信郷訳）（1986）『行政サービスのディレンマ―ストリートレベルの官僚制』木鐸社（原典：M. Lipsky, *Street level Bureaucracy: Dilemma of Individuals in Public Services*, Rusell Sage Foundation, 1980）
ルーマン，N.（馬場靖男・上村隆弘・江口厚仁訳）（2003）『社会の法Ⅰ』法政大学出版局（原典：Niklas Luhmann, *Das Recht der Gesellschaft*, Suhrkamp Verlag Frankfurt am Main, 1993）
ロールズ，J.（田中成明編訳）（1979）『公正としての正義』木鐸社（原典：John Rawls, "*Justice as Fairness*"）
ロールズ，J.（川本隆史・福間聡・神島裕子訳）（2010）『正義論（改訂版）』紀伊國屋書店（原典：John Rawls, *A Theory of Justice (Revised edition)*, Harverd University Press, 1971）、
和久井孝太郎・中村倫治（2011）「実務から見る行政不服審査制度の見直しの論点―東京都の事例から」北村喜宣・山口道昭・出石稔・磯崎初仁編著『自治体政策法務―地域特性に適合した法環境』有斐閣
亘理格（2000）「新制度のもとで自治体の立法権はどうなるか」小早川光郎編著『地方分権と自治体法務―その知恵と力』ぎょうせい

〔洋語文献〕 ※翻訳書がある場合は和文文献として掲載した。

Cohen, M. D, March, J. G. and Olsen, J. P.（1972），A Gargage Can Model of Organizational Choice, *Administrative Science Quarterly* Vol. 17, No. 1, pp. 1-25
Lindblom, Charles E.（1959），The Science of Muddling Through, *Public Administration Review* 19, pp. 79-88.
Pressman, J. and Wildavsky, A.（1973），*Implementation*, University of California Press
Kingdon, J. W.（1984），*Agendas, Alternatives, and Public Policies*, Harper Collins Publishers

事項索引

L
LRAの基準 ································· 165

あ
アウトカム ································· 81
アウトプット ······························ 81
空き家対策条例 ···················· 24, 42
悪質クレーマー ·························· 282
アジェンダ設定論 ························ 93
新しい公共 ······················· 59, 106
アナログ性 ·································· 11

い
一括交付金化 ····························· 190
逸失利益 ··································· 120
一般条例 ····································· 33
一般法 ······································ 185
委任条例 ····························· 36, 226
インセンティブ ·························· 101

う
訴えの利益 ································ 286
上乗せ条例 ································· 19

え
エージェンシー・ギャップ ········· 109
エージェンシー問題 ··················· 109
エネルギー税条例 ························ 50

お
応答的法 ···································· 11
お任せ民主主義 ·························· 55
オンブズパーソン（オンブズマン）··· 283
オンブズパーソン制度 ················ 138

か
概括授権方式 ····························· 197
介護福祉条例 ······························· 45
開発指導要綱 ···························· 9, 20
外部経済 ··································· 105
外部性 ······································ 104
外部的コスト ···························· 120
外部不経済 ································ 105
拡張規定 ··································· 227

か（続）
課題設定 ······················ 7, 77, 243, 244
過度の広汎性ゆえに無効の基準 ······· 165
神奈川県臨時特例企業税事件判決 ····· 24
環境アセスメント条例 ············ 20, 44
環境基本条例 ······························· 22
環境美化条例 ······························· 42
完全競争 ··································· 104
がん対策条例 ······························· 47
関与 ································ 177, 181
関与手続の公正・透明化原則 ······ 181
関与の必要最小限の原則 ············ 181
関与の法定主義 ·························· 181
関与のルール ····························· 181
官僚制の病理 ····························· 110
緩和規定 ··································· 227

き
議院内閣制 ································· 56
議会基本条例 ···················· 22, 37, 64
企画担当課 ································ 294
機関委任事務制度 ······················ 176
機関訴訟 ··································· 284
技術的助言・勧告 ······················ 181
記述的分析 ································· 84
規制条例 ····································· 35
規制的手法 ································ 135
規制の事前評価 ·························· 114
規則 ··· 9
規程 ··· 9
規範接合容認説 ·························· 229
規範的分析 ································· 84
基本条例 ····························· 35, 38
基本設計 ··································· 243
基本的政策手法 ·························· 248
基本理念 ··································· 249
義務付け・枠付けの見直し ·· 189, 235
義務履行確保制度 ······················ 140
客観的平等 ································ 121
給付条例 ····································· 35
強化規定 ··································· 226
協議 ··· 181
狭義の上乗せ条例 ······················ 202
共助 ··· 101
行政学・政治学 ··························· 14
行政監視機能 ······························· 58

315

事項索引

行政基準……………………………………10
行政協定……………………………………10
行政計画……………………………………83
行政指導……………………………………273
行政上の強制執行…………………………141
行政対象暴力………………………………282
強制徴収……………………………………141
行政不服審査会……………………………281
行政分権……………………………………193
行政リーガルドック………………………293
協定方式……………………………………20
協働…………………………………………66
協働原理……………………………101, 106
協働性………………………………………122
協働促進手法………………………………142
許可・認可・承認…………………………182
近代的法治主義……………………………149

く

苦情対応法務………………………………283
具体化規定…………………………………226
具体化条例限定説…………………………228
国地方係争処理委員会……………………184
国と地方の協議の場………………………190
国の出先機関（地方支分部局）…………189
訓令…………………………………………9

け

計画裁量……………………………………152
計画的手法…………………………………138
景観条例……………………………………41
経済的規制…………………………………136
警察型条例…………………………………19
ゲーム理論モデル…………………………92
決定…………………………………………7
原因の究明…………………………………244
検閲…………………………………………167
厳格な合理性の基準………………………164
原課（所管課）……………………………293
権限…………………………………………81
健康づくり条例……………………………47
原告適格……………………………………284
現代的法治主義……………………………153
憲法価値重視説……………………………219
憲法判断回避の準則………………………160
権力エリートモデル………………………96

こ

公安条例………………………………19, 49
合意…………………………………………61
合意形成…………………………………60, 256
公害防止条例………………………………19
広義の上乗せ条例…………………………202
公共財………………………………………104
公共政策……………………………………77
公共選択論モデル…………………………92
抗告訴訟……………………………………284
公助…………………………………………102
拘束型住民投票制度………………………69
高知市普通河川等管理条例事件判決……198
公文書公開条例……………………………20
公平原理…………………………………102, 108
公平性………………………………………121
公平（平等）………………………………108
功利主義……………………………………85
合理性の基準………………………………162
効率原理…………………………………101, 104
効率性………………………………………119
合理的関連性の基準………………………165
合理的規範優先説…………………………224
合理的決定モデル…………………………90
高齢者福祉条例……………………………45
告示…………………………………………9
個人情報保護条例…………………………37
五段階モデル………………………………93
国家賠償制度………………………………284
国家補償制度………………………………284
子ども条例…………………………………47
個別条例……………………………………33
個別法………………………………………185
ゴミ缶モデル………………………………94
コミュニタリアニズム……………………87
コミュニティ自治………………………56, 63
コミュニティの限界………………………106
固有の自治事務領域説……………………198
固有の自治事務領域論……………………220

さ

財源…………………………………………81
財源調達手法………………………………141
最高裁高知市普通河川等管理条例事件判決……21
最高裁徳島市公安条例事件判決…………21
最高裁武蔵野市長給水拒否事件判決……21

事項索引

再審査請求	279
再調査の請求	279
最適化プログラム	11
裁量基準限定説	228
参加	66
参加型民主主義	55
産業振興条例	44
参酌すべき基準	191
三段階モデル	93
三位一体の改革	186

し

支援的手法	137
歯科保健条例	48
事業（project）	78
施策（program）	78
施策指針条例	32
指示	182
自主条例	34, 226
自助	101
市場の失敗	104
自然環境税条例	51
自然環境保護条例	42
事前抑制の理論	166
従うべき基準	191
自治基本条例	22, 33, 37, 62
自治志向	12
自治事務	26, 178
自治体政策法務	3
自治紛争処理委員	184
市町村優先の原則	232
執行過程研究（インプリメンテーション研究）	263
執行過程論	94
執行管理	262
執行基準	80
執行細則	267
執行主体	80
執行手段	80, 133
執行条件	36, 226
実効性確保手法	139, 250
執行罰	141
実施条例	33
実質的判断説	198
実務志向	12
司法消極主義	160
司法積極主義	160

諮問型住民投票制度	69
社会的規制	136
住居関係税条例	50
住民協働	58
住民協働推進条例	66
住民参加	243
住民参加条例	37, 66
住民参加総合条例	66
住民参加理念条例	66
住民自治	53
住民投票条例	21, 37, 66
住民投票制度	66
受益圏と受苦圏の分離	62
主観的平等	121
熟議デモクラシー	57
熟議デモクラシー論	88
縮小規定	227
首長多選制限条例	64
受動喫煙防止条例	48
障害者支援条例	45
状況改善型課題	245
状況改善型条例	36
詳細設計	243
常設型住民投票制度	69
消費生活条例	48
情報	81
情報関係条例	37
情報公開条例	37
条理解釈	269
条例	8
条例原則適法説	199, 223
条例合理性重視説	201, 220
条例の「上書き権」	190, 193, 236
職権探知主義	286
所得再配分	108
処分性	284
自立原理	101
自律的法	11
資料提出の要求	181
審議・決定	243
人権推進条例	47
人材	81
審査請求	279
審理員	280

す

水道水源保護条例	42

317

事項索引

せ

- 生活安全条例……………………49
- 生活環境保全条例………………41
- 制限列挙方式……………………197
- 政策（policy）……………………78
- 政策学・政策科学………………14
- 政策形成機能……………………58
- 政策コミュニティ………………97
- 政策サイクル……………………93
- 政策資源…………………………81
- 政策志向…………………………12
- 政策手法……………80, 81, 133, 249
- 政策手法の理論…………………134
- 政策条例…………………………36
- 政策段階論………………………93
- 「政策の窓」モデル……………94
- 政策波及モデル…………………95
- 政策評価…………………………114
- 政策評価法………………………114
- 政策法……………………………5
- 政策法務…………………………3
- 政策法務委員会…………………295
- 政策法務課………………………294
- 政策法務論………………………13
- 青少年保護育成条例……………48
- 青少年保護条例…………………19
- 政府の失敗………………………108
- 責務………………………………249
- 是正の要求………………………181
- 説明責任（accountability）……277
- 先占領域限定説…………………218
- 漸変主義モデル…………………91

そ

- 総合的考慮説……………………221
- 争訟法務…………………………277
- 損失補償制度……………………284

た

- 第1期分権改革…………………187
- 第1次分権改革…………………176
- 第2期分権改革…………………188
- 第一線職員………………………97
- 第一線職員（ストリートレベルの官僚制）……264
- 第一線職員論……………………97
- 代執行……………………141, 182
- 対象………………………………80
- 代表民主制………………………54
- 対話的正義論……………………88
- 多元主義モデル…………………96
- 団体自治…………………………53

ち

- 地域活性化条例…………………44
- 地域主権改革……………………188
- 地域主権戦略会議………………188
- 地域主権戦略大綱………………188
- 地方自治の本旨…………………53
- 地方分権一括法…………………176
- 地方分権改革推進委員会………188
- 地方分権改革推進計画…………188
- 地方分権改革推進本部…………189
- 地方分権改革有識者会議………189
- 地方分権推進法…………………176
- 抽象的違憲審査制………………160
- 調整的手法………………………137
- 直接強制…………………………141
- 直接民主主義……………………55

て

- 手挙げ方式………………………189
- 提案募集方式……………………189
- 定義………………………………249
- 適法性……………………………122
- 手続条例…………………………35
- 鉄の三角同盟……………………96

と

- 同意………………………………182
- 当事者訴訟………………………284
- 独自条例……………………34, 226
- 徳島市公安条例事件判決………198
- 特別意義論………………………220
- 土地利用条例……………………41
- トップ層…………………………293
- トップダウン・アプローチ……264
- トレードオフの関係……………120

な

- 内部事項条例……………………35
- 内部のコスト……………………120
- 奈良県ため池条例事件判決……20

に

二元代表制（首長制）・・・・・・・・・・・・・・・・・・56
二重の基準・・・・・・・・・・・・・・・・・・・・・・・・・・・161

ね

ネオ・リベラリズム・・・・・・・・・・・・・・・・・・87

は

廃棄物税条例・・・・・・・・・・・・・・・・・・・・・・・51
廃棄物・リサイクル関連条例・・・・・・44
漠然性ゆえに無効の基準・・・・・・・・・165
パブリック・コメント条例・・・・・・・・66
パレート効率・・・・・・・・・・・・・・・・・・・・104
パレート最適・・・・・・・・・・・・・・・・・・・・104

ひ

非決定・・・・・・・・・・・・・・・・・・・・・・・・・・・・・94
必置規制・・・・・・・・・・・・・・・・・・・・・・・・・177
必要性・・・・・・・・・・・・・・・・・・・・・・・・・・・117
評価法務・・・・・・・・・・・・・・・・・・・・・・・・・277
標準・・・・・・・・・・・・・・・・・・・・・・・・・・・・・191

ふ

フィードバック・・・・・・・・・・・・・・・・・・・・・8
福祉オンブズパーソン条例・・・・・・・・47
福祉のまちづくり条例・・・・・・・・・・・・47
付随的違憲審査制・・・・・・・・・・・・・・・160
フリーライダー（ただ乗り）・・・・・・106
分権条例・・・・・・・・・・・・・・・・・・・・・・・・・・22
分権配慮型の立法・・・・・・・・・・・・・・・235
分野別基本条例・・・・・・・・・・・・・・・33, 38
文理解釈・・・・・・・・・・・・・・・・・・・・・・・・・269

へ

ベンチマーキング手法・・・・・・・・・・・292
弁論主義・・・・・・・・・・・・・・・・・・・・・・・・・286

ほ

法・・・・・・・・・・・・・・・・・・・・・・・・・・・・・・・・82
防災条例・・・・・・・・・・・・・・・・・・・・・・・・・・50
法制執務・・・・・・・・・・・・・・・・・・・・・・・・・252
法制担当課・・・・・・・・・・・・・・・・・・・・・・293
法制評価・・・・・・・・・・・・・・・・・・・・・・・・・292
法治志向・・・・・・・・・・・・・・・・・・・・・・・・・・12
法治主義・・・・・・・・・・・・・・・・・・・・・・・・・149
法定事務条例・・・・・・・・・・・・・・・・35, 226
法定事務条例否定説・・・・・・・・・・・・・228
法定受託事務・・・・・・・・・・・・・・・26, 178
法的対話・・・・・・・・・・・・・・・・・・・278, 289
法道具主義・・・・・・・・・・・・・・・・・・・・・・・14
法の支配・・・・・・・・・・・・・・・・・・・・・・・・・149
法務（法律実務）・・・・・・・・・・・・・・・・・・3
法律趣旨重視説・・・・・・・・・・・・202, 219
法律先占理論・・・・・・・・・・19, 198, 218
法律による行政の原理・・・・・・・・・・・149
法律の法規創造力の原則・・・・・・・・・150
法律の優先の原則・・・・・・・・・・・・・・・149
法律の留保の原則・・・・・・・・・・・・・・・150
法律標準規定説・・・・・・・・199, 223, 228
暴力団排除条例・・・・・・・・・・・・・・・・・・49
法令遵守（コンプライアンス）・・・277
法令と条例のベストミックス・・・・227
法令の過剰過密・・・・・・・・・・・・・・・・・192
法令の規律密度・・・・・・26, 185, 189, 193, 235
法令用語・・・・・・・・・・・・・・・・・・・・・・・・・255
ボトムアップ・アプローチ・・・・・・・264
本人─代理人モデル・・・・・・・・・・・・・・60

ま

まちづくり条例・・・・・・・・・・・・・・22, 39
まち・ひと・しごと創生法（地方創生法）・・・・・・24
窓口法務・・・・・・・・・・・・・・・・・・・・・・・・・283
満足化モデル・・・・・・・・・・・・・・・・・・・・・91

み

民衆訴訟・・・・・・・・・・・・・・・・・・・・・・・・・284

め

明確性の基準・・・・・・・・・・・・・・・・・・・・165
明白かつ現在の危険の基準・・・・・・・167
明白性の原則・・・・・・・・・・・・・・・・・・・・162
明白性の理論・・・・・・・・・・・・・・・・・・・・218
迷惑防止条例・・・・・・・・・・・・・・・・・・・・・49

も

目的・・・・・・・・・・・・・・・・・・・・・・・・・80, 249
問題解決型課題・・・・・・・・・・・・・・・・・245
問題解決型条例・・・・・・・・・・・・・・・・・・36
問題の把握・・・・・・・・・・・・・・・・・・・・・・244

ゆ

有権解釈・・・・・・・・・・・・・・・・・・・・・・・・・・19
有効性・・・・・・・・・・・・・・・・・・・・・・・・・・・118

事項索引

誘導的手法…………………………………… 136

よ

要綱……………………………………………… 9
横出し条例………………………………… 20, 202
予算…………………………………………… 83
四段階モデル（PDCAモデル）…………… 93

り

リーダーシップ……………………………… 109
利益集団……………………………………… 96
利益集団政治モデル………………………… 96
立案…………………………………………… 7
立案過程……………………………………… 243
立法事実…………………………………… 126, 245
立法政策……………………………………… 13
立法分権……………………………………… 193
リバタリアニズム…………………………… 87
リベラリズム………………………………… 85
緑地・里山保全条例………………………… 42
臨時型住民投票制度………………………… 69

ろ

ローカル・ルール…………………………… 5
ロールズの正義の二原理…………………… 86

著者紹介

礒崎 初仁（いそざき・はつひと）

中央大学法学部教授、同大学院法学研究科教授

専門は、地方自治論、行政学、政策法務論。
1958年 愛媛県生まれ
1984年 東京大学法学部卒業
1985年 神奈川県入庁（農政部、土木部、企画部、福祉部等に配属）
1993年 東京大学大学院法学政治学研究科修了
2002年 中央大学法学部教授（現在に至る）
2002年 政策研究大学院大学客員教授（～2004年）
2005年 神奈川県参与（～2011年）
2006年 行政書士試験委員（～2013年）
2013年 英国・サウサンプトン大学客員研究員（～2014年）

〔主要著書〕
『分権時代の政策法務』北海道町村会、1999年
『政策法務の新展開』（編著）ぎょうせい、2004年
『変革の中の地方政府』（編著）中央大学出版部、2010年
『自治体政策法務講義』第一法規、2012年
『ホーンブック地方自治（第3版)』（共著）北樹出版、2014年
『自治体議員の政策づくり入門』イマジン出版
『知事と権力』東信堂、2017年
ほか

──サービス・インフォメーション──
─────────────────通話無料──
①商品に関するご照会・お申込みのご依頼
　　　　　TEL 0120(203)694／FAX 0120(302)640
②ご住所・ご名義等各種変更のご連絡
　　　　　TEL 0120(203)696／FAX 0120(202)974
③請求・お支払いに関するご照会・ご要望
　　　　　TEL 0120(203)695／FAX 0120(202)973

●フリーダイヤル(TEL)の受付時間は、土・日・祝日を除く
　9:00～17:30です。
●FAXは24時間受け付けておりますので、あわせてご利用ください。

自治体政策法務講義　改訂版

平成30年3月30日　初版第1刷発行

著　者　礒崎　初仁
発行者　田　中　英　弥
発行所　第一法規株式会社
　　　　〒107-8560　東京都港区南青山2-11-17
　　　　ホームページ　http://www.daiichihoki.co.jp/

政策法務講義改　ISBN978-4-474-06306-8　C0032　(5)